U0007351

西班牙的靈魂

SPAIN

——宗教熱情與躁動理想如何形塑西班牙的命運？

The Root and the Flower
An Interpretation
of Spain and the Spanish People

約翰・克勞 John A. Crow ——著
莊安祺 ——譯
李毓中 ——審訂

目錄

獻給西班牙的人民，

他們的文化薰陶了我的學術生涯

推薦序（一）

召喚西班牙的回憶

李毓中（清華大學歷史研究所副教授）

作為人類歷史上第一個「日不落帝國」（el imperio donde nunca se pone el sol）的西班牙，其曾有的光輝歷史是無需贅言的。但如何將人們「西、葡雙國風情十三天」旅行團走馬看花所見當前的西班牙，與那個「再征服」（Reconquista）時代憑藉宗教熱情將摩爾人逐出伊比利半島，以及大航海時代勇渡重洋前往美洲、亞洲拓展殖民地的「征服者」（Conquistador）們能聯想認知在一起，則需要一本真正瞭解西班牙人及其文化，兼具學術與感情、理性與感性的西班牙史書籍。《西班牙的靈魂》這本書，便是最佳的選擇。

為何我如此說？主因是，西班牙語世界的學者雖出版許多西班牙專史或通史的卓越著作，如研究《熙德之歌》著稱的西班牙文學史巨擘拉蒙・梅嫩德斯・皮達爾（Ramón Menéndez Pidal）、伊斯蘭時期歷史學泰斗埃米利奧・加西亞・戈麥斯（Emilio García Gómez）、經濟史權威的貢薩洛・安內斯・阿爾瓦雷斯・德・卡斯特里翁（Gonzalo Anes Álvarez de Castrillón）、以紋章和家譜研究西班牙史成果卓著的福斯蒂諾・梅內德斯・皮達爾（Faustino Menéndez Pidal，前述拉蒙・梅嫩德斯・皮達爾的姪孫），以及思想史翹楚的瑪麗亞・卡門・伊格萊西亞斯・卡諾（Mª del Carmen Iglesias Cano）等等不勝枚舉。此外，還有原以法文撰寫後譯成西班牙文，自一九四七年出版至二〇〇九年已經二十二版印刷，西班牙語世界最暢銷、歷久不衰的皮埃爾・維拉爾（Pierre Vilar）的《西班牙史》（*Histoire de l'Espagne*），但可惜的是，這些著作由於需要的專業知識較多，加上西語翻譯人才的不足，因此較少出版社願意投入經費進行中文譯本的出版，因此想要透過上述學者成果，瞭解西班牙歷史的讀者，英語世界的著作便成為最佳的來源。

英語世界有關西班牙史的著作，不可諱言，相當豐富。如對西班牙經濟史貢獻卓著的厄爾・杰斐遜・漢密爾頓（Earl Jefferson Hamilton）及其名著《美洲財富與西班牙物價革命》（*American Treasure and the Price Revolution in Spain, 1501-1650*）、討論西班牙和奧地利哈布斯堡王朝如何稱霸歐洲的保羅・甘迺迪（Paul Michael Kennedy）與其名著《霸權興衰史》（*The Rise and Fall of the Great Powers: Economic Change and Military Conflict From 1500 to 2000*）、著作等身且專研西班牙現代史的雷蒙・卡爾（Albert Raymond Maillard Carr），以及十六至十八世紀西班牙史巨擘的約翰・艾略特（John Huxtable Elliott）等。但要找到一本西班牙通史的專門學術英文著作，特別是皆顧藝術、文學及文化等方面既廣泛又深入討論的書籍，則是少之又少，而約翰・克勞的《西班牙的靈魂》，便是其中的鳳毛麟角。

稍舉一例，便可驗證我所言，例如少有西班牙通史的書，會談論西班牙飲食及烹調的歷史，但克勞在這本書裡不但提到西班牙黃金時代前後，人們用鑄鐵鍋燉煮著名「爛」燉什錦鍋（olla podrida）的烹飪方式及食材內容外，還介紹了十六世紀第一本西班牙食譜的出現，以及當時王家膳房的食材清單。而在當代章節部分，作者更向讀者公開他認為最完美的西班牙海鮮飯的食材內容，同時提起他曾在聖塞巴斯蒂安（San Sebastián）及塞哥維亞（Segovia）吃過兩次最好的海鮮飯，更不外提醒讀者「我從未在馬德里吃到一流的西班牙海鮮飯」。身為導讀，雖不敢保證現在的馬德里，是否可以吃到一流的西班牙海鮮飯，但唯一可以確定的是，如果讀者想吃的不便宜，聖塞巴斯蒂安的餐廳，倒是首選。

此外，對於曾在西班牙居住過較長時間的讀者而言，書中則藏有許多「彩蛋」，讀到時往往忍不住會心一笑，例如作者所提到的「吃鐵」，直到我在西班牙念書時，還常常可以在街角見到青春期的西班牙男孩，將臉貼在窗戶的鐵柵欄上，以便跟父母不准其外出的屋內女孩相吻。當然，作者將其與西班牙著名詩人羅卡（Federico García Lorca）相識相交的過往，以及其在不同時期於西班牙旅行的體驗，散記在書中不同角落，也是讓此書有別於其他西班牙史著作之處。而作者在書中還特別提到巴黎世家（Balenciaga）的設計，似乎是在上個世紀便已預告，此一品牌在二十一世紀終將從西班牙時尚界飛上世界舞台枝頭的一天。

事實上，我自己在閱讀這本書時，那些幾乎已被我遺忘的年輕歲月及西班牙的回憶，也不斷地被攪動翻醒，因此就讓我也說說兩件我初抵西班牙時，印象最深刻的事。二十五年前，在恩師曹永和的鼓勵下，方初學三個月西班牙語、不知天高地厚的我，決定前往大航海時代史料寶庫的西班牙求學，抵達馬德里後住在當時留學生常暫居的華興社。還在適應環境的我常在街頭亂逛，一日在太陽門（Puerta del Sol）附近，見到許多人在排隊，遙望遠方只見人龍前端是個窗口，想看電影學西班牙語的我，便自我聯想將長長的人龍當成是在排隊買電影票，且肯定是部精采好片，於是發揮臺灣人特有的生命本能、見人龍先排隊再說的精神，跟著人群排。直到最後見到每個離開窗口的人，都拿著一張像愛國獎券的紙向遠方離去，且我四處張望也未見電影院的門在何處，我才恍然大悟他們是在買彩票，方趕緊離開隊伍，但也對西班牙人愛「碰（tocar）」彩券（西班牙人不說買彩券，而用『碰』彩券，不知跟打麻將的『碰』有無異曲同工之妙？）留下最深刻的印象。而後在西班牙念書的日子，耶誕節前我也會跟著西班牙朋友給它「碰」幾張世界聞名的耶誕節彩票（Sorteo Extraordinario de Navidad）。

第二件事發生在某個午後，我在主廣場（Plaza Mayor）周圍的拱廊柱子旁，看一堆人圍著低頭不動，好奇有啥新鮮事的我，便靠近探頭向人群內望去，心想大概是有魔術師表演或是街頭「猜硬幣」的詐賭伎倆可看，哪知人群中圍著一位老者，拿著一本手寫的小詩集念著詩，聲音低沉渾厚、抑揚頓挫。旁邊的聽眾鴉雀無聲地沉醉在他的詩中，可惜我程度不佳，完全聽不懂他詩句中的涵意，但從聽眾如痴如醉的表情可知，絕對是一首首綴玉聯珠的好詩，此等景象可能只有經歷過那個眾人皆愛詩時代的人們才能體會。而這本書的作者，顯然對此有很深的體會，因此將西班牙歷史上一些優秀詩人的詩句，抄錄在這本書中與讀者分享。

最後，我用最簡短的話來總結這本書的特色。看過這本書後，沒去過西班牙的讀者，想一睹她的容顏，曾居住西班牙的朋友，則是想再次投入其懷抱。

推薦序（二）

縱解橫剖西班牙的身體與靈魂

張淑英（清華大學外語系教授兼校長室特別顧問、西班牙皇家學院外籍院士）

希臘時期的史地學家史特拉博（Strabo，約西元前六十四至西元二十四年）在他著名的十七冊《地理學》中，第三冊獻給伊比利半島，他描述伊比利半島的幅員像一塊側身撐開的牛皮。閱讀約翰·克勞（John A. Crow）的《西班牙的靈魂》像在看「庖丁解牛」，看他如利刃的筆力游刃有餘，縱切橫剖西班牙的骨骼與肌理、體與靈、魂與肉、血與髓；也像醫師在診斷把脈，柔軟溫和的指尖檢視西班牙的任督二脈，以及她的悸動與呼吸。我相信只有像克勞這樣的學者，才有可能如此愛深責切，認識那麼深、批判那麼真，針砭她無可救藥的習性，卻執迷不悔地愛她的靈性。

約翰·克勞在一九二九至三〇年間獲得哥倫比亞大學碩士學位，彼時正是西班牙詩人羅卡在哥大進修一年的日子，完成《詩人在紐約》的超現實主義詩集。克勞在馬德里攻讀博士學位時，再度與羅卡相遇於「學生書苑」（Residencia de Estudiantes）。西班牙第二共和時期（一九三一至三九年），他在一九三三年於馬德里大學完成博士學位，博論是《英國浪漫主義者所見的西班牙》。克勞與羅卡結緣是開展他西語文化研究大樹大林的枝枒；羅卡慘遭殺害、成為內戰亡魂的悲劇是他嚴判西班牙的鐵證——西班牙總以「一種荒謬的衝動，擺脫她最有潛力的知識分子」；一九三七至七四年在加州大學洛杉磯分校任教、兩度擔任系主任的教研學涯是豐厚他長期深耕的養分；時而回到西班牙，接觸人群，親炙她的泥土，嗅聞她的味道，感受她的脈動，體驗她的變與不變，跟著時代的腳步訴說西班牙，讓他這部於一九六三年完成的著作，截至一九八五年一版再版，迄今依然讓學界和普羅大眾認為是認識西班牙的極佳典範。不惟如此，綜觀西班牙的本體仍難以透視這個民族的容顏與內在，克勞在一九四六年出版、更膾炙人口的著作《拉丁美洲的史詩》（*The Epic of Latin America*），橫跨地平線另一端，審視西班牙殖民近四個世紀的新大陸，以去歐洲中心化的視界，環視拉美殖民與後殖民的蛻變，讓他這本《西班牙的靈魂》穿越時空，益見鞭辟入裡。

克勞在《西班牙的靈魂》裡，猶如效法十九世紀英國浪漫主義詩人「壯遊」（Grand Tour）南歐的旅程，跨世紀漫遊西班牙歷史的進程，字裡行間闡述的內容多元，涵蓋歷史、文學、藝術、建築、宗教、政治及族群。他的筆觸夾議夾敘，時而學術，時而散論；時而引經據典、旁徵博引（西文作品、英美各家譯作、學術論述交互運用），時而信手捻來、放諸四海，個人辯證思索穿插佐證，猶如課堂講演侃侃而談。他將古典和民間文學交錯並置，尤其西班牙中世紀的文學、故事詩及民間歌謠。長期以來，少見像克勞這樣的學者如此深刻的描述與讚頌。

克勞的原著以西班牙的根與花為標題，解讀西班牙和西班牙人的宿命與民族性：眼見已腐朽的根，卻繁花燦爛；花朵凋零枯枝敗葉當兒，卻見莖上綠芽盎然新出。歷史縱軸上，克勞勾勒西班牙這塊牛皮從遠溯希臘、迦太基的時代紮營奠基，歷經羅馬帝國的盛衰、兩個世紀的西哥德統御、八個世紀穆斯林的輝煌與驅逐、天主教國王的大一統與新大陸殖民、哈布斯堡王朝、波旁王朝的世代更替；從黃金世紀到殖民帝國衰頹、拿破崙入侵、二十世紀初的分崩離析、第二共和的不共不和，到鬩牆之禍的內戰，直至佛朗哥獨裁近四十年。開放的明君無法代代接力，閉鎖的昏君卻是多而綿延。眼看她起高樓，眼看她宴賓客，眼看她樓塌了。克勞讚許，歷史上沒有一個民族像西班牙一樣，在一四九二年有限的時間內，同時發生多件劃時代的關鍵事件；也沒有任何一個國家在某個時刻，擁有像西班牙這樣無限的潛力和活力。但是，他也洞悉，在歷史的關鍵時刻，啟蒙運動時的西班牙沒有被啟蒙，法國大革命時沒有被影響改革，經歷工業革命卻未工業化的停滯。她像一座大山，對人類巨大的衝動可以無動於衷，依然屹立不搖，生存在她的記憶，她的老靈魂裡。弔詭的是，她的弱點常常是成就她的偉大的所在。

橫軸再看這隻奔放的鬥牛另一張臉：現代西方沒有一個國家像西班牙一樣，經過三教（猶太教、伊斯蘭、天主教）九流（殖民地擴及拉美和遠東）的洗禮、衝突與融合，造就她的豐富與多彩多姿；未經琢磨訓練的西班牙人，卻能創造出偉大的藝文，並且始終擁有難以摧毀的深刻尊嚴和力量。從這兒，我們看到了西班牙的本質：為了理想和意志堅持的吉訶德，騎著瘦弱駑鈍的駑辛難得（Rocinante），穿越廣袤荒漠般的黃土地，疾呼他對國家的救贖。克勞在這本著作裡，無疑將西班牙文學的傳統與經典帶到一個至高無上的優勢位置。他在每一章節引用西班牙作家的作品為註記，從中世紀的「智者」阿方索十世到二十世紀的小說家塞拉，作為他闡述剖析西班牙的佐證。每個引言的另一面，都是這些知識分子對西班牙最深沉的省思與真摯的愛。

克勞點出了西班牙幾個根深柢固的精髓與傳統，成就其煜煜輝赫的盛世，也導向她矛盾的悲情。首先是流浪漢文學。克勞刨根直言這是根植於西班牙早遠牧羊人的傳統，也源於猶太、摩爾人遷徙漂流的生活型態。這是今天我們依然可以在牧人值季節變換交替時，或是畜牧趕集、護衛著千隻羊群遊於市時看見的奇觀。流浪漢文學的萌芽以至臻於成熟，沒有在西班牙的文學史上斷裂過：從中世紀的故事詩、文藝復興、巴洛克時期的流浪漢小說的原型《小癩子》、《騙子外傳》、《古茲曼．阿發拉契》到巔峰作《吉訶德》，從玩世不恭、風流成性、四處獵豔的唐璜到奇情異想的吉訶德，從九八年代的在地旅行文學、書寫卡斯提亞的家國情懷到一九六〇年代的「說西班牙」（Contar España）在地風土民情書寫的高峰，都是流浪的本質、旅行的實踐。西班牙作曲家馬金納．那羅（Pascual Marquina Narro）一九二三年所譜的西班牙進行曲〈吉普賽西班牙〉（España cañí），該是描述這個流浪漢傳統最佳的寫照：

向來就是吉普賽，花朵的詩篇
眼中的火焰，點燃了熱情
這是我的西班牙，最勇猛的土地
吉普賽西班牙

克勞認為流浪漢的性格和文學「是非常人性化的抗議，是西班牙人存在痛苦的表現，是在世界和現實不斷向前流動之際，自我在矛盾中的視野」。這也呼應了西班牙史學家狄亞茲·布拉哈（Fernando Díaz-Plaja）超越百萬銷售的《西班牙人與七原罪》（*The Spaniard and the Seven Deadly Sins*）的剖析，西班牙不斷在實踐與反省、上下滾動的漩渦裡跳躍。

另一個西班牙的特點就是宗教的濡染覆被。西班牙從中世紀被征服與再征服的歷史中，從殖民帝國的征服與衰頹中，宣教永遠居於優先地位，是信仰的核心，也是維繫政經與統治的權杖，連帶幾世紀影響著新大陸千百族群的信仰。因此，文學裡，中世紀曼里奎的《祭父詞》，醒悟生命匆匆，推崇死後歸主榮耀的靈魂永恆；十七世紀聖女大德蘭和聖若望十字的神秘主義，力行靈修，體現與主心靈合一的狂喜；傑出的文人作家皈依成為神父修士的風潮，加上天主教引領了主政者治國的準繩，也影響了社會的氛圍與規範。迄今將宗教化為觀光，民俗節慶成為文化遺產的國家特色，牽動人民的愁緒、喜樂、魂與魄。

宗教的嚴謹紀律和流浪漢的隨遇而安，道出西班牙這個民族的矛盾與扞格，卻總能和諧又妥協。西班牙人以主之名卻又極致個人主義，不浪漫但極致感性，衝撞不可能的夢想。天主教的信仰，從宗教裁判所對人民行為與信仰的箝制，綿延幾世紀到內戰支持佛朗哥的力量。教會永遠處在一個絕對主宰，擁有不可思議的力量，至善中有極惡，既是實踐的信仰，也是靈魂的永恆。過去到現在，這頭行如鬥牛、思如其國花康乃馨的西班牙，天主教國王與卡洛斯帝王的明君盛世恐不再現，但卻塑造了塞萬提斯、哥雅、羅卡、畢卡索，高高站在巨人的肩膀上。

克勞這本著作寫到一九八四年的西班牙，是一個美麗的休止符，也是他在本書所謂「一腳踩在過去，一腳踩在空中，等待著未來」的西班牙的分水嶺。西班牙在一九八六年加入歐洲共同市場（今之歐盟），誓言成為歐洲的加州：陽光、大自然、海岸、觀光、士農工商、多種族群匯聚……希冀成為更富庶的「新西班牙」。我們且循著克勞的觀察與辯證來審視、比對後佛朗哥時期迄今四十五年來，由獨裁轉為君主立憲制的西班牙，審視加入歐盟迄今三十五年來，她的政經發展。後佛朗哥時期的西班牙已經不是克勞再回到西班牙所看到的情景。皇家學院肩負起全球二十三個西語研究學院領頭羊的責任，對西語的使用更具彈性、與時並進，更尊重各國用字的傳統與特色，以及性別平權的考量。政黨政策上，也立法通過轉型正義的「歷史記憶法」；二〇一九年十月二十四日，佛朗哥的靈柩也已自烈士谷遷出。文化觀光更是引領西班牙經濟發展的烈焰，完整的配套策略吸引全球觀光客，永遠的數一數二。西班牙走過奧運，經歷世界博覽會的巡禮與挑戰，她雖已非哥倫布旗幟下的日不落國，但也脫離拿破崙睥睨口氣的「非洲從庇里牛斯山開始」的偏鄉。誠然，歷史上每一次的朝代興替動亂中，向來率先追求自治的加泰隆尼亞和巴斯克自治區如今依然激進騷動，持續考驗著西班牙人民的抉擇。這個智慧優於科學的民族，抱持死重於生的哲學的人民，她是否依然是巴洛克劇作家羅培·維加筆下的「西班牙，是她親生孩子的後母」，還是承襲祖先留下的諺語「不要放棄，繼續努力」的人民？我們左手握著克勞這本書，右手拿著我們的尺，繼續觀看西班牙這朵靈魂之花。

推薦序（三）

在「勝利之城」塞哥維亞，遇見西班牙

謝哲青（作家、知名節目主持人）

從馬德里中央車站，搭乘西班牙高速鐵道（Alta Velocidad Española，簡稱ＡＶＥ）三十五分鐘，或是REGIONAL區間列車，一路北上，約莫兩個小時，就能抵達位於伊比利半島梅塞塔高原中央地域，卡斯提亞—雷昂自治區（Castilla y León）塞哥維亞省的省會，古語中隱含有「勝利之城」的塞哥維亞（Segovia）。

早在拿那撒人耶穌誕生之前，塞哥維亞就以軍事要塞的形式，座落於瓜達拉馬山脈北麓。但真正讓它登上史冊，是發生於西元前八十至七十一年的塞托里亞之戰（Sertorian War）。根據歷史學家李維（Titus Livius）的《羅馬史》（*Ab Urbe Condita*）記述，這是羅馬共和進入帝國體制之前，最重要的一次外省動亂。

伊比利半島的塞托里亞人，在這場曠日廢時的游擊戰中，充份展現刁鑽頑強的軍事力量，讓獨裁執政官蘇拉（Lucius Cornelius Sulla Felix）頭痛不已。最終，這場叛亂以反抗軍領袖昆圖斯．塞托里烏斯（Quintus Sertorius）遭到暗殺迅速落幕。內亂平定後，元老院隨即決定，投入更多的人力資源，建設這片「隱匿之地」；對於義大利半島上的拉丁人而言，生長在伊比利半島的異族「粗暴野蠻、毫無教養，暴殄眾神恩賜的土地」。夾帶強勢軍事實力與優越都市文明的羅馬政體，開啟塞哥維亞的第一次現代化工程，而名列聯合國教科文組織世界文化遺產的「塞哥維亞輸水道」（Acueducto de Segovia），這是這波現代化、羅馬化的偉大工程。

二十一世紀的今天，當你走入充滿歷史傳說與古老志怪的塞哥維亞，旅人們一定會被三項著名地標所吸引。除了代表古羅馬光榮不朽，至今仍運作良好的水道橋之外，雄踞市中心制高點的主教座堂，以及形勢險峻的城堡，是舊城區內不容錯過的歷史名勝。旅人們最終會發現，串連這三座古代建築，無論在外在壯觀瑰麗的表現形式，或是內在更細緻晦澀的心理意義上，塞哥維亞與三座地標，正好構成西班牙歷史與文化的奇特縮影。

一五七七年完工的塞哥維亞主教座堂（Catedral de Segovia），採取的是當時西歐國家公認過時陳舊的哥德式（gótico），更精確的說法是，當文藝復興運動已進入尾聲，西班牙仍耽溺於神秘哀婉的藝術形式，因此，塞哥維亞主教座堂是歐洲最後一座採取中世紀國際哥德風的主教座堂。西班牙的教堂與世界各地最大的不同，在於中殿前方，以場域玄秘幽黯、但作工精緻繁複的唱詩班包廂為核心，置身其中，能讓人們深陷於陰鬱的神聖，或神聖的陰鬱之中。從石構到木造，主教座堂所有的一切，都向世界展現嚴峻、堅忍、渴望偉大崇高的心理特質。繪滿聖經故事與聖人傳奇的花窗，將卡斯提亞刺目亮白的陽光，轉化為不可思議的美妙恩典，彷彿塵世所有的苦難，都在奇異的光線中消融、昇華。

但是，這樣的美好感受並不會持續太久，稍稍敏銳的旅人，一定會發現在金碧輝煌的祭壇與聖器中，隱約透露出庸俗浮誇的好大喜功。深藏於信仰永恆救贖背後的，是壯志未酬的悲戚。塞哥維亞主教座堂完工之際，正是西班牙帝國的歷史高峰，不久之後，號稱「無敵」（*Armada Invencible*）的西班牙艦隊在大西洋遭受毀滅性打擊，而虔誠刻苦的菲利普二世，也在絕望與污穢中，終結他建立「遍及陽光普照之地，人人信奉天主的世界帝國」的虛幻奢望。旅人們能輕易地在滿佈於中殿與禮拜堂裡的聖像與畫作上，感受那神聖的無力感，以及建構破滅與遺憾上的信仰形式，如此沉鬱，卻又醉心於繁文縟節的執著，可說是西班牙的精神特質之一。

繼續沿著主教座堂旁的古街 Calle Marqués del Arco 前行，盡頭是起造於一一二〇年的塞哥維亞城堡（Alcázar de Segovia）。在伊比利半島上有許多名為 Alcázar 的城堡，透露出它文化上顯而易見的伊斯蘭血統。根據有限的文獻顯示，外界公認西班牙最優雅的城堡，甚至被迪士尼動畫電影描摹取樣的「灰姑娘城堡」，實際上的身份比我們想像更為複雜多舛。同一個地點上，它曾經是古羅馬軍事碉堡、中世紀瞭望台、摩爾人的城堡、再征服（Reconquista）時期的王宮、皇家庫房的保管中心、監獄、軍事學院與國家檔案館，乃至於今天我們所熟知的觀光名勝與考古博物館。琳瑯滿目的武器室、印刻血腥過往的宗教裁判所，以及城堡內部如迷宮般的秘徑甬道，是西班牙具體而微的縮影。在城堡內部說明模糊的告示牌上，旅人們隱約可得知這座要塞，曾在十九世紀被荒廢一段不算短的時間，在那段共和與保皇鬥爭、資本家與勞工不斷衝突、中央與地方持續對抗的艱難歲月，藝術文化也隨之沉淪墮落。所幸的是，在步入二十一世紀之前，城堡進行了幾次重大修建，讓陽光進入過去幾世紀力有未逮之處，也讓建築本身重獲新生，一如掙脫獨裁體制，走向歐盟的新生西班牙。

這是塞哥維亞的地方回憶，伊比利國家的歷史點滴，同時也是《西班牙的靈魂》一書向讀者展現的文化視角。《西班牙的靈魂》與賽斯·諾特蓋姆（Cees Nooteboom）的《西班牙星光之路》、吉爾斯·特穆勒特（Giles Tremlett）的《西班牙幽靈》（*Ghosts of Spain: Travels Through Spain and Its Silent Past*）及珍·莫里斯（Jan Morris）的《西班牙》，並列為當代西班牙文化書寫中最重要的四部作品。

我私心偏愛約翰·克勞（John A. Crow）個人魅力十足的理性與感性，以具有時間密度與空間感的優雅文字，書寫西班牙的史實與傳奇，如何征服世界，歷經劫難，然後鉛華洗盡，從頹圮中重新站起來、立定腳跟，再度走向世界。

《西班牙的靈魂》更超越旅行文學與文化史書寫，透過克勞精湛細膩的解讀，理解異質意識形態如何塑造國族文化，直指西班牙文化為外人難以理解的狂暴、綺想，含蓄與沉默。本書絕對是一部喜愛西班牙歷史與文化的讀者，不容錯過的不朽經典。

法國
庇里牛斯山
坎塔布連山脈
阿斯圖里亞斯
奧維耶多
桑坦德
坎塔布里亞
畢爾包
聖塞巴斯提安
巴斯克
維多利亞
潘普洛納
納瓦拉
洛格羅尼奧
拉里歐哈
布爾戈斯
拉科魯尼亞
盧戈
聖地亞哥・德・孔波斯泰爾
加利西亞
龐特維德拉
維戈
奧倫塞
雷昂
卡斯提亞－雷昂
帕倫西亞
瓦亞多利德
索里亞
薩莫拉
塞哥維亞
薩拉曼卡
阿維拉
瓜達拉馬山脈
瓜達拉哈拉
★馬德里
韋斯卡
薩拉戈薩
亞拉岡
加泰隆尼亞
赫羅納
萊里達
巴塞隆納
塔拉戈納
特魯埃爾
卡斯特利翁
昆卡
瓦倫西亞
瓦倫西亞
帕爾馬
巴利阿里群島
大西洋
葡萄牙
卡塞雷斯
埃斯特雷馬杜拉
梅里達
巴達霍斯
托雷多
卡斯提亞－拉曼查
雷阿爾城
阿爾瓦塞特
莫雷納山脈
阿利坎特
莫西亞
莫西亞
哥多華
哈恩
安達魯西亞
韋爾瓦
塞維亞
格拉納達
內華達山脈
馬拉加
阿爾梅里亞
加地斯
直布羅陀
地中海
阿爾及利亞
150 km
加納利群島
聖克魯斯－德特內里費
拉斯帕爾瑪斯

序言

這本書從文明的初期談起，講述並解讀西班牙文明的歷史。章節內容涵蓋了羅馬人、猶太人以及摩爾人在西班牙的發展，並且特別關注西班牙藝術、文學、建築及音樂。雖然我在書中謹慎地呈現了佛朗哥政權與今日的民主，我並沒有試圖以時下流行的或記者的視角來描寫當今的西班牙。本書的寫作要旨在於分析引領西班牙人起起伏伏的生活裡的主要潮流。本書將不會羅列所有的西班牙國王、女王及大臣，也不會詳述這個國家所經歷的每一場戰爭與政治變革。本書所講述的並非是正統歷史（straight history）。歷史通常強調政治事件。我的目的在於突顯引發這些政治事件的潛在的情感與風俗習慣的重要性。

我在一九二八年首次造訪西班牙，當時是由普里莫．德．里維拉（Primo de Rivera）的獨裁政府掌權，而阿方索十三世仍是國王。從那時開始，我便多次回訪，並在第二共和國時期，為了從馬德里大學取得哲學與文學博士學位而在西班牙長住了兩年。在西班牙的這段時間內我結識了許多西班牙的頂尖作家：菲德里科．賈西亞．羅卡（Federico García Lorca）、安東尼奧．馬查多

（Antonio Machado）、胡安・拉蒙・希梅內斯（Juan Ramón Jiménez，諾貝爾文學獎得主）、阿梅里科・卡斯特羅（Américo Castro）、拉蒙・曼尼德茲・皮達爾（Ramón Menéndez Pidal）、貝德羅・薩利納斯（Pedro Salinas）、荷西・莫瑞諾・維亞（José Moreno Villa），以及其他許多傑出人士。在我形塑我自身對於西班牙文明的看法的過程中，他們所有人都厥功至偉。然而，除了我本人以外，沒有人該為本書所發表的任何陳述或見解承擔任何責任。

約翰・克勞

加州大學洛杉磯分校

第一章

斯土斯民

「這片土地是主的樂園。」

——阿方索十世（Alfonso X，一二五二至一二八四年）

西班牙就像升上海面的宏偉城堡，全境四面環山，在這些高聳的花崗岩牆內是城堡的庭院，卡斯提亞（Castile）的廣袤高原。有些高山終年積雪皚皚，因此名為內華達山脈（Sierra Nevada，積雪覆蓋的山巒），這個名字後來也被西班牙人帶到美國。西班牙的山大多荒蕪孤寂，地勢蜿蜒崎嶇，常見高聳的陡坡；人跡罕至，樹木少得可憐。最美的景色是在日出或日落之際，大片玫瑰紅或丁香紫的光影覆罩山脈，散發雄偉壯麗的寧靜。

在古人眼中，西班牙的形狀就像平鋪在陽光下的公牛皮。這個比喻雖允當，卻未說明這片土地凹凸不平和鋸齒形的特徵。整個國家遍布錯綜複雜的山巒，朝四面八方延伸，因此分隔出獨特的地域。就連中央的卡斯提亞高原都被橫貫內陸的山脈分割為更小的一塊塊。首都馬德里位居全國的地理中心，和北方的瓜達拉馬山脈（Sierra de Guadarrama）僅距離三十五英里，從瓜達拉馬山脈通往北方的最低隘口海拔達四千七百英尺。旅人在西班牙很少會看不見山，它們是「伊比利亞堅實大地」地文中最典型的特徵。

因此，西班牙地理統一是一種幻想。這個國家在地圖上雖看似緊密，但多少世紀以來，各個地區彼此隔絕。如今雖有火車飛機，減少了這種互不往來的情況，但西班牙的交通仍然比義大利落後。這個國家巨大如磐石的地塊，在地理上被分為更小的地區，與半島在古羅馬時的地域相對應，而且更精確地反映中世紀時代的小王國。這些獨立的區域，每個都以地理、氣候、文化、心理，甚至語言的差異為特色。很多地方的兒童自幼只會講當地方言，直到入學後才學卡斯提亞語。在巴塞隆納大都會區外幾英里之處，住有數千名沒上過學的鄉下人，他們不懂西班牙語。他們的語言是加泰隆尼亞語；他們為此自豪，而且也不想要學其他語言。

堪稱本世紀最偉大西班牙小說家的皮奧・巴羅哈（Pío Baroja，海明威稱他為「大師」）是巴斯克（Basque）人，他在上學後才學到卡斯提亞語。許多人都認為他的西語風格古怪而潑辣。

> 我用卡斯提亞文寫作的困難，〔他在自傳中寫道〕並不是因為任何文法的不足或欠缺語法結構。我缺的是拍子，是風格的韻律，而這讓首次攤開我的書的人震驚，他們注意到它們有些地方不對勁，這是因為書裡有一種呼吸，有一種停頓的方式，並非卡斯提亞的語言所有。[1]

有時談到西班牙邊遠地區居民的語言和看法時，會發現他們不同的地方不只是呼吸而已。有個真實度頗高的古老聲明說，西班牙人最忠誠的對象是他的**patria chica**，他的故土或原鄉。如果問他來自哪裡，答案幾乎總是：「我是加利西亞之子，我是格拉納達之子（*Soy hiio de Galicia, soy hijo de Granada*）」，或是阿斯圖里亞斯（Asturias）、雷昂（León）、納瓦拉（Navarre）、亞拉岡（Aragon）、卡斯提亞、瓦倫西亞（Valencia）、加泰隆尼亞（Catalonia）或安達魯西亞（Andalusia）。也許在那之後，他願意做個西班牙人。如果今天針對加泰隆尼亞（首府是巴塞隆納）獨立問題舉行公平的公投，恐怕沒人能預測會有什麼結果。在西班牙內戰（一九三六至一九三九年）之時，「加泰隆尼亞共和國」依舊存在，這個地區的自治權一直是衝突議題。因此，多少世紀以來，卡斯提亞人不斷努力鞏固國家的地位，卻一直受到優先忠於原鄉心理的阻礙。儘管如此，我們今天所說的西班牙或España核心精神，還是卡斯提亞的精神；只是蘋果的核心並非它的果實，果核內有的只是保護性的纖維和種子。

為釐清真相，我們必須指出，雖然加泰隆尼亞和巴斯克自治區旗下的省分熱衷分離主義，但在其他地區，這種想法並沒有如此強烈，卡斯提亞的政治霸權在那些地方是不爭的事實。地方的執拗在這裡以其他方式表現出來，譬如居民的文化、心理和習俗。無論西班牙人採取什麼樣的國家政府制度，這種過度的地方主義都是西班牙政府最基本的弱點之一。西班牙好幾世紀都沒有固定的首都，正是這種分裂症狀的症候。巴黎和倫敦分別是法、英立國以來的中心和首都，可是西班牙的首都卻不斷更迭，托雷多（Toledo）、雷昂、布爾戈斯（Burgos）、塞維亞（Seville）、瓦亞多利德（Valladolid）、塞哥維亞（Segovia）及其他城市。菲利普二世（Philip II）在一五六一年把首都由托雷多遷到馬德里時，馬德里只是一個還在發展的小城。不過，此時西班牙的性格已成形，地域忠誠的觀念也已固定，新首都的人口儘管有驚人增長，卻只能領導西班牙強權走向沒落。

西班牙的氣候和它的地理一樣變化多端。西北部加利西亞和阿斯圖里亞斯濕潤、青翠、雲霧瀰漫，和南部亞熱帶安達魯西亞的差異，就像佛蒙特州和德州一樣懸殊。加利西亞寬闊蔚藍的峽灣（*rías*）與卡斯提亞乾枯萎縮的河流、阿維拉（Ávila，按：馬德里西北的小山城）的阿達加河（Adaja），以及馬德里的曼薩納雷斯河（Manzanares），相去甚遠。格拉納達肥沃的平原（*vega*）

和塞哥維亞的紅棕色草原，或水氣落下乾得比女人眼淚還快的莫西亞（Murcia）周邊一帶的不毛之地，都沒有絲毫的相似之處。不過，西班牙可分成兩個主要的氣候帶，北部周邊地區（庇里牛斯山脈和坎塔布里亞地區）構成了涼爽的潮濕帶，而遼闊的中部和南部地區則是歌謠和故事中乾燥又「陽光燦爛的西班牙」。這個分野在植物方面，最顯著的就是南方有夾竹桃（*adelfa*）和角豆樹（*algarrobos*），而北方通常見不到這種樹。

西班牙的心臟與堡壘

卡斯提亞的中部高原約占西班牙總面積六成。高原的海拔在兩千至三千英尺間起伏。卡斯提亞高原（*meseta*）不僅是西班牙的心臟，也是西班牙的堡壘。這片土地十分乾燥，山巒沒有樹，平原沒有水，空氣乾淨稀薄，夏季酷熱，冬季嚴寒，正如諺語所說的：「九個月的冬天和三個月的地獄」。隆冬由瓜達拉馬山往馬德里吹的寒風，讓站崗哨兵凍成冰。在一年中的任何月分，馬德里的陽光和陰影都可能是冰火兩重天。高原空氣就像經過純化的氣體，隨時反映冷熱變化。

卡斯提亞處處給人一種巍峨開闊的感受。這個地區賦予西班牙堅定的性格、原始的韌性，對痛苦和折磨的堅忍承受力，以及它的活力和質樸。卡斯提亞荒涼堅硬的土地是其居民的象徵，這裡原有許多城堡（也因此得名），如今是充滿石砌圍籬的田野，景觀一片荒蕪，巨大的沉默和遼闊的距離。西班牙諺語說：「在卡斯提亞幾乎沒有鳥兒可棲的樹枝。」古代茂密的森林早已不復存在，甚至連房屋和籬笆現在都是由石頭所砌，稀疏的樹木大半是常綠橡樹（*encinas*），一種不起眼的矮小野生橡木。到處都是岩石、花崗岩形成的山脈，經挖鑿、沖刷的田野，放眼望去盡是乏善可陳的樸素。

西班牙美麗史詩《熙德之歌》（*The Poem of the Cid*）中，以崇高和無所畏懼的精神而家喻戶曉的戰士英雄熙德，就是卡斯提亞人。他的同鄉還包括把摩爾人趕出塞維亞的「聖人」斐迪南（Fernando the Saint），和他的兒子「智者」阿方索十世（Alfonso X the Learned），這位知名的學者國王將當時最聰明的人（摩爾人、希伯來人和基督徒）都延攬到他身邊。斐迪南二世之妻天主教徒伊莎貝拉（Isabella the Catholic）是卡斯提亞人，全西班牙最名聞遐邇的作家米格爾．塞萬提斯（Miguel Cervantes）也是卡斯提亞人。西班牙偉大的文學同樣也屬於卡斯提亞，哪怕作者來自其他地區，用來寫作的也是卡斯提亞語。

卡斯提亞還是西班牙交通系統的關鍵。位於卡斯提亞高原中心的馬德里，是全國所有鐵公路和航空路線的樞紐或軸心，就像車輪的輻條一樣，所有路線都從馬德里出發。西班牙鐵路的舒適性或現代化從不出色，但在今天，儘管其設備老舊，確實能聯通整個半島的多數地方。

從馬德里進入加利西亞或坎塔布里亞區的鐵路，逐漸離開卡斯提亞高原，穩步爬升，穿山越嶺，像鋼蛇一般蜿蜒扭曲，鑽入泥土和岩石中。這一段路隧道無數，乘客的瞳孔幾乎來不及適應光線，火車就突然再度鑽入穿透另一個山谷的黑暗洞穴迷宮。火車必須行經的這些曲折隧道，和有時需以蝸牛速度費力穿越的危險山岩，說明了半島外圍地區交通的不便。

一八四八年，西班牙開通第一條鐵路，由巴塞隆納前往馬塔羅（Mataró）；第二條是一八五一年由馬德里到阿蘭惠斯（Aranjuez）的路線。西班牙人在火車的發展上晚了幾年，就像他們在幾乎所有的工業文明產物的發展都晚了幾年一樣。不過，西班牙人對鐵路是何物並非全然無知，因為早在一八三〇年就有西文書（自然是在倫敦印製）刊載了新蒸汽引擎及其車廂的草圖。這本書裡有一幅海港的畫，其中有工廠正在冒煙，工廠前面是一個方形的鋼製小箱子，同樣也噴著煙；後面跟著一些奇形怪狀的車廂，各自分隔至少一英尺，車廂間的空白處則是鏈條。如我們所述，直到十八年後，西班牙國土才有真正的火車。這比英國人擁有第一條蒸汽鐵路線晚了二十三年，比美國晚了十八年，比毗鄰的法國也晚了十八年。

有些西班牙人免不了想用鐵路連接西班牙與法國，但許多人民對法國在一八〇八和一八二三年的二度入侵記憶猶新，因此對這個建議的反應並不熱烈。其實，西班牙參議院曾於一八四二年討論在潘普洛納（Pamplona）與法國之間興建普通公路，當時有位參議員西歐奧尼將軍（General Seaone）大力反對。將軍說：「通過伊倫（Irun，按：法西邊界的小城）建築公路缺乏遠見，非常缺乏遠見，西班牙人為此哭泣，上帝保佑我們不要再有哭泣的理由。」另一位參議員岡薩雷斯・卡斯特洪（González Castejón）反應更激烈，這位先生說：「我一向主張，無論任何理由，都絕不能把庇里牛斯山夷為平地；相反地，我們該在現有山脈上再加上其他庇里牛斯山才對。」西歐奧尼將軍補充說，要他投票支持這種不法行為，他乾脆先辭職。四十年後，即一八八一年，一本談西班牙軍事問題的書指出：「任何隔離我們的做法對我們都有益處，我們已經向法國開放的一些門戶，應該火速關閉。」[2]

法國和馬德里之間的鐵路直到一八六〇年才開通，而馬德里和西班牙第三大城瓦倫西亞之間，直到一九四七年都沒有鐵路連結。有一則歷史軼事是，在一八一四年發明蒸汽火車頭的英國人喬治．史蒂文生（George Stephenson）曾在一八四五年秋赴西班牙，考察馬德里與法國之間預定開發的鐵路路線。史蒂文生和陪同他的工程師都見識了西班牙政府一貫的虛應故事，他們在首都虛擲了幾天之後覺得無聊，打算離開。這時西班牙人邀請他們去看鬥牛——永恆的鬥牛。史蒂文生傳記的作者寫道：「但由於這並非他們此行的目的，因此委婉地拒絕了這項榮譽。」史蒂文生和同伴們離開了西班牙，鐵路沒有建成。

「兔子之地」

西班牙不僅是城堡，實際上，它也是一座島嶼。這個國家的孤立眾所周知，它既不屬於歐洲，也不屬於非洲，而是兩者之間的中途站，兼具兩者的特質。由於摩爾人的血統，因此西班牙不再算是歐洲。「非洲始於庇里牛斯山」說得再貼切不過，它簡單明瞭地表達了西班牙半東方的異國特質，這是西班牙人民和文化最鮮明的特點。我們必須謹慎地說明，這裡提到的非洲不是以黑人為主的黑暗大陸下半部，而是北非，是伊比利亞人（Iberians）、屬於閃族的迦太基人、猶太人本身，以及由說阿拉伯語的諸多族群組成的摩爾人的古老家園。這些民族和文化群體都把他們的心血精力傾注到西班牙這漏斗中。高聳的庇里牛斯山脈密封住這個漏斗，將西班牙與歐洲其他地區隔離，比阿爾卑斯山對義大利的封鎖效果更強。庇里牛斯山的平均海拔高度實際上比阿爾卑斯山還高。無論如何，孤立是西班牙的精神狀態和生活方式；這不僅僅是山、海拔或島嶼的問題。

一個國家的名字，往往有助於了解其人民的心態和歷史。西班牙最先稱為伊比利亞，這是（非裔）伊比利亞居民給這片土地的名字，據說是由伊比利亞語中的河 *Iber* 衍生而來。這些沙漠居民抵達西班牙後，認為這個國家是大河之地。但對居住在沙漠中的伊比利亞人來說，任何小溪都可能教他們感動莫名，他們可能早在西元前三千年的史前時代就已來到西班牙。希臘人約在西元前六百年來到西班牙，稱這個半島為 *Hesperia*，意思是「夕陽之地」。迦太基人大約在西元前三百年來到此地，稱這裡為 *Ispania*（來自 *Sphan*，「兔子」之意），意思是「兔子之地」。不可思議的是，這膽小的長耳生物出現在伊比利亞早期的硬幣上。羅馬人一個世紀後才到達此地，直接沿用了迦太基給這裡取的名字，稱之為 *Hispania*。後來這成了這個國家現在的西班牙名字 *España*。由此衍生出形容詞 *Hispanic*，和西班牙文 *español*、*hispano* 等。因此，由於羅馬人和他們的語言，兔子贏過了夕陽和河流。

兔子從不走直線，也不以穩定的速度移動，就像西班牙人一樣。它跳躍的節奏快速但斷斷續續，先朝一個方向猛衝，然後再往另一個方向猛衝。西班牙的兔子一向數量繁多。塞萬提斯在講述吉訶德*和侍從桑丘的旅行時經常提到牠們。燉兔肉是西班牙鄉村主菜之一。形容騙術高明的西班牙諺語是「拿貓冒充兔子」（*dar gato por liebre*）。在馬提亞爾（Martial，按：羅馬時代詩人，出生於西班牙）時代，野兔被認為是四足走獸中的珍饈。走在西班牙鄉下，野兔時時可能出現。諺語有云：*Donde menos se piensa salia la liebre*，意思是兔子會在人最不經意的地方跳出來，是形容出其不意最常用的句子。幾個月前，我參觀了離哥多華（Córdoba）數英里遠，著名的摩爾人皇宮麥迪納．阿薩哈拉宮（Medina Azahara）。在這曾經令人嘖嘖稱奇的摩爾藝術廢墟上，是一片連綿起伏的山坡，點綴著幾株細瘦的橡樹和橄欖樹。我們正在觀賞景色，聆聽兩位哥多華人頌揚已逝哥多華偶像馬諾萊特（Manolete，按：鬥牛士）無與倫比的美德與優雅，幾隻野兔突然由草叢躍出，急急躍過山坡。兩位哥多華人暫時住了口，其中一位說：「那些山坡上都是染上狂犬病的野兔，現在沒人敢吃牠們，這是全國性的流行病。」接著他們又回頭聊馬諾萊特的事。這整個景象就是今日西班牙的翻版，狂熱而飢餓，但依舊興奮地談論鬥牛，或過去的一些勝利，一些古老的榮耀。

西班牙處處都是動人的美景。加利西亞雲霧繚繞的翠綠山脈和美妙的寬闊峽灣，卡斯提亞荒涼布滿岩石的樸素，格拉納達汩汩的噴泉和引水澆灌的肥沃平原，瓦倫西亞和塞維亞的橙樹園，圍繞著托雷多曲折蜿蜒的太加斯河（Tagus），每個地方都擁有各自的一種非凡之美。還有碩大，一種遼闊和巨大的感覺。西班牙唯一讓人覺得小的地理景觀是河流。無論伊比利亞人怎麼想，西班牙的河流都微不足道，一年中大部分時間不過是沿乾燥岩床底部流動的涓涓細流。即使是在古代和十六世紀讓內陸城市塞維亞成為最重要港口的著名瓜達爾基維爾河（Guadalquivir），也只是泥濘的醜陋河流，不適航行，也不賞心悅目。一八四六年看過這條河的大仲馬，曾在給那位身分不明（也可能根本就不存在）的法國女士介紹他在西班牙的冒險時所寫的其中一封迷人書信中，貼切地細述了這條河。

> 夫人，您或許對瓜達爾基維爾河有非常錯誤的印象，因為從沒見過這麼多水的阿拉伯詩人把它捧上了天，而根本沒見過它的法國作家相信阿拉伯人的話。沒錯，西班牙作家大可揭露沒那麼詩情畫意的真相，但這是他們國家唯一大到足以行船的河流，他們何苦落井下石？我們抵達河邊，發現在低地和乏善可陳的河岸之間，滾動著一大片——不是水，而是液態的泥，其顏色和質地像牛奶巧克力，即使風味不是。我們困惑又失望地站在那裡抓耳撓腮了一會。[3]

如果大仲馬這麼失望，就不難想像已見過密西西比河、密蘇里河、俄亥俄河、哈德遜河、

*〔編註〕台灣一般將賽萬提斯的小說*Don Quijote de la Mancha*譯為《堂吉訶德》或《唐吉訶德》，然而實際上中譯為「堂／唐」的Don，在西語裡的意思近似英文的「大人」（Sir）的尊稱。本書考慮中文讀者的習慣，保留舊有書名，但將主角名字改為「吉訶德」。

薩斯奎哈納河（Susquehanna River）或哥倫比亞河的北美遊客會有什麼感受。但時至今日，西班牙的詩人依舊在歌誦瓜達爾基維爾河。一九三六年英年早逝的明日之星作家賈西亞・羅卡（Federico García Lorca）就曾為它感性的河水寫下名句：「死亡之聲在瓜達爾基維爾河上迴盪」。平心而論，河流不只是地理，也是歷史，還會喚起多少世紀以來在河畔生活和逝去居民的心境，因此縱使西班牙的河川規模很小，流量也不大，卻能召喚出大地和懷舊的性質，和西班牙遼闊的景物及修道院似嚴肅的色彩密切相關。

共享土地的異質之境

西班牙人說，「西班牙等於包羅萬象」（*Quien dice España, dice todo*），他們對自家地貌的千變萬化倍感自豪。也有些西班牙人為追求國家的前途或穩定，熱烈主張在各地區的變化多端之下，依舊是統一的西班牙，他們認為這片土地有某種神祕魔力，能夠一統全國，有些共同點賦予西班牙人相同的性格，相同的願望，相同的理想。幾個世紀以來，西班牙人一直抱著這種一廂情願的想法，但實際上，西班牙並不是同文同種有一致目標的國家。西班牙基本上是異質的，而異教才是它真正的宗教。大家唯一的公分母是共享同一片土地，以及共有導致西班牙人有別於非西班牙人的歷史，可是這個西班牙性格 *espanolismo* 很脆弱，即使滿懷勇氣，在承受壓力的情況下注定破碎。理論上，大部分西班牙人當然想要追求幸福、正義、自由和更高的生活水準，但這只是虛幻的盟誓，就像把夸夸其談的傳教士和大力支持公民美德與減稅的政客連結起來的盟誓。

誠然，西班牙的地理景觀和人民都表現出一種狂野但靜態的活力，未經引導的能量，沒有開發的潛力，未能實現的命運。西班牙的性格有一種強大的堅韌，一股有如路西法般自傲的強大意志，可是西班牙人從未學會一起生活或工作。著名的希臘地理學家史特拉博（Strabo）寫道，古伊比利亞人是膽大無畏的戰士，但他們從沒有學會在戰鬥中合作抵禦外侮。他們驍勇善戰，但人人都只是為自己而戰。希臘、迦太基和羅馬士兵的人數雖然比他們少得多，不過光憑較高明的團隊合作，就能在戰鬥中擊敗當地居民。西班牙穩定而原始的活力，一再因為缺乏方向和協調而被抵消。

被羅馬統治六個世紀，又和摩爾人戰鬥八個世紀之後，西班牙人終於學會共同抗戰。到了十五世紀，西班牙堅固的方陣（phalanx）已成為舉世最堅強的軍事單位。或許學習如何一起戰鬥和學習如何一起生活，都需要同樣漫長的等待。現代西班牙作家佩雷達（Pereda，一八三三至一九〇六年）在談西班牙性格的文章中，詼諧地提到法國作家夏多布里昂（Chateaubriand）的言論，後者曾說，西班牙戰士在戰場上所向無敵，但只要敵人一被趕走，他們就會坐上敵人的位置，嘴上叼著香菸，手上拿著吉他，慶祝勝利。佩雷達並不完全同意這種對西班牙性情的看法，但他睿智地斷言，如果

從這圖像中去掉一點法國色彩，就會是事實。的確，這幾句話不僅勾勒出我們在戰事中

的特徵，也描繪出我們在所有人生中可以想見的情況。或許吉他不算，但全國性的倦怠削弱我們的感官，唯有在受到飢餓鞭策，或者想表現出富裕快樂的渴望饕食我們時，我們才有擺脫懶散的力量。我們激烈地攻擊每一個問題，但很快就被冷漠或暴力征服。我們就只能做到這樣。我們的政治，我們的產業和我們的當代文學，明明白白地彰顯了這一點。所有的人都領先我們。

這些文字寫於一個多世紀之前，但它們描述當今的西班牙，甚至比描述佩雷達時代的西班牙還要傳神。這位作家繼續寫道：

> 除非要在行列中挺身而出，否則我們一直都在模仿其他人；我們靠著別人拋棄的東西生活，對丟給我們的每一個破爛，都以瘋狂的熱忱迎接，好像它是特別為我們量身打造似的。我們把自己當成傑出的政治家、無敵的戰士、學問淵博的經濟學家、傑出的作家，勤勞的實業家，和可敬的勞工。我們擁有法國的法規，英國的法規，美國的法規；形形色色的**革命**，各式各樣的**勝利**，各種規模、方式和形式的**進步**；然而在眼前這一刻，西班牙人民只要能擁有自己的床位，就自認經濟寬裕了。[4]

英國政治家威靈頓公爵（Duke of Wellington）曾說，西班牙的弱點就是吹噓本國的實力。一個多世紀後的今天，卻再沒有西班牙人誇口國家的力量，至少軍事上沒有，但幾乎人人都還在懷念她過去的強盛和榮耀，佛朗哥將軍就是模仿菲利普二世的次等貨。每個西班牙人，無論他的出身或屬於哪個地區，都以自己是西班牙人自詡。十九世紀的西班牙作家安荷．加尼韋特（Angel Ganivet）寫道：「我們原本可能成為信基督教的希臘。」這段悲哀的文字道盡了他國家的不快樂。儘管西班牙人歌誦西班牙，這是他們應有的權利，但他們也激烈地批評西班牙，誠如上面的句子所示。西班牙人批評西班牙人幾乎成了一種文學類型，兔子之地的每一個小學生都知道這句順口溜：「如果有人稱讚法國，那麼他是法國人；如果他歌頌英格蘭，他是英國人；但如果他指摘西班牙，他必定是西班牙人。」批評西班牙的言論通常都很精彩，但鮮少有建設性。這樣的評論雖是好文學，但卻很少能從書本文章或咖啡館激辯躍上社會行動的舞台。西班牙人會勇敢地為自己的國家或他的信仰而死；他的確會為了世界的正義和自由，死在奧維耶多（Oviedo）、馬德里、哥多華街頭的防禦工事，但他卻無法把個人信念，化為集體且漸進的政治努力。

又驕又窮，西班牙精神只有骨架

西班牙人的驕傲家喻戶曉，曾任薩拉曼卡大學（University of Salamanca，歐洲最古老的三所大學之一）校長的西班牙哲人米蓋爾．烏納穆諾（Miguel de Unamuno）在一篇文章中指出，西班牙的張三李四若沒有別的東西值得驕傲，也會因為自己是張三李四而無比驕傲，因為舉世不會有另一個和他一樣的張三李四。他所有的特質，無論好壞或者無關好壞，組合成他性格的特色，永遠不可能會以相同的比例，在其他任何人的身上出現。因此，西班牙人不覺得他生來是為實現任何社會目的，而是要實現他自己。他的個人尊嚴有時教人欽佩，有時又使人惱火；自我是他的重心。他這個個體具有神聖而不可替代的價值。在宇宙中，他可能什麼也不是，但對他自己來說，他就是一切。這種過度的個人主義無疑地削弱了國家的地位；這也使得西班牙人把個人成就或創造力視為自己主要的價值，因此西班牙真正偉大的都是個別的藝術家、建築師、作家、音樂家、聖徒、征服者、冒險家、探險家、詩人。這些都是在不用步出自我的情況下，可以發揮到淋漓盡致的領域。

西班牙人源自非洲閃米特族（Afro-Semitic），雖然有受到一點羅馬人和北歐部落的影響，但基本上以非洲閃族為主。這種原始的種族混合以強大個體性為基調。西班牙人有西班牙特色，就如猶太人有猶太人的特色一樣。猶太人可能來自任何地區或文化，但他仍然以猶太性格為基礎，這是他自豪的根源，他也將固執地堅持下去，儘管往往無法定義什麼是猶太性格，但他會全心全意地捍衛這個基礎，甚至為它奉獻自己的生命。西班牙人的血統有部分是猶太人，部分是摩爾人，在心理上及在對現實和命運的闡釋，也具有類似特質。這種特質絕非弱點；它是一種其他民族所不了解的力量。唯一遺憾的是，到目前為止，西班牙人巨大的能量和民族自豪，還沒應用到西方世界視為主要價值的集體表現領域：經濟組織、民主政府、社會凝聚、工業發展，任何一種集體的事業。不過在藝術方面，除了在非常絕望時期之外，西班牙向來不落人後。哲學家烏納穆諾說，西班牙的偉人塞萬提斯、格雷考（El Greco），委拉斯奎茲（Diego Velázquez）、哥雅（Goya）、路易斯・德・貢戈拉（Luis de Góngora），「和任何國家的偉人相比，都不遜色，甚且還有過之，儘管我們實際的生活比不上摩洛哥或葡萄牙」。[5]

烏納穆諾還指出，過分個人主義背後的這個根本原因，可能造就了西班牙人在歷史上的所有成就：他們短暫的皇家大業，他們的百折不回，他們在藝術上的優異表現。「這種個體感受深植於種族的根源，狡猾政治人物把它變得有利自己的野心。」

巴羅哈在他其中一本小說的序言寫道，西班牙的強烈個體性往往焦躁不安，難以平靜。

> 從沒有完整的社會體系的西班牙，在實力派和行動者的前仆後繼下，以一連串的精神抽搐展開了她的生命和藝術。如今她卻覺得因為這樣的噴發而毀滅，而且渴望像其他國家一樣，傾心平凡與井井有條，唾棄個體性。
>
> 原本唯個人獨尊的西班牙，如今卻把其他民族的集體主義志向尊為不容爭辯的教條。今天，我們的國家把璀璨未來交給能大聲疾呼普遍想法和感受的人，儘管這些想法和感受與我們同胞的天賦扞格不入。[6]

巴羅哈是在佛朗哥掌權之前寫下這些文字，文中所指的是「當代的民主資產階級傾向」，而非佛朗哥試圖重振菲利普二世西班牙教會國家觀念的西班牙法西斯主義。巴羅哈說西班牙人廣泛接受其他民族的集體主義抱負，這點是錯的。佛朗哥將軍「勇敢向昨天邁進」的做法，徹底證明了事實並非如此。但如果這些集體主義抱負有朝一日變成了一種宗教（共產主義可能就是這宗教），請小心留意火山爆發！

又驕又窮，這兩個字形容西班牙人民再貼切不過。古諺有云：「如果上帝不作上帝，就會作西班牙的國王，而法國國王會作他的廚子。」不過，用來形容西班牙的另一個諺語「驕傲和懶散是貧窮之鑰」（*alivez y pereza, llaves son de la pobreza*），則需要進一步檢視。西班牙人寧願作士兵、牧師或冒險家，也不願作勞工，的確如此。但西班牙人並不馬虎，他會勤勉不倦地完成交付任務，只是他喜歡用自己的方式來執行。西班牙的貧窮來自其他的原因：長年草木不生且受降雨侵蝕的光禿土壤，從未以人民福祉為意的政府，如波斯或羅馬那般荒謬的大莊園主制度（*latifundia*），使得鄉下勞工沒有土地，缺乏像樣的住房、工業和技術發展，最後是不願分享的富裕階層和不願合作的勞工。造成西班牙貧困的，是這些具體問題，而非懶散。所以西班牙人緊抓他們的自尊不足為奇，這是他們唯一的真正財富。

因此，西班牙人對人生所抱的自傲和堅忍態度，是無可奈何的哲學。生於西班牙的羅馬哲人塞內卡（Seneca），中肯地說明了這種態度：「別被與你的精神格格不入的任何東西征服。」十九世紀的西班牙作家加尼韋特十分崇拜塞內卡，用下面這些話扼要重述了羅馬作家的哲學：

> 記住，在生命的意外中，你的內心有一股活力，堅不可摧，就像一個鑽石軸一樣，圍繞

著它的是形成你日常生活的小小事件；無論什麼事發生在你身上，無論它們是順境、逆境還是侮辱謾罵，你都要站穩腳步，屹立不搖，至少讓人們談到你時，總會說你是個男子漢。（加尼韋特補充說）這話是徹頭徹尾的西班牙精神，塞內卡根本毋須加以創造，因為它早已被創造出來了。他只消把它挑出來，給它一個永恆的形式，展現有天賦的真男人的一貫作風。西班牙的精神粗獷、沒有形體，只有骨架且赤裸裸，它不用人造的衣服遮蓋那原始的裸體：它用塞內卡主義（Senecquism）的無花果葉遮蓋自己。[7]

接著加尼韋特指出，塞內卡主義已深深影響了西班牙的宗教、道德，甚至法律層面，它已滲透西班牙的藝術和民俗，在諺語、格言和常民話語中，甚至瀰漫在許多不同的高等學問分支。我們還可以補充說，西班牙的空氣和土地，尤其是在卡斯提亞，代表了堅忍的氣候和地理，而卡斯提亞是士兵之鄉；堅忍和士兵必然融為一體。

「探險家柯特茲（Hernán Cortés）足堪媲美達文西。」又一位知名的西班牙人得到肯定，顯示西班牙在文藝復興時期和義大利平起平坐。一言以蔽之，義大利對文藝復興的貢獻是才華洋溢的全才藝術家，而西班牙的主要貢獻是征服者。一方面是創造藝術的人，另一方面則是創造國家的人。這話是否為真並不重要，重要的是這說明了西班牙觀點，而且也為西班牙人普遍接受。

「也許早在基督之前，西班牙就已是基督徒」，這是塞內卡的另一句名言。西班牙人以其他國家難望項背的熱情擁抱基督教。而且是與其他天主教國家差別很大的基督教，和北歐冷漠、推理、枯燥、缺乏情感的新教共同之處更少。其原因是西班牙人從來沒有放棄異教信仰；只是在異教的基礎上增添基督教。在西班牙的宗教意象中，上帝是具體的存在。後來，他們從摩爾人和猶太人那裡取來對宗教的感官感受，而這種感受從未出現在新教國家。宗教成了一種熱情和藝術，它的儀式變成了炫目的禮拜。看看塞維亞「聖週」（Holy Week）的輝煌盛況，在那裡，處女成了拜占庭的女皇；看看復活節時在西班牙各地舉行的宗教遊行；看看許多西班牙宗教思想家所抱的神祕主義，這是用美德和苦難壓抑的神祕主義。

摩爾人和猶太人也為西班牙帶來西班牙天主教義的關鍵概念：以宗教來推行民族主義。中世紀的西班牙各小國沒辦法統一合作，因此他們高舉主旗（十字架的旗幟），以此為師，並以此為國家標準。史上只有兩次成功的十字軍，兩次都是由西班牙發起：一次是對信奉伊斯蘭教的摩爾人，另一次則是征服新世界的異教徒印地安人，讓他們皈依天主。西班牙從來沒有新教教會出現。而在佛朗哥當政之際，政府下令：任何猶太會堂或新教教堂都不得在外牆上張貼任何宗教信仰符號、標記、字母或可供識別的任何特徵。

五大地區的多元面貌

西班牙約是英倫三島的兩倍大，大概是加州再加上三分之一內華達州的大小。古代作家曾把它描寫成伊甸園，輝煌壯麗，歡樂滿園。「在西班牙，沒有閒置，沒有貧瘠。」（Nihil otiosum, nihil sterile in Hispanic）這是奶與蜜之地，就像傳說中以色列之子的迦南。阿方索十世在他著名的史書中，稱呼這裡是人間天堂。然而，這些富饒和美麗如今卻不復存在。這個國家痛苦地回憶過去，就彷彿古老的神祇惋惜祂的教派絕跡。這個貧窮、悲慘的西班牙，原本可能有怎樣的遠大前程。當今西班牙沒有一個地區的財富比得上加州。儘管如此，她千變萬化的地理卻教所有的旅人都嘆為觀止。

從西北角剛好和葡萄牙交界之處起算，這個國家的主要區域如下：

一、坎塔布里亞地區，包括加利西亞、阿斯圖里亞斯和巴斯克諸省，其中加利西亞雲霧繚繞，最潮濕多雨，但三個地區都青翠涼爽，有許多果園，水源豐富。這裡山巒崎嶇，石屋穩固地座落在山坡谷地，即使在夏日也看得見青煙裊裊。農民用稱作*hórreo*的石頭或木製糧倉貯存五穀，糧倉用四腳高架起來，以免受到齧齒動物啃食。穀物桶上都有十字架，祈求上帝保護。山區的鄉村教堂風景如畫，雖然灰暗潮濕，古老原始卻動人心弦。山區的居民多愁善感鬱鬱寡歡，他們對家鄉滿懷熱情，如果不得不遠離故土就會患病，他們稱這種思鄉病為*morriña*，並以歌曲和故事傳唱。這個地區的人吃得比南方人好，但他們必須吃得好，才能在霧氣不斷的潮濕環境中生存。

這片地區孕育了許多西班牙最傑出的作家。他們對坎塔布里亞山脈及其人民的描述，著上了濃重的內部觀點色彩。中世紀的加利西亞抒情詩學派是西班牙西部對法國南部（Provençal）吟遊詩人（troubadour）傳統的回應。吟遊詩人傳統在歐洲文學史上名氣比較響亮。另外，西班牙流傳最早的歌曲中，有一些是十三世紀加利西亞遊唱樂人馬丁．哥達斯（Martin Codax）的作品，這些歌曲是為了夫婿出征對戰摩爾人的婦女所寫，喚起這片山地悲傷、神祕和懷舊的氣質；歌詞和旋律充滿了茫然和失落之感。最近重錄的一些歌曲盪氣迴腸，勾引出埋在我們無意識深處的原始過往。

加利西亞一位教區牧師的私生女羅薩莉婭．德卡斯楚（Rosalía de Castro，一八三七至一八八五年）以觀察入微的女性敏感描述她心愛的省分，她的詩以簡單、精緻的詩行勾勒加利西亞風光之美和其居民的憂鬱，教人想到民間對句的自然流暢和濃縮的多情特質。羅薩莉婭在聖地亞哥附近的墓，吸引區域居民前往。她在作品之一的序言中寫道：

> 湖泊、小瀑布、急流、繽紛的草原、谷地、山脈，時而蔚藍平靜如義大利的天空，憂鬱多雲的地平線，總像瑞士的風光那樣美麗；寧靜祥和的溪流和河岸，狂暴的海岬掀起驚濤駭浪，讓人恐懼而驚嘆不已……一望無際的海洋……我還能怎麼形容？沒有文字能夠細數這麼多的魅力。一年四季如茵青草、鮮花、香藥覆蓋大地；山上長滿了松樹、橡樹和楊柳（*salgueiros*），輕風徐徐，不分冬夏，噴泉和急流向前奔馳，噴出晶瑩水霧，時而穿過微笑的田野，時而進入深沉而陰暗的峽谷……加利西亞是一座花園，每一次呼吸都會吸入甜美的芳香，清新和詩意。

另一位以深刻思鄉之情回憶故鄉加利西亞的作家，是活躍時期主要在馬德里度過的愛米莉亞・巴爾多・巴讚伯爵夫人（Emilia Pardo Bazán）。她回憶故鄉的山峰「宛若老鷹的巢」，高大的栗子樹「散發著芬芳，其香氣與其他甜香的草藥與樹木融合」，微小的地衣「白如貂皮，像羊毛一樣柔軟而緊密」，「巨大的蕨類植物底下」，潺潺溪流在蒼翠的田野和巨石之間跳躍，古老的石泉「覆蓋了寄生植物，鋪著綠油油的苔蘚，水在其上滑行，一縷又一縷，就像悲傷的臉頰上的淚水。」

當代作家拉蒙・巴葉—殷克蘭（Ramón María del Valle-Inclán，一八六六至一九三六年）以悲劇和恐怖的色調描寫他的故鄉加利西亞，他在各處都發現「我們看不見的可怕生物」。他作品中的氣氛總是神祕莫測；狗在夜間嚎叫，宣告某齣悲劇，風暴和世界悲哀象徵性的回聲；他的人物是用橡木或堅硬的岩石雕刻而成；他們滿懷恐懼地犯罪，並接受可怕的後果；物體和人物在黯淡光線中神祕地移動，或一動也不動。成群的綿羊回到欄內，「長眠的田野在冬日凍結僵硬，幾乎不受牠們身上鈴鐺的擾動。」雨水豐沛，烏雲密布，古老的教堂和修道院孤伶伶地聳立在青翠的山坡之間，「產生難以形容的憎嫌和恐怖感。」有時可以聽到大海的聲音「在遠處激烈地起伏，彷彿它是埋伏在松林中的餓狼。

二、庇里牛斯山地區

二、庇里牛斯山地區，在坎塔布里亞之東，由三個省分組成，始於西班牙這頭的庇里牛斯山，並往南延伸。本區三個省分別是納瓦拉、亞拉岡和東岸的加泰隆尼亞，後者的首府是繁榮的巴塞隆納。由納瓦拉東行往加泰隆尼亞，就是由老實冷靜、愛跳霍塔（Jota）舞的傳統農民之鄉，前往因海洋致富、精打細算企業家的省分。加泰隆尼亞人就是西班牙的蘇格蘭人，他們勤勉精明，但也節儉到誇張的地步，至少傳聞如此。不過這未必是事實，蘇格蘭人之說亦然。

風景優美的納瓦拉首府潘普洛納，位於庇里牛斯山腳下的壯麗景觀中，向北僅二十八英里就是知名的龍塞斯谷（Roncesvalles）隘口，正是驍勇善戰的羅蘭和查理曼大帝後衛部隊和西班牙人對陣的傳奇戰場。這一路都是高山景色：松樹、野玫瑰、淙淙瀑布和孤寂的山峰。在法國史詩《羅蘭之歌》（*Song of Roland*）中，兩百歲的查理曼大帝甚至可以命令太陽靜止不動。大主教杜平（Turpin）即使已經瀕死，依舊用劍殺死了四百名士兵，羅蘭率領六十個人殺得十萬大軍落荒而逃。最後當勇敢的羅蘭意識到自己必死之時，用力吹響號角吹到太陽穴爆裂。沒有人能殺死這位勇敢的騎士；他是死在自己手裡。西班牙文學中沒有這樣的角色。西班牙人是現實主義者，熙德的史詩描述的是剛強可靠的英雄，扎根在他那個時代的嚴峻現實。

庇里牛斯山之鄉到處都是歷史悠久的回憶和紀念物。每個村莊都教人想起一場戰鬥。在卡拉奧拉（Calahorra），塞爾托里烏斯（Sertorius，按：古羅馬名將）對抗龐培（Pompey，按：古羅馬政治軍事家）；在圖德拉（Tudela），法國人打敗了卡斯塔尼奧斯將軍（Castaños）；在南方幾英里的努曼尼亞（Numantia），大西庇阿（Scipio Africanus，按：古羅馬政治家）遇到了勇氣無與倫比的勁敵；在納瓦拉特（Navarrete），「殘酷者」佩德羅一世（Peter the Cruel）征服了特拉斯塔瑪拉的亨利（Henry of Trastarnare），在亞拉岡的薩拉戈薩（Saragossa），全城死守，抵禦拿破崙的法軍達近一年。在這裡，羅馬和阿拉伯的廢墟和中世紀的古蹟與歷史和傳說同存。這個地區的風貌時時不同，但壯觀的庇里牛斯山是永恆的背景。薩拉戈薩周圍是綠色的田野，但更遠處卻只有起伏的平原，荒蕪而貧瘠。

> 埃布羅河（Ebro）一路曲折，時而近得彷彿火車就要直潛而下，時而又遠得如同在高處和兩岸樹叢中穿梭的銀鍊。眺望遠處是一連串藍色的山巒，其上則是庇里牛斯山的白色頂峰。圖德拉附近可見一條運河；經過卡斯特洪（Castejón）之後，鄉野冒出翠綠的色彩，繼續前行，乾旱的平原與橄欖樹交替出現，原本枯黃乾燥的曠野也冒出些許活潑的蔥蘢。遠方的山頂上是巨大的城堡廢墟，上方矗立著七零八落的高塔，就像倒地匍匐巨人的巨型軀幹，依舊教人心驚膽戰。[8]

東北海岸的大都會巴塞隆納位於高山環抱的海灣。城外幾英里就是蒙塞拉特（Montserrat）修道院，這是華格納的歌劇《帕西法爾》（*Parsifal*）中，傳說存放聖杯的地點。蒙塞拉特是地處荒野的山區隱居地，寂靜如冰山，周圍環繞著冠狀石頭，就像無人居住的星球。在這個僻靜而神祕的地方，依納爵．羅耀拉（Ignatius Loyola）以靈魂向上帝起誓，從此展開他基督士兵的新生活，耶穌會就源自這個誓言。他們稱蒙塞拉特聖母為「四月的玫瑰，山中的黑色聖母」。她是加泰隆尼亞的守護神，因歲月久遠，經燭火煙燻而變黑。神聖羅馬帝國皇帝查理五世（Charles V）在世時曾九次來此參拜，征服墨西哥的消息傳來時，他也正在此地。查理五世去世時，手中緊握著來自這個神龕的蠟燭，他的兒子菲利普二世亦然。

三、卡斯提亞高原，座落西班牙中部，在庇里牛斯山以南，坎塔布里亞區的內部和東方。它的西邊是埃斯特雷馬杜拉（Extremadura），乃是新卡斯提亞的延伸，再過去就是葡萄牙。卡斯提亞高原包括了古老的雷昂、舊卡斯提亞、新卡斯提亞和高原最南端的拉曼查（La Mancha）。吉訶德和桑丘就來自拉曼查。如今火車怒吼越過這片已經開墾的平地，而在過去，塞萬提斯筆下的男主角和他健壯的侍從在此大戰風車，驅散了一群咩咩叫的羊，把牠們當成摩爾人大軍。火車或汽車一路狂奔之際，乘客可以見到遠方凹凸如齒淡紫色的群山。

我們已描述過卡斯提亞地區，不過由內部觀察這塊西班牙的心臟之地，可能為我們的理解更添深度。卡斯提亞高原的人口大半聚集在村落、小村莊和小鎮，相隔遙遠，十分孤立。這個地區的居民盡量避免平原上的孤寂，就連農民也成群聚居。這樣的緊密為鄰讓他們有安全感，因為長久以來對抗摩爾人和彼此征戰的歷史，使他們滿懷恐懼。在戰亂之時，他們住在城鎮裡，以便躲避燒殺擄掠的軍隊。卡斯提亞的鄉下和加利西亞與阿斯圖里亞斯截然不同，往往杳無人煙。農舍成群圍在教堂附近，一方面互相取暖，一方面也是為了對抗嚴酷的大自然和高原的寂寥。村民經常得騎著騾子長途跋涉，才能到田地耕作，而每一塊田地又和其他相距甚遠。在勞動的時候，每個家庭都和其他家庭彼此孤立。

> 夜幕低垂時，農民騎上騾子，身影映著黯淡的天空，哀傷緩慢單調的歌聲在清爽的空氣

中漸漸遠去，化入無盡的高原溝痕之間，這樣的景觀扣人心弦。

在漫長的冬夜，主僕聚在一起十分平常，後者隨著手鼓急切單調的敲擊或古老歌謠的樂聲跳舞。[9]

卡斯提亞人性情嚴謹而節儉，他們對嚴寒酷熱同樣忍耐，身強體壯，身軀雄健，散發遭廢黜國王的尊貴。他們的冷靜和堅忍聲名遠播。他們天生是現實主義者，言語簡潔，吃苦耐勞。他們不容易接受新的想法。他們的歌悲淒，以拖長的音符歌誦草原，就像耕犁徐緩地穿過堅硬質樸的土地。他們的生命力堅強內斂；他們的高原一望無際清澄明白。卡斯提亞從來沒出過任何風景畫派。

四、安達魯西亞，西班牙的南部，這裡是摩爾文化傳統最強烈的地方。格拉納達、哥多華和塞維亞是最著名的城市和最著名的省。摩爾人稱此地為Al-Andalus，是汪達爾人（Vandals）的地盤，因此名為安達魯西亞。這是西班牙的非洲部分：位於沿海平原後方的高山、連綿起伏的丘陵和橄欖樹林、引水灌溉的肥沃谷地、地中海的氣候，這一切都是北非的特色。陌生的古老山丘包圍著公路，在到達城鎮之前往往有古老的城堡廢墟佇立，靜靜地見證中世紀或摩爾人的過往。包圍在格拉納達肥沃草原四周的，是一年四時積雪覆蓋的山峰。此地有甘蔗和菸草田，也有棕櫚樹、夾竹桃、桃金孃、白楊、康乃馨、藍雪花和九重葛。哥多華在炎炎烈日下難以喘息，而在塞維亞的人則四處尋找涼蔭休憩。這是暖風鳥鳴之地，這是乾燥、炎熱、夏日之地，住著快活感性的民族，他們有毋庸置疑的非洲血統。夜裡常常有吉他顫抖的音符，和西班牙南部佛朗明哥 *cante jondo* 怪異的曲調。

安達魯西亞的歌曲被歸類為 *cante jondo*，意即，和西班牙其他地區的歌曲截然不同。它們是狂放的哀歌，是愛情、哀傷、失落，有時是宗教激情的悲嘆，從這個地區非洲—摩爾—希伯來混合的文化中自然生成。它們滑動而零碎的音符，它們尖銳的顫音通常以刺耳哭喊表達，它們用西班牙佛朗明哥吉他彈斷奏伴奏，這些特色表現在聲音上，就像是尖銳箭頭射出滑翔搖動的軌跡。乞求寬恕的宗教「深沉之歌」稱為 *saetas*，意即歌曲的「箭頭」。這些歌曲並非吉普賽人原創，因為早在十五世紀初吉普賽人到達西班牙之前，羅馬作家就已提到它們。但今天，吉普賽人的確以尤其精準又唯妙唯肖的優表演這些歌曲，他們似乎到哪都有這種本領。

五、東岸（the Levant），是五大西班牙地區的最後一個，其主要地區是狹長的海岸省分瓦倫西亞，在數世紀前由西班牙的民族英雄熙德從摩爾人手中奪得。瓦倫西亞是灌溉區，是西班牙的「綠園」（*huerta*），柑橘和稻米之鄉。如果沒有灌溉，它就會如乾草原一樣貧瘠風化。瓦倫西亞的水是由古老的水利法庭配給，這個法庭負責這項重要而敏感的任務已有近千年的歷史。這個地區是舉世生產力最旺的地方。

瓦倫西亞與海洋交會處散發著藍色地中海的光芒。在海岸後方的灌溉「綠園」是一望無際的墨綠色柑橘樹林，一條紅土路迤邐其間，散布著玫瑰紅、藍色或閃閃發光的白色小屋。芬芳的花朵和水果映著濃密的樹葉，成千上萬的小金橙點綴在樹叢中。瓦倫西亞小說家維森特．布拉斯科·伊巴涅斯（Vicente Blasco Ibáñez）精彩地描述：

> 燦藍的天空宛若精緻的絲綢。海岸邊是有稜有角的山巒，陡坡重重，高聳入雲的塔宛若多雷（Doré，按：法國畫家）的畫。在更遠方的內陸，飄浮在山腳下樹叢碧湖上方的，是籠罩紫霧的另一座更遙遠的山脈。不斷澆灌的水氣瀰漫，陽光在其中滑行。

離開已開發的平原幾英里，景觀丕變，突然之間又展現卡斯提亞高原荒蕪堅硬的一面。巴斯克作家巴羅哈曾這麼描寫到東岸的遊歷：

> 我曾與兩位熟稔的神父一起前往瓦倫西亞，一路上談到了我們各自的家園；他們稱頌瓦倫西亞平原，我則回答說，我更喜歡山區。正當我們經過欽奇亞（Chinchilla）附近光禿無樹的山丘時，他們其中一位對我說：
>
> 「這一定教你想到你的故鄉。」
>
> 我愣住了。我怎麼能把這樣乾燥荒蕪光禿的岩石，和巴斯克故鄉溫潤碧綠的景色聯想在一起？可想而知，這位神父心中的景觀印象只是山的概念，他無法像我一樣區分長滿了草皮

樹木的綠色山坡，和乾燥岩石構成的枯旱山坡。[10]

這就是西班牙形形色色的面貌，盡顯其神祕壯麗。我們無法找出它在地理、土地形式或氣候方面的共同點。就連西班牙的語言也缺乏統一。宗教雖曾統一西班牙人，但現在又有分歧。有人曾說，在西班牙，每個人都跟隨教會，只是其中一半手捧蠟燭，另一半則拿著棍棒。因此，儘管佛朗哥政權拚命努力，但這個古老的團結依舊分崩離析。無形的西班牙特色基礎總是存在，西班牙*hispanidad*要素。也許這個國家的精髓在於它苦行的力量，永恆的生命力，但這也是難以捉摸的性質。不管是什麼，在哪裡，西班牙的統一只是歷史的骨架結構，分享共同的命運。然而，粗糙、原始、貧瘠，但卻富含大地氣息和恣意生長的花朵，「在野生植物中、在尚未開化的優雅中，無論其居民，這個半島本身就是偉大的力量，偉大的存在。」[11]

第二章 黑暗的開始

「在西班牙，一切都會腐朽，唯獨種族例外。」

——卡諾瓦斯·德·卡斯提約（Cánovas del Castillo）

由老卡斯提亞的港都桑坦德（Santander）到中古城鎮桑地亞納·德瑪爾（Santillana del Mar）和就在小鎮上方的阿爾塔米拉（Altamira）洞窟，距離大約才二十英里。這條路交通繁忙，中間還穿過一座巨大的酸液工廠，噴出陣陣惡臭濃煙，原本晴朗的天空因此汙濁黯淡。桑地亞納是個美麗的中世紀小城，迄今依舊保持著當年的風貌，說不定連蒼蠅的數量都和以前一樣。這裡雖有一家公營飯店，由古城堡變身，但只有八個房間，因此很難找到過夜休息的地方。桑地亞納狹窄的街道屬於另一個紀元，不過街上卻擠滿了現代的觀光客。

儘管桑地亞納有教人目不暇給的歷史遺跡（美不勝收的羅馬式建築），但此地的瑰寶，卻藏在城鎮上方山坡的深處。山坡頂長滿了如金龜樹和相思樹等高大樹木，樹下總是站著一群人，等著進洞窟參觀，每一梯次只容二十人左右入內。洞裡滿是已炭化的骨骼，不過都是動物骨骼，人類的死者必然埋在別處，只是沒有人知道究竟在哪裡。導遊總會帶強力手電筒和蠟燭，因為洞裡的畫在柔和的燭光下看來最美。和美國新墨西哥州的卡斯巴德洞窟（Carlsbad Caverns）相比，西班牙的這些洞窟尺寸較小，但它們在人類歷史上的意義讓卡斯巴德相形見絀。跨進狹窄的入口，把陽光關在外面之後，機械世界就完全消失，也關閉了人類笨拙認識群星的大門。

西班牙的史前居民在阿爾塔米拉洞窟頂，留下了教人嘆為觀止的繪畫作品。然而，大家對這些居民幾乎一無所知。這些畫至少有一萬三千年歷史，說不定更久遠，但保存得非常好。它們是這個半島繪畫藝術最早的代表，而繪畫正是西班牙人有史以來所擅長的領域。要欣賞這些圖畫，觀眾必須平躺在鋪了帆布的一塊石頭「沙發」上，否則圖畫就會扭曲失真。史前藝術家原先必然

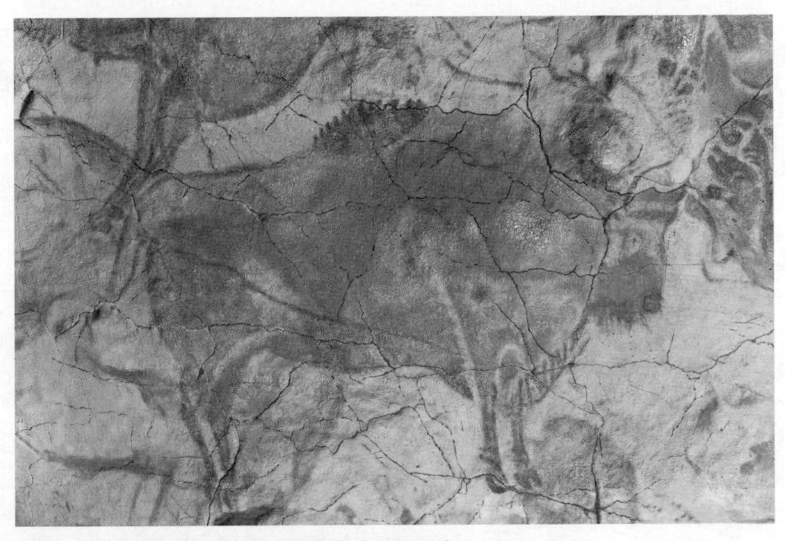

圖2-1　阿爾塔米拉洞穴壁畫上的野牛
資料來源：Musco de Altamira y D. Rodríguez。

就是這麼躺著作畫，就像米開朗基羅在西斯汀教堂作畫時一樣。這些畫作可能是宗教或儀式性質，以溫暖而豐富的棕褐色調，繪出野生的雄鹿、馬、野豬，動作、節奏和形體都有很好的掌握，表現出作畫古老民族的藝術特質。低矮的洞頂永遠因洞內蒸氣凝聚而潮濕，據說這就是使它們歷久彌新的主因，否則洞頂低滲下來的水恐怕早就破壞它們了。史前幽暗的門戶就說到這裡，時間快轉八千年，此後，西班牙就從陰影走出來。

早期居民

伊比利亞人（半島因此得名）可能在西元前三千年，開始由北非來到西班牙。他們主要占據半島南部的三分之二，沿著埃布羅河及流域以南處聚居。Ebro 這個名字本身來自Iber，伊比利亞文的「河流」之意。伊比利亞人在埃布羅河谷和瓦倫西亞海岸附近，發展出欣欣向榮的文化。他們住在城牆環繞的城市裡，有些建造城牆的巨石仍留在原地，像是在塔拉戈納（Tarragona）。伊比利亞人這個種族，矮小結實，皮膚偏黑，擅長騎馬，他們的社會組織極重視氏族和部落。他們製作美麗的小型青銅像；熱愛用藝術表現公牛、其他動物和花朵。他們的藝術蓬勃發展，在最後的時期受到希臘人的強烈影響。

腓尼基人是閃米特族的迦南分支，早在基督誕生之前許多世紀，就與西班牙貿易——可能早至西元前十二世紀。這些人的語言顯然和古希伯來語同系。來到西班牙的腓尼基人（最先來自現黎巴嫩境內的推羅〔Tyre〕）主要是商人，長期和半島居民貿易，頗有利潤。據說他們建造了西班牙南部的加地斯（Cádiz，按：西班牙西南的港口）和馬拉加（Malaga）兩個城市，前者建於西元前一一〇〇年左右。吸引腓尼基商人來此的主要是西班牙西南部的礦藏，可能就是《舊約》提到的他施（Tarshish）。「他施的船」在西地中海縱橫了許多世紀，傳說由西班牙返回的船隻連錨都是由純銀打造。儘管腓尼基人主要的興趣在貿易，但他們對音樂技巧也不陌生，先知以賽亞在推羅光彩不再之時說：「你這被忘記的妓女啊，拿琴周流城內，巧彈多唱，使人再想念你。」（《以賽亞書》第二十三章第十六節）

北歐的凱爾特人大約在西元前九百年漂流至西班牙；三百年後（西元前六百年），凱爾特人第二次入侵，他們占據了這個國家的北部，埃布羅河以北的地區。來自北方的這個種族在西班牙中部和伊比利亞人通婚，生出凱爾特伊比利亞人的後代，希臘人和羅馬人後來都曾與他們遭遇。

凱爾特人對西班牙北部人口的外觀留下強烈影響，坎塔布里亞和庇里牛斯山區的人民，迄今還有相當高的比例都是淡色（藍色和淡褐色）的眼睛和淡色的皮膚與頭髮。加利西亞和阿斯圖里亞斯的人民以金髮著名，在巴斯克省分，有淺色皮膚和眼睛的人口約占四成，亞拉岡約三成五。越往南走，膚色和眼珠的顏色就越深。典型的安達魯西亞人是黑皮膚黑眼珠，反映強烈的摩爾人血統，不過如今在安達魯西亞也有金髮的人存在，就像在北非阿拉語系人口中也有金髮的人一樣。談起種族特色或許有點牽強，尤其又是數千年前的事了，但

史特拉博當年所注意到伊比利亞和凱爾特人的特徵，迄今依然歷歷可見：他們的好客、慷慨大方、傲慢，以及最重要的，他們對自由的熱愛，這顯現在他們對征服者激烈的抵抗，和在遭圍城時極力的防衛；薩貢托（Saguntum）和努曼尼亞就是西班牙史上知名圍城中的頭兩例。[1]

希臘文學經常提到西班牙早期的歷史。柏拉圖在晚期作品《蒂邁歐篇》（*Timaeus*）提到亞特蘭提斯失落的文明，史特拉博也在他知名的地理著作中提到它。現代作家厄文．畢約克曼（Edwin Bjorkman）舉證歷歷指出，亞特蘭提斯就位於現代西班牙的加地斯附近。在希臘神話中，海格力斯的第十項任務就是要往西到落日餘暉下，帶回革律翁（Geryon）的牛。學者蓋萊（Gayley）在《古典神話》（*Classic Myths*）書中寫道：「這段描述指的應該就是西班牙，而革律

翁是那裡的國王。」

海格力斯跨越許多國家後，終於到達地中海的最西邊，他在那裡豎起了兩根大柱子作紀念，那就是卡爾佩山和阿貝拉山（mountains of Calpe and Abyla）。這兩個傳說中的「海格力斯之柱」，就是當今的直布羅陀和休達（Ceuta）。故事的後來是，這位希臘英雄在柱子上刻了一個纏繞在一起的S形，上面的拉丁銘文是「地的盡頭」（*Non plus ultra*），這個圖示標記地中海世界的最西端。而這個S形銘文成為現在廣泛使用的金錢記號，也就是美元的符號。

海格力斯的第十一個任務是去偷赫斯珀里得斯姊妹（Hesperides）的金蘋果。這可能是指金塊，又或者單純是指金色夕陽或者西班牙南部的野柳橙？巨人阿特拉斯（Atlas）是守衛金蘋果的仙女赫斯珀里得斯姊妹的父親，所以海格力斯請他去取金蘋果，他願意在此期間代替阿特拉斯，用自己的肩膀承擔天堂的重擔。阿特拉斯很快帶著金蘋果回來，而且想親自把蘋果帶

圖2-2 埃爾切夫人像

資料來源：Luis García拍攝。

回希臘。海格力斯同意了，但請求巨人幫他背負重擔片刻，讓他去取個墊子墊在肩膀上。阿特拉斯於是又擔起了天堂的包袱，海格力斯則帶著蘋果溜之大吉。

希臘人約在西元前六百年抵達西班牙，他們最先是來貿易，後來沿著地中海岸，可能也沿著坎塔布里亞北岸，建立了幾個貿易點。他們的藝術和較原始的伊比利亞藝術融合，知名的石像「埃爾切夫人像」（The Lady of Elche）就是希臘—伊比利亞藝術的最佳範例，她謎樣的臉龐流露出近乎東方的安詳平靜，其頭飾和珠寶則是伊比利亞風格。這個半身像是在瓦倫西亞海岸的阿利坎特（Alicante）附近發現的。希臘人在西班牙並沒有留下如在義大利西西里的敘拉古（Syracuse），或是像那不勒斯南部帕埃斯圖姆（Paestum）的偉大石廟，他們在西班牙留下的建築並不持久。

希臘人倒是把他們的音樂和樂器帶到西班牙。

> 推羅的歌曲雖已被時間湮沒，不過我們可以想像有些殘篇，和希臘與伊斯蘭的曲調混在一起，留存在輕快的伊比利亞民謠中，這些民謠的起源已失落在時光的幽微之中。能確定的是，腓尼基在地中海的地位讓給了希臘之後，希臘的故事和傳說才深入伊比利半島……人們在伊比利土地上的希臘神廟和劇院崇拜以弗索的戴安娜女神（Diana of Ephesus），伴著里拉琴（lyre）和阿夫洛斯管（aulos）吟唱誦歌和詠嘆調。[2]

羅馬帝國的治理

西元前三世紀，北非的腓尼基強大城市迦太基，在第一次布匿克戰爭（First Punic War）敗給羅馬後入侵西班牙。哈米爾卡．巴卡（Hamilcar Barca）將軍趁戰後暫時的平靜，征服了一大部分的安達魯西亞和瓦倫西亞海岸區。巴塞隆納之名就是來自哈米爾卡．巴卡；第二個迦太基城市是新迦太基（Carthago Nova），就是如今的卡塔赫納（Cartagena）。哈米爾卡．巴卡練了一支由西班牙步兵和北非努米迪亞（Numidia）騎兵合組的精兵，擬妥征服義大利的計畫，他死後，兒子漢尼拔（Hannibal）繼承父志，實現了計畫，自己也成為古代最知名的將軍之一。西元前二一八年，他攻下並摧毀了薩貢托（今日瓦倫西亞附近），並幾乎立刻就帶精兵翻越阿爾卑斯山，進入義大利。他在西元前二一六年於坎尼（Cannae）遭逢並擊潰一支強大的羅馬軍隊。這可能是史上最龐大的羅馬軍隊。羅馬士兵在坎尼的死傷人數驚人，包括了八十名元老院成員，帝都幾乎沒有任何一個家族逃過喪親之痛。不過羅馬人振作起來，羅馬城依舊被牢牢防護，同時派出了第二支軍隊。這支隊伍雖不斷阻擋迦太基軍隊，但卻小心翼翼避免正面衝突。

漢尼拔立即釋放所有擄獲的羅馬同盟軍，並盡力策反，遊說他們及其城市拋棄羅馬，加入己方。他的計策不甚成功，因為羅馬帝國公平對待所有臣民的政策，以及迦太基四處劫掠的惡名昭彰，如今令羅馬大大獲益，即使瀕臨潰敗，同盟軍依舊堅定支持他們而不動搖。

漢尼拔撐了十年，在義大利南征北討，雖然多次勝利，卻一直無法鞏固自己的地位。羅馬人尾隨他的路線，但不肯和他正面交鋒。終於，漢尼拔的弟弟哈斯德魯巴（Hasdrubal）由西班牙帶兵增援，迦太基軍隊士氣重振。但是這支軍隊卻遭羅馬軍攔截殲滅。哈斯德魯巴也遭殺害，羅馬人還非常血腥地把他的頭扔進漢尼拔陣營。接下來漢尼拔又在義大利逗留了四年，但他的部隊逐漸縮減，敵軍勢力卻穩步增加。時至西元前二〇三年，漢尼拔被迫返回非洲。

在此同時，羅馬軍團在大西庇阿（Publius Cornelius Scipio，後來被尊稱為非洲征服者〔Africanus〕）的領導下參戰，在西班牙打敗迦太基。西元前二〇九年，大西庇阿攻下了他們在卡塔赫納的基地，到西元前二〇五年，所有的迦太基人都被逐出伊比利半島，這個半島也成為羅馬省分，名為西班牙（Hispania）。大西庇阿率勝軍攻進非洲，在西元前二〇二年於漢尼拔自家地盤打敗了他。迦太基還要再經歷另一次布匿克戰爭，才徹底被摧毀，不過如今西班牙土地上沒有了敵人，即將受羅馬殖民。然而，一直要到近兩個世紀後，一些不安分的西班牙部族才在奧古斯都的領導下（西元前一九年）被征服，伊比利半島真正進入「羅馬治世」（Pax Romana）。奧古斯都本人不得不親赴西班牙，指揮攻打堅強不屈的山民的最後戰役，羅馬詩人賀拉斯（Horace）在知名的頌歌中描述說：「野蠻的坎塔布里亞土地不肯向羅馬的統治低頭。」

接下來的四百年，西班牙在羅馬治下迅速發展。英國史學家吉朋（Gibbon，按：著有《羅馬帝國衰亡史》）參考史特拉博的紀錄，概要說明了當時的情況：

西班牙，帝國的西端，屬於歐洲和古代世界，在任何時代都一直保持同樣的自然界限：

庇里牛斯山脈、地中海和大西洋。奧古斯都把這個偉大的半島分成了三個省分：盧西塔尼亞（Lusitania）、貝提卡（Baetica）和塔拉戈納（Tarraconensis），葡萄牙王國現在的位置就是當年好戰盧西塔尼亞人的地盤。格拉納達和安達魯西亞的界限則與古貝提卡相符。西班牙剩下的部分：加利西亞和阿斯圖里亞斯、比斯開（Biscay）和納瓦拉、雷昂和兩個卡斯提亞、莫西亞、瓦倫西亞、加泰隆尼亞，以及亞拉岡，對於建構第三個、也是最可觀的羅馬政府，全都有所貢獻，這個政府由其首府命名，被稱為塔拉戈納省。在原始的野蠻人中，最強的是凱爾特伊比利亞人，坎塔布里亞人和阿斯圖里亞斯人則最難控制。他們自恃高山天險，最後才臣服羅馬，也最先擺脫阿拉伯人的桎梏。[3]

西班牙很快就成為羅馬的糧倉，也是帝國最富有的省分，大規模推廣農業和畜牧業。西班牙的馬既勇敢又敏捷，大受羅馬馬戲團歡迎。橄欖油，葡萄酒和水果產量豐富。正如普林尼（Pliny）所說，羅馬人十分重視語言對全國規矩態度的影響，因此立即「隨武力推行拉丁語」。羅馬士兵所用的拉丁語成為西班牙的語言，這種拉丁文被稱為通俗拉丁文，以便與西塞羅、賀拉斯、維吉爾等人撰寫用的博學拉丁文區分。西班牙全境都採行羅馬法律和習俗，人民逐漸羅馬化。在和平與秩序確立之後，也只留一個軍團在此地，作為該省象徵性的管理者。

蓬勃發展的城市，在半島各地如雨後春筍般冒出。偉大的羅馬公路「奧古斯塔之路」（Via Augusta）則由帝都延伸，一路穿過西班牙到西南角的終點站加的斯（拉丁文Gades）。另有其他羅馬道路把其他重要城市相連。由一塊巨大花崗岩塊打造的導水管，不可思議地把水引進了乾燥的高原城鎮。塞哥維亞的羅馬輸水道依舊保存完好，而且仍能送水，任何遊客看到了，都會相信這裡曾是偉大的都市，而非僅只是羅馬外省的西班牙城鎮。西班牙各地也都興建了橋梁、圓形劇場、神廟、馬戲團和拱門。曾在西班牙擔任羅馬代理總督的普林尼，列舉並描述了三百六十個不同的西班牙城市。西班牙的文明成了城市文明，並非如伊比利亞人和凱爾特伊比利亞人那樣各自分離的城市，而是藉著可能是西班牙最好的道路系統聯合而統一的城市，至少是一直到普里莫·德·里維拉（Primo de Rivera，一八七〇至一九三〇年）時代為止最好的道路。

羅馬人大力開採西班牙的礦藏，尤其是金礦和銀礦。吉朋說，每年由三個西班牙省分送往羅馬的黃金為兩萬磅。羅馬人逼使當地人為統治者挖礦，在西班牙人心中種下對貴金屬的熱愛，並於數世紀後反映在殖民墨西哥和祕魯的採礦經濟上。

基督教在西元一世紀也經由羅馬來到西班牙。相傳約在西元四十年左右，聖雅各（St. James）把福音帶到亞拉岡、雷昂和加利西亞，但早期的教會作家並未證實此說。保羅可能確實曾經過亞拉岡，而據說彼得有派傳教士去安達魯西亞。在尼祿皇帝（Emperor Nero）的統治下（五四至六八年），西班牙有幾個基督教殉道者，他們受苦的肉體和偉大的事蹟，記錄在西班牙教會的早期歷史中。譬如還是少女的聖歐拉利亞（Santa Eulalia）步履沉重地跋涉到梅里達（Mérida），一心一意想捨身取義。她衝到當地治安官面前喊道：「舊的神毫無價值，皇帝也無關緊要；前者無關緊要，因為它們是人的手所製作，後者無關緊要是因為他崇拜它們。這一切都毫無價值，無關緊要！」執政官覺得這孩子膽大包天，竟敢質疑政府的權力，非得懲罰她不可。他們把她捆起來，用熱鉗把她的身體撕成碎片，但她還是繼續用兒童的聲音高歌。她的靈魂化為白鴿，由她的嘴裡飛了出來，在天空翱翔。特士良（Tertullian，按：北非神學家）描述了教人難忘的這一幕，一針見血地說：「那女孩必然擁有我們所不具備的偉大隱藏力量。」[4]他說出了當時羅馬人普遍的心聲。

同樣的事，也發生在西班牙其他地區。聖文森在薩貢托去世，塔拉戈納和赫羅納（Girona）各有他們的英雄犧牲，在薩拉戈薩則有十八位著名的殉道者。羅馬詩人普魯登修斯（Prudentius）也在一首詩中栩栩如生地描繪了聖恩格拉西亞（Santa Engracia）所遭受的折磨：她的乳房被由身體扯下，肝臟被切掉，四肢壞死生疽。

> 這些殉道的烈士造福大地，一如汩汩清泉：他們的聖血驅趕了所有的妖魔鬼怪：含淚到他們墳上悼念的人都帶著微笑回家：在他們的祭辰，人們都會在聖祠提供盛宴。詩的最後祈求：「高尚的公民，和我一起拜倒在這些神聖的墓前：如此你們就全都能迅速地追隨這些復活的靈魂和肢體。」

任何對西班牙有所知的人，都知道這首詩談的是西班牙生活的某些典型面貌。當地的聖人或聖母依舊是城市的守護者，即使不再信奉天主教的人依舊引以為傲，也是奉獻的目標。

> 哪個城市有最傑出的聖徒，遊行的行列最壯觀，依舊是街頭巷尾的話題。一直到最近，背上鮮血淋漓的自笞者，只不過是呈現了稍微不那麼殘忍的競技場畫面，鬥牛則是象徵精神勝過暴力的永恆戲劇。[5]

早期殉道者為新的西班牙教會帶來了源源不絕的動力。確實，西班牙對殉教的興趣超過了其他國家。許多世紀之後，在宗教裁判所（Inquisition）的掌控下，角色殘酷地逆轉。直到君士坦丁統治時期（三二五年），西班牙和整個羅馬帝國才變成以基督徒為主。

在羅馬人統治下，西班牙的教育有了很大的進步，但受教育的僅限於執政階級。許多羅馬帝國最出名的作家都生於西班牙。白銀時代（Silver Age）的文學主要是這些「西班牙拉丁文」作家的作品：塞內卡、馬提亞爾、昆提利安（Quintilian）、盧坎（Lucan）等，他們的作品都在西元一世紀完成。兩位偉大的皇帝圖拉真（Trajan，九八至一一七年）和哈德良（Hadrian，一一七至一三八年）也在西班牙出生，後來的皇帝安東尼·庇護（Antonius Pius）和馬可·奧理略（Marcus Aurelius）亦然。在圖拉真治理下，羅馬帝國的版圖臻於巔峰。吉朋簡潔地指出：

> 圖拉真的作品展現了他的天才。哈德良在帝國每一省都樹立雕像，不但是奉圖拉真之命，而且由圖拉真親自檢視。圖拉真本身就是藝術家，而且他熱愛藝術，因為它們能彰顯帝王的榮耀。五賢帝鼓勵藝術，因為這對人民的幸福有所貢獻。但皇帝卻並非他們轄區唯一的

建築師，他的臣民紛紛模仿，無畏地向世界宣告他們不但有精神構思這崇高的志業，也有財富能夠將它完成。

羅馬作家馬提亞爾在帝國首都，受夠了穿紫色托加袍（togas，古羅馬長袍）的將軍和傲慢寡婦的氣後，退休到亞拉岡的一座小農場。他寫信給朋友朱維諾（Juvenal），描述他在西班牙的生活：

在波特丹（Boterdum）和普拉提亞（Platea）——這些都是我們凱爾特伊比利亞鄉下地方的名字——我們懶散地生活，隨興地工作。我呼呼大睡，毫不羞愧，通常一覺都要十點之後才醒來，彌補著這三十年來我所積欠所有的睡眠。這裡沒有穿托加的人；如果非要不可，他們就會從最靠近的破椅子上拿蓋毯給你。我早上在橡木林取來的大塊木頭燒起的熊熊大火前醒來，土地中人的太太在火上架著鍋盆。高大魁梧的年輕獵人走進來，你會感到想要隨他進茂盛樹林的欲望。中人把食物分給孩子們，並徵求我同意剪去他的長髮。**這是我想要的生活，我也希望這樣死去。**

同一位馬提亞爾也見過加的斯少女性感熱烈的舞蹈，她們的響板和「優雅高舉的手臂，旋轉的胴體、曲折的動作和神祕的情感」都教他深深著迷。

可是在其他日子，當馬提亞爾不那麼樂觀時，則刻畫這幅圖像的另一面——附近的城鎮是沒見識的小地方。沒有人可以談話，沒有劇院，沒有文學的興趣或品味。這位偉大的羅馬人在鄉下無聊得發慌。

其他羅馬作家也為這幅西班牙畫面做增補。普林尼讚美半島的海岸地區，西班牙染料美妙的顏色，「工人的活力、奴隸的技巧、人民的堅忍和慷慨激昂的精神。」西塞羅稱誦哥多華的地方詩歌，彷彿摻融了橄欖油。哥多華的主教霍西烏斯（Hosius）親自寫信給皇帝，禁止他干涉西班牙教會。普魯登修斯寫了許多讚美詩，歌詠西班牙知名的基督教殉道者。普利西廉（Priscillian）主教則容許舞蹈作為教堂儀式。直到現在，塞維亞大教堂聖體節時的儀式，依舊有「塞斯舞」（Dance of Seises）。

羅馬人對溫泉浴的喜好也影響了西班牙。當時的拉丁作家經常提到各大城的羅馬浴場（thermae），以及人們常去洗浴的習俗。第二次布匿克戰爭後（約西元前二百年），沐浴在羅馬治下的西班牙蔚為風尚。不過到第五世紀，好戰的日耳曼民族西哥德人（Visigoths）接掌政權之後，摧毀了所有的羅馬浴場，認為泡澡會使人軟弱陰柔。七一一年摩爾人入侵，又一反先前作風，使沐浴再度流行。西班牙的穆斯林和猶太人都認為清潔的重要僅次於信仰，而且經常在宗教的淨禮中用水。中世紀的卡斯提亞士兵，既沒機會也沒欲望清洗身體，總把他們的汙穢和正當的宗教思想牽連在一起，因此認為猶太人和摩爾人的沐浴行為是異端。猶太人和摩爾人都有清洗死者遺體的儀式，似乎認為這麼做能洗淨死者的罪愆，但基督徒看在眼裡卻特別反感。卡斯提亞人也指責摩爾人把沐浴變成惡名昭彰的感官逸樂，認定沐浴是該族裔不道德且應受譴責的習慣。

西班牙的托缽僧根據他們與主流作對的原則，認為身體上的汙穢正是道德純潔和真實信仰的試煉；他們由年頭到年尾無論吃睡都是同一襲僧袍，從不換洗，根據他們對「神聖氣味」（odor of sancity）的看法，這才能實現他們的雄心。所謂「神聖氣味」只不過是沖天臭氣的委婉說法，但它代表基督徒的聖潔，許多聖徒的畫像都是他們坐在自己的穢物裡。出身方濟會（托缽派）的大主教希梅內斯．西斯內羅斯（Jiménez de Cisneros）就在伊莎貝拉和斐迪南征服格拉納達後，讓他們關閉並廢除了摩爾人的澡堂。「他們不只禁止基督徒，也禁止摩爾人用除了聖水之外的一切。宗教淨化的重要元素成了火，而非水。」[6]

神父甚至受到指示，要詢問年輕的女性悔罪者是否曾洗澡，如果有，就拒絕寬恕她們。菲利普二世鍾愛的女兒伊莎貝公主曾發重誓，在攻下奧斯登（Ostend）之前不換衣服。圍城持續了三年三個月又十三天。

公主的衣服穿成了褐色，朝臣都稱這個顏色為伊莎貝，恭維虔誠的公主（此字在比利時依舊有「髒灰色」的意思）。索西（Southey）也提到虔誠的修女聖埃烏夫拉西亞（Saint Eufraxia）走進共有一百三十位修女的修女院，其中沒有一人洗過腳，連提到沐浴一詞，都教人深惡痛絕。[7]

當時曾有一位宗教作家提到這些忠實的修女，稱她們為「甜美的花園，充滿了芳香和聖潔的名聲」。由於這些歷史背景，西班牙人養成不洗澡的習慣，一直持續到十九世紀。

自哈德良當政（一一七至一三八年）開始，以及安敦寧王朝（the Antonines）皇帝統治之時，越來越多猶太人湧入西班牙。據猶太傳說，古希伯來人早在基督之前數百年，就「藉著所羅門的艦隊和尼布甲尼撒（Nebuchadnezzar，按：古巴比倫國王）的尖兵」在當地建立了殖民地，但這並未獲歷史的證實。不過安敦寧王朝諸皇帝，確實恢復了猶太人的古代特權，並允許他們在帝國內自由行動，享受身為市民的榮譽。

新的猶太會堂在帝國各大城市出現，也以最嚴肅和公開的方式慶祝安息日和節日。尤其西班牙的地中海氣候、乾燥山脈和橄欖樹林，和以色列十分相像，因此成為離鄉背井猶太人的新家園。他們為西班牙的人口和歷史帶來了重要的種族和文化元素。吉朋非常正確地指出，在這個歷史關頭，「猶太人是國家，基督徒則是派系。」不到幾個世紀，這種情況逆轉，為基督徒和猶太人帶來最嚴重的後果。

日耳曼人的勢力

西元頭四世紀的西班牙，靠著高山大海和中間的省分，在四方都與羅馬的敵人相隔甚遠，因此能長治久安。在西元二世紀，如奧古斯塔・艾梅里達（Augusta Emerita，今梅里達）、哥多華、塞維亞（即赫斯帕利斯〔Hispalis〕）、薩拉戈薩（即凱撒・奧古斯塔〔Caesar Augusta〕）、盧戈、加的斯和塔拉戈納等西班牙城市，都是羅馬帝國最輝煌顯赫的城市，這是西班牙毫不懶散的時代，而且土地肥沃，物產豐饒。西班牙最後雖因承平過久而變得軟弱，但日耳曼部族來勢洶洶，使西班牙人重新燃起軍事熱忱，而且只要本地民兵組織能守住高山天險，蠻夷就會被驅趕擊敗。不過，在羅馬皇帝的聯盟軍取代這些民兵之後，西班牙北部就危險地門戶洞開。

西元四〇九年，蘇維匯人（Suevi）、汪達爾人，和阿拉尼人（Alani）這三支日耳曼部族湧進伊比利半島。汪達爾人蹂躪全境，但主要定居在西班牙南部，因此當地名為安達魯西亞（源自Vandalusia，意為汪達爾人之地）。三支蠻族四處劫掠，其中汪達爾人最為殘暴，因此故意破壞物品或他人財產一字才叫vandalism。幾年後，第四支日耳曼部族，半文明的西哥德人橫掃西班牙，征服了頭三支侵略部族，汪達爾人被迫退出西班牙南部，進入北非。已部分羅馬化且多為基督徒的西哥德人，就在半島上建立了他們自己的朝代，羅馬統治時期結束（五〇〇年）。

不過，羅馬在這個國家和人民的個性上，留下了不可磨滅的印記，包括三要素：(1)來自口語拉丁語的西班牙語言；(2)羅馬律法；和(3)基督教。此外還有羅馬的藝術、建築、政治組織和風俗習慣。要澄清的是，此時西班牙居民的思維、情感和行動方式，還並不是真正的「西班牙人」，這些人和征服摩爾人，以及發現並殖民新大陸的西班牙人，有顯著的不同。西班牙文化還處於變動的狀態，西元四百年在西班牙所說的語言還會經過多次極端的變化，才成為了今天的西班牙語。羅馬的律法也會被西哥德人和摩爾人的律法作大幅的修改。西班牙的基督教則因和穆斯林與猶太人許多世紀的接觸，而和四世紀時的教會與宗教觀念有莫大的不同。

然而，經過羅馬長期的統治，西班牙的文化和心理朝完全相反的兩極發展：一方面是羅馬的團結統一、中央集權和帝國制，另一方面則是非洲的分裂、部落文化和分離主義。在接下來的世紀，西班牙人民總是先朝向上述其中一個方向發展，接著突如其來地倒轉，朝向另一方。這基本的對立即使透過民主的妥協，從來也只能支撐短短一段時間。

唯有最強有力的專制政府才能控制分離主義傾向，而這種傾向卻經常出現在明智的團結獲勝之時，因此反覆無常的專制再次成為穩定政治秩序的唯一手段。這種分離主義傾向，美其名是西班牙個人主義；但也許更準確的術語應是小行政區主義（cantonalism，按：或譯州權主義，把國家分為高自主權的州或行政區）或卡拜爾主義（kabylism），也就是分裂瓦解成諸多部落的傾向。英國的西班牙史學家馬丁．休姆（Martin Hume）在西班牙作家烏納穆諾的支持下，追溯其起源到半島原有的伊比利亞居民身上。休姆在他的西班牙史著作中說道：

> 無論如何，關於他們（伊比利亞人）體格的認知，否定了他們是印歐或亞利安民族之

後的想法；如今要找到和他們相似的人，只要看看北非亞特拉斯山（the Atlas）的卡拜爾（Kabyl）部族即可，這是西班牙對岸非洲沿岸的原始住民，因為一波波的侵略而被趕回山上。這些部族不但體格和早期的伊比利亞人相似，連性格和習俗等不太變化的特殊之處，也和當今西班牙人雷同。伊比利亞人的社會組織就和亞特拉斯山民一樣，著重氏族和部落，而他們最主要的特色就是頑強不屈的地方獨立精神。卡拜爾族人驍勇善戰，冷靜又無憂無慮，數千年來都不願被納入統一的支配，而很可能出於同源的伊比利亞人，和有其他特色的亞利安族混合，經舉世僅見最偉大支配種族羅馬人治理；然而，即使到了現在，缺乏團結就是西班牙國家主要的特色，和卡拜爾部族一樣。[8]

休姆在書中一再重述這點。身為西班牙人的烏納穆諾，不願把卡拜爾的傾向歸諸種族。後者宣稱這是源自西班牙人鄉村生活的歷史，對西班牙人而言，牧羊是理所當然的生活方式。他說，純正的西班牙人一向都是「不甘願的農民，自願的牧人，若他不是個士兵的話」。烏納穆諾在這一點上和休姆不謀而合，無論歷史怎麼發展，無論原因如何，一等日耳曼部族入侵，羅馬統治告終，西班牙對立的兩股趨勢，專制統一和分裂瓦解展開艱苦拉鋸，持續了一千六百年從未中止，迄今依然。任何談西班牙的書，任何對西班牙文化或人民的闡釋，都必須以這個事實為依歸，再分析其表現。

西哥德的統治與衰亡

一直到西元六世紀（約六〇〇年）末，西哥德人才確實掌控了西班牙。他們在這個國家的居民中形成了戰士貴族階級，人數可能從未超過二十萬。他們自己之間鬥爭不斷，經常在血腥中黃袍加身，也經常遭到罷黜，在西哥德統治的兩世紀中總共換了三十多位國王，其中有一個正在王宮享用大餐，突然燈火全暗，十餘名人夫人父持劍刺穿了國王的身體。

許多西哥德國王都穿著貂皮披肩和紫色拖鞋，作為君主的象徵。他們按照西哥德的風俗，留長髮蓄長鬚，穿著打扮卻學羅馬人一樣華麗，戴上富麗堂皇的珠寶。

西哥德人就像先前入侵西班牙的其他蠻族一樣，在宗教上是信奉基督教亞流派（Arians），而非三位一體的天主教。他們並不相信基督和聖父為一體，而是把他當作偉大的先知，他們也拒絕接受聖父聖子聖靈同等的說法。西哥德亞流派大肆迫害西班牙羅馬天主教徒，其中一位國王雷奧韋吉爾德（Leovigild）把這種迫害訂為其政府的基本政策。他掠奪羅馬教會，勒索有錢人，把其他人驅逐流放或打進大牢，甚或送上絞架。他的宮廷就靠這樣得來的財富金碧輝煌，他舉行了排場空前盛大的加冕儀式。在這之前，哥德國王只比選他為王的酋長地位略高。雷奧韋吉爾德在宮中打造了美輪美奐的寶座，以壯觀的排場統治群臣。國王的肖像也首度被鑄印在西哥德錢幣上。

雷奧韋吉爾德之子赫梅尼吉德（Hermenegild）則為天主教殉道，他的死最終讓亞流派西哥德人改奉羅馬天主教。赫梅尼吉德娶了墨洛溫王朝（Merovingian）的天主教公主，新娘年方十三。小新娘在托雷多的西哥德宮廷內遭到虐待；太后對她尤其殘酷，因為她的不聽話而大發雷霆。曾經一度抓住她的長髮，「把她摔在地上，踢得她渾身是血，最後下令把她剝光，丟進魚池。」

聽說他的小新娘堅忍地承受這般殘酷待遇，赫梅尼吉德感動不已，自己皈依了羅馬天主教，並且反抗其父，四處尋求盟友。老國王雷奧韋吉爾德在與兒子的內戰中獲勝，將兒子處死。赫梅尼吉德因此成了西班牙第一個為羅馬天主教而死的王室殉道者。許多世紀之後，他封聖成了聖赫梅尼吉德（一五八六年）。

他的弟弟雷卡萊德（Recared）在老雷奧韋吉爾德駕崩（西元五八九年）後登基，歸還了由天主教徒掠奪而來的財寶，採取寬容政策，在托雷多召集會議，七十位主教和所有西哥德的貴族都前來參加。雷卡萊德在這群尊貴的成員面前，放棄了亞流教派，並請求所有臣民跟進。由於只有零星反對，皈依於是完成。雷卡萊德成了「西班牙第一位天主教國王」，羅馬天主教也成了國教。

雷卡萊德稱不上熱血的信徒。他這是政治精明的動作，而非宗教救世主之舉，他純粹希望教會能站在自己這邊，而由於主教通常是由國王指派，這點完全在他掌握之中。就像在他之前坐不穩托雷多王座的西哥德國王，雷卡萊德需要強力盟友平衡西哥德貴族的權力，這些貴族一向都是國王的眼中釘。如今王室找到了這個盟友，西哥德統治的西班牙逐漸邁向融合西哥德—羅馬—西班牙的國家。倘若歷史能夠繼續順著這個方向發展，西班牙就會留在歐洲歷史文化的主流。摩爾人阻止了這發展；他們在伊比利半島逗留了近八個世紀，徹底改變了人民的信仰、性格和心理。

在雷卡萊德之後，羅馬天主教西哥德人新得來的宗教聯盟攻擊猶太人。身為境內唯一舉足輕重的少數民族，西班牙猶太人現在已達數萬，他們是國內最勤奮、最聰明的居民，靠經商和理財累積的財富叫統治者看了眼紅。他們的宗教令人憎惡，難以接受，而且他們早已忘記怎麼使用武器。七世紀初的西哥德國王西塞布特（Sisebut），樂於對這些可憐的人大行迫害。他一聲令下，通過了法令，強迫猶太人受洗。據說有八萬人忍辱屈服，以免遭受折磨或處死，冥頑不靈的猶太人不但財產遭沒收，身體也受酷刑，家人四散。

基督徒之間開始傳說許多改宗的猶太人，在行聖禮時不出聲地瀆神，因此天主教聖職人員試圖緩和西塞布特過度的狂熱。然而，猶太人屢屢故態復萌，讓後來的其中一名繼位者終於把整個猶太民族驅逐出境，並在托雷多召開會議，命每一位哥德王都得發誓遵從此法。儘管如此，猶太人依舊留在西班牙；他們承受奴役和不幸，卻繼續繁衍；西哥德人無法徹底殲滅猶太受害者與奴隸，因為猶太人讓西哥德人的怒氣總有地方可發洩，而且強化統治。考慮到這一切，不難想見為什麼西元七一一年摩爾人入侵時，猶太人會張開雙臂歡迎。

在哥德人統治時期，西班牙南部有一位博學多聞的羅馬天主教百科編纂人、神學家、主教和聖徒：塞維亞的伊西杜雷（Isidore of Seville，五七〇至六三六年）。伊西杜雷是當時最多產的作家，代表了西哥德—羅馬學問的頂點。他把古拉丁作者所有的知識都綜合在名為《詞源》

（*Origins*）的巨著中，這部類似百科全書的作品備受重視，迄今還有近千本中世紀手稿留存。幾乎每間中世紀修道院都有一份。伊西杜雷的偉大作品絕對是歐洲的任務與成就，而非西班牙的。《詞源》是以當時歐洲通用的語言拉丁文寫成，其觀點也是取自歐洲（而非西班牙），是歐陸及其文化黑暗時代中最明亮的燈火，各國的學者都圍繞在四周，學習並獲得啟發。

伊西杜雷成了享譽國際的人物，他的作品由中世紀一直到文藝復興時代都廣為流傳，《詞源》的主題有人類學、宇宙學、人文七藝、歷史、法律、醫藥、教會事務、神學、動物學、建築、心理學和農藝。伊西杜雷大部分內容取自古希臘羅馬經典，以及先前的百科作者，主要是拉丁文作品。伊西杜雷不識希臘文，而且他的方法並不科學，因此招來一些現代學者的訕笑，但他的百科全書是西元七世紀之人實際感受的世界觀全貌。

伊西杜雷另一本作品《哥德人歷史》（*The History of the Goths*），對我們而言更重要。本書對西元七世紀西班牙—哥德的現實和情感，有清楚明白的呈現。那是一種自信的現實，踏實而沒有哀傷或怨氣，欠缺像後世那種排山倒海的宗教動力。伊西杜雷筆下的歷史歌誦勇氣和戰爭，幾乎像是異教徒的作品。在本書之始，有段「讚美西班牙」表達了如下的觀點：

> 由西方至印度的大地中，您是最美的一片，噢神聖的西班牙，王族和人民豐饒的母親，各省分名正言順的女王，西方與東方都由您汲取光明……難怪黃金羅馬，各民族之主想要擁有您；但即使英勇的羅馬獲得勝利，娶了您作新娘，善騎的哥德民族在廣袤大地依舊後來

居上，多次戰勝，帶走您，珍愛您。那個種族今天依舊喜愛您，以您為它幸福的領土，享受王族的尊榮和無盡的財富。」

伊西杜雷認為，「世界可以藉戰爭的勇氣囊括並主宰，但也可以透過知識和智慧反省。宗教信仰並非這種樂觀且時而世俗的人生觀，唯一的主要動機。」在伊西杜雷的時代，西哥德人統治的西班牙是歐洲不可或缺的一部分，而且要不是摩爾人入侵，它也會走上與其他歐洲國家一樣的道路。伊西杜雷的言論表現出對命運的信心，然而一直要到一四九二年，西班牙才會再次感受到這般肯定，只是那時西班牙已走上與原先憧憬截然不同的命運了。

西哥德人亟欲成為新羅馬人。他們說拉丁文，模仿羅馬人的衣著和法庭，也模仿羅馬律法，接受羅馬的天主教。可是，他們這個種族的文化搖擺不定，並沒有長久的傳統或確切的成就可作基礎。因此他們既無法保留自己過去的文化，也不能完全融入現世的羅馬文化。他們既無法像羅馬人一樣組織，也不能統治或建設。時光流轉，他們喪失了對戰爭的熱忱，變得軟弱而貪享逸樂、腐敗和分裂。他們在西班牙形成了貴族階級，卻無法長久維持，從西班牙逐漸成形的現實中找到新的力量。西哥德人一直無法征服住在坎塔布里亞和庇里牛斯山區的好戰部族；這些部族是伊比利半島所有住民中羅馬化最少的民族，也是後來由穆斯林手中奪回西班牙的民族。一言以蔽之，在重擊之下，西哥德王國驟然分裂，因為它本來就沒有很穩固地結合在一起，而是由一批荒淫無道、同窗異夢、隨興而且通常心胸狹隘的貴族階級，試圖統治一個龐大國度。那麼，這些人為什麼對自己的命運如此肯定？因為他們曾在戰爭中展現不屈的勇氣，並獲得許多驚人的勝利。曾有兩位羅馬皇帝在和他們的戰事中陣亡，羅馬大軍也被英勇地擊潰。

西哥德人大有理由相信，他們並不是在摧毀羅馬帝國，相反地，是藉由登上權力寶座保存它。儘管他們在政治上無能，卻確實保留了羅馬的語言和教會。西哥德時代迄今倖存的少數教堂之一聖胡安聖殿（Basilica of San Juan Bautista），位於離布爾戈斯不遠的本塔德瓦尼奧斯（Venta de Banos），西元六六一年左右在雷克斯文斯（Receswinth）國王統治時興建。他們用羅馬溫泉女神的神廟遺址，打造西哥德式教堂。教堂是灰石打造、低而平的建築，幾乎沒有窗戶，就像背上長了冠羽的龜。其羅馬風格的室內設計簡樸古典，是早期的可觀建築之一。

若非歷史作弄，西哥德人打造偉大西班牙國家的夢想原有可能實現，就像諾曼人在英格蘭建立強國。

摩爾人的入侵

我們現在來到西班牙史的關鍵年代，西哥德人遭阿拉伯人擊敗：西元七一一年。哥德人在直布羅陀對面的非洲北部休達山上有座堡壘，由西哥德將軍胡立安伯爵（Count Julian）指揮，傳說胡立安住在托雷多宮中的女兒遭哥德國王羅德里克（Roderick）引誘。為了報復，胡立安就與阿拉伯人聯盟，邀請他們來征服西班牙。這個真假難辨的故事雖無史實佐證，卻在古歌謠和西班牙的編年紀錄中廣為流傳。實情可能是，胡立安在國王身邊的哥德派系之爭押錯寶，不敢承擔後果，也不敢出面挑戰羅德里克國王，於是求助外力。

> 哥德人不再是百戰百勝、讓羅馬低頭、強搶各國王后、由多瑙河到大西洋所向披靡的蠻族。在庇里牛斯山的阻絕下，阿拉里克（Alaric，按：一般認為是西哥德王國的締造者）的後裔在長久的和平中沉睡：護城的高牆腐朽化為塵土；年輕人不再練武；仰仗古早的威名，讓他們在戰場面對侵略者的第一波進攻。[10]

另一方面，摩爾人充滿了對穆罕默德新宗教的熱忱，儘管他們迄今仍是一群混雜且不同種的部族（阿拉伯人、柏柏爾人〔Berber〕、敘利亞人等），新宗教團結讓他們有集體作戰和擴張的目標和動力。促使他們團結的僅有伊斯蘭教和阿拉伯語，不過這已足夠了。他們是勇敢的戰士，他們需要的只是一面旗幟。伊斯蘭教就是這面旗幟。

羅德里克聽到異教徒入侵的消息時，人在西班牙北部，他盡速召集了軍隊，這位羅馬人的國王率領「約十萬大軍」，為這次對陣鎮靜下來。他「頭戴金冠，身穿絲綢刺繡的厚袍，斜倚在兩隻白色騾子拉的象牙車轎上，誠如當時哥德國王的一貫作風」。他就這麼盛妝打扮，率兵來到了瓜達萊特河（Guadalete）河岸的赫雷斯（Jerez）平原上，在那裡與摩爾人交鋒。成書於十三世紀的古代史《西班牙通史》（*The Spanish General Chronicle*），非常詳盡地指出哥德人「因為經歷了兩年可怕的瘟疫和饑荒」，個個都很瘦弱，一副病懨懨的模樣。兩支軍隊交戰數小時，相持不下，但最後胡立安伯爵領導的軍隊有基督徒倒戈；阿拉伯士兵破了西哥德軍隊的陣式，將他們擊潰。此後，大家各自逃命。傳說這場仗腥風血雨打了八天，但這必定是誇大其辭。

羅德里克由他的車轎跳下來，爬上快馬奧雷利亞（Orelia），雖然逃過戰死沙場的命運，卻不光彩地在滿是鮮血的河裡溺斃。他的王冠、長袍和快馬都留在河岸，但從未發現其屍首。一名從員的頭被砍下，放在大馬士革王宮前展示。阿拉伯的史家寫道：「這就是國王逃離戰場的下場。」摩爾人大軍橫掃托雷多，不到短短幾個月，西哥德西班牙就滅亡了。侵略者掌控了整個半島，除了坎塔布里亞山上的很小一塊地區，這個國家的復興就是由這些山區展開，復興的路在接下來八百年持續前進。

羅德里克吃敗仗激發了西班牙歌謠作家、編年史家，甚至英國浪漫詩人的想像。華特．史考特（Walter Scott）為此寫了一首長詩，華特．薩維奇．蘭德（Walter Savage Landor）和桂冠詩人羅伯特．沙賽（Robert Southey）亦然，他們全都編織了胡立安美麗女兒弗洛林達（Florinda，或稱拉卡瓦〔La Cava〕）遭哥德國王染指的劇情。西班牙古老歌謠是他們的靈感來源，因為這些詩作都勾勒了年輕女士在幾位侍女陪伴下，沐浴在托雷多河裡的香豔畫面。

拉卡瓦頭一個

脫下衣服。

在隱蔽的池水中，
她的身體潔白地照耀，宛如太陽，
在場其他人都黯然失色。[11]

羅德里克王躲在濃密的藤蔓裡欣賞這一幕，突然之間「愛振翅高飛，教他銷魂」。這首古歌謠最後結論說，男人會說一切都怪拉卡瓦，但女人都堅稱錯的是羅德里克。

另一首古民謠描述了羅德里克在瓜達萊特河畔的失敗，極盡渲染之能事。看到這片土地「血流成河」，悲慘的國王不由得傷心啜泣。凱瑟琳．史崔思迪（Katharine E. Strathdee）把這首民謠譯成英文：

孤單地在戰場上，在一顆即將殞落的星星下，
羅德里克絕望地矗立，他的軍隊四散遠方；
他們已英勇地和摩爾人軍隊
打了八場戰役，
他們心裡不再有拯救故土的希望。
羅德里克心酸地轉身，滿心悲傷與痛苦，
在看不見路徑的夜晚越過貧瘠平原。

國王下了馬，因為牠已又跛又盲，
他孑然一身，踽踽獨行，找不到棲身之所。
他的劍沾滿了血與塵土，彷彿由最黑暗的地獄拔出，
猩紅色調訴說了血淋淋的故事。
他鑲著珠寶的鎧甲，曾在太陽下閃耀，
如今對他卻是編織著不幸命運的喪服。
黎明時分他爬上聳立在那殘酷之地的山丘。
他的身下四散破碎的旗幟，橫陳著忠心士兵的屍首，
正當哀痛的國王凝視那憂鬱晨光，
卻聽到勝利之聲：阿拉伯人輕蔑的叫喊！
他尋覓領導西班牙士兵的隊長，
卻只看到他們已無生命的身體躺在血腥平原。
羅德里克再無法忍受痛苦的負擔，
他的眼裡流下憤恨淚水，說出這些話：
「昨晚我是西班牙的國王，今日已無封地可指揮，
昨晚美麗的城堡收容我的行列，今日我卻一無所有，
太陽已從我的王國和統治永遠消失，

黎明在這遼闊土地不會找到我的蹤跡。
啊，我拿起權杖與劍的首日是不幸！
我被任命為西班牙君王的那一刻該受詛咒！
啊，今晚我看到太陽下山是最殘酷的命運！
啊死神，你得到了勝利！何苦怕你重擊？」[12]

根據另一首古歌謠的敘述，羅德里克沒在河裡溺斃，而是上了山，碰到一位近百歲的老隱士。老隱士聽他的懺悔，赦免他的罪，但條件是羅德里克必須活埋自己直到靈魂消失。國王躺在寒冷地窖裡，其內已有一條盤捲的大蛇。隱士問國王情況如何，羅德里克答道：

牠正在啃齧我，啃齧我，
在我罪孽最深重之處。

不久國王去世，天堂喜樂的鐘聲迴盪，儘管無人去敲響它，於是國王的靈魂升天。不過，羅德里克王這些歌謠（西班牙文稱為*romances*）並非與它們描寫事件同時代的創作。不過，羅德里克王的傳說可上溯到八世紀，而且可能是西班牙僅存的西哥德文學。前述詩作，及其他許多類似的詩，很可能是十四、十五世紀的創作，那時羅德里克和西哥德時代的西班牙，早已被極不真實的光環籠罩。無論是哪一種歷史、傳說或情感的主題，都有數千這種歌謠，它們是無遠弗屆的詩，由吟遊詩人創作並歌唱，西班牙各地的人都喜愛，並且朗朗上口。羅德里克王的歌謠顯示再征服運動的基督徒（Christians of the Reconquest），為阿拉伯人入侵感到多麼痛心。摩爾人和西哥德人不同，他們一直未能宰制信奉天主教的西班牙。時至十一世紀，兩種宗教和文化的戰線已清楚劃下，到了十三世紀，這些戰線成了全國上下民間和文學傳統的一部分。因此，透過羅德里克王歌謠傳下來的非常基督教的特定觀點，亦即把一個積弱不振的君王描寫成全國傳奇，顯示口述傳統忠實地捕捉並反映西班牙反抗伊斯蘭的分化。

第三章 十字架、新月與星星

「在西班牙，十字架就在劍上。」

——魯本・達里歐（Rubén Darío）

萬物皆有時，每個文明都有出頭的短暫時刻。希臘和羅馬人掌控了古代世界，西歐主宰了現代文明，阿拉伯人的文明則無疑是中世紀的主要力量，它的興衰，就像羅馬和西哥德，教導我們一個基本但卻從未被徹底學會的歷史教訓：一個貪享逸樂的定居民族，無論多麼開化，多麼繁榮，擁有多少的疆土或力量，都會在擴張渴望與征服志向的驅動下，淪為更原始、更具侵略性的文化的囊中物。

阿拉伯文明誕生的火種：伊斯蘭教

阿拉伯人在七一一年侵略西班牙時，他們的文明才剛開始萌芽。穆罕默德本人於六三二年逝世，當時他的追隨者只是單純的遊牧民族，住在帳篷裡，四處流浪，對建築、文學或藝術毫無概念。穆罕默德於六二二年在麥地那（Medina）建造的清真寺，樸實無華並無裝飾，是大型的「開闊廣場，四面由磚石造的牆圍繞」。這個圈占之地只有一部分「用泥土和棕櫚墊製成屋頂」。然而這位先知的性靈之火，點燃了追隨群眾響應的火焰，然後逐漸演變成吞噬部分地中海世界的燎原大火：阿拉伯、小亞細亞、波斯、北非、西西里和鄰近的島嶼，以及幾乎西、葡全境。在巔峰時期，這個阿拉伯帝國比羅馬帝國的範圍還大。

穆罕默德明智地以歷久不衰的猶太教和基督教信仰，作為他所創立宗教的基礎，在伊斯蘭教創始人眼裡，摩西和耶穌都是偉大的先知。伊斯蘭教本身在很多方面，就是出自這兩個宗教的教規和觀念的融合，但追求政教合一的熱忱，使它更接近古老的猶太教。穆罕默德的誡令之一，就是他真正的信徒必須憑藉「火與劍」，把他們的宗教傳入異教地盤。事實上，伊斯蘭教把世界分為兩個部分：它所控制的地區，和尚未臣服的地區。這兩者不可能和平共存。

> 穆斯林的領袖可能會基於實際考量決定停戰，但征服異教徒和盡可能使其改宗的義務卻永遠不會消失……由於這種觀念，發動戰爭可以獲得宗教功勞。穆斯林社群有義務和不皈依的異教徒搏鬥，在戰鬥中死亡的信徒成了信仰的殉道者，可以上天堂，他們聽說劍是通往天堂和地獄之鑰，在戰場上灑下的一滴血，在戰鬥中度過的一夜，比齋戒和祈禱兩個月的功德更高。[1]

因此，伊斯蘭教不只是一種宗教，而是行動力，這就是造成阿拉伯文明誕生的火種。阿拉伯文明在西班牙的哥多華、塞維亞和格拉納達盛開，在新興起的中古西班牙社會的血液和文化中，留下了永久的痕跡。

阿拉伯人不擅原創；但他們可以輕而易舉地模仿，快速吸收，在遭遇和征服更文明的文化之後，在美學上融合其中他們所喜歡的部分。他們在這種融合上添加了輕快、官能和優雅，和中古基督教文明龐大而黑暗的力量對照顯著。起先他們最大的影響是身為「強大的征服民族」，但是到了十世紀，當歐洲其他部分都籠罩在黑暗時代（Dark Ages）的陰影之下，他們在西班牙的文明讓歐陸任何地方都黯然失色。為達到這樣的成果，阿拉伯人已吸收了希臘哲學、羅馬律法和政府、拜占庭和波斯藝術、猶太教和基督教神學等的精華。

英國史學家阿諾．湯恩比（Arnold Toynbee）曾稱阿拉伯作家伊本．赫勒敦（Ibn Khaldun）的歷史著作「無論時空，史上最偉大的傑作」。赫勒敦對阿拉伯文明的成敗，提出以下犀利的剖析：

概括說來，阿拉伯人無法創造帝國，除非是基於宗教的基礎，譬如出於先知或聖徒的啟示……由於他們激烈的性格、驕傲、粗暴和相互的嫉妒——尤其是在政治事務方面，使他們成為最難領導的民族……也因為每個阿拉伯人都自認有資格統治別人。

這段文章是在十四世紀末寫的，當時赫勒敦親眼看著偉大的阿拉伯帝國日益萎縮；而出於奇特的巧合，這話也很適合形容十六世紀信奉基督教的西班牙。

摩爾人在西班牙統治的領土雖然越來越小，卻由西元七一一年一直持續到一四九二年。最初在瓜達萊特河出人意料地戰勝了羅德里克之後，穆斯林軍隊向北推進，越過庇里牛斯山，於七三二年在法國南部的普瓦捷（Poitiers）碰上查理．馬特（Charles Martel），吞下第一場大敗。這是新月擴張的極限，此後穆斯林帝國的規模逐步縮小。[2]

科瓦多加之戰

根據西班牙傳說，西元七二二年，普瓦捷之役十年前，被派去征服坎塔布里亞山民的摩爾軍，遭阿斯圖里亞斯酋長皮拉尤（Pelayo）擊潰，後者也被視為阿斯圖里亞斯的首位國王。在歌謠和故事中流傳的科瓦多加谷（vale of Covadonga）就是西班牙獲得這場傳奇勝利之地。這很可能只是個地方性的小衝突，穆斯林先鋒遭阿斯圖里亞斯的山民逐退，不過摩爾人並沒有繼續攻打曠野山區，而西班牙的再征服運動也就是由這個地區開始。為了紀念皮拉尤的勝利，日後西班牙的王儲就被稱為阿斯圖里亞斯親王，就像英國王儲被稱為威爾斯親王一樣。

古阿拉伯和基督徒的編年史，對科瓦多加之戰有截然不同的描述。《阿方索三世編年史》（*The Chronicle of Alfonso III*）（八六六至九一〇年）記載的基督徒觀點是，在被挾持為人質的皮拉尤逃出哥多華後，阿拉伯人「以十八萬七千大軍進入阿斯圖里亞斯。皮拉尤如今有山民為夥伴，阿爾卡瑪（Alqama）的軍隊逼近，在阿斯圖里亞斯人躲藏的洞穴前，搭起無數頂帳篷」。摩爾人帶了一位基督教主教作為使者，向皮拉尤喊話要他投降，因為「就連比任何國家都堅強的哥德人政府，都被穆斯林大軍打敗。你怎能期望躲在那個洞裡自衛？聽我的話出來，你會得到許多好處，獲取摩爾人的友誼」。

皮拉尤向主教大喊：「基督是我們的希望！這座山會為哥德人的失敗復仇。我相信上帝的承諾會實現。」[3]摩爾人眼看難以輕易獲勝，於是發動大規模攻擊，舊的史書記載共有十二萬五千人在隨後的戰役中陣亡。這個數字當然並不合理。

摩爾人對這次交戰的說法很不一樣，試圖輕描淡寫。十七世紀摩洛哥史學家艾瑪卡里（Al-Maqqari）的紀錄是：「一個名叫皮拉尤的野蠻人在加利西亞反叛，而其他在穆斯林疆土內尚未臣服的基督徒，也起而自衛。」摩爾士兵攻打阿斯圖里亞斯，把居民趕出山區，最後

> 只剩皮拉尤和他的三百名同伴躲在岩石洞窟。穆斯林不斷施壓，很快地，只剩三十名男子和十名女子存活。僅靠在岩石間找到的蜂蜜果腹。摩爾人最後不屑地離開，說：「三十個野蠻人，他們能有什麼損害？」皮拉尤在七三三年死後，由其子法菲拉（Fafila）繼位，皮拉尤在位十九年，其子統治兩年。在他們倆之後是阿方索一世，接著又有許多阿方索一路統治至今，他們再次征服了被穆斯林搶去的疆土。

科瓦多加一戰後，摩爾人湧入法國，在那裡吃了敗仗。接著他們自相殘殺，就像亞歷山大的將軍們爭食御宴殘羹。將近半個世紀過去之後，他們才暫停內鬥，開始經營起沒那麼刺激的政務。慢慢地，半島各地秩序重建，新文明開始生根茁壯，這個文明的特色是基督徒從未展現過的寬容。

文化交會的清真寺

穆薩將軍（General Muza）的人馬來到哥多華城時，他們見到的第一個景物就是西哥德的聖文森（St. Vincent）教堂，矗立在貝蒂斯（Baetis）河畔（摩爾人稱為瓜達爾基維爾河或大河），就在羅馬雅努斯（Janus）神廟過去的位置。穆斯林並沒有毀損破壞這棟建築，也並未占據它，而是買下一半，作為自己的宗教儀式場地，但允許基督徒使用另一半。兩種儀式在這座教堂裡並行了近半個世紀。這種寬容態度的原因是，基督徒就像阿拉伯人一樣，有他們自己的聖經，相信一神，而且許多基督教人物都被穆斯林當成偉大的先知，因此穆斯林並沒有把基督徒當作異教徒而不接受他們的宗教。最後，阿卜杜拉赫曼一世（Abderrahman I）在西元七八五年買下建築的另一半，拆毀後興建了知名哥多華清真寺的第一部分，這是今日世上摩爾人偉大的遺跡之一。

阿卜杜拉赫曼想建造傲視阿拉伯世界的清真寺。他滿懷穆斯林狂熱，從許多地方找來了建材：由法國和西班牙的幾棟羅馬和西哥德建築拆下圓柱，運來當作內柱，其他則來自更古老的迦太基遺跡；東羅馬皇帝李奧四世（Leo IV）從君士坦丁堡派出一群技巧嫻熟的師傅，帶著十六噸的小石塊來製作鑲嵌圖案。柱子的材料多樣：形形色色的大理石、碧玉、斑岩和角礫岩。由於它們的高度各異，有些被埋到地面下，有些則添加基座墊高，然後在上面添加科林斯柱頭，使所有柱子的高度都是十三英尺。每一排柱子上方有一層大約同高的馬蹄形拱，上方還有另一層拱門。抬頭仰望，看不到哥德式教堂遼闊的空間，而是一座涼爽森林裡交纏的優雅樹枝。

圖3-1　哥多華清真寺色澤繽紛的內貌
資料來源：Timor Espallargas拍攝。

隨著哥多華人口增加，清真寺的規模必須擴大。原本的長方形空間擴增了三次。阿卜杜拉赫曼二世（八二二至八五二年）順著河的方向增長了耳堂，第二次的擴大工程則是由哈基姆二世（Alhakem II，九六一至九七六年）依同一方向完成，讓清真寺原本的規模加倍。最後一次擴大則是由曼蘇爾（Almanzor）主持，他又增加了八道座位席，同時延長種滿柳橙樹的外庭。

完工後的清真寺占地遼闊，長五九〇英尺（一七七公尺），寬四二五英尺（一二七．五公尺），其中三分之一是建築外的封閉庭院。庭院裡面有一座美麗的噴泉，供信徒在入寺前淨身。寺的外牆是肉桂色的樸素灰泥；門、細長的喚拜塔，和盛開的柳橙樹是僅有的外觀美化。如今清真寺平實的外牆比較像堡壘，而非崇拜場地。

清真寺內部美不勝收，是一座精緻的柱林，原本至少有一千兩百根柱子。而且無論朝哪個方向望去，視線都會迷失在成排的柱子裡。頭頂上並沒有高聳的屋頂，讓人能專注在這座質樸又五顏六色的石造天堂。在摩爾人的時代，建築的牆有許多門，就和成排的石柱一樣多不勝數，每當清真寺正在使用時，門總是大開。屋外種植成排的柳橙樹，沿續室內的柱子，把人造的內部天地和神造的外在世界，天衣無縫地連結在一起。

基督徒在一二三六年征服哥多華後做的頭一件事，就是把大部分的出入口用石頭封住，因而使室內變得晦暗，然後拋售庭院和橘子樹。他們把這座清真寺當教堂用，接下來三百年都沒有重大改變。一直到查理五世在位時，有位狂熱的地方主教請皇帝批准拆除建築的中心，改為安置十六世紀流行的唱詩席。哥多華市議會大怒，威脅說誰膽敢碰他們心愛的建築，就讓他死，畢竟他們擁有這座大教堂已三個世紀了。主教最終獲得皇帝許可，不顧市民激烈反對，逕行設置唱詩席。唱詩席迄今依舊存在，破壞了美麗清真寺的建築純正性，但整座建物是如此之大，踏進教堂後甚至不會發現有建築異物入侵。查理五世後來看到完工的成果時，據說他曾表示：「你為了建造本可建在任何地點的建物，破壞了這棟獨一無二的傑作。」然而，若非添加了這個部分，可能整棟建築都會被摧毀。

原本鋪在地板和室內的鑲嵌圖案、磁磚和大理石，如今全都消失了，燈具和布簾也不復見。色澤美麗、精雕細琢、塗上彩飾的鑲金杉木天花板，已經被塗抹破壞。曾經覆蓋地板的繽紛磁磚不知去向。主座堂原本的鑲嵌藝術還留著，散發細膩的明亮光彩，筆墨難以形容，它予人的整體印象是混合了藍、綠、暗紅和金色的阿拉伯風格織錦刺繡，輕盈又色彩斑斕。禮拜殿的聖龕

（*Mihrab*）是八角形的凹壁，其中七面是白色大理石，上方則是一大塊木頭，底面雕成貝殼形，據說這是能創造理想聲音效果的形狀。原本有一本鑲著珠寶的巨大《古蘭經》，放在由象牙和烏木、大樹蘆薈和檀香木等珍貴木材打造的講壇上；六位大師傅帶著助手辛勤工作了七年，才完成這個講壇的雕刻與裝飾。無數信徒來此神聖之處朝麥加禮拜，因此牆邊實心的大理石地板，被他們的膝蓋跪出了一大塊凹陷。

這座清真寺一度有六十名人員負責打掃照顧。三百座大燭台中，有一些是曼蘇爾在九九七年從聖地亞哥大教堂（Cathedral at Santiago）偷來的鐘打造而成，它們共點了四千盞填滿香油的燈。沿著兩道蜿蜒而上的樓梯，可登上阿卜杜拉赫曼三世增建的喚拜塔，樓梯在塔頂上交會，宣禮員就站在這裡呼喚信徒禮拜。該塔有一部分在十六世紀倒塌，新塔就蓋在旁邊，今日依舊佇立。

哥多華的大清真寺比其他建物更能顯示，摩爾人建築在西班牙的誕生和興衰。這棟建築是長方形的延伸，每一次增建都只拆

圖3-2　哥多華清真寺禮拜殿內的神龕

資料來源：Ingo Mehling 拍攝。

掉一面牆，擴建過程沒有改變或破壞任何事物。最早的建築是由阿卜杜拉赫曼一世在七八五年興建，離摩爾人征服西班牙還不到一世紀，與第二、三次擴建相比，原建築較粗糙。到哈基姆二世在十世紀第三次擴建時，阿拉伯建築已登峰造極，曼蘇爾最後一次擴建顯現藝術成就的盛極而衰。仔細檢視如今尚留在寺內的八百根柱子，可看到在這部分的地中海世界存在過的每一種建築風格。有來自北非的迦太基柱，來自西班牙全境和高盧的羅馬柱，來自西班牙的細膩鳶尾花紋（fleur-de-lis，西哥德藝術的異教象徵）雕刻西哥德式柱；另外也有君士坦丁堡拜占庭皇帝饋贈的柱子，可能還有來自羅馬雅努斯神廟的柱子，這座神廟原本就在知名的「奧古斯塔之路」旁的這個地點。神廟後來遭西哥德人破壞，興建了自己的聖文森教堂。因此，哥多華清真寺以其他建築做不到的方式，歸納了西班牙的藝術史。

摩爾人的治理與建設

穆斯林在西班牙的統治，和有強大中央集權政府且首都不在半島上的羅馬統治完全不同。直到西元九二九年阿卜杜拉赫曼三世宣布獨立、建立哥多華哈里發國之前，他們和大馬士革有名義上的關係。然而，天高皇帝遠，而且阿拉伯人從不像羅馬人有嚴密的組織和高效的政府。因此，西班牙的穆斯林帝國幾乎是立刻顯露了分裂的特色，也很不幸成為一波波摩爾人侵略西班牙的戰場，每個都急著想從前一波分遣隊奪取統治權。長期統一的穆斯林政府不存在，除了一段短暫的時期，摩爾人統治的西班牙都是由幾個小王國組成，就像基督徒在北方所占領的地盤一樣。

摩爾人統治遭遇許多叛亂，各個穆斯林王國之間也經常內戰，但也有長期和平的時候，而且直到十三世紀之前，有將近五百年的時間，阿拉伯文明維持欣欣向榮。最初的侵略者在柏柏爾人乃至斯拉夫人的增援下，維持統治約三個世紀。最後一個世紀（九一二至一〇一〇年）代表了阿拉伯文化第一時期的頂峰。當曼蘇爾在世紀之交去世後，這段時期隨之告終，阿拉伯人似乎喪失了大半的動力。各地紛紛反叛，分裂成二十六個小國。一〇八五年，基督徒攻下半島地理中心的托雷多，這場勝利被視為自摩爾人七一一年來到之後最重要的事件。阿拉伯統治者在疑惑和驚恐之下，緊急向摩洛哥的柏柏爾人求救。柏柏爾人出手相助，於是剛改信伊斯蘭的大軍穆拉比德人（Almoravides，意為「向上帝發誓之人」）在一〇八六年越過直布羅陀海峽。穆拉比德人是狂熱的柏柏爾團體，他們立即把自己的意志強加於破碎的摩爾人疆土。只是這樣的侵略心，甚至絲毫不容忍的態度，很快就因安達魯斯（Al-Andalus，就是穆斯林統治西班牙的阿拉伯名稱）的美好土地和文明而緘默。半世紀後，來自非洲北部亞特拉斯山脈更原始的柏柏爾部族「阿爾摩哈德」（Almohades，唯一真神派〔Unitarians〕）湧進這個國度（一一四六年），接掌了政府。成千上萬的猶太人和莫札勒布（*Mozárabes*，指住在阿拉伯領土的基督徒）朝北奔逃，加入在西班牙各小王國的教友。摩爾人不容忍的政策如今開始削弱國家的力量和完整。直到摩爾人一二一二年在托洛薩平原（Las Navas de Tolosa）遭卡斯提亞的阿方索八世徹底擊敗之前，儘管政治情況如此，文化的進步並不受影響。從那天之後，阿拉伯在半島上的統治注定失敗，不過一直要到兩百多年後的一四九二年，格拉納達才陷落。

阿拉伯文明在西班牙共有三個中心：哥多華、塞維亞和格拉納達。這幾個城市和地區，各有各繁盛和稱霸的時期，它們大放異彩的時期大致如下：

哥多華：七五六至一〇一〇年
塞維亞：一〇一〇至一二四八年
格拉納達：一二四八至一四九二年

第十世紀的哥多華哈里發國，一般公認是阿拉伯文明在西班牙的巔峰。然而，摩爾人的知識成就則在接下來的兩世紀大鳴大放，正是在這段時期，知名哲人如摩爾人阿威羅伊（Averroës）和猶太人邁蒙尼德（Maimonides），在歐洲文化留下他們的印記。多虧阿威羅伊，亞里斯多德的知識在中世紀才能傳遍歐洲。

哥多華與麥迪納·阿薩哈拉宮

仔細檢視這三段時期有助澄清當時的情況。首先是七五六至一〇一〇年的哥多華時期。阿拉伯史學家一提到哥多華，總是描述得言過其實，令人難以分辨事實與想像，尤其是在統計數字方面：人口、房屋、清真寺、公共浴室，甚至後宮佳麗的數目都是一團混亂。阿拉伯人和早期西班牙征服者一樣，毫不在意統計數字的正確與否，只要超過幾百幾千，對他們都像天文數字。儘管如此，如今留存在哥多華、塞維亞和格拉納達的摩爾遺跡，可證實這些城市遠比當時西班牙或任何歐洲的基督教城市人口更多，市容更繁華，藝術表現也更精彩。

阿拉伯史學家公認哥多華是「世界的瑰寶」，可是一談起正確數字，即便他們也眾說紛紜。或許，比較合理的方法是取其平均值。以下是艾瑪卡里歸納的一份阿拉伯統計數據調查：

> 有史學權威估計在阿卜杜拉赫曼三世時期，城裡有四百九十座清真寺，但在這之後，此城還繼續擴大。另一位作家計算結果是四百七十一座。一名當地人說城裡城外的浴場共計三千間，但也有人說總共只有七百間。
>
> 無論如何，本・賽義德（Ben Said）根據本・哈彥（Ben Hayyan）及其他當時在繁榮的哥多華哈里發國生活的史學者的說法，得出的數字為：城市一般人家共十一萬三千戶，官員、廷臣、軍事領袖等則約為該數量的一半，或再多一點。
>
> 最繁榮時期的清真寺總數從未超過七百，浴場也未逾九百。不過，他提到曾讀到古老的史書記載，阿卜杜拉赫曼三世在位時，城裡有三十萬戶房屋和八七七座清真寺。阿巴克里（Al-Bakri）估計的清真寺數字則少得多，只有四七七座。

另一位摩爾人作家向讀者保證，他親自走訪，**算出**城裡共有二十萬棟房屋。當代的西班牙史學家克勞提歐・桑其士—阿波諾茲（Claudio Sanchez-Albornoz）在他的大作《西班牙穆斯林》（*La Espana musulmana*）收集了許多這樣的古老文件。他認為十世紀哥多華的人口約五十萬，絕對是西歐最大的城市。

傑出的當代英國史學家威廉・阿特金森（William C. Atkinson）對哥多華的瓊樓玉宇統計如下：「貴族和統治階級的豪宅五萬，清真寺七百座，然後公共浴場九百間。」黎巴嫩史學家艾德華・阿泰亞（Edward Atiyah）認為哥多華有三百間公共浴場是很可信的。幾乎所有史學家都提到哈基姆二世哈里發時代，哥多華的圖書館有四十萬本書（手抄本）。

這座知名的圖書館可能有二、三十萬冊書（未必是不同的書）。其中許多只是全書的一部分，今天若要列印可能是五至十頁的篇幅。此外某些書也可能有幾百個複本，譬如《古蘭經》。至於哥多華的人口，至多為二十五萬。穆斯林經濟能否餵養和供給比這規模更大的城市，有待商榷。

向來可靠的西班牙史學家薩爾瓦多・德・馬達里亞加（Salvador de Madariaga）曾提到：在安達魯西亞一個較小的宮廷裡，「就有五千架織布機，織出從織錦到絲綢到羊毛和棉布等各種布料」，接著他又說：「一個小邦的總理書房就有四十萬冊圖書，而加泰隆尼亞里波爾（Ripoll）名聞遐邇的基督教修道院，卻僅有一百九十二冊藏書，還洋洋得意。」

上面這些數字未必確實；但無論統計數字如何，哥多華是第十世紀西歐最大、最富裕、最文明的城市，應毋庸置疑。其大街上點著路燈，鋪上路面。城裡有許多頻繁使用的公共浴場。山區的水用長導管引到城裡，再用鉛管分配到全市各區。哥多華也有許多美麗的房屋，精緻的清真寺，在獨一無二的圖書館裡還有極多的手抄本藏書。只有拜占庭的君士坦丁堡能與之媲美。

哥多華也是中世紀歐洲的科學中心。重病或需要開刀的基督教國王和貴族都會來哥多華求醫。這裡的外科醫生會使用麻醉藥，也多次成功執行白內障和腦部壓力的手術。醫學、植物學、化學、物理、數學、天文、地理和希臘哲學，只是哥多華學者擅長領域的一些科目。代數幾乎全是由摩爾人發明，球面三角學亦然。他們還把阿拉伯數字帶到歐洲來，這些數字比笨拙的羅馬數字更容易使用，在數學上的進步幾乎堪與腓尼基人在語言上使用拼音字母的功勞一樣大。他們還讓數字有了位值，也最先使用十進位計數法。阿拉伯對歐洲數學的另一貢獻是零的概念，雖然一般認為這個概念最先源自印度。

哥多華城是繁榮的經濟和農業中心，四周有數個有一定規模和重要性的城市：距離二十五公里的阿莫多瓦（Almodovar）；四十公里的莫瑞德（Mored）；三十公里的阿卡澤（Alcozer）；要走兩天的蓋菲克（Gafek）；五十七公里的埃西哈（Ecija）；兩天距離的巴埃納（Baena）；五十七公里的埃斯特波納（Estepona）。哥多華附近「有三千多個村莊，全都有清真寺」。四處都有農場，因此哥多華的市場充滿了食物、水果、服裝、藥物、形形色色的手工製品、珠寶和史學家稱為「來自不知名遠方異地的奇珍」等進口商品。

根據阿拉伯史家說法，早在歐洲各地有大學之前，哥多華就已設了大學；這個城市還號稱有七十座圖書館，許多書店，世界各地的手抄本都有。哥多華可能在阿卜杜拉赫曼三世（九一二至九六一年）統治時期登峰造極，這位君主常被稱為「正義者」（the Just），也是他建立了哈里發國。猶太人和阿拉伯知識分子沉醉在希臘的學問裡，西班牙的基督徒也常去阿卜杜拉赫曼的宮廷。當時對藝術的贊助留下了一座美輪美奐的紀念物，就是離哥多華不遠的麥迪納．阿薩哈拉宮。麥迪納是阿拉伯語「城市」之意，阿薩哈拉則是這位哈里發最寵愛的妃子，宮殿就是為她而建。根據親眼見過的人對這座宮殿及其花園的描述，它鼎鼎大名的清真寺更教人讚嘆。

我上回見到這美麗宮殿的遺址，是在一個酷熱的八月天。我們穿過哥多華狹窄的街道，朝鄉間去，空氣凝滯不流通，只見到黃色的教堂，白色的房屋，小小的綠色露台，和處處可見的莫札勒布格子框架。載我的司機是個老人，由外觀判斷，他的車年紀恐怕和他一樣大。他是典型的哥多華人，自豪、正直、熱情，活在過去英雄事蹟的回憶裡。他為車子致歉：

「我在一九二九年買了這輛車，」他說，「一九三六年我準備換車，可是內戰爆發，此後就再沒可能換更新的車型。西班牙汽車價格昂貴，我只能繼續開這輛車直到它報廢為止。在那一天到來之前，我得靠它謀生。我細心保養它。」

我們遠離最後幾棟灰紅屋瓦的低矮白屋之後，鄉間景觀如扇般在我們面前展開，包圍城市的山坡在我們面前浮現。路上點綴著梧桐和白楊樹，岩石處處，田野生著灰色調的草叢。乾涸的河床生著夾竹桃和檉柳，微風拂面，把混雜淡淡動物糞便氣息的乾葉香氣吹入車裡。一朵孤雲就像白色的羽毛一樣，逗弄頭上的天空。我們離開幹道向右轉，朝其中一座山丘而去，牽引機在附近的田裡耕作。

那老人大氣地把手一揚：「這附近全都像這裡一樣，一路到塞維亞或格拉納達都是牽引機，農場工人找不到工作。安達魯西亞的土地被分割為巨大的莊園，一如五百年前。我們的生活和在天主教國王時代是一樣的。」

老車氣喘如牛地攀上山頂，突然停下。在我們腳下左方是哥多華的整個山谷，在太陽下像花朵般綻放。人和歷史奇妙的混合就在這些滿是岩石的曠野中扎根，這些圓形的山丘，遠方那座城市則在瓜達爾基維爾河旁閃耀。阿卜杜拉赫曼三世、偉大的詩人貢戈拉、猶太哲人邁蒙尼德、阿曼札（Almanzar）和馬諾萊特——哥多華是他們和其他許多人的家。

我們在那圓丘的山脊上佇立了片刻，天空柔和晴朗，下方有一些坍塌的牆，在它們上方，山坡之上，則有一些槲樹、冬青櫟和橄欖樹。蟋蟀沉穩地高歌，空氣中盡是輕微的震動。

麥迪納·阿薩哈拉宮唯一的管理員是個十五歲男孩，他把此地視為他的寶藏。他正在遺址上方自己的茅屋裡，耐心地把大理石殘片和雪花石膏拼在一起。我們穿過茅屋，走上山岬，古代宮殿傾頹的宮牆就在我們眼前展開，其間只剩一堆堆大小不一的瓦礫和野草。我沿著一面牆的上方漫步。這裡並沒有整修作業，在石頭和野草堆下方，埋藏著什樣的無價遺物？

接著我們往下走，這裡有兩個人正在「使節廳」（Hall of the Ambassadors）工作，以蝸牛步調嘗試修復它先前的美。貼回原處的大理石片確實展現了迷人的一面，但以新灰泥修復的圓拱，卻失去了古老的光輝。恐怕還是任它們保持原本的樣貌較妥，因為整修過的麥迪納·阿薩哈拉宮永遠不復失落宮殿的舊觀，不受現代技術擾動的廢墟，反而有神聖的光暈。還是任它們隨歷史風化吧。人的心智自會產生對它的回憶，讓歷史呈現個人光輝，個人因而感受自己是全人類的一員，他的根深植於過去歲月無底的深井裡。

據摩爾史學家的說法，阿卜杜拉赫曼派了八千名工人興建宮殿，它占地約一千五百公尺長，七百五十公尺寬；共用了四百匹駱駝和一千頭騾子拉運沉重的建材。儘管這些數字必然誇大，麥迪納·阿薩哈拉宮確實雄偉，整個區域都築有高牆，牆內是富麗堂皇的宮殿，共有四百個房間，寬闊的花園，許多附加建築，一座大水池，在中央庭院有座噴泉，裡面裝滿了水銀，一旦流動，虹光便映在牆面和樹上。水銀噴泉是哈里發的最愛。長達十六公里的導管把水導入宮殿，然後繼續延伸至哥多華。宮內有許多圓柱（阿拉伯史學家說共有四百支），還有由君士坦丁堡運來的盆子，建築某些部分有希臘工匠的手法。

圖3-3　麥迪納·阿薩哈拉宮遺跡內的使節廳

資料來源：維基百科用戶 Justojosemm 拍攝。

可惜麥迪納·阿薩哈拉宮如今大抵都已傾頹，但即使是廢墟，也看得出它當年的壯麗，確實是摩爾藝術的偉大遺址。我在其中流連忘返，檢視斷垣殘壁，任想像力馳騁，想重溫宮殿當年的榮光。這裡整修的部分很少，成排衰敗的牆面，偶見美麗大理石地面和內牆精雕細琢的大理石，已足以讓人想像力爆發。宮中花邊的壁畫圖案和阿拉伯風格的花紋，並不像塞維亞和格拉納達的宮殿是用條紋大理石或石膏製成，而是大塊大理石雕刻而成。有明確證據顯示壁畫曾有半寶石裝飾，因為牆上數十處還有鉛座存在。宮殿在一〇一〇年叛軍推翻哈里發國時付之一炬，摩爾人徹底破壞了這美麗的建築，白色大理石地板上還留下深深的高熱燒灼黑痕，幸好有些部分倒下時包覆了建築較低的部位，保住了一點遺跡，提醒世人它逝去的榮光。

阿卜杜拉赫曼曾有一次在宮裡接待基督徒使節，由約四英里遠的哥多華到此地，一路都鋪了墊子，兩旁各站了一排士兵。宮內滿身絲綢錦緞的政要，前來迎接。這些基督徒把其中一人當作哈里發，但其實阿卜杜拉赫曼「坐在覆著沙的庭院中，身穿陋衣，象徵他苦行的習慣」。這位偉大領袖經歷的榮華富貴教世人目眩神迷。據說晚年的阿卜杜拉赫曼曾細數漫長一生的諸多經歷，最後感嘆他只享受了十四天的快樂時光！**今生的榮耀就這樣消逝了！**（*Sic transit gloria mundi!*）

阿拉伯人努力鑽研天文學，也興建了絕佳的天文台，他們還把許多樂器帶來歐洲，包括中世紀音樂知名的魯特琴（lute）和橢圓形吉他。他們的音樂為西班牙音樂注入異國色彩，而這正是西班牙音樂如今的迷人之處。摩爾人把紙引入歐洲，讓印刷有機會發展。玻璃據說是在哥多華發明，雖然此說可疑，但它確實在西班牙廣泛使用。摩爾人的玻璃器皿和陶器的品質都極優異，其紡織品和磁磚也無人能出其右。摩爾人還為伊比利半島帶來了棉、蔗糖、米、棕櫚樹、桑樹和全新的農業灌溉觀念，包括水車和精心設計的灌溉溝渠。他們會使用肥料，並且是嫁接專家，養殖許多新品種的水果花卉。他們建造了巨大的溝渠，大量用水，使安達魯斯像經過灌溉的玫瑰般綻放。

他們之所以能打造西班牙文明，主要是以成功的農業為基礎。在這些沙漠居民耳裡，淙淙水聲充滿了神祕；日常沐浴是穆斯林的一種儀式，如今我們只有在漫步於他們的宮殿或花園時，才能意識到流動的水在美學上對他們有多麼大的意義。他們最精美的建築瑰寶和大型的倒映池（reflecting pools）與噴泉密不可分。因為水流不斷，他們才能有美妙的花園。摩爾人熱愛水，很自然地認為，不愛水的基督徒從來都不洗澡。「他們自從出生被灑水後，這輩子再也不用洗浴。」[4]

穆斯林雖以開明包容的作風統治西班牙，但非信徒必須付特別的所得稅，在法律上也沒有完全平等的對待。許多基督徒顯然是為消除不平等而皈依伊斯蘭教。摩爾人沒有帶女人來西班牙。第一代摩爾士兵全都娶了西班牙妻子，因此第二代穆斯林已有一半的西班牙血統。隨著時間流逝，原本的摩爾血統變得極稀薄，子女也往往學習母親的語言。新的侵略者越過海峽而來，種族融合十分明顯地表現在這些人的外觀上，尤其是在安達魯西亞。

穆斯林統治伊比利半島早期，強徵女奴進後宮；後來異族通婚在半島各地變得十分普遍。許多埃米爾（emir，按：穆斯林貴族）和哈里發都規定貢品要有來自加利西亞的西班牙金髮美女，加利西亞的女奴往往供不應求。這導致後來有藍眼珠的哈里發出現。摩爾人和基督徒的貴族和皇族也經常通婚。羅德里克王的遺孀後來嫁給了穆薩將軍的兒子，皮拉尤的妹妹也嫁給了摩爾人。卡斯提亞和雷昂的阿方索六世娶了塞維亞哈里發的女兒為妻。曼蘇爾有兩個妻子是基督教公主，其中之一是由納瓦拉國王送給曼蘇爾，希望戰勝的摩爾軍不要侵門踏戶。這個信奉基督教的女孩後來成為哥多華最虔誠的穆斯林之一。雷昂國王韋爾穆多（Vermudo）也把女兒嫁給穆斯林領袖。除了王室和上流社會的通婚之外，成千上萬的民眾也紛紛仿效。幾世紀以後，當西班牙人來到新大陸時，他們的士兵也認為與當地的印地安人交往或結婚是再自然不過的事。

阿拉伯人在西班牙的知性追求，讓他們在這方面傲視中古世界。遭西哥德人殘酷迫害的猶太人，在摩爾人時代又繁榮起來，許多人從東方來到哥多華定居，哥多華也成了中世紀希伯來文的學習中心，也是歷來最知名的希伯來學術中心。哥多華的塔木德學校（Talmudic school）揚名全歐，猶太人因受到各方重視和信任，所以經常奉派為各摩爾王國的使節，許多猶太人在社會和政府都擔任要職，哥多華許多哈里發有猶太人醫師。第十世紀阿卜杜拉赫曼三世的財政部長和大使就是猶太學者哈斯代．伊本．沙普魯特（Hasdai ibn Shaprut）。猶太人山繆．伊本．納格瑞拉（Samuel ibn Nagrella）在下個世紀成為格拉納達國王的大臣；他的職位後來傳給兒子。十一世紀薩拉戈薩國王也有另一位猶太大臣。後來在西班牙的希伯來知識分子聲名甚至超越這些人：譬如拉比亞伯拉罕．伊本．埃茲拉（Rabbi Abraham ibn Ezra，按：十二世紀猶太裔西班牙學者，英國詩人羅伯特．布朗寧〔Robert Browning〕曾作詩稱誦他）、馬拉加的伊本．蓋比魯勒（Ben

Gabirol of Malaga）、托雷多的猶太詩人猶大・哈列維（Yehudah ha-Levi），以及這些人中最出名的，哥多華的邁蒙尼德。

十一、十二世紀狂熱的穆斯林教徒穆拉比德人和阿爾摩哈德人入侵，使許多猶太人驚惶地逃到北方基督教的地盤，西班牙國王對他們尊重寬容，直到十五世紀斐迪南和伊莎貝拉時代。西班牙人遵循阿拉伯習俗聘用猶太醫師、科學家、稅吏、法官、外交官和公共事務官員。猶太人經常向摩爾領導人收取他們應給基督教國王的貢金，反之亦然。他們是值得信任的中立使者。十三世紀卡斯提亞—雷昂知名君主「智者」阿方索（Alfonso the Learned）身邊的希伯來學者，賦予其中世紀宮廷知識水準，此時在西班牙占上風的已從摩爾人變成基督徒。

希伯來和阿拉伯的文學都在摩爾人統治時期發展。時至八五〇年，許多教會作家紛紛抱怨拉丁文被忽視，甚至連天主教早期教父的作品和《聖經》都不再有人讀了。基督教作家阿瓦洛（Alvaro）在八五四年對這種態度深表惋惜，他說：

> 我的基督徒教友喜愛阿拉伯人的詩和故事。他們研究穆斯林神學家和哲人的作品，不是為了駁斥，而是想學得正確優雅的阿拉伯風格。如今在哪裡能看到平常信徒讀《聖經》的拉丁文評注？唉！當今才華洋溢的年輕基督徒，除了阿拉伯文之外，對任何語言或文學都一無所知。[5]

不過，摩爾人統治的西班牙還有廣泛使用的第三種語言：莫札勒布的日常西班牙語。其實，這可能是街頭巷尾使用最廣泛的方言。

多年來，一一四〇年的史詩《熙德之歌》公認是西班牙文第一部文學作品。然而，一九四八年卻發現了幾首用莫札勒布西班牙語寫成的美麗韻文詩歌，比《熙德之歌》還要早一世紀。這些韻文組成的方式極為有趣。無論希伯來人或阿拉伯人，最受歡迎的文學形式之一是複雜的長詩，最後幾行疊句或總結就是採用莫札勒布方言。這些詩行表達爆發的情感，是衷心的懇求呼籲，很可能取材自現有的民間詩歌。詩的其他部分不是希伯來文，就是阿拉伯文，採用的字母（即使是西班牙韻文）也是希伯來或阿拉伯字母。由於希伯來文省略母音，因此轉譯這些韻文十分困難，不過其中幾十首已被譯成古西班牙語，和流行的西班牙「科普拉」四行對句詩（*copla*）很相像，而四行對句詩正是西班牙民間詩歌和民謠的基礎。下面就是莫札勒布方言的對句詩：

我的心離我而去，
喔，神啊，它何時會歸來？
為我心愛的人如此憂傷！
因為他病了，喔，他何時會康復？

（*Vayse meu corach ón de mib,*

ya rab, si se me tornarád?
Tan mal meu doler li-l-habib!
Enfermo yed, cuand sanarád?）

莫札勒布方言時期的希伯來詩歌，在西班牙境外和伊比利半島一樣流行。古時的猶太人有一種禁忌，他們不敢隨便亂扔字紙，因為紙上可能有寫上帝之名。紙於是被埋藏在地下，而非燒掉或當垃圾扔掉。從埃及挖掘發現的這樣的字紙當中，找到了西班牙語言最古老的例證。後來也發現了用阿拉伯字母寫的類似韻文。這些短詩是抒情的流行韻文，證明現代文學和古代文學一樣，不必源自史詩。相反地，幾乎所有的文學都出於民間描寫男女情感的簡短疊句。《舊約》中的〈雅歌〉（The Song of Solomon）就是一例，這傳統也在摩爾人統治的西班牙重現了。

西元九七六年即位的哥多華哈里發尚未成年，導致大臣「勝利者曼蘇爾」僭越掌權。他是頗有才華的將軍，指揮作戰風馳電掣，讓西班牙其他基督世界人人自危。為怕他入侵，雷昂和納瓦拉的國王都把女兒嫁他為妻。曼蘇爾的戰績之一就是摧毀了基督教最神聖的殿堂聖地亞哥大教堂，把它的鐘和門帶回哥多華，成為那座雄偉的清真寺（九九七年）的一部分。傳說他攻擊基督徒領土達五十次，其中數次由「四十位詩人和作家」陪同。可惜的是，曼蘇爾讓狂熱的穆斯林接掌了哈里發政府。

這位偉大的摩爾人在掠奪聖地亞哥大教堂後五年去世，基督教編年史說他「葬在地獄」。哥多華的風華也隨他而逝。城市遭反叛的摩爾人和基督徒洗劫，從一〇一〇年起急速衰敗。兩個多世紀後，「聖人」斐迪南三世攻下此地，它已不再是「繁榮文明國度之都，而是已衰落的偏遠城市」。此時塞維亞才是西班牙穆斯林文化的中心。

塞維亞與阿爾卡薩宮

塞維亞一直是羅馬帝國在西班牙的中心，當時的名字是Hispalis，在穆斯林征服此地之後，改為阿拉伯名稱Ishbiliya，西班牙語就成了塞維亞。這個城原是西哥德王國的首都，後來托雷多取代其地位，塞維亞也就式微。摩爾人來了之後又重建它，阿拉伯史學家伊德里西（al-Idrisi）說其附近人口稠密，至少有八千多個村莊。

在摩爾人占領西班牙早期，塞維亞只能幫哥多華陪襯。但經過這些年（七一一至一〇一〇年），它無疑是安達魯西亞的第二大城，而且在規模、影響力和富裕等方面都不斷成長。哥多華走下坡之後，塞維亞嶄露頭角。十一世紀後半，在穆塔米德（al-Mutamid）的統治下，這裡成了學者和藝術家匯聚之地。穆拉比德部族雖然在一〇八六年中止了這一切，但承受一段時間的壓力後又再復甦，並於一一四六年來到西班牙的阿爾摩哈德人統治下，再度繁榮興盛，程度更甚於前。其富饒和力量一直持續到「聖人」斐迪南三世在一二四八年圍城，最終從摩爾人手中把它奪走為止。

就像穆拉比德人的狂熱一樣，阿爾摩哈德人早期的宗教狂熱，很快就煙消雲散了。無論柏柏爾部族的生活方式多麼原始，他們的領導人在宗教上都是理想主義者。阿拉伯文化在西班牙的影響，迅速地軟化了他們積極的熱忱。正如英國史學家特蘭德（J. B. Trend）所指出，阿爾摩哈德人不只相信上帝的統一性，甚至信仰將上帝整個觀念徹底精神化。「阿爾摩哈德的信條展現出時人缺乏的寬廣哲學觀點，甚至傾向泛神論。」

阿爾摩哈德時期持續雖不到一世紀，卻是穆斯林西班牙在知識上最豐富的一段時間。基督徒和猶太人都受到這一波朝氣蓬勃的新興智識主義刺激。舉世聞名的猶太學者邁蒙尼德，家人不幸在阿爾摩哈德第一次宗教打擊時，被迫離開哥多華。穆斯林思想家如伊本・圖菲利（Ibn Tufail）、阿芬巴塞（Avempace）和阿威羅伊則名揚歐洲。後兩位學者因為家喻戶曉，姓名已拉丁化，也以其拉丁名字廣為人知。拉丁文的Ave取代了阿拉伯文的Ibn，意即「之子」。阿威羅伊相信人類的智力至高無上；在他看來，科學和宗教之間不可存在矛盾。他永遠不會接受基督教西班牙由教會決定如何闡釋文件或宗教事件的教義，在提到穆斯林狂熱分子摧毀哥多華圖書館時，也是阿威羅伊高聲疾呼：「世上沒有任何暴行像聖職人員的暴行。」多虧了這些人，中世紀的歐洲才能認識希臘思想——尤其是亞里斯多德的哲學。中世紀神學家聖湯瑪斯・阿奎那（St. Thomas Aquinas）熟悉這些人的作品，深受其中一些想法影響，他在《哲學大全》（*Summa Contra Gentiles*）中反駁了他們的主要哲學。

阿爾摩哈德王朝在塞維亞籌劃了一個龐大的建築與美化計畫。在埃米爾・優素夫（Emir Yusuf）統治下建造的宮殿、塔樓、碼頭和堤壩是現代工程的奇蹟。古老的羅馬高架水渠經修復且擴大，把阿爾卡拉（Alcalá）的泉水帶入城內。瓜達爾基維爾河上有浮橋橫跨，河流本身被導回由巨牆打造的渠道。這些牆同時充當碼頭，可供船舶裝卸貨物。河岸上還有大型倉庫，塞維亞也成為地中海沿岸最大的商業中心之一。

首都的防禦工程也經過重建。整修古老城牆，並增建新牆段；另外還建了許多塔，以便掌控河流。一一七一年，阿爾摩哈德王朝開始興建著名的宮殿——阿爾卡薩宮（the Alcázar）。這座壯觀的建築四周是寬敞空地，只可惜原始結構如今沒剩多少；倖存的部分（不是外面，而是內部）是摩爾人於十四世紀中葉在「殘酷者」佩德羅一世治下翻修的成果。一二二〇年，阿爾摩哈德在瓜達爾基維爾河岸建造了宏偉的塔樓，稱為「金塔」，以保護宮殿，迄今仍完好無損，是塞維亞的奇觀之一。「殘酷者」佩德羅也與這建築有關，因為就是由他開始把黃金戰利品和貢品存放在那裡，於是稱之為金塔。

阿爾摩哈德王朝在塞維亞最偉大的遺跡是他們的清真寺，建於一一七〇至一二〇〇年之間。清真寺採常見的阿拉伯式長方形設計，長一二四公尺，寬八一公尺。這棟建築可與知名的哥多華清真寺媲美。它的城牆邊緣

> 有波斯式城垛，並塗有許多顏色。其拱廊俯看著庭院，院中有潺潺的噴泉，橙花芳香撲鼻。數百個大理石圓柱由掠奪異教寺廟而來，屋頂則是由木頭和灰泥構成的圓頂，其上的幾何圖案，透露了阿拉伯藝術家和鍍金工匠的品味，和取之不盡的豐富想像力。它的馬賽克拼

貼地面、它的雪花石膏格子、它奇妙的阿拉伯式花紋，都是摩爾裝飾風格光輝的完成品。

建築的角落有一座中等高度的喚拜塔，造型優雅，裝飾精美。在喚拜塔的斜對角，阿爾摩哈德人建造了他們最偉大的建築，著名的吉拉達塔（Giralda），據說設計者是發明代數的人。美麗塔樓如今的塔尖和頂部，是西班牙人在十六世紀的添加。原本的摩爾式塔頂平坦，但有四個巨大的金色球體環繞。

十二世紀的摩爾人作家本·阿布杜·圖奇比（Ben Abdun al-Tuchibi）在一篇談塞維亞行政的文章中，對社區裡的猶太人和基督徒提出尖刻評論。他寫道：「我們不該向猶太人或基督徒出售科學書籍，除非作者是他們自己人，因為他們把這些科學作品

圖3-4　塞維亞的今日地標吉拉達塔
資料來源：維基百科用戶Jebulon拍攝。

翻譯成他們的語言，歸功於他們的人民和主教，儘管它們明明是穆斯林作家的作品。」[6]

塞維亞的摩爾人熱愛這個城市，認為它無比偉大，無比富裕，應有盡有，因此有諺語說：「在塞維亞，即使要鳥的乳汁也可以找到。」阿拉伯作家稱誦這城裡豐富多樣的食物、可愛的女人、傑出的音樂家，以及大量的優秀詩人。至於一般居民的私宅，當地作家這麼說：

> 屋主把房子打理得無可挑剔，因為他們十分熱衷此道。大部分的房屋都不缺流水或綠樹，如柳橙、檸檬、柑橘等等……塞維亞的學者精通無論是學術或玩笑的各種知識；他們人數眾多，難以計數，而且聲名遠播，不用說明……我描述塞維亞的這一切，唯一的目的就是要說明安達魯斯的過人之處，因為雖然沒有城市缺少這些東西，但我還是認為塞維亞是所有城市之母，是那塊疆土最光榮卓越的中心，或者說上帝如此安排，因為它是所有首府中人口最多、也最偉大的一個。

「聖人」斐迪南三世在一二四七年率基督徒大軍包圍的，就是這座光輝城市。塞維亞並沒有輕易屈服。圍城持續了十六個月，是整個再征服運動中最艱苦頑強的鬥爭。起先，基督徒蹂躪了城市周圍的肥沃平原，把所有可能資助敵人的事物破壞殆盡，燒毀了房屋，踐踏了莊稼，糟蹋了葡萄園，果園裡的柳橙、檸檬和石榴樹全被砍倒且放火燒光，煙塵蔽天。塞維亞全城籠罩在黑暗之中，街道甚至無法行走。白天的城裡經常「比無星的夜晚還要陰鬱」。

西班牙人的強力攻擊，立即使安達魯西亞幾個較無防禦力的城市，被收歸基督徒陣營。不肯投降的地方，則遭到毫不留情的燒殺擄掠。塞維亞最終孤立無援，獨力抵抗。儘管如此，它仍然是堅強的對手。城牆上裝備了當時破壞性最強的軍事工具。巨大石弩投擲大量重達數百磅的石頭和鐵塊。摩爾人的弓箭手可以射穿戴著護甲的馬。「希臘火」（Greek fire，按：一種石油製的液態燃燒劑）被傾倒到基督徒的移動高塔，將他們活活燒死。然而，斐迪南的士兵堅持不懈，不斷加強圍攻的力道。最後，飢餓和絕望迫使塞維亞居民投降。基督徒軍隊進城，街道兩旁的居民滿臉憔悴哀傷。好不容易，安達魯斯的首都總算落入基督徒手中。

「聖人」斐迪南並非獨力贏得這場戰爭；他的盟友是深諳圍城攻略之道的格拉納達摩爾人國王。城破之後，斐迪南試圖趕走所有穆斯林，成千上萬（可能達十萬）人口離開塞維亞，隨格拉納達國王越過群山回到他的王國，那是曾盛極一時的安達魯斯的僅存碩果。

「聖人」斐迪南在攻下塞維亞四年後去世，他是老卡斯提亞最偉大的指揮官之一，也是最知名的國王。「一二五二年五月三十日，在他去世前數小時，他跪地謙卑地領受了最後的聖餐，脖子上繞了一條繩索，」展現一個悔罪罪人的姿態。

塞維亞的大清真寺遭夷平後，只剩喚拜塔吉拉達塔還留著，原址則變成一座高大雄偉的大教堂。這是世界第三大教堂，僅次於羅馬的聖彼得教堂和倫敦的聖保羅教堂。這裡也興建了一座特別的禮拜堂，用來存放「聖人」斐迪南的遺體。如今他依舊躺在巨大銀棺裡，周圍的燭火不曾熄滅。牆上是卡斯提亞和雷昂歷史悠久的盾形紋章。墓上有四種語言的墓誌銘：拉丁文、西班牙文、希伯來和阿拉伯文。「聖人」斐迪南如在世，必會完全同意如此表現對現在和過去的尊重。但他的人生和勝仗已將西班牙推向另一個方向：卡斯提亞及其語言在西班牙各地堅定的主宰地位。

一二五二年後的許多年，每個斐迪南三世逝世的週年紀念日，都會有一小群摩爾人從格拉納達前來，手上拿著點燃的蠟燭，佇立不動，默默無語。如今每年銀棺會打開三次，展示「聖人」斐迪南的遺體。他依舊穿著古代的長袍，戴著王冠，拿著象徵權威的權杖。長長的白鬍子垂在胸前。同一座禮拜堂的另一處，也存放著他兒子「智者」阿方索十世的遺體。阿方索十世也是中世紀偉大的統治者，不過他的故事留待後敘。

安達魯西亞有句老話：「沒見過塞維亞的人，就沒見過奇觀。」（*Quien no ha visto Sevilla, no ha visto maravilla*）勝利的基督教軍隊在一二四八年入城時，必然留下了這樣的印象。數年之後，由「智者」阿方索十世編纂的《年代紀》（*The General Chronicle*）就描述西班牙人所見的塞維亞，他們看到宮殿的華美忍不住驚嘆，因為他們自己的王國難以相比：

> 塞維亞這個城市偉大、莊嚴、富饒，充滿了各種舒適和奢華的物品……那裡有美麗的街道和寬闊的廣場，形形色色的商場店鋪，各行各業各居其位，完美分布，秩序井然……從沒有見過比這裡更富有，裝飾更美麗的地方，也沒有任何地方人口如這裡眾多，力量如此強大，或充滿更高貴和奇妙的景象。這裡的城牆獨一無二，如此高大、堅固、寬闊，四周有

巨大的塔樓時時保護，全都是耗盡心力完成的……金塔是美妙的結構，誰可以估計國王花費了多少成本興建？此外還有聖瑪麗塔（吉拉達塔），多麼莊嚴、美麗和高大：二二．五公尺寬，九十公尺高；樓梯坡道寬廣平滑，建造的技巧如此熟練高明，高度緩慢漸進直達塔頂。想騎坐騎登頂的國王、王后以及王公貴族，都可以輕而易舉地做到。在第一座塔樓的頂端還有第二座塔樓，幾乎達十五公尺高，打造得十分精美。塔頂上有四個巨大的金屬球，一個在一個之上；它們如此龐大，製作得如此精巧，舉世無雙……

然後《年代紀》詳細描述巨球，作者稱之為「蘋果」。巨球的大小不同，最小的在最上方，全都鍍了金，在陽光下閃閃發光。古代文獻記載：

最底下的球巨大無比，展露難得一見的嫻熟技巧，若非親眼看見絕對無法置信。球體刻有優雅的凹槽，達五掌寬。球體被取下準備帶入城內時，卻發現過不了城門。於是他們只好把城門拆了，拓寬入口。除了我們已經提到的，還有許許多多壯觀宏偉的事物。

《年代紀》接著直言，舉世沒有其他城市的地利之便可比塞維亞：

每天都有來自海洋的船隻順河流而上，甚至進入城內停泊。它們帶著來自世界各地琳瑯滿目的商品：從丹吉爾（Tangiers）、休達、突尼斯（Tunis）、布吉（Bougie）、亞歷山卓、熱那亞（Genoa）、倫巴第（Lombardy）、葡萄牙、英格蘭、比薩（Pisa）、波爾多（Bordeaux）、巴約訥（Bayonne）、西西里、加斯科尼（Gascony）、加泰隆尼亞、亞拉岡，甚至來自法國北部及其他許多海外國家。[7]

對這座城市的描寫幾乎有一種東方感，讓來自颳風荒涼大平原的西班牙人目眩神迷，因為相較之下，他們的城鎮和家園簡陋，田野疏於照顧。卡斯提亞議會總說屬於他們的西班牙領土是「貧瘠的不毛之地」，缺乏農產，人口稀少，欠缺牛隻和食物。兩種生活方式在阿方索十世編纂的早期歷史，有再清楚不過的並陳。或許，阿方索十世也是以這種方式，紀念父親「聖人」斐迪南從摩爾人手中奪下塞維亞的偉大戰績。斐迪南在一二四八年領導勝軍進入塞維亞，判了穆斯林安達魯西亞的死刑，如今在摩爾人手中的，只剩下格拉納達的附庸王國。

格拉納達與阿爾罕布拉宮

格拉納達如今或許是全西班牙最美的城市，其地理位置獨一無二，無與倫比。在內華達山高聳的山峰環繞下，城市本身位於肥沃的綠色平原。今天，水仍由高山輸往平原，有些依舊沿著摩爾人建的古老引水渠而來。在阿爾罕布拉宮（the Alhambra）的花園裡，可以聽到它不斷由土製水管流過的潺潺水聲。摩爾人來自乾燥缺水之地，因此喜愛水，無論在西班牙的哪裡扎根，水都是他們的第一要務。稱作阿爾罕布拉宮的一系列建築之間，有繁花似錦的庭院和花園，而不遠處的摩爾人夏宮「赫內拉利菲宮」（the Generalife），讓人可大致了解當時摩爾人的生活。這些地方不僅乾淨整潔，綠意盎然，而且展現秀麗美觀。彷彿不願忽略任何可能的用水，摩爾人甚至在臥室裡裝有沖水廁所。大理石座椅下方的水流不斷。

阿爾罕布拉宮一詞的意思是「紅色宮殿」。最初於八九〇年左右興建，然後穆罕默德・伊本・阿哈瑪（Mohammed ibn al-Ahmar）在約一二五〇年時大幅擴建。更多附加建物在這之後出現。統治這區的摩爾人在此生活至一四九二年一月二日，直到巴布迪爾（Boabdil）吐出最後一口氣，把城市的鑰匙交給斐迪南和伊莎貝拉。宮殿厚厚的牆壁呈鏽紅色，巨大但並不美。由下方城裡的任何角度，都可以看到它們矗立在阿爾罕布拉宮山頂。若往山上走，會倏然發現這個地區變成墨綠色，也涼爽得多。這裡有一片可愛的榆樹林，據說是威靈頓公爵帶來此地。花園內有許多其他種類的樹木，尤以柏樹最多。安達魯西亞所有的花朵都可在這裡找到，若干年前，此地還有高逾六公尺的紅色天竺葵，攀在建築物的牆壁上。如今這一切都已消失，不過涓涓流水依然奔流，青蛙依舊端坐在荷花和睡蓮葉上，夜鶯則在夜裡歌聲不輟。

納斯里（Nasrite）阿拉伯王朝就在這座美麗宮殿，統治群山環抱的格拉納達王國。這些摩爾國王善於分化他們的基督徒對手，先協助卡斯提亞，接著再幫亞拉岡。納斯里王朝的座右銘是「除了上帝，別無征服者」，刻在阿爾罕布拉宮的多處牆上。摩爾人統治末期內戰頻繁，因此當卡斯提亞和亞拉岡在一四七四年結合，摩爾人的潰敗在所難免。摩爾人時代的最後幾年，後宮傳出暴力的爭寵事件。王后索拉雅（Zoraya）擔心受寵的艾西亞（Aixa）的兒子會搶走她兒子的王儲地位。她為此公然爭吵，被打入大牢。貴族之間形成兩派：阿本莎拉赫（Abencerrajes）家族支持艾西亞，塞格利斯（Zegries）家族支持索拉雅。獲勝的塞格利斯家族指控對手陰謀篡位，國王阿布—哈珊（Abul-Hassan）就在阿爾罕布拉宮砍了三十六個人頭。阿布—哈珊之子，不幸的巴布迪爾，成為最後一位摩爾王。

多年來，摩爾人每年都對卡斯提亞進貢換取和平，但一四七六年卡斯提亞要他們納貢時，阿布—哈珊驕傲地反駁說：「格拉納達的鑄幣場不再鑄造金子，而是鑄造鋼鐵！」在這樣的挑釁之後，他們也準備作戰。可是摩爾人顯然低估了敵人，依舊夜夜笙歌。他們在這座山上的伊甸園過著安逸的生活，最終無法抵擋更強悍的民族。這座城市在一四九二年被斐迪南和伊莎貝拉攻陷，信奉天主教的君王著迷此地的美，於是後來有一段時間都在阿爾罕布拉宮上朝。伊莎貝拉喜歡音樂，她的隨行人員中有四十位音樂家，因此古老的摩爾人廂房常有西班牙古調、民謠和頌歌的演奏。兩種生活方式在此相遇，其中一個已離場。

一如所有主要摩爾建築的內牆，宮殿的內牆被覆上有雕刻及彩色浮雕的灰泥鑲板。宮內有各種風格的精緻拱門，最受歡迎的是馬蹄形拱門。支撐屋頂的柱子纖細優雅，柱頭上有墊石和裝飾。天花板上懸掛垂飾，或稱「鐘乳石」。立柱底部常有鑲嵌藝術，護牆板和地板一般都鋪著美麗的磁磚，製磚的祕密如今已失傳。目前雖保留了許多牆磚，但只有少數地方留有原始的磁磚地板；正義殿（Hall of Justice）的地板就是其一；斐迪南和伊莎貝拉的寶座曾位於其上。

從每個窗口和宮殿的瞭望台，都可以眺望圍繞格拉納達的壯麗平原景色。朝一特定方向眺望，可以看到薩克羅蒙提（Sacramonte）洞穴屋，這裡自十五世紀以來就住著吉普賽人。歷史證據顯示，歐洲吉普賽人的來源可追到印度。一三九八年，名聞遐邇的東方征服者帖木兒入侵印度，成千上萬逃難居民跨越國境。其中許多人最終抵達埃及，然後顯然是從那裡進入歐洲，因此稱為「吉普賽」（gypsy），意指埃及人（Egyptian）。

一四四〇年的時候，他們來到了西班牙。西班牙吉普賽人保存了安達魯西亞古老的歌曲（深沉之歌）和舞蹈（佛朗明哥舞〔*baile flamenco*〕），但並非創始者。他們是絕佳的模仿者，不過絕非創造者。話雖如此，安達魯西亞的古老音樂能保存迄今，很大一部分是他們的功勞。男人也和女人一樣起舞，而男子舞蹈的風格特別陽剛。史上最知名的吉普賽男舞者艾斯庫德羅（Escudero）曾說：「要是我覺得自己的舞蹈有一絲陰柔氣息，我寧可不再跳任何一步。」

在阿爾罕布拉宮對城山坡上挖掘的薩克羅蒙提洞穴屋，如今內部都已完成，並有電燈。吉普賽人仍在此表演舞蹈，只是近年來變得很商業化，他們一天或一晚匆匆表演十到十五次，然後坐在觀眾旁邊拍照，希望這麼做能賺到額外的小費。他們出售的響板是日本製。他們並無跳舞的天賦，但精於生財之道，甚至到格拉納達的旅館為觀光客表演。如果他們當中有優秀的舞者或鬥牛士誕生，很快就會到較大的都市發展。

無須細述阿爾罕布拉宮的每個庭園，但桃金孃中庭（*patio de los arrayanes*）和獅庭（*patio de los leones*）值得被點名介紹。前者設有較大的摩爾宮殿常見的大反射池，後者則有著名的獅子噴泉，只可惜如今泉水不再流動。這些獅子雕像可能是腓尼基人或諾曼—薩拉遜人（Norman-Saracenic，按：薩拉遜是在今敘利亞和阿拉伯之間的遊牧民族）所製，並非摩爾人雕刻，摩爾人只是發現之後，把它們納入宮殿。獅子噴泉也是日晷，每一小時，水會由不同獅子的嘴流出。如今這可愛的小庭院的上層結構已嚴重凹陷，多處都添加了醜陋的鐵梁以鞏固天花板。

我有位西班牙朋友是格拉納達大學的學生。他花了許多時間在庭院裡抄寫牆上幾乎沒人注意的渦紋裝飾上的阿拉伯銘文。這些銘文經精心雕刻，與藝術主題絕妙地融為一體。事實上，它們是一系列阿拉伯文詩歌。如今已由奈克（A. R. Nykl）譯出。

阿爾罕布拉宮的皇家浴場也特別吸引人，共有三個龍頭，流出熱水、冷水和有香味的水。摩爾人認為洗澡不僅是樂趣，也是一種儀式。格拉納達市內一座大型建築物裡，就有十一世紀的摩爾人浴池（約一〇五〇年）；稱為 *bañuelo*。

美國作家華盛頓．歐文（Washington Irving）曾在阿爾罕布拉宮住過，他在此為他收錄許多傳說的《阿爾罕布拉宮的故事》（*Tales of the Alhambra*）和《征服格拉納達》（*Conquest of Granada*）做研究，美國人對這座建築的興趣或許最該歸功於他。歐文深愛西班牙，能妙筆生花地描述它的某些面向。然而，他的作品常指西班牙「浪漫」，其實西班牙是舉世最不浪漫的國家之一。它或許可說性感又迷人，但並不浪漫。這個國家只在與人無關的實體面向算得上浪費。

格拉納達城還有許多摩爾人的遺跡；舊市區的埃爾維拉（Elvira）大門年代可追溯到九世紀，城門（Bibarrambla）的大門已在一八七〇年代被拆下保存，有朝一日可能會重組成原貌。城系列的宮殿，覆蓋整座山丘的主要部分。某種程度上，它是舉世最了不起的摩爾人遺跡。

裡別處還有其他的大門和摩爾式古蹟，不過都和阿爾罕布拉宮沒得比。其實，阿爾罕布拉宮是一

有些遊客認為阿爾罕布拉宮有陰柔氣息，這點我不以為然。這座無與倫比的建築雖然輕盈而顯細緻柔美，但這並不令人聯想到陰柔，說陰柔等於是暗示男性氣質沒顯露。宮殿一些房間和走廊的規模較小，令某些遊客感到失望，而且若在光天化日下欣賞，效果也可能不如預期。欣賞這座宮殿最好是在月夜。夜晚柔和的光線底下，花園散發清新的果園氣息，淙淙流水是耳中的詩歌，輕柔的月光為網眼狀相扣相連的房間和庭院潑灑光暈。夜鶯開始歌唱時，心神都被平靜的音樂征服，教人深深遺憾竟然從沒人把這鳴禽引入美洲。平原在白晝大地回春，橄欖樹因陽光照射閃閃發光。

格拉納達名詩人羅卡寫道：

圖3-5　阿爾罕布拉宮的桃金孃中庭

資料來源：Photo by CEphoto, Uwe Aranas。

瓜達爾基維爾河
流經柳橙和橄欖樹。
格拉納達的兩條河流
由雪山流向麥田。

在格拉納達時，我一直想到羅卡。他曾在哥倫比亞大學約翰．傑聽（John Jay Hall）待過一年，我和他只隔了幾間房門。我因而和他熟稔起來。由於他不諳英文，因此我常充當他的紐約市嚮導，介紹他黑人靈魂樂，他也對這類音樂產生莫大興趣。後來，我在西班牙參加他的文學沙龍，在馬德里人行道上的咖啡廳聚會。他是訓練有素的音樂家，經常以鋼琴或吉他為朋友彈奏他摯愛的安達魯西亞哀歌。

羅卡就像大部分安達魯西亞人，對摩爾文化的繼承十分自豪，對自己的摩爾血統很驕傲，也常說他戴起頭巾來會有多好看。西班牙內戰爆發後，他遭長槍黨（Falangists）射死，年僅三十

圖3-6　阿爾罕布拉宮的獅庭

資料來源：維基百科用戶Oscarmu90拍攝。

七。在我心裡，他的身影在格拉納達依舊無所不在。英國作家傑拉德．布瑞南（Gerald Brenan）寫過許多關於西班牙的好書，發表了一篇尋覓羅卡之墓的感人文章，他從不確定是否真找到了墓（文章最先發表在《紐約客》雜誌，後來收入《西班牙面貌》〔*The Face of Spain*〕一書）。

寫這段文字時，我正坐在阿爾罕布拉宮飯店的台階上，高居山坡之上，就在阿爾罕布拉宮內。夕陽西下，下方的城市華燈初上，天空色彩美麗絕倫：紫、粉、灰藍、黃褐、藍綠、火紅、霧金，琳瑯滿目。西班牙城市的燈光和美國城市不同，不是直線，而是四面八方閃爍；城裡大片建築彷彿潑灑了整把的星斗。公雞一如平常在城裡啼叫，鐘聲也四處迴盪。最後的天光還在徘徊，但已暗得看不見我所寫的文字，因此我放下筆記本，放鬆心情掬飲格拉納達的聲音和氣味。

我們的旅館房間俯視著整個平原，燈懸在灰泥天花板的中間，從大衛之星的裝飾圖案垂下來，聖地亞哥小貝殼則點綴在星星各角之間，這是希伯來和基督教歷史的奇特混合。我拿起格拉納達的電話簿，回憶湧上心頭。十五年前我在查這本電話簿時，封面上寫的是：「佛朗哥！佛朗哥！佛朗哥！西班牙，前進向上！西班牙萬歲！」

我記得當時也看到這些字漆在建築物的牆上，和許多城市的外圍。譬如離格拉納達不遠的羅哈（Loja）就在城邊寫上這些文字：「佛朗哥，羅哈向你致敬，尊敬你，崇拜你！」偶爾也能看到文字如下：「一切都為祖國。」雖然政治宣傳大張旗鼓，但西班牙人並非愛國的民族，除非他們有強烈信仰的衝動，佛朗哥將軍顯然並沒有誘發這份衝動。

準備離開旅館時，我看到無處不在的女僕用拖把擦白色大理石地板和樓梯，讓它們好像醫院大廳一樣閃閃發亮。我在大廳裡佇足，逗留片刻，等人把車子開來，快速瀏覽了陳列的雜誌。還不用看就可以肯定大概沒什麼值得一讀，果然：《英國貿易雜誌》、《糕餅製造》、《與希臘貿易》、幾份荷航時間表、一家西班牙銀行出版的雜誌、埃及旅遊雜誌，和一份名為《冶金與電力》的專業期刊共三本。桌前的一位老先生已取走三份最有趣的出版品：觀點保守的馬德里《阿見賽報》（*ABC*）、《國家報》（*El País*）精彩的週日版，和《變遷16》（*Cambio 16*）週刊。這份清單是許多西班牙飯店陳列的典型讀物。

我們穿過受摩爾人導水管澆灌的樹木拱門，離開格拉納達，進入有收割後金粉色小麥殘莖和綠色橄欖林的開闊地景。有一些田地種了玉米和菸草，也有讓菸草乾燥的棚子。空氣中瀰漫著它辛辣的甜味。所有的山丘都種了橄欖樹。偶爾可以看到打穀場堅硬的泥土地面，有馬或騾子正在其上繞圈踏步磨穀。儘管報紙說西班牙現在有成千上萬的拖拉機，但我只在遠處看過一個，是在從格拉納達到哥多華的車上。西班牙的農業要達到機械化還有很長的路。他們還要再走很長的路，才能達到當年在摩爾人統治下實現的整齊劃一和生產力。整條公路有許多讓他們想起自己文化遺產的安靜提示：驢子拉的古老水車、一段的古老城牆、毀壞的城堡和堡壘，還有安達魯西亞村莊的模樣（和非洲村莊幾無二致）。

第四章

基督徒王國：十字架與劍

「再征服運動是織布機，西班牙的歷史就在其上編織。」

——西班牙文化史學者阿梅里科・卡斯特羅（Américo Castro）

再征服運動

從皮拉尤在七二二年於科瓦多加谷的山區擊敗摩爾人起，直到一四九二年斐迪南和伊莎貝拉攻下格拉納達為止，這段時間被稱作再征服運動（*La Reconquista*），前後橫跨八個世紀。這是西班牙獨一無二的歷史，其他歐洲國家都沒經歷過類似時期。這不僅是對抗占領西班牙土地的外侮，也是反抗他們不接受的宗教「伊斯蘭」的戰爭。中世紀歷史的兩大動力是戰爭和宗教，而在西班牙，這兩股動力融合在一起：宗教戰爭。的確，在再征服運動之初的幾個世紀，獲得土地、財富和奴隸，或許比擊敗伊斯蘭更重要，但隨著時間流轉，宗教地位成了越來越重要的問題。造成轉變的是穆斯林本身，因為狂熱穆斯林穆拉比德人和阿爾摩哈德人，相繼在一〇八六年和一一四六年從北非入侵，造成反彈。

西班牙史學家都認為，再征服運動讓西班牙的歷史與歐洲各國截然不同，但他們對這個運動塑造西班牙歷史的程度和方式意見分歧。當今兩位西班牙歷史大師卡斯特羅和桑其士—阿波諾茲，已對此論戰數年。儘管兩人爭論時偶爾吵得很兇，其實雙方的觀點並沒有那麼不同。卡斯特羅明確指出，穆斯林絕非容易應付的敵人，所以再征服運動必定如此：「再征服運動是織布機，西班牙的歷史就在其上編織。」而桑其士—阿波諾茲則斷然聲明：「我認為再征服運動是西班牙歷史的關鍵……讓我們回憶一下《阿比達編年史》（*the Chronicle of Albeda*）的話：基督徒日日奮戰，不分晝夜，一直持續了八個世紀。」這期間有短暫的和平，很少會超過十幾二十年；基督徒之間會發生戰爭；摩爾國王之間也會發生戰爭，甚至基督徒和摩爾人還會相互結盟，對抗其他基督徒和摩爾人。儘管這些歷史事實無可爭議，但再征服運動的主軸，一直都是西班牙基督徒對抗西班牙穆斯林，是十字架與劍對抗摩爾人的新月。

西班牙性格就在這場漫長的聖戰中重新塑造。教會保證戰死的人會進天堂，勝利的士兵也能掠奪戰利品。人們就為了這種「基督徒士兵」的理想出生入死。如果上戰場能獲得更大更崇高的報酬，誰還要用雙手勞動？個人的英勇和信仰成了新興西班牙的基石，在移動的邊界背後，一個新興國家慢慢成形。再征服運動始於七二二年的科瓦多加，源自阿斯圖里亞斯和坎塔布里亞山民「對自由的熱愛」，這些山民正是西元一世紀讓奧古斯都吃了一番苦頭的民族。這些戰士不是西哥德人，而是更古老西班牙人繁衍出的後裔。這群吃苦耐勞的人，日後將湧向雷昂和卡斯提亞的平原，重新填滿被遺棄的土地。他們的精神將塑造西班牙的性格。

邊界沒有固定的界線，也不是穩定地向南移動。邊界向來不確定，「只要基督徒贏得勝利，只要他們占領了主控山谷入口或能掌握平原的城市，只要摩爾人自己有了危機或相互交戰時」，這條邊界就會向前推進，但也隨時可能退後。因此，界線的南移一直處於反覆來回的節奏，但來自北方的勢力總是較強。

西元七二二年，基督徒被圍在坎塔布里亞山後，這山是他們的防禦線。隨著越來越多基督徒拋下南方的農場和家園從軍，他們的人數穩定增加。科瓦多加一役後，摩爾人非常愚蠢地決定入侵法國，結果第二度被查理．馬特打敗。如果當初他們乘勝追擊，追入坎塔布里亞山脈，今天的西班牙即使不是穆斯林國家，也可能會是穆斯林—基督教社會。摩爾人在法國吃了敗仗後，意識到他們擴張過度，開始向南撤退。這次撤退使他們回到杜羅河（Duero River）谷地以南，當地居民已放棄了這塊領土，撤往坎塔布里亞山後更安全的地區。因此，兩個陣營之間，多年來存在一片荒野，沿杜羅河谷延伸，完全沒有人居住。西班牙基督教領域的邊界慢慢向南推進，進入這些杳無人煙的平原，而摩爾人則會發動突襲。這就是邊界形成的方式。不久它不但是不確定的地理界限，也象徵了非常明確的心態。

當然，連綿八個世紀的再征服運動，並非不曾間斷的戰爭。沒有人能忍受這種日子。這些年也代表了雙方社會和文化力量的互相影響和融合，以及這些力量的徹底對立。住在同一塊土地上的基督徒和摩爾人，連續不斷地從事人類生活的兩大行為：戰爭與歡愛，這是兩種征服形式，也是兩種親密的形式。戰爭和肉體的親密經常攜手並進，表達後者並不需要平和的日子，也許在西班牙的形成過程中，愛的創造，以及它所代表的一切，和殺敵同樣重要。

皮拉尤獲勝的地點阿斯圖里亞斯，是西班牙北部的頭一個基督教王國。西元七九一年，該國在奧維耶多建立首都，不過在此之前，阿斯圖里亞斯王朝已經存在。必須強調的是，這不是西哥德王國的延續，而是土生土長的一個王朝，植根於西班牙大地。接下來誕生的王國是加利西亞和雷昂。九〇〇年的時候，基督徒已走出了他們的山脈，散布到南方的雷昂平原。到了九一四年，他們覺得不再需要以山脈屏障自我保護，團結各王國，把首都遷往雷昂，建立了一個雷昂王國。現在主動權明顯落入基督徒陣營；摩爾人再也占不了上風了。

正如雷昂是阿斯圖里亞斯和加利西亞向南擴展的結果，卡斯提亞也來自雷昂向南的擴張。起先只是個小侯國（約九〇〇年）的卡斯提亞，經過一兩個世代，蛻變成不願對任何人低頭的戰士之地，無論是對基督徒或摩爾人。史詩《費爾南．岡薩雷斯之歌》（*Poem of Fernán González*）敘述了卡斯提亞脫離雷昂獨立的故事，十三世紀的《西班牙通史》也複製了這段故事：卡斯提亞人的偶像，偉大的戰士費爾南．岡薩雷斯伯爵曾帶「漂亮的鷹和俊美的馬」到雷昂國王宮中。國王非常喜歡，問能否購買。伯爵依當時的宮廷禮節，說這兩隻動物不賣，但「既然國王這麼喜歡牠們，他很樂意送給國王」。國王也按當時的禮節拒絕饋贈，除非對方接受回報。他答應付給伯爵一千銀幣，雙方也訂下了付款日期，而且都同意遲付幾天款項就多加幾倍。三年過去，金額成了天文數字，國王無力償還，於是准予卡斯提亞獨立。這故事雖不足為信，不過當時的禮節和國王不準時付款一事，完全符合西班牙性格和所述事件。

岡薩雷斯是卡斯提亞第一位大英雄，他正面遭遇所向披靡的曼蘇爾卻不露絲毫畏懼。卡斯提亞的士兵已經和最強的穆斯林作戰士兵不相上下。卡斯提亞在憂患中誕生，靠自己的力量生存。來到這裡的是最勇敢的山民，他們離開家園的保護，為追求榮耀踏上冒險之路。卡斯提亞就像巨大的裝甲縱隊，一邊深入鑽探摩爾人的疆土，一邊慢慢地積聚力量。卡斯提亞軍鮮少挫敗，而且贏得了許多驚人的勝利。最終，他們促成再征服運動的實現。為了在開闊荒涼的平原上保護自己，他們住在一連串城堡，這裡就是基督徒領土的南部邊界。他們也由此得到卡斯提亞之名，意為「城堡之地」。

西班牙的其他基督王國是雷昂、納瓦拉、亞拉岡和加泰隆尼亞，總共五個。在再征服運動初期，這些基督王國之間的互鬥，和他們對抗摩爾人一樣頻繁。曼蘇爾入侵雷昂時，卡斯提亞人歡欣鼓舞，而卡斯提亞遭到同樣命運時，雷昂人也興高采烈。納瓦拉受到攻擊時，兩國都雀躍不已。在那個年代裡，España 一字指的是半島上的摩爾人領土。基督徒提到自己的國家時，稱之為雷昂、卡斯提亞、阿斯圖里亞斯等等。不過，幾個世紀過去，他們終於學到教訓，時至一二三〇

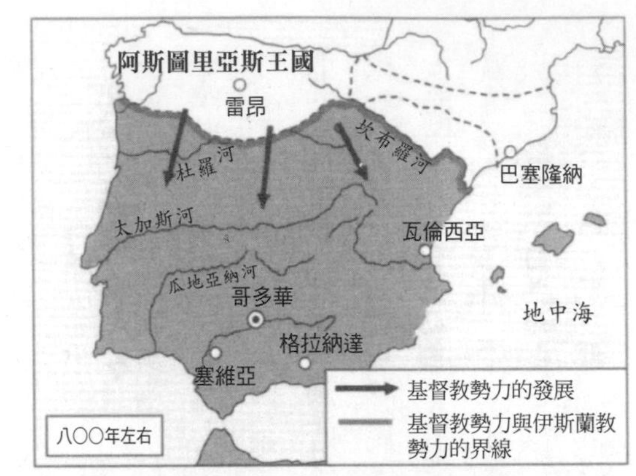

圖4-1　基督教王國與再征服運動的發展

年，西班牙只剩兩大基督王國，組合如下：雷昂－卡斯提亞，以及亞拉岡－加泰隆尼亞。兩國在幾乎一個半世紀多之後，才融合為一個卡斯提亞－亞拉岡王國，象徵西班牙全域基督徒的統一。正是這最後的統一王國打敗了摩爾人，把他們從最後的據點格拉納達逐出半島。

聖雅各與聖地亞哥

摩爾人不知不覺地教了西班牙基督徒，如何在與他們的對抗中勝出。他們不僅顯示團結本身的不可或缺，還示範如何實現團結：**透過充滿活力的宗教號召**。摩爾人自己是許多不同民族組成的群體：阿拉伯人、葉門人、柏柏爾人和敘利亞人，因七世紀伊斯蘭教的誕生而團結在一起，成功合併宗教與戰爭，建立了巨大的帝國。猶太人涵括了人類和宇宙重要架構的宗教哲學，進一步促成了新興基督徒觀念。這個概念和信仰最終把民族主義和宗教焊接起來，確立了後來的**教會國家**。換言之，宗教即將成為武器，是兩個文明史詩般對抗中最強大的武器。

西班牙天主教在聖雅各崇拜中，找到了對摩爾人好鬥信仰的回應。正是這精心培植且獲得諸多教徒深信的崇拜，使再征服運動成為可能。這種崇拜完全是西班牙的發明，舉世其他天主教國家都沒有類似崇拜。歷史沒有任何證據支持引發崇拜的奇蹟事件，不過歷史證據在此並不重要，重要的是人們相信這個故事，以及這份信仰變得十分激進，驅使信徒完成難以置信之舉。若我們主張，在歷史上，神話推動人的力量比實際事件更強，那又是另一回事了。

聖雅各的傳說如下：西庇太（Zebedee）的兒子，耶穌十二使徒之一聖雅各（St. James the Greater）曾來西班牙傳福音，為期六年。之後他回到耶路撒冷，遭希律王（King Herod）斬首。信徒把他的身體塗膏防腐，帶著遺體搭上前往西班牙的船，在加利西亞沿岸的古羅馬港口伊里亞·福拉比亞（Iria Flavia）下船，進到內陸，來到如今的聖地亞哥，將他埋葬在此。多年來，人們來此朝聖，但在羅馬對西班牙基督徒的不再寬容後，這個聖地就被人遺忘了，大約有六個世紀乏人問津。接著在九世紀之初（八一三年），住在該區的一位隱士連續數晚看到異象。一顆明星在兀自矗立山丘的一棵巨大橡樹上閃耀生輝，還伴有飄飄仙樂。當地主教被告知，然後在幾位神父的陪同下前去調查。他們發現一個祭壇和三個人的墳墓，其中一人的頭被砍掉了。墓碑宣稱這是聖雅各的安息之地。

純潔的阿方索二世（Alfonso II, the Chaste）聽聞後，由幾位大臣陪同趕到該地。國王檢視墳墓，證實了奇蹟，於是在墓地上興建一座教堂。教皇利奧三世（Leo III）得到通知，在一封信中將此消息公諸於世。朝聖者絡繹不絕地來向聖徒致敬，聖地亞哥城就在教堂周圍漸漸形成。這座教堂成為中世紀三大聖地之一，另外兩個聖地是羅馬和耶路撒冷。

三個遺體究竟哪一個是聖雅各難以確知，因此三人的遺骨被混在一起，放進同一個棺木。後來再轉置於他們今日安息的精緻銀甕中。不過，官方嚮導會告訴遊客，儘管聖雅各在西班牙傳教、葬身此地，以及墳墓被奇蹟般發現的故事廣為人接受，沒有任何證據顯示這些信仰是基於歷史事實。

為聖雅各崇拜帶來最後戲劇效果的事件，是傳奇的克拉維霍戰役（battle of Clavijo）。（這可能是十一、十二世紀一些抄書員捏造的故事，但聖雅各崇拜最早可追溯至八一三年）。經過幾年休戰後，哥多華的摩爾人再次要求基督徒進貢一百名處女。加利西亞國王拉米羅一世（Ramiro I）被選中的一名童女挑撥，拒絕服從，於是穆斯林親臨強徵。八四四年，兩軍據信在克拉維霍相遇。戰鬥的第一天，基督徒部隊慘敗。當晚，拉米羅注視筋疲力竭的加利西亞和雷昂士兵，不由得疑惑他們第二天會遭到什麼樣的命運。次日早上，他召集軍隊，用響亮的聲音宣布，聖雅各夜裡在他夢中顯靈，承諾基督徒一場勝仗。聖人騎在白馬上，揮舞有紅十字的白色旗幟。他聲稱捍衛西班牙的信仰是他個人的責任，而且他會親自在戰場上領導西班牙人。他甚至告訴拉米羅如何布陣最有利。戰鬥開始時，基督徒奮勇上前，放聲大喊：「聖地亞哥（即西語的聖雅各）！西班牙！前進！」他們凶猛出擊，穆斯林部隊落荒而逃，屍橫遍野。國王拉米羅獲得奇蹟般的勝利。此後，聖地亞哥（聖雅各）就成了西班牙的守護神，也是基督徒士兵在再征服運動中的保護者。人們對他的信念改變了許多戰役的結果，使基督徒占了上風，也賦予中世紀西班牙天主教獨一無二的特色。十一世紀的時候，聖徒開始被稱為「聖地亞哥，摩爾人殺手」（*Santiago, Matamores*）。

克拉維霍之戰後，越來越多朝聖者來到著名聖地，此地建造了修道院、旅館、醫院、學校和其他機構。阿方索二世當初在墓地上興建的教堂，被認為規模太小，不符合聖祠的名氣，於是偉大的阿方索三世在世紀之交（約九〇〇年），拆除了小教堂，重新興建更大的教堂。大約一百年後（九九七年），教人聞風喪膽的摩爾人將軍曼蘇爾攻打這座城市，攻進城裡大肆洗劫之後，摧毀了新建的大教堂（不過並未侵犯保存聖體的區域），然後讓基督徒戰俘把它的鐘和門帶回哥多華。這些搶來的戰利品就用在哥多華的清真寺上，鐘被改造成了燈。當卡斯提亞和雷昂的「聖人」斐迪南於一二三六年征服哥多華，穆斯林戰俘被迫把這些器物再拖回聖地亞哥。

聖祠在一〇二七至一一三七年間重建。由於大部分朝聖者都是經由法國南部前往聖地亞哥，因此克呂尼（Cluny）法國本篤會接手了朝聖隊伍的管理和保護。這些僧侶保持路況良好，定期建立旅館和修道院，並庇護旅客免受土匪襲擊。通往聖地亞哥之路成了國際公路，被稱為「法國之路」（*camino francés*），名字直沿用迄今。西班牙語「聖地亞哥之路」（camino de Santiago）指的是銀河，因為擠滿朝聖者的道路宛若銀河，也因為沿著它前進就會抵達聖地亞哥。原路通過龍塞斯谷隘口，經潘普洛納和阿斯圖里亞斯前往加利西亞。在十一世紀晚期，主要路線南移了更多，借道布爾戈斯，顯現基督徒勢力的擴張。法國僧侶為促進西班牙國家主義出這麼多力，也是史上罕見的事。

聖地亞哥的全名是聖地亞哥·德·孔波斯泰爾（Santiago de Compostela）；Compostela一語源於拉丁文**campus stellae**，指星星的原野，意思是照亮聖雅各墳墓的那顆明星。孔波斯泰爾到十一世紀就成了這聖地名稱不可或缺的一部分。

所有曾赴聖地亞哥朝聖的人，都以加利西亞沿岸常見的一種海貝（venera或vieira）為記號。朝聖者沒有一個不帶這種貝殼歸去。當地貝殼獲此殊榮的說法有二：一是聖雅各本人在西班牙傳道時，就經常用這些貝殼為皈依者施洗。另一個故事則說，聖雅各的朋友帶著他的遺體正準備從加利西亞海邊上岸時，看到一匹失控的瘋馬，載著貴族騎士衝入大海。他們以為這名騎士一定會溺斃，但是被大量海藻交纏的貝殼堆接住了他，儘管一身重甲，仍足以使他漂浮保命。這些基督徒認為這是個好兆頭，於是選擇以貝殼作為聖人的標誌。

湧入聖地亞哥的朝聖者來自歐洲各地。連英國詩人喬叟（Chaucer）筆下《坎特伯利故事集》的巴斯夫人都和數千名英國朝聖者一樣，去過「加利西亞的聖雅各」。他們穿最粗糙的粗布斗篷、短披肩、戴著柔軟的帽子，腳踩涼鞋。他們總帶著一根手杖，上面綁著葫蘆，晚上在過夜的地方用葫蘆吃飯。有時他們的腰帶還帶著錢包。大多數男士都留著長鬍子。一路上他們常在夜裡聚在旅館或修道院的庭院唱民謠。朝聖者抵達聖地亞哥後，往往沒有足夠的住宿，所以他們就睡在街上，一堆一堆，就如傳說中印度人的睡法。他們大批進入大教堂時，身上的惡臭令人難以忍受，因此教堂裡放了一個巨大的香爐，可以用繩索和滑輪在人群上方來回拖動，以便消除氣味並把空氣熏香。香爐迄今仍保存在原處，稱為*botafumeiro*，現在只在非常特殊的場合使用。朝聖者把許多歐洲影響帶入西班牙，尤其是法國教會的人，或許還有來自普羅旺斯的文學影響。而這些朝聖者回到他們的故鄉時，也帶回許多西班牙—阿拉伯文化的知識。摩爾人的知識成就因而在歐洲各地廣為人知。來到西班牙的大批朝聖者，有助於將注意力聚焦在與摩爾人的戰爭，並為西班牙帶來新兵和財源。

聖地亞哥現存的這座教堂，由許多不同風格和建築物組合而成。一〇七五年阿方索六世

圖4-2　榮耀之門
資料來源：維基百科用戶juantiagues。

已開始興建大教堂，但它是建在九世紀埋葬聖雅各遺骨的教堂之上，如今底下的舊教堂依然可見。精雕細琢的羅馬風格「銀匠之門」（*Puerta de las Plaietia*）就出自這個時期。然而，大教堂西側的正面建於十八世紀，呈現西班牙巴洛克晚期風格，一般稱為丘里格拉風格（Churrigueresque）。這是有兩座高塔面對主廣場西班牙廣場的建築立面。在這主要立面的後方和內部，可以看到大教堂真正的輝煌之處，舉世無雙的「榮耀之門」（*Pórtico de la Gloria*），這是三座美麗的羅馬式拱門，上面裝飾了一百三十五個大小浮雕像，於一一八三年完工。這是一一六八年起擔任石匠行會會長的馬特奧大師（Master Mateo）的作品，他用二十年完成這個傑作，其和諧、完美和人像的安排配置，都讓觀眾感到一股整體的平靜和美，一點也沒有擁擠或過分的感覺。這些人像表情生動，勝過一般中世紀雕像。馬特奧設計的力量和活力，與文藝復興時期偉大的雕塑家相比毫不遜色。榮耀之門絕對是西班牙、或許乃至全世界，最偉大的中世紀雕刻作品。

榮耀之門有明顯的象徵意義。中央的拱門最大代表天主教會；左邊的拱門代表猶太教會，右邊的拱門象徵「誤信者」的教會。在中央拱門正中央的是宏偉的基督雕像，由四位使徒簇擁，在他們下方的柱子上則是朝氣蓬勃的聖雅各，手持牧杖。巨大的基督像幾乎達三公尺，三座拱門的每個人像都相形見絀。他坐在寶座上，露出受傷的手、腳和側身。在基督上方的半圓中是《啟示錄》裡的二十四位長老，各自都拿著弦樂器。有些人顯然在調音，其他人則在撥弦。上層的雕板上呈現了西班牙在十二世紀時的各種樂器。

左邊拱門代表猶太教會，其中有許多《舊約》先知：亞伯拉罕、以撒、雅各、摩西、大衛、所羅門等等。基督本人占據了拱門的中心；他伸出右手祝福，左手則拿著永恆真理之書。亞當與夏娃在他的兩側。

右邊拱門象徵異教徒或「誤信者」的教會。古代的偽教條以各種動物的形式表現在此：婆羅門教、伊斯蘭教、儒教等等。它們象徵著某些特質：信念、正義、剛毅、嫉妒、憤怒、淫亂、驕傲、貪婪等等。這座拱門還包含一些正在吞噬人類的可怕怪物或惡魔，他們代表暴力、殘酷、暴食與貪婪。

榮耀之門整體的宗旨是展現真教會如何在偽教條和《舊約》猶太教的基礎上興起，透過基督的啟示和生命實現獨特的崇高地位。打造這件動人心弦之作的雕刻大師，也刻了一尊自己的小人像，放在主拱門中央柱子的後面。他蹲在地板上，面向教堂內部，許多遊客都沒注意到它。

榮耀之門上雕像的群組組合非常精彩，多數似乎正在交談，頭部和臉部非常自然地轉動。先知和使徒們留著鬍子，但以理的臉則剃得光潔，嘴唇露出青春燦爛的笑容。這只是馬特奧讓作品產生強烈個性，同時保有整體和諧與力量的方法之一。

榮耀之門在一一八八年完工時，塗有繽紛的色彩和金色。最慢至少在一六五一年重漆過，但歷經風吹雨打，再加上曾打石膏模型，製作給南肯辛頓倫敦博物館展出用的複製品，結果幾乎所有的色彩都剝落了。現在只看得到極不明顯的色彩。中世紀的西班牙雕塑總是色彩豐富，只是保留原狀至今的很少。西班牙內戰期間，榮耀之門差點遭一名反宗教的狂熱分子毀壞。後來可說是奇蹟般地被保存下來，保住了這唯有西班牙藝術家才能構思出來的中世紀力量與美的象徵。即使是外國藝術家，來到這個半島生活（法國的胡安・朱尼〔Juan Juni〕、希臘的格雷考）之後，精神上也受西班牙的圖像表現影響，很快就反映在他們的作品中。

《熙德之歌》中的民族意志

十二世紀的西班牙建立了幾個軍事修會，以便繼續與摩爾人作戰。這些組織都以宗教和軍事為基礎，遵從聖雅各「摩爾殺手」的傳說。教會起先並不贊成聖人拿武器，但隨著摩爾人「穆拉比德人」（「向上帝發誓之人」）在一〇八六年入侵，摩爾人結合宗教與戰爭的做法，再次引起西班牙基督徒的注意，他們不禁意識到這是個有效率的做法。因此，聖戰成了教會戰鬥組織的使命。這些組織包括聖地亞哥騎士團、卡拉特拉瓦騎士團（Calatrava）、阿爾坎塔拉騎士團（Alcantara），聖殿騎士團（Knights Templar）和醫院騎士團（the Hospitalers）。聖地亞哥騎士團的主要任務是保護朝聖者的人身安全，確保路上沒有土匪和惡棍。後來他們成為與摩爾人戰爭的一支核心團隊。十五世紀末，在斐迪南和伊莎貝拉的統治下，這些核心戰力構成了基督徒軍隊的骨肉。

中世紀初期西班牙的民族英雄是熙德。西班牙文學史流傳下來最早的史詩《熙德之歌》（一一四〇年）就是講述他的故事。熙德是十一世紀的歷史人物，生卒年大約是一〇四三到一〇九九年，所以詩在他去世區區四十年後就寫成，當時人們對他的功績記憶猶新。詩的作者可能是一位西班牙僧侶，住在靠近基督教邊境的摩爾人薩拉戈薩王國內，顯然讀過《羅蘭之歌》及幾首現已散佚的早期西班牙史詩。受到啟發的他，創作了一首非常貼近史實的詩歌，忠實勾勒出這個大時代邊疆生活的畫面。詩中並沒有怪誕的故事或奇蹟，他筆下的熙德是血肉之軀，透過意志和努力實現偉大壯舉。

在這一點上，《熙德之歌》象徵了十一世紀卡斯提亞生活的重要結構。當時西班牙的英雄常是摩爾領袖，基督徒還沒孕育出太多的民族英雄。曼蘇爾彪炳的戰功和個人的勇氣與毅力，使他在許多西班牙戰士的心中地位崇高。熙德非常清楚地反映了摩爾人對卡斯提亞人正在醞釀的價值體系的影響。我們今天所知的西班牙人，以及塑造西班牙性格和信念的元素，在十一世紀時正處於創造階段。一個新國家正準備穿破阿拉伯—基督徒文明混合的繭。熙德在某種程度上，正是這個新文化在萌芽階段的縮影。

就在詩歌開頭之前，熙德奉派去收哥多華和塞維亞國王欠卡斯提亞阿方索六世的貢品。來到塞維亞後，他發現此地受到格拉納達國王的威脅，而格拉納達背後有阿方索六世的寵臣加西亞·奧多涅斯伯爵（Garcia Ordonez）撐腰。熙德發信想阻止格拉納達來襲，但徒勞無功。於是他起而對抗格拉納達大軍，在戰場上給他們迎頭痛擊，擄獲豐厚戰利品，並活逮奧多涅斯伯爵（熙德還扯了他的鬍子，這是當時對一個人最大的侮辱），然後回到卡斯提亞的首府布爾戈斯。他因為打了勝仗而被稱為 *el Cid Campeador*；Cid 一字來自阿拉伯文 sidi，領袖或領主之意，campeador 的意思則是「戰役的贏家」。

起初熙德受阿方索六世賞識，但不久國王聽信了奧多涅斯伯爵朋友的讒言，心生猜忌。當熙德不顧明令禁止，自作主張，大舉進攻托雷多的摩爾國王，阿方索認定此人狂妄自大，於是將他逐出卡斯提亞。詩歌就從熙德人生的這一點開始。接下來的故事是：

熙德離開他的家鄉比瓦，來到布爾戈斯城內。他看到的每扇門都緊閉，但人們從牆縫看著這位領袖騎馬在街上走動，他身後是舉著六十支錦旗的騎兵。布爾戈斯的人民潸然淚下，他們彷彿不約而同地嘆息說：「要是他有明君，會是多麼好的忠臣！」熙德在憤怒的情緒下，衝向一扇門，卻在門前突然停下來，把腳從馬鐙中抽出來，用靴子重重地踢了門一腳。詩中說：「但是門並沒有打開，而是緊緊關閉。」

接著一名九歲小女孩被派到街上，用她稚嫩的聲音解釋情況。城市接到國王蓋有御印的聖旨，禁止任何人提供熙德援助或安慰。「熙德，我們不敢給你任何援助，」女孩說，「因為我們不但會失去所有的財物和家園，還會失去腦袋裡的眼珠。熙德，讓我們受這種傷害，你終究是一無所獲。所以繼續前行吧，願上帝以慈悲保護你。」小女孩語畢，回到屋內。

從這簡單動人的故事開頭，熙德展開了他的戰士生涯。他效命薩拉戈薩的摩爾國王，幫助他多次贏得對巴塞隆納基督徒大軍的戰鬥。接著他自行出擊，在邊界打了幾場勝仗，讓他的威望大增，最後攻下瓦倫西亞的摩爾王國，在此度過人生的最後五年，治理這個王國。他的勝利有嚇阻當時正大舉進入半島的穆拉比德人之效。卡斯提亞國王阿方索六世無力抵禦穆拉比德人，因此熙德對基督徒陣營有很大的貢獻。

然而，詩中沒有一處提到這些征戰和勝利的主要動機是宗教。熙德確實曾呼喚聖雅各和耶穌基督，但並非那種史詩般戲劇化的懇求或信念。詩歌簡單明瞭地說：「摩爾人呼喚穆罕默德，基督徒呼喚聖雅各。」為追求勝利的榮耀本身，和隨勝利而來的戰利品、奴隸與主宰權，這才是熙德征戰的動機。當他準備襲擊瓦倫西亞之前，先派人到亞拉岡、卡斯提亞和納瓦拉招兵買馬。他用來吸引新兵的宣傳是：「想終結勞碌並致富的人，讓他們與我一起征服然後占領這塊土地。」詩人描述攻克瓦倫西亞者的喜悅之情後，又寫下幾行詩：「來時徒步的人現在有馬可騎；黃金和白銀數算不盡。所有人這下都成了富人——每個響應號召的人都富了。」

正如某當代西班牙名詩人所言，熙德是史上頭一批的「白手起家者」。他靠自己的雙手和意志成功。就連國王支持對他的勝利也可有可無。他是英勇的卡斯提亞戰士，備受推崇的他，一個人就能創造難以置信的成果。他的確是任何一個卡斯提亞人都可以模仿的英勇典範，是每個士兵的高貴縮影。他的自我理想、他的意志、他的勇氣和尊嚴、他的信仰、他堅定的心和他的行為，塑造了他的整體個性——這些元素使他成為真正的民族英雄，而不是高不可攀的人。他是活在當時社會，和普通人一起在街上行走的人。

《熙德之歌》以詩性筆法捕捉並保存了英雄及其居住時空的現實。詩人並沒有改變現實，只是以直接不矯飾的詩句呈現它。他沒有評斷外在世界，也沒有議論善惡道德。現實是純潔無辜的。在某些早期原始社會中，人類看著大自然的美麗宏偉，驚嘆莫名，於是把偉大的自然力量擬人化，塑造他們的神話。《羅蘭之歌》中高貴的法國騎士幾乎被讚揚成完人，遠非一般人的愚拙之力能有所共鳴或效仿。《熙德之歌》則不然，詩人始終腳踏實地。

詩中有段形容天剛破曉的景物如下：「曙光出現，早晨已在路上，太陽出來了……上帝啊，它多麼美麗！」詩人僅以此寥寥詩句描繪整個畫面。還有一次，熙德和妻子希梅娜和兩個小女兒分別時，詩人用了一個鮮明的比喻：「他們互相分離，就像指甲與指肉分開。」這形象雖不美，卻很到位，而且富有詩意地符合主角的性格。

因此，詩裡複製的現實，是經凝聚和挑選而強化為史詩的現實。詩中所勾勒的人，是因徹底實現了他的努力與意志，而能主宰這個現實。熙德自然是每個卡斯提亞人的英雄。作者沒有把他的人生變成神話或傳說；他在詩中的態度從頭到尾都是，讚嘆和欽佩一個人可以實現這麼多成就，而不必尋求超自然力量的支持或投射。

卡斯提亞的崛起

一如熙德使在科瓦多加打敗摩爾人的傳奇皮拉尤相形失色，十一世紀的卡斯提亞也讓雷昂王國和其他山區省分望塵莫及。尤其需要強調的是，在塑造西班牙性格的關鍵年代，卡斯提亞是整個過程發生的場所。卡斯提亞語將成為全西班牙的語言，這是十分直接和有力量的語言。高聲呼喊拉丁文forum（論壇）一字，把它的短元音變成了雙元音的fuero，這群人不太可能對半島上說著那些比較柔軟方言的人屈服。[1]

卡斯提亞人總認為卡斯提亞和雷昂的國王阿方索六世是雷昂人，是個外人，這無疑是熙德與君王互相憎惡的原因之一。更進一步的原因則在於，熙德也曾和其他人一起，逼使國王發誓他沒有為篡位而殺害自己的兄長桑丘（Sancho）。桑丘在薩莫拉（Zamora）的城牆前蹲下解手時遇害。古歌謠描繪了無論美醜的每一個現實細節，細訴暗殺的過程。在桑丘去世前，熙德一直都支持他，阿方索恐怕因而對他總是懷恨在心。

然而，阿方索六世是個堅強的國王。他早年曾被迫在托雷多的摩爾宮廷尋求庇護，可是在這位對他友好的國王死後，他攻打托雷多，並在一〇八五年從摩爾人手中奪走這個城。不過，次年穆拉比德人開始從北非大舉入侵，情勢翻轉，阿方索吃了一系列敗仗，元氣始終未能恢復。阻擋這股柏柏爾入侵浪潮的是熙德，而非阿方索。

卡斯提亞是中世紀西班牙的動力。雷昂代表的是保守主義，它在軍事行動中已無力主宰；它象徵的是傳統，由西哥德法律統轄的西哥德君主政體。而卡斯提亞總是涉危履險。它反叛雷昂，隨後兩國對立，導致許多勢不兩立的衝突。卡斯提亞人憎惡稱為《法律集》（*Fuero juzgo*）的西哥德古法典，傳說布爾戈斯街頭曾點燃巨大的營火，燒光了所有副本。卡斯提亞人生性好戰，他們很重尊嚴，舉止嚴肅；他們自立自強，不服權威。卡斯提亞的法律以習俗為本，是普通法，是社會大眾認可的法律，展現群體生活的習慣和風俗，就連國王也不能凌駕於法律之上，這為早期的卡斯提亞社會帶來了簡陋但真實的民主感。隨著時間的推移，大家更重視習俗的法律，而非國王的專斷擅權。阿方索六世在十一世紀基於一己之意流放熙德的事件，如果晚了一個世紀後就不可能發生。

若說雷昂代表了傳統的退浪，剛從摩爾人手中奪回的卡斯提亞邊疆，則是一個無人地帶，涉足依然存在風險。中央政府必須鼓勵人們到此扎根，建立家園城鎮。為建立永久殖民，開墾者獲得稱為「治外特權」（*fueros*）的優待和好處。他們獲得當時在西班牙其他地方不存在的個人自由。這些豁免權，體現邊疆城鎮居民的權利、特權和義務，適用於猶太人、穆斯林和基督徒。在那個時代，西班牙人未必非得是基督徒。

威廉·艾金森（William Atkinson）在《西班牙與葡萄牙歷史》（*History of Spain and Portugal*）指出，在第八、九和十世紀只授予了十二種「治外特權」；十一世紀有四十五種，然後在十二、十三世紀幾乎達六百種，兩個世紀的數量幾乎均等。這個數據清楚顯示再征服運動的推進狀態。新建立的城市為國家的政治生活帶來另一元素。貴族向來是國王的心腹大患，他們擁有大片土地，而且很自然地和同為大地主的教會和軍事修會結盟。他們對王位的繼承常有異議，而他們的支持往往決定誰能戴上王冠。卡斯提亞諸王發現自己陷在這張網中，因此設法與城鎮的平民結盟，即使不能即刻冒險與貴族攤牌，至少可以制衡貴族的力量。藉此他們得以逐步地削減貴族的力量，讓他們弱化為王權旁邊的陰影。古西班牙議會稱為「法庭」（Cortes），將平民拉進國家政治體系，藉此平衡權力。第一個「法庭」於一一六二年在亞拉岡成立；雷昂的最早可追溯至一一八八年；卡斯提亞的第一個「法庭」在一二五〇年成立。因此，最早的西班牙議會比英國的（一二九五年）早出現了一百三十二年。雷昂和卡斯提亞的民選市議會，在一二二〇年左右雙雙出現。只可惜在徹底征服摩爾人以及建立宗教裁判所之後，中世紀生機蓬勃的新生民主便無以為繼，轉而走向中央集權君主制。

阿方索十世的治理難題與文化成就

隨著十三世紀的到來，再征服運動獲得驟然的動力。卡斯提亞的阿方索八世於一一九五年慘敗給摩爾人，部分原因是雷昂人臨陣退卻。如今他重振旗鼓，做好了大力反擊的準備，甚至說服教皇替他宣布「聖戰」號召，招募國際義勇軍。他明智認清卡斯提亞不可能單憑一己之力獲勝，因此一二一二年於托洛薩（Tolosa）平原發生的戰鬥中，他聯合納瓦拉、亞拉岡和葡萄牙的力量。雷昂再次拒絕出兵相助，但這一回基督徒大勝，對摩爾人在伊比利半島的軍事宰制施以致命一擊。當地有個牧羊人帶領基督徒聯軍通過以牛頭骨（*cabeza de vaca*）為標記的隘口，攀登至摩爾人部落的上方。居高臨下的優越位置帶來莫大幫助。引導基督徒通過隘口的人於是被國王封為Cabeza de Vaca，他的子孫之一後來在新世界聲名遠播。

阿方索的繼任者「聖人」斐迪南接續這波氣勢，在一二三六年攻下了哥多華；一二三八年占領瓦倫西亞；一二四八年奪下塞維亞。只剩格拉納達還是摩爾人的王國，後者被迫向卡斯提亞繳納大量貢品。斐迪南三世起初試著把摩爾人全部逐出塞維亞和哥多華，但此舉使整個地區的經濟崩潰，於是他被迫反省自己的立場。修正後的寬容政策恢復過去卡斯提亞宮廷對有才華的摩爾人和猶太人的尊重。斐迪南的兒子「智者」阿方索十世（一二五二至一二八四年）延續並擴大寬容態度，於是當時傑出的學者和科學家，無論宗教信仰為何，紛紛齊聚在他的宮廷。

仔細審視一二五二年西班牙國內的社會觀點，也就是阿方索十世登上卡斯提亞和雷昂王位時，會發現西班牙基督徒正度過一段危機時期。以前易受影響的民族性如今終於確定下來。西班牙在一個世代內，奮力向前的常勝軍和高尚的士兵，如今不知何故失去動力，已無餘力完成再征服運動。格拉納達仍被摩爾人掌控，卡斯提亞和亞拉岡都沒準備或有意願挑戰它。向前的氣勢已趨於靜止，如今需要一番盤整鞏固，才能再繼續朝擴展邁進。

想像一下，如果法國人回到美國接管德州，或是西班牙人回到美國接管佛州或加州，他們迎頭碰上的會是另一個獨特且根深柢固的文明，他們不可能戛然廢止。迅速占領哥多華、塞維亞、瓦倫西亞和附近大片領土的基督徒，正是碰上了類似情況。這些城市在穆斯林手中已達五百五十年，人民不再是基督徒、不再是西哥德、羅馬或西班牙的後裔，而是摩爾人。他們代表不同的世界，不同的文化，在歷史上屬於不同的決策結構與感受，但現在他們確實「屬於」西班牙人。基督徒意識到任務的艱巨，不得不停下腳步思考，該如何處置這些偉大的城市、領土和人民？如何使用他們？誠如「聖人」斐迪南三世的發現，如果不善加運用他們，經濟會立即崩潰。

在很多方面，阿拉伯文化都優於基督徒文化。首先，它的技術優勢顯而易見。摩爾人是更高明的農業學家，更優秀的工程師、建築師、商人、磁磚、紡織品、皮革製品、裝甲、劍的製造商；他們住在更好的房子裡，有更大的城市，他們的土地收穫更豐富，他們擁有的各種物品比西班牙基督徒更多。但物質富裕不是他們唯一的優勢。他們的文學作品有更廣大的讀者，他們是更優異的哲學家、醫師、詩人、音樂家和藝術家。

因此，卡斯提亞人及其盟友反抗的，是在科技、經濟及知識方面皆勝過自己的一個文明。而今他們戰勝了。原因既不複雜，也不難找到。西班牙基督徒在一方面勝過阿拉伯人，而這方面是兩個文明殊死對抗時最重要的關鍵。他們占上風的是個人的動力、頑強的意志、不懈的精力，以及證明自己比得上任何人的決心，無論是摩爾人、猶太人或基督徒。他們內在的力量更強大，他們不依賴外部的事物，只依賴自己內在擁有的。每個士兵都是活力十足的宇宙，每個人的靈魂都處在持續的緊繃之下，每個人的信仰都如史詩般堅定。他們向前推進的集體力量不可抗拒。他們帶著士兵的心理上戰場，現在卻被迫與文化、政治和社會問題交手。他們創造了一個英勇的起點。

「聖人」斐迪南三世和他的兒子「智者」阿方索，以及後來繼承卡斯提亞和雷昂王位的君主，都無法實際完成大業。直到卡斯提亞和亞拉岡合作，亞拉岡的國王斐迪南和卡斯提亞的女王伊莎貝拉聯手，基督徒才有足夠力量或團結解決這個問題。即便如此，那也並非最佳的解決方法。它只是對西班牙這個難題快刀亂斬，擺脫那裡的穆斯林和猶太居民而已。

這不表示十三、十四世紀什麼事都沒發生。當時有很多重要的事情有待完成，基督徒也以才智和活力對症下藥。迫在眉睫的問題是：對現在屬於他們的文化，該抱著什麼樣的感受？因為城市、土地、田野和山脈本身並無意義，而是會反映出居民的特性。就連重新奪回的土地，在摩爾人控制時也改了名字。著名的貝蒂斯河如今叫做瓜達爾基維爾河，赫斯帕利斯現在被稱為塞維亞。阿哈馬（Alhama）、哈恩（Jaen）等數十個城鎮都是摩爾人建造，先前並不存在，就連田野也不一樣。所有城市的整體面貌都徹底改變了，變得很陌生。偶爾可見羅馬廢墟，那是唯一還能提醒勝利者，他們的祖先曾在這塊土地生活的線索。這項任務浩大而令人生畏，相較於批評西班牙基督徒做得不夠好，事實是，他們已經做得超越任何民族的潛力。

阿方索十世沒有畏首畏尾，或觀望不決；他有優秀卡斯提亞人的毅力和決心，有意把這種文化納入自己的文化裡。他的任務是從希臘羅馬、伊斯蘭、希伯來，以及基督教和卡斯提亞的根，塑造出一個西班牙的文化，然後他以堅強的意志和真正的智慧開始進行融合。他的綽號 el Sabio 意思既是「智慧的」，也是「博學的」。由於在戰功方面無法與父親的戰無不克相比，他將在另一個領域率領他的子民，也就是文化領域。他招攬了一批沒有任何中世紀宮廷能批匹敵的專家學者；他將成為西班牙的「學者國王」。他很重視文化，那是國家生命的關鍵面相，也是日後世人會記得的重點。他運用能派上用場的每個人和工具，而且這些人和工具為數眾多。猶太人對十三世紀中葉的學問復興貢獻卓著，阿方索朝廷中的學者很熟悉阿拉伯書籍，而且認為那都是必要的學問。

前一個世紀，成千上萬的基督徒都在摩爾人的領土生活，現在形勢逆轉，成千上萬的摩爾人和信奉伊斯蘭教的西班牙人在基督教王國生活，因此阿拉伯文化影響的感受空前強烈。來自歐洲各地的學者到托雷多見識與學習。被翻譯成阿拉伯文的希臘經典，如今又被翻譯成拉丁文，以這樣的形式傳到歐洲各地。猶太專家是這個過程的關鍵人物，因為他們是唯一既懂阿拉伯語又懂拉丁語的人。因此，想翻譯某希臘經典的學者，得先找到願意把其阿拉伯文文本譯成拉丁文的猶太人。通常翻譯以口頭進行，一人朗讀內容，另一人動手抄錄。難怪有些傳到其他歐洲國家的拉丁版本，在風格和內容上聽起來有點奇怪。

儘管托雷多宮廷是這次知識復興的中心，不過大學的興建（帕倫西亞〔Palencia〕約在一二一二年，薩拉曼卡〔Salamanca〕約在一二四三年）進一步鼓勵中世紀人對知識的渴求。帕倫西亞大學只持續了幾年（按：後來併入薩拉曼卡大學），但薩拉曼卡大學成為中世紀最偉大的學府之一。就連王子們也在這裡學習，和其他學生坐在冰冷大廳裡的同一條硬板凳。

阿方索十世本人被譽為博學多聞，是藝術、科學和文學的愛好者。他喜歡穿飾有黃金和寶石的絲袍，認為國王在儀表上應和一般人有所區分。阿方索尊重所有的文化人；他免除了所有教師的稅金，並讓他們享有「紳士」（*caballeros*，按：意指騎馬之人，引申為「紳士」或「貴族」）地位。他寬厚對待不同宗教信仰的人，並懇請同胞不要強迫猶太人皈依基督教。在他執政期間，三大宗教都可以使用白色聖母瑪利亞教堂（Santa Maria la Blanca，現仍存在托雷多，不過有點修復過度）：週五給穆斯林、週六給猶太人、週日給基督徒。

阿方索十世主導了許多著名古代作品的西文翻譯計畫：《聖經》、《塔木德》、《古蘭經》、《卡巴拉》（*Cabala*）、印度寓言故事《卡里拉和丁那》（*Kalila and Dimna*），但丁的老師布魯內托·拉蒂尼（Brunetto Latini）著的《寶藏》（*Treasure*）。拉蒂尼是被派到阿方索朝廷的大使。國王也對天文學感興趣，出版了兩本天文學的書；他還推出了一本關於西洋棋的書，這是西班牙人從摩爾人那裡學來的。他對煉金術尤其著迷，刻苦鑽研。在歷史方面，他監督出版了記載西班牙歷史的《第一編年史》（*First General Chronicle*），以及談七個法律分支的《法典七章》（*Siete Partidas*）。《法典七章》是部分依據羅馬法律累積的法律和習俗，對公民權利義務有長篇大論的道德解釋。執政期間，阿方索也宣布卡斯提亞語是王國的官方語言。

儘管親自下了這道命令，他卻以更抒情的方言加利西亞—葡萄牙語，創作一系列四百首《聖母之歌》（*Cantigas de Santa Maria*）。赴聖地亞哥的朝聖者帶來普羅旺斯的強烈影響，其吟遊詩人及抒情詩派進到了加利西亞，於是抒情詩傳統在十二世紀的加利西亞茁壯。博學的國王決定繼續這個傳統。阿方索為準備歌曲集，請來一群傑出的音樂家、詩人和作家，其中包括許多摩爾人樂器演奏家，以及來自法國的遊唱詩人。

如今保存在艾斯科里亞王家修道院（El Escorial）的歌曲手稿迷你圖畫，是出自一群來自塞維亞的藝術家之手，也是最精美的西班牙中世紀插圖範例。伴隨古老手稿的插畫，說明歌曲如何譜成。國王本人就在這群人的中央，指導整個過程。他的左邊有四位抄寫員，任務是記錄文字和音符，一旁還有演奏者和吟遊詩人。圖畫說明歌曲曾先經「試唱」才譜寫定案。另一幅插圖則是三個人圍成圈，手拉手跳舞，可能也正唱著歌。

他們使用的樂器有阿拉伯人帶到歐洲的魯特琴、橢圓形的摩爾人吉他手搖琴（hurdy-gurdy）、拉丁吉他古提琴（viol，彎曲的兩側就像今天的西班牙吉他）、體型很小的兩弦阿拉伯雷貝克琴（rebec）、三角形的弦樂器薩泰里琴（psaltery）、鐘組、橫笛、喇叭和號角、豎琴、風笛，響板，以及管樂器和鼓。上述部分或全部的樂器，顯然是十三世紀的伴奏樂器。很多樂曲大概都來自人們熟稔的民謠，然後在重新譜寫時，可能被略作更動。

歌曲大部分在歌誦聖母生命中的奇蹟，或是西班牙歷史的。它們是以阿拉伯的「俚謠」（zejel）形式寫成，而不是像有些人說的是按法國的「維略利詩歌」（virelai）。這些歌都是寫來吟唱的，有非常清楚的定量記譜。光是文字雖不能完全表現其內容，但很多文字都非常優美。譬如有一首的歌詞如下：

> 玫瑰中的玫瑰和花朵中的花朵，
> 女士中的女士，眾女王中的女王。

美麗的玫瑰如此精緻明豔，
喜悅和快樂的花朵；
美麗的女士，妳慈悲為懷，
妳抹除了我們的憂慮和悲傷。
玫瑰中的玫瑰和花朵中的花朵。

阿方索十世對西班牙的愛毫無保留。賜予他靈感寫出直至一二五〇年的半傳說《西班牙編年通史》的動機，在他的〈西班牙禮讚〉（Praise of Spain）中有提到，下面是經常被人引用的知名段落：

我們所說的這個西班牙就像上帝的樂園：共有五條河流，杜羅河、埃布羅河、塔霍河（Tajo）、瓜達爾基維爾河和瓜地亞納河（Guadiana）澆灌。在這些河流之間，是宏偉的山脈和遼闊的土地、山谷和平原。肥沃的土壤和充沛的河水帶來了豐富的食物……此外，西班牙還出產大量的玉米、美味的水果、細緻的魚，香甜的牛奶以及所有由它製成的東西。鹿在曠野上四處漫遊，鳥獸和馬在廣袤的大地上處處可見，還有許多騾子。城堡提供安全的庇護和各種供應。這片土地出產美酒佳釀，有充裕的麵包，富含金屬礦藏，包括鉛、錫、水銀、鐵、黃銅、白銀、黃金和寶石，以及各種大理石、海鹽和岩鹽……而最重要的是西班牙在戰爭中的機智、勇敢和強大，在勞動時的輕鬆愉快，對上帝的堅定信仰，在研究學習時的孜孜不倦，在言語文字上謙恭有禮，在每一件好事上都完美無缺：世界上沒有任何地方像她的善良，和她一樣堅強，如她一般偉大。西班牙比世上每一個地方都宏偉壯觀；她比任何地方都忠誠和真實。啊，西班牙！再怎麼絞盡腦汁費盡唇舌，都不夠稱讚你的美好！

可是這個崇高的王國，如此富有，如此強大，如此榮耀，卻因居住在這片土地上的人們之間發生了衝突而遭傾覆推翻，人民拿劍互砍，互相為敵；他們因此失去了一切，因為西班牙所有的城市都被摩爾人攻下，被敵人的手摧殘和毀滅……

《西班牙編年通史》接著敘述痛苦和顫抖，它表達的是希伯來或阿拉伯的抽象感受，為世界不再推崇戰爭中的個人英勇絕望掉淚。這和六個世紀前，聖伊西杜雷簡潔扼要的讚美截然不同。聖伊西杜雷目睹西哥德人燒殺擄掠他美好的國家，內心感到敬畏和欽佩，認為這不就是人民和國家的命運嗎？聖伊西杜雷認為如此，但阿方索十世想法不同。他的《西班牙編年通史》繼續寫道：

可憐的西班牙！她的死亡來得如此倉促，沒有留下任何人為她悲悼；他們說她慘遭折磨，現在已經半死不活。他們的聲音彷彿來自另一個世紀，彷彿由地底傳來，他們痛苦地說：匆匆經過的人啊，仔細地看，留心看看有沒有任何人的創傷或悲哀可以和我的相比！悲傷的哭泣，痛心的吶喊，因為西班牙哀悼她的兒子，她得不到安慰，因為他們已不在人世。

她的家園和她的住處都遭毀壞，變成了荒野，她的榮譽和光彩混亂模糊，因為她的兒子和她的僕人們被刀殺死，她的權貴和教養良好的百姓都被擄走，她的王公貴族承受了羞恥和侮辱。她的創傷和破壞如此之大，沒有任何旋風、洪水，暴風雨，可以與之相比。西班牙還有什麼邪惡或風暴沒承受過？……誰能給我清水讓我洗頭，誰會給我無盡的噴泉，讓我的雙眼永遠流淚，為西班牙的損失和死亡，以及西哥德人的悲慘和懦弱而哭泣？[2]

這漫長的哭訴還未止歇，就像贖罪的禱告沒有止境，但重複的內容變得單調。《西班牙編年通史》以下面這段生動文字，總結了它和十三世紀中葉的哲學思維：

人人都必須由此了解不要自視太高；富裕的人不要因錢財自滿，有權勢的人不要因權力傲慢，強者不要為自己的力量自豪，學者不要為自己的知識驕傲……想要追求自我價值的人，不妨在服事上帝中找到意義；因為折磨人的是祂，給你油膏的也是祂；祂傷害你也使你痊癒，因為整個世界都是祂的；所有的民族，所有的國家和王國，還有語言——這一切都會移動改變；唯有上帝，萬物的造物主，保持單一的狀態，持續到永遠。

中世紀的西班牙顯然處在新宗教情感和新價值體系的十字路口。唯有在宗教中，人才能找到自己真正的價值。無論意志或力量多強大，只是做個人，一無是處。熙德的歲月已經逝去不再回來，這些莊嚴的話預示了天主教君主斐迪南和伊莎貝拉的紀元即將到來。聖戰還沒達到實際的高峰，不過十三世紀已清楚勾勒出它的精神。

但阿方索的統治開明寬容。無數猶太人是傑出的學者、工匠、商人、金融家、銀行家和醫師，阿拉伯人也有許多學者、醫師、音樂家和農民。猶太人從事的主要是技藝工匠，或者協助上層階級的管理，摩爾人則經常在田裡工作，而且對園藝農事很在行。國王幾乎總是有猶太人的財政顧問和幫手，腹痛的人都會去看猶太醫生，即使後來禁止猶太人行醫後亦然。

時至一三〇〇年，西班牙基督徒的心理狀態來到一個臨界點，開始歧視勞動的摩爾人，和總是在數錢聚斂財富的猶太人。西班牙基督徒以截然不同的方式表現自己。他重新占領的家園、他在戰爭中的勇氣、他的物質貧乏、他的嚴肅莊重和對疆土及主宰永不知足的渴望，和他全心全意向前的動力——這些都是他國家的特色。西班牙作家卡斯特羅指出，西班牙找不到鼓吹和平、辛勤工作、開墾田地和貿易商業的賢君，因為這樣的君主不適合西班牙社會的必要結構。這樣有條有理、充滿效率的統治，適用在整齊的荷蘭田地，上面有平和的牛隻和成排的鬱金香。然而，卡斯提亞卻是在原始荒涼的土地上對抗逆境，陶鑄其靈魂；因此對物質的嚮往、累積，以及為物質工作，完全無法打動卡斯提亞性格。不過，誰敢說這當中沒有任何嫉妒的成分，畢竟一無所有者對別人的財產心存嫉妒是人之常情。再加上宗教因素和種族理想（血統純淨最早是猶太人的概念，後來才被西班牙人接收），於是有了宗教裁判所和後來的種種迫害。

儘管博學的國王對文化頗有貢獻，但若不點明阿方索十世在位時的政局問題叢生，就結束對他統治的分析，會造成扭曲不實的觀點。他在位期間政壇有各種算計、反抗、起義，其中許多參與者都是他知名的貴族朋友，甚至是王室成員所為。阿方索之妻為政治因素棄他而去，藏身加泰隆尼亞。他的兄弟安立奎、費利佩和腓德烈克都起而謀反，就連他的兒子「勇者」桑丘（Sancho el Bravo）也因心急篡位而反抗父親。阿方索國王痛心疾首地說：「我盡可能在各方面尊重桑丘，他卻以最殘酷的方式侮辱我。我全心愛他，他卻要把上帝給我的王國奪走，希望我死。」

這些絕望文字清楚顯示了西班牙政治的分歧。阿方索十世雖發現團結的關鍵在於宗教，但時機還不成熟，無法派上用場。在統治西班牙時，他也發現讓西班牙屬於歐洲主流的關鍵在於學問的復興，但他對祖國的熱愛太過強烈，未能有效運用。他出版《西班牙編年通史》及其他可能成為中世紀文學里程碑的作品時，使用的是西班牙文，而非拉丁文。阿方索十世是他與世隔絕國家的一個縮影，是無限潛力的種子。種子要兩個世紀後才會開出短暫的燦爛花朵，接著花園就消失了。

阿方索十世於一二八四年去世。其子桑丘四世為登上王位反叛父親，違背法律，也不顧已故兄長的襁褓王儲。許多貴族支持桑丘，他們醜惡的力量再次在國家政治中抬頭。對付摩爾人的戰爭結束了，國王不能再承諾新領土，所以貴族藉由決定誰該坐上王座以維持勢力。

大教堂林立的最後兩百年

從阿方索去世的一二八四年，到斐迪南和伊莎貝拉統治下卡斯提亞和亞拉岡聯合起來的一四七四年，是一段相當漫長的時間。這兩百年有什麼重要性？這段時期絕非文化開花結果、政治平穩安定，和經濟進步繁榮的時期。阿方索海納百川的宮廷後繼無人。建築成了中古時代晚期這兩個世紀的偉大藝術，托雷多、布爾戈斯、塞維亞、雷昂的大教堂，以及數十座其他的公共和宗教建築，紛紛在各地冒出來，教會成了建築的母親，以及藝術的繼母，也製作了許多聖樂。歐洲一些最好的管風琴和最棒的管風琴樂都在西班牙。西班牙培養出的合唱團歌唱堪稱歐陸之最。這個傳統延續至今，西班牙人儘管個別唱歌技巧不佳，仍有舉世最優秀的合唱團體，其中許多是由非專業但愛唱歌的人士組成。

不過，這兩個世紀主要還是建造大教堂的時期。「聖人」斐迪南三世本人與托雷多的大主教，在一二二六年為托雷多大教堂奠基。直到一四九三年，即發現美洲新大陸一年後，這座大教堂才完工。它長一一五公尺，寬五三公尺，巨大的杜子支撐著高聳的天花板。它的外觀是哥德式，內部是哥德式和那兩百年間西班牙幾乎所有建築風格的混合體，其中也包括阿拉伯風格。許多人都說它有古往今來西班牙大教堂中最美麗的內部。木材精雕的唱詩班席舉世無雙，格雷考所繪的十二門徒、精美的格子圖案、主祭壇上方和主教堂外部雕刻的各色人物，全都無與倫比。它的金銀寶藏：王冠、聖杯、燭台和祭壇裝飾品都是無價之寶，同樣珍貴的還有被西班牙史上著名主教穿過的刺繡壓花長袍。它高達八十九公尺的高塔，建於一三八〇和一四四〇年之間，是歐洲最壯觀的高塔之一。

興建塞維亞大教堂的時間更長久，雖然它主要是在一四〇二至一五〇六年建造，摩爾人造的鐘樓卻早在一一八〇年就有了。這棟建築從未完工，它高聳的柱子，美妙的彩繪玻璃窗，和十二世紀原是摩爾人清真寺喚拜塔的吉拉達塔，讓參觀者個個驚嘆不止。哥倫布、「聖人」斐迪南三世和他的兒子「智者」阿方索十世也都葬在此地。再征服運動的歷史、博學國王的時代、以及新大陸的發現都在這座獻給上帝的偉大教堂裡相連。

塞維亞地方要人開會規劃興建大教堂時，有人說：「讓我們打造一座大到全世界都會認為我們瘋了的建築。」建築就以此為目標動工了。資金多次耗盡，也有一段時間工程停滯，但總能找到辦法繼續進行。雖然從建築意義上來說，還未完成（譬如缺乏立面），現有結構卻能予人完整和巨大無比的感受。拔地而起的巨柱和直衝雲霄的天花板，在西班牙無出其右，教人難忘。塞維亞大教堂是世界第三大教堂，僅次於羅馬的聖彼得教堂和倫敦的聖保羅教堂。這棟建築和西班牙多數偉大的教堂一樣，混合了多種風格：哥德式、希臘羅馬式、銀匠風格（Plateresque，是哥德式、文藝復興式和阿拉伯式的精緻混搭）、阿拉伯式和日耳曼式。窗戶則是在法蘭德斯和德國製造的。

這座大教堂最引人矚目的傳統，是天主教聖體節（Corpus Christi）後第八天，由手拿響板的男孩表演的塞斯舞（Los seises）。這具有異教色彩的莊嚴舞蹈，在教堂內的虔誠信徒面前表演，是儀式的一部分，通常伴隨著詠唱。在高聳陰鬱而封閉的空間裡，產生教人震撼的神祕效果。

布爾戈斯大教堂於一二二一年開始興建，奠基的又是「聖人」斐迪南三世，工程直到一六〇〇年才完成。這棟建築是哥德式，最後以銀匠風格完成，號稱擁有西班牙所有大教堂中最完美的外觀，幾乎完美無瑕的哥德風格。一四五〇年左右由科隆的漢斯（Hans of Cologne）所建、高達八十三公尺的雙塔，在西班牙獨一無二，有眾多天使、殉道者、戰士、王子、聖人的雕像。雙塔以優雅細膩的手法打孔、鑿刻，裝飾得優雅又細緻。其中著名的布爾戈斯基督像，是真人製成的，有真的頭髮、眉毛、睫毛和鬍鬚，而且頭髮和手上都有血跡。這座宏偉的大教堂裡還有許多熙德的紀念物，因為他的家鄉就在此地。佛朗哥將軍在西班牙內戰期間，選擇布爾戈斯為政府的中心，原因不難想見。這裡的大教堂是中世紀基督教西班牙的縮影。遊人較少的雷昂大教堂則建於一二〇五至一四〇〇年間，是西班牙沒被謳歌的榮耀。合唱團座席東北角巨大牆面的彩色玻璃窗，為這座建築帶來繽紛的光線，輕盈優雅，西班牙沒有其他宗教建築可媲美。它就像美麗的蝴蝶，嬌弱的翅膀上映著陽光。

西班牙的大教堂給人兩個非常強烈的整體印象：首先，從外面不是看它們最好的角度。它們的四面八方都是雜亂無章的石造建築。它們的地理位置甚至不是最好，譬如城市最高點。它們就像精雕的巨岩一樣，從堅硬、粗糙、崎嶇不平的地上冒出，外表並不起眼，也沒有適當的視角。可是一旦走進室內，印象就完全不同了。當眼睛終於習慣室內的陰暗，就會看到截然不同的另一個世界。這裡是西班牙的內在世界，是陰暗與挑高的世界，有不可思議的規模和難以比擬的美。

這是多種風格和文化美妙融合的天地，是極為莊嚴、高貴且信仰深刻的世界。再沒有別處可讓我們連續觀察，從西班牙性格外顯的莊嚴和克制中，誕生的內在西班牙精神富足與高尚。

佩德羅一世的治世

這些宏偉的西班牙大教堂，以及伴隨它們的無數美麗修道院、庇護所和教會，象徵西班牙正在醞釀的宗教統一，它終有一天會強加於政治和社會制度之上。不過，目前還並不明顯；政治不穩定是現狀。西班牙的國王和王子一再血腥地爭奪王位，王公貴族則趁機利用局勢。王室倒行逆施成了常規而非例外，在佩德羅一世（一三五〇至一三六九年）達到巔峰。佩德羅十五歲時繼位，和他的五個私生兄弟立即展開無情鬥爭。佩德羅使全國腥風血雨，據說至少謀殺了十二人，包括一位主教、幾個堂兄弟、朋友、同父異母的兄弟，還包括他自己的法國王后。他的兄弟，特拉斯塔馬雷的亨利（Henry of Trastamare，史稱私生子亨利）獲得的支持足以篡位，於是佩德羅請求英國著名的「黑王子」（Black Prince，按：英王愛德華三世之長子）之助。英國人的支持使他重獲王位，但當黑太子因厭惡盟友殘酷行徑離開西班牙後，亨利再次起兵反抗國王。兩兄弟在戰場相遇，佩德羅被殺，得年三十三歲。兩人的對戰並非王子之間的公開英雄戰鬥，而是發生在寒冷營地一個破爛帳篷裡。在短暫激烈的徒手搏鬥之後，亨利用匕首插進兄弟的胸膛，繼承了他的王座。

佩德羅死後留下三個私生女、一片血腥，和仇恨與荒淫的傳說。他號稱擁有無數後宮佳麗，不過獨寵瑪麗亞．帕迪亞（María Padilla）。帕迪亞鼓勵他殘殺兄弟。他雖在脅迫下娶了法國的布蘭奇公主（Princess Blanche），卻幾乎立即拋棄了她。他公然寵愛情婦帕迪亞，使得大臣們不得不接受她。他的宮廷成為陰謀詭計、勾心鬥角、蓄意謀殺和人倫崩壞的淵藪。

西班牙政府淪落成卑鄙又齷齪的政府。「聖人」斐迪南三世的英雄盛世不再。阿方索十世對知識的熱忱一去不回。以法律和秩序維持王室繼承的希望也破滅。不再害怕摩爾人的威脅，使西班牙把侵略精神用在自己身上，結果就是自我毀滅。

可以說，「殘酷者」佩德羅象徵著摩爾人感官享受和卡斯提亞追求權力之間的衝突，將西班牙王室一分為二。他代表摩爾人和卡斯提亞人最惡劣的特質，成為搖搖欲墜的社會秩序的可鄙象徵。幸好佩德羅的繼位者中有更堅強的國王，帶領悲慘的國家走出困境。但這過程耗費了一百多年。

佩德羅以嗜血和道德墮落留名西班牙史，但他短暫的政權也觸及國家的其他許多層面。他因為喜愛摩爾人在塞維亞的阿爾卡薩宮，將宮殿交給穆德哈爾（Mudéjar，接受基督徒統治的摩爾人）的工匠和藝術家進行全面整修。阿爾摩哈德王朝一一七一年竣工的古老宮殿，如今狀況很糟。一二四八年「聖人」斐迪南三世攻克塞維亞後，對它疏於照顧，有些部分已崩塌。佩德羅在一三六〇年代開始重建，幾年後就大功告成。如今的阿爾卡薩宮是現存穆德哈爾宮殿中最精美的一座，其風格和阿爾罕布拉宮相似，是純阿拉伯式，因為佩德羅完全沒有試圖改變建築外觀或其內部裝飾。

阿爾卡薩宮的廳堂和房間，是精緻的阿拉伯式花紋、交錯的馬蹄形拱門，閃閃發光的磁磚、鍍金木製雕刻天花板構成的複雜迷宮。舉著拱門的細長柱子，就像女人的手臂。藤蔓花紋的粉飾灰泥則是由粉碎的大理石和雪花石膏製作，有時看似鐘乳石或冰柱，有時則像厚重的花邊，在純白背景上有紅、綠、藍和金的色彩。有些精緻的阿拉伯式花紋看似面紗。人們在穿過房間時，因奇妙的美感和豐富的設計而眼花繚亂。庭園和內室一點也不像歐洲的宮殿，而是讓人想起童年閱讀的《天方夜譚》。

佩德羅喜愛充滿感官美的宮殿，大半時間都在這裡上朝。他在這裡與帕迪亞幽會，也邀兄弟聖地亞哥騎士團長法德利克（Fadrique）來此，以便殺害他。法德利克應佩德羅之請，欣然赴會，急於確立兩人之間的和平。孰料一踏進大門，佩德羅就憤怒地指責他。法德利克拿劍自保，但劍柄被斗篷纏住，於是手無寸鐵地面對敵人。他迅速跑過露台，企圖逃跑，但一名朝臣重擊他的肩膀，將他撂倒，其他臣子則趁他倒下時取其性命，將他留在血泊中。

另一次，佩德羅在與亞拉岡簽署條約後，捲入兩個自稱格拉納達王國繼承者的鬥爭中。「紅王」（The Red King，按：指阿布．薩伊德〔Abu Said〕）推翻了合法的埃米爾穆罕默德（Mohammed），後者被迫逃往非洲，但很快帶著援軍回來，並與佩德羅結盟。「紅王」意識到王國面臨了危險，趕緊到塞維亞請求佩德羅支持。他受到慷慨接待，和他的三十七名朝臣被送到城中猶太區居住，也就是現在稱為聖塔克魯斯（Santa Cruz）之處。摩爾人帶了一些珍貴珠寶的消息迅速傳開，佩德羅起了貪念，覬覦「紅王」戴在頭巾中央的一顆巨大紅寶石，想據為己有。他邀請摩爾人到阿爾卡薩宮參加宴會，但在使節廳裡，埋伏在走廊和布簾後的武衛兵跳了出來，活捉「紅王」和他的三十七名摩爾大臣。幾天後，佩德羅扒掉「紅王」的衣服，強迫他穿上紅色長袍，騎驢在曠野遊行示眾。經過殘酷的侮辱後，佩德羅親自擲出刺穿這名摩爾人埃米爾的第一支長矛：

「接下這個，」他喊道，「誰教你幫助亞拉岡反對我！」

受傷的埃米爾喊道：「你這齷齪小人！」

接著摩爾人一個個被殺，紅寶石和其他寶石都被奪走。穆罕默德輕而易舉就恢復了他的王國。

後來，私生兄弟亨利篡位時，佩德羅把這顆紅寶石送給英國「黑王子」之妻，爭取黑王子在他與亨利鬥爭時的協助。紅寶石被帶回英國；它就是伊麗莎白一世向蘇格蘭使節梅爾維爾（Sir James Melville）展示的那顆「美麗紅寶石，像板球的球一樣大」。如今鑲在英國王冠上，藏於倫敦塔。

最偉大的摩爾史學家伊本·赫勒敦，曾以北非埃米爾使者的身分被派往塞維亞。他對佩德羅宮廷的氣派，補充了一些有趣的細節。赫勒敦是來為他的埃米爾和佩德羅簽訂和平條約，他寫道：

考慮到求和的目標，我為國王帶了一些精緻的絲綢，還有幾匹配有金色馬鞍的純種馬作為禮物。我一到塞維亞，就看到許多可以證明我祖先力量和財富的紀念物。基督徒國王鄭重接待了我，並向我保證，他看到我來，非常滿意。他的猶太醫生易卜拉欣・罕・扎爾扎（Ibrahim hen Zarzar）已經為我向國王美言，並向他提及我傑出祖先的名字。國王要我留在他身邊，承諾所有曾經屬於我家人的一切都會交還給我。我非常感謝他的提議，但請求他原諒我不能接受，相信他還是會繼續親切待我。在我離開塞維亞時，他為我提供了載運行李的牲畜及旅程中的必需品，也給了我一匹美麗的騾子，配有黃金裝飾的轡繩和馬鞍，我會把它們呈給格拉納達的國王。

就像其他西班牙的王子和朝臣，「殘酷者」佩德羅以情聖唐璜自居而沾沾自喜。著名的瑪拉納的唐璜（Don Juan de Mañara）墓誌銘上有這段話：「這裡放著世上最偉大罪人的骨灰」，正是這種態度的縮影。也許扎根在這樣的歷史中，唐璜傳奇成了中世紀的民間傳說。後來在西班牙的黃金時代，帝索・德・莫里納（Tirso de Molina）以此為本，寫出有史以來最精彩的一齣戲《塞維亞的風流客》（*The Deceiver of Seville*），以西方文字介紹了這個主題。許多評論家都以西班牙人過度膨脹的自我和踐踏他人權利的強烈動機，解釋唐璜心理。神聖的自我不斷受驅使，展露自己內心盲目魯莽的力量，不顧後果。也有些評論家，如齊克果，把故事視為中世紀基督教試圖象徵，精神之愛和感官之愛勢不兩立。但唐璜這角色還有另一面，可見於希伯來—阿拉伯—卡斯提亞融合後的哲學和現實概念中。這個觀念單純是在說，外在現實不存在也不屬於它自己。當你上前捕捉它，它往後退，最後消失無蹤。因此個人的生活，就是掠過不斷變幻的現實，而這現實其實並不存在。所以唐璜有點像流浪的西班牙無賴（pícaro），一再試圖抓住幻影。就他而言，這幻影是女性，是愛的理想、美的縮影。可是由於沒有任何一個女人能完全體現這個概念，他必須展開無盡的搜索，從一個受害者轉移到另一個受害者。「殘酷者」佩德羅和他的朝廷，在更高的舞台上抓住了這難以捉摸的現實特質，以及西班牙人即將用來捕捉它的暴力，使它成為公共財產。

中世紀猶太人的境遇

「殘酷者」佩德羅遵循父親對西班牙猶太人的寬容傳統。在阿方索十一世和佩德羅統治期間，整體說來，猶太人可能比其他任何時期都自在。佩德羅的王室帳房是名叫塞繆爾．李維（Samuel Levi）的猶太人，他的房子今天仍在托雷多。他的宮廷醫師也是猶太人。西班牙的諸多國王在醫療、經濟和財務問題上，都依賴他們的猶太臣民。猶太人不僅是稅吏（導致人民憎恨他們），也是金融家、銀行家、各種技師工匠、醫師和學者。此外，他們繳給王室財庫的金額也遠遠超過他們在總人口的占比。有些地區，猶太人的稅收占財庫總收入一半。因此，國家經濟仰仗猶太人，儘管他們的總人數可能從未超過三十萬。十四世紀西班牙的人口可能有五百萬。（今天西班牙的猶太人有沒有超過三、四千人都不確定。）

生活在一〇〇〇年至一四〇〇年間的西班牙猶太人，和西哥德君主時期遭迫害的希伯來人不同。猶太人先是被摩爾人接受，當作阿拉伯半島文化的一部分，後來也以同樣的方式，被西班牙的基督教國王所接受。十三世紀頒布的某些「治外特權」甚至保護猶太人信奉正教，禁止猶太人讀攻擊猶太宗教的書，而且制定罰則懲處不遵守安息日的人。在亞拉岡，許多猶太人是王室法官，至於他們從事的工藝活動更是五花八門：裁縫、書籍裝訂、染色、燈籠製造商、鈕釦製造商、車工，刀具、儀器製造商、織布工、銀匠、鞋匠、藥劑師、刺繡工、書法家等等。簡而言之，猶太人做的事包羅萬象；甚至有猶太女人在基督徒葬禮充當哭喪和吟誦聖歌的人。因此中世紀猶太人僅會放貸賺錢的印象，在西班牙不攻自破。猶太人接手了卡斯提亞人不願做的工作，卡斯提亞人則去追求非勞動的高尚價值，做個能單憑情感和地位自立自強的人。[3]

猶太人和基督徒雙方都不贊成雙邊的性關係和通婚，但儘管有這種一板一眼的公開立場，依舊有許多血統混合的情況。仔細檢視古文件的西班牙學者（阿馬多・里奧斯〔Amador de los Ríos〕、卡斯特羅等人）主張，到了中世紀晚期，幾乎所有西班牙貴族都有猶太人血統，包括一些最著名的國王和王后，就連伊莎貝拉的丈夫亞拉岡的斐迪南亦然。教會中許多位居要津的人都是皈依基督教的猶太人，幾位傑出的中世紀和文藝復興時代作家亦然。

社會大眾對猶太人的態度，和任何時代任何國家的民眾對強大少數族裔的態度一樣，在中世紀西班牙經歷了強烈的起起伏伏。幾乎毫無例外，只要經濟許可，生病的人總會找猶太醫師，但對於猶太人的財富和智慧，卻總是有怨恨和嫉妒的想法。因此，為佩德羅主掌財務的猶太人李維，在托雷多家中挖掘了一條長長的地道，通往太加斯河，以防針對猶太人的群眾暴動發生時能由此逃生。

受猶太人的金錢、勤勉和智慧維繫的王室，對猶太人採取寬容態度。西班牙許多國王愛用「我的猶太人」一詞，替他們受外國勢力攻擊的希伯來臣民說話。一二一五年，第四屆拉特蘭會議（Fourth Lateran Council，按：教宗召開的大規模會議）命令猶太人佩戴獨特徽章，以便和基督徒做區分時，西班牙的猶太百姓群起抗議，「聖人」斐迪南三世在托雷多大主教的支持下，呼籲教宗暫不執行決議。教宗何諾三世（Honorius III）被迫屈服。法國國王在這幾個世紀對猶太人的態度恰恰相反，法王聖路易（Saint Louis）將猶太人的財富充公，「美男子」腓力四世（Philip the Fair）把大批猶太人逐出領地，其中許多都在西班牙找到庇護。猶太人和摩爾人被接受，成為卡斯提亞生活不可缺少的一部分，直到中世紀晚期才有變化。透過把所有文化融為一體，成為所謂的Hispanic，這種「卡斯提亞生活」變成西班牙人的共同生活。西班牙就以這種方式，從中世紀時代跨進現代史。

第五章
中世紀的城鎮生活

我告訴過你，靈魂，歡喜和傷悲
不過是一陣風，稍縱即逝的露水
我這麼告訴過你，我這麼告訴過你，
而且，哦，我的靈魂，這話多麼真實。

——摘自西班牙老歌本

《正愛集》中的社會現實與活力

中世紀的教會不是忘記了，就是不理會聖奧古斯丁在四世紀對性的宣戰。在西班牙，教士的情婦是公開的祕密。只要選擇私下同居，而非明媒正娶，教士就像其他人可以享受魚水之歡。有時候為避人耳目，教士會說他的「表妹」或「侄女」要幫他管家，不過不管有沒有這樣的解釋，教士的管家及床伴都是公開的祕密。由於教士平日的工作要和這麼多婦女密切接觸，自然被人懷疑淫蕩好色。

十二世紀的摩爾作家圖奇比，在談塞維亞行政的文獻中，對他社區基督徒和穆斯林混雜的情況，提出尖銳批評。他寫道：「應該禁止穆斯林婦女進入猥褻的基督教會，因為教士是一窩登徒子、姦夫和流氓……應該像在東方一樣，強迫基督教士結婚，起碼該准許他們若有意願可以結婚。如果不肯結婚，那麼該教士的房裡就不該容許婦女進出，無論多麼高齡的老嫗也不行……」[1]

對西班牙教士性活動直言不諱的，並非只有摩爾人。中世紀最偉大的作家之一、曾任伊達大司鐸（Arcipriest of Hita）的胡安．魯伊斯（Juan Ruiz），大約在一三三五年發表精彩的《正愛集》（*Book of Good Love*），他活色生香地敘述這些風流韻事，而且得意洋洋把自己納進當代的好色之徒行列。書本幾乎是劈頭就直截了當地說：

亞里斯多德說，而且其言不虛：
世人皆為兩件事奔波勞碌：第一，
食與宿；第二，
與心儀的女人共發巫山之夢。

作者接著說明男人和其他動物，何以有渴望與同類雌性交配的天性。大司鐸在書中敘述了一連串香豔故事，堪稱中世紀最佳情色文學。雖然故事彷彿大半都發生在其他角色身上，作者偶爾也會忘記隱匿，冒出自己的名字。毋庸置疑，這本書大抵是作者親身體驗的敘述。任何階級的女性都是大司鐸筆下的故事主角，而且獵豔者未必總是男方。偶有徒步山區的旅客會遭「山中婦女」（*serranas*）攻擊。她會把旅客逮進小屋，讓他取暖，餵他飲食，接著要他「脫光衣服辦事」。

這些鄉下姑娘似乎是中世紀民間傳說的一種人物。或許是出於良知，或者只是要在上級面前保持形象，作者在情色故事之間頻繁穿插「歌誦聖母的歌曲」，並且不時澄清他的用意是為了區分屬於性靈的「正愛」，和屬於肉體的「劣愛」。儘管如此，這本書中獲勝的，仍然是異教徒的愛的精神。在書快結尾之處，大司鐸受一名幫他拉皮條的老太太慫恿，甚至去追求修女。他寫道：

她說：「朋友，聽從老媽媽的告誡：
去吧，去愛修女；相信我，兒子，把這當成你的雄心壯志，
因為她們事後既不能結婚，也不敢揭露此事——
與她們在一起，你可以安心品嘗多年的樂事。」

作者接著詳細列舉修女為情人準備的各種食物、調味品，以及讓他們大展雄風的壯陽藥。他還明目張膽地說，修女在翻雲覆雨方面技巧高超，再沒有比她們更好的伴侶。然而，經過一番激烈的追求後，事實證明大司鐸的修女對象有純潔的心，因此他無法說完這段故事。只是他這番關於修女的談話，若是在幾世紀後的宗教裁判所說出，足以讓任何男人罪該萬死。

《正愛集》的最後一個故事為〈塔拉韋拉教士之歌〉（A Ballad on the Holy Men of Talavera），是希望徹底放任教士性生活的懇請。歌謠開頭描述塔拉韋拉的一所修道院，收到當地大主教禁止教士納妾的命令。「就算有一兩人對此命令感到欣喜，覺得它大為不妥的卻有兩千人。」命令的部分內容如下：

我得到有人犯罪的消息，因此明白指令，
每一個行過聖願儀式的教士或聖職人員，
都不得納妾或召妓，也不得有先前的婚配——

凡不遵者，從此逐出教會！

塔拉韋拉修院的執事兼司庫反對這不合理的命令，他說道：

當然，親愛的朋友，我關切你們所受的傷超過自身，
但泰絲是我無辜且美麗的妾——
去他的塔拉韋拉！就是借高利貸
我也要追逐如此可愛的蕩婦。

禁令還招致許多其他的反對聲浪，大司鐸以下面充滿力量的句子為書作結：

但在此該是結束我的故事之時——我將加緊作結的腳步
謹表示所有的教士和修道士都提出籲求
他們一致作了如下建議：
聖職人員應該擁有私通的權利。[2]

大司鐸並沒有誇大其辭，因為當時的聖職人員不但淫亂，而且還四處吹噓。教士和他們打扮

華麗、態度傲慢的姘頭明目張膽又肆無忌憚的行為，激怒了瓦亞多利德的人民，當地法院在一三五一年向「殘酷者」佩德羅抱怨：「國王下令以奢侈法管制這些女人的衣服，並要她們在頭巾下戴一塊紅布，以便與良家婦女區分。」

一位知名文評家稱這份精彩獨特的書稿是「古往今來最有力量的西班牙文作品」，其作者是新卡斯提亞一個小村子裡不起眼的教士，他顯然和摩爾人有直接接觸，對他們知之甚詳，而且也在幾篇韻文中展現他對阿拉伯音樂的知識。全書是美妙的中古阿拉伯風，把西班牙中世紀大部分的文化根源匯聚在一起。作者提到加圖（Cato）、亞里斯多德、奧維德（Ovid）、騎士崔斯坦（Tristram），他經常引述《聖經》的話，詩裡充滿格言，書中有許多摩爾人帶到西班牙的寓言。魯伊斯並非飽學之士，但他是個有濃濃男子氣概的明智之人，是當時西班牙的一個縮影。他的書裡有雜亂無章的一系列情節，以最薄弱的架構連結起來，是循環的敘事，沒有起點也沒有終點。

> 我們感受到徹頭徹尾的卡斯提亞城市，三個種族和信仰的熱鬧與歡樂；書中提到占星家；媒人也出現；還提到知識豐富的書籍，提到農民和為西班牙征戰的騎士，提到婦女、修士和修女；種種的音樂與歌曲、開胃食品、禮拜盛宴、瓜達拉馬山的隘口、細膩的語言和平民不得體的行為——一切全混合在一起，充滿感官的狂歡，不時穿插大量抽象的道德說教。[3]

在《正愛集》裡，罪是自然透過人類行為表現自己的產物。大司鐸一下是沉溺在肉慾中的有罪登徒子，一下又變成說教的人。他對混合這兩種觀點不以為意。他認為人是半人半獸的混合物，一半是塵土，一半是神，既不能沉沒，也無法高飛。這是伊斯蘭宗教和文學典型的態度，但也適當地表達出十四世紀西班牙生活的現實。經過多年驚天地泣鬼神的緊張之後，現在何不享受肉體？卡斯提亞的國王無疑正在享受肉體。現在和摩爾人的戰爭似乎已結束，就會產生這種自然的反彈。西班牙的「整體主義」（integralism），在自傳式赤裸中表達完整個人的渴望，也反映在《正愛集》中。即使外在世界從指縫中滑過，人還是可以伸手抓住並擁抱肉體的部分，甚至能掌握性靈，因為性靈的現實和感官的現實是一體兩面；它們相互纏繞而不可分割。大司鐸的故事在感官衝動和道德約束之間來回搖擺。這些確實是阿拉伯文學的兩大特徵：一方面是色情，另一方面是具明確說教目的的模範故事。但在任何文明環境中，性和良知也是人類的根本特徵。大司鐸在書中融合兩個傾向的同時，和他同輩的另一位偉大西班牙作家唐．璜．曼努爾（Don Juan Manuel）——「智者」阿方索的外甥——留下以阿拉伯傳統書寫的一系列道德故事《盧卡諾伯爵》（*Count Lucanor*），成為他對中世紀文學最著名的貢獻。

魯伊斯顯然以寫作此書為樂，那是他生氣蓬勃個性的投影。他希望讀者也喜歡它，參與歡樂的追逐。他被主教關進監牢，也許僅僅是因為他忠於自己。但他的手稿從日後宗教裁判所的烈火荼毒中倖存，儘管偶有審查員明顯地刪除了一些文稿，它依舊保持一名有各種欲求的男子的活力和生命力，且此人竭盡所能地品嘗和保存這些欲求。

中世紀歌謠的發展與影響

猶太人是中世紀西班牙最優秀的作家之一。帕倫西亞省卡里翁德洛斯孔德斯（Carrion de los Condes）的拉比山托（Sem Toh，或Santob）與「殘酷者」佩德羅生活在同一時代，他細膩的抒情詩就是獻給這位國王。事實上，他的書名為《對佩德羅國王的勸告》（*Comunsels to King Peter*），又名《道德寓言》（*Moral Proverbs*）。人們常稱山托為警句詩人或格言詩人，但他也唱出卡斯提亞早期真正的抒情之歌。在這位猶太裔—伊斯蘭教—卡斯提亞出身的拉比眼裡，外在世界不僅稍縱即逝，難以捉摸，而且猶太人在其中的角色教人寫下絕望創作。玫瑰凋零，還會留下甜美的玫瑰露，這是它的價值，然而人死後也能留下如此長久的意義嗎？無論如何，他都必須不斷努力，儘管宇宙殘酷地保持中立，他仍要像人定勝天那般爭取勝利。整個世界是對立力量無止境的互動，就連王冠有朝一日也會被棄若敝屣。玫瑰生來有刺，卻無損它的美麗，好的說教故事也不因出於猶太人之口而遜色。中世紀西班牙有一系列猶太詩人和皈依基督教的猶太詩人，山托是第一個。下一世紀，在開啟文藝復興之門的約翰二世（John II，伊莎貝拉的父親）的文學宮廷之內，這些猶太裔卡斯提亞詩人舉足輕重，與「智者」阿方索身邊的學者不相上下。

讓我們回想一下，西班牙語文最早的詩是以希伯來字母寫成，最早可回溯到十世紀。西班牙的猶太人口繼續以其西班牙—猶太方言，發展出豐富濃烈的詩體，包括美妙的民謠或稱故事詩（*romances*）的歌曲集。許多詩都有扣人心弦的抒情特質，其中最美的一首名為〈如花美顏〉

（Face Like a Flower），內容如下：

——向我開門，
開啟它，如花美顏；
自童顏妳就屬於我，
如今更是如此——
擁有如花美顏的她
下去開了門；
他們來到花園
手牽著手一起。
在綠玫瑰樹下
他們擺好了桌子
邊吃邊喝
他們一起入睡。[4]

男子醒來只覺得側身疼痛不堪，女子要召醫為他治療，並給他一袋黃金和一條新鮮麵包。在歌謠的最後他說：「你殺了人，還談什麼治療！」另一首可愛的猶太—西班牙古歌謠名為〈曾有個美麗仕女〉（There Was a Beautiful Lady），內容如下：

曾有個美麗仕女，
沒人比她更可愛：
她的額頭光輝耀眼，
頭髮如黃銅閃亮。
她的眉是珠母，
她的眼如杏仁，
她的鼻細緻如羽，
她的雙頰如玫瑰，
她的嘴非常圓潤，
她的牙齒宛如編貝，
脖子修長纖細，
乳房如石榴，
她的纖腰盈盈一握，玉體
玲瓏如柏。
她走進教堂做彌撒

教堂光線舞動……

到最後，我們才發現美麗仕女已為她的情郎獨守空閨七年，如今即將投入他人懷抱。即使在這些民謠中，猶太詩人依舊歌詠分離和失散，逝去的戀情和絕望。他的文學之聲強調了個人在西班牙的悲劇，他傳達了那漸漸占據其收養國之心靈與身體的痛苦。對他來說，他依舊覺得自己是外人，並未完全被接納，並沒有真正的歸屬感，並未完全扎根在他如此摯愛的土地，儘管這片土地至少在過去幾百年間待他不薄。無論他走到何處，做什麼工作，從事什麼樣的藝術，他和別人不同的標記都會如影隨形。

西班牙歌謠在世上的民謠詩歌中舉足輕重。無論是種類或數目都超過英國歌謠，不過這可能是因為英國對其流行歌謠不以為意，一直到十八世紀末才開始收集，因此許多歌謠佳作已佚散。在敘事歌謠發展的巔峰時期，西班牙人創作了成千上萬首的歌謠，迄今在西班牙或者西裔美國社區，歌謠或稱故事詩依舊生氣蓬勃。傳統的墨西哥敘事詩「可利多」（*corrido*）在一九一〇至一九二〇年墨西哥革命期間大為風行，一如古老的西班牙歌謠描寫中世紀的精彩事件。伊比利半島最早的一批歌謠，就是敘述特拉斯塔馬雷的亨利對抗兄弟「殘酷者」佩德羅的故事。歌謠有種種證據顯示它們是當時的創作——也就是十四世紀中期。

從這個時期以降，歌謠在西班牙就是生意盎然的一個領域。沒人知道如此大量的古歌謠是誰所作；它們主要靠口頭流傳，直到約一五〇〇年才有人開始收錄。這些歌謠當初是寫給人們盡情歌舞之用。它們是傳統詩歌綻放的花朵；強烈、曲折，通常有真摯情感，展現強大的政治力量，總是道出人民的心聲。它們就像沒有荷馬的《伊里亞德》（*Iliad*），言簡意賅地捕捉到人生的一瞬、歷史的片段。它們的主題五花八門：和摩爾人的戰爭、熙德及其同時代人的生活、傳統英雄的豐功偉業、無名小卒或國王貴族的愛情故事、基督徒和摩爾人的悲歡離合，乃至海妖誘惑男人潛入深海的神祕歌曲。猶太人在一四九二年被逐出西班牙時帶走了數百首歌謠，是西班牙文學令人讚嘆的一件事，他們深愛西班牙，因此這些歌謠如今存在從洛杉磯到阿爾巴尼亞全球各地的賽法迪猶太人（Sephardim）的社區。* 直到最近，他們才合力收集並出版這些歌謠。

中世紀故事詩對黃金時代的西班牙文學有深遠影響。隨著浪漫主義運動的誕生，它們再次成為眾人矚目的焦點，幾乎被翻譯成所有的歐洲語言。哲學家黑格爾把它們喻為「珍珠項鍊」，叔本華由衷欣賞它們，英國浪漫詩人對它們很熱衷。波西主教（Archbishop Percy）在一七六五年出版的英國浪漫主義基石《古英格蘭詩歌拾遺》（*Reliques of the Ancient English Poetry*）中，翻譯了幾首古西班牙故事詩。後來數十位英國詩人追隨他的腳步：拜倫爵士、約翰·鮑林爵士（Sir John Bowring）、羅伯·沙賽（Robert Southey）、約翰·洛克哈特（John Gibson Lockhart，歷史小說家華特·史考特〔Walter Scott〕的女婿）、西班牙學者湯瑪斯·羅德（Thomas Rodd）和其他許多人。我在馬德里大學的博士論文題目就是《英國浪漫主義者所見的西班牙》（*Spain as Seen by the English Romantics*），而我提出的其中一項結論就是，正是因為這些故事詩被譯為英文，才導致西班牙成為英國及後來美國人心目中「名聞遐邇的浪漫之地」。

新城鎮的開發與整治

中世紀西班牙的生活與當時其他歐洲國家有很大不同。摩爾人、猶太人、摩爾裔基督徒及其他混血族裔，再加上這些族群的文化，構成了基本的差異。長達八個世紀的再征服運動，孕育出社會、經濟和政治有機體系的各層面，也更進一步擴大這些差異。封建制度是領主與諸侯之間界定雙方義務的固定契約，在伊比利半島上，從不像歐洲其他地方那樣深入和普及。一個不斷在移動的文明，不停地擴張、戰鬥、藉勝仗累積、緊縮開支、整合統一，不可能安定下來，接受封建制度嚴格的階級分割。

在西班牙，城鎮本身，特別是建在從摩爾人手中奪來的新領土，並且獲得特權的城鎮，在國家體系裡是一股強大的力量。斐迪南・里奧斯（Fernando de los Ríos）指出，中世紀西班牙共有一萬兩千五百二十五個大小城鎮和村落，享有當時多種形式的公有制；這些生產和分配手段的合作社或社區所有權，其特色在今天西班牙北部許多社區依舊可見。這些城鎮的居民享有的個人自由，比歐洲其他國家的人民都多，唯一例外是英格蘭。

*〔原註〕西班牙的希伯來名稱為Sepharadh，因此來自西班牙的猶太人被稱作Sephardim。

征服者開發新城鎮的過程不難想像——無論是剛攻下、或是從頭開始建立的城鎮。戰鬥一結束，就開始殖民。城鎮霎時活躍得有如蜂巢，日常所需和安全措施必須臨機應變，火速建設。必須立刻建造或修補城牆，使之更堅固；必須興建房屋、修建教堂、挖井、耕種、採買牲畜並放牧。在最初忙亂的興建之後，接著是進一步的美化。房屋變得更舒適，教堂建得更美麗。新城鎮必須吸引新居民，取得適當的補給，而且有防衛的武力。

重新征服的城鎮會被分為不同的區，各區都屬於特定行業，工人納入行會，由他們自己推舉的官員和自行制定的法律監管。從十至十四世紀，體力勞動依然被視為光榮的職業，有些優秀的工人會獲得晉升成為騎士。但後來卡斯提亞人認為用雙手做工形同失去社會地位。體力勞動於是只有摩爾人或猶太人從事。

在新城鎮裡，一切都得在敵人有可能攻擊的威脅下，不眠不休地完成。一直要到幾十年甚或上百年之後，新居民才覺得戰線確實已南移，他們終於可以過起日常的生活。即使如此，也談不上永遠的安全。衝突依舊持續，就算不必防守他們的城鎮，也得守衛他們的國家，因為他們必須征服摩爾人。因此城鎮居民以士兵的必需品為主要考量。許多居民從敵人那裡搶來的財富足以添購馬匹和武器，因此成了騎兵「紳士」，晉升到更高的社會地位。這些人大多成為「小村貴族」（*caballeros villanos*）。他們並沒有大片的土地或權力，其財勢來自他們擁有的武力。參與新經濟的各種社區所有權和控制權，給他們一種團結感。

集體所有權的表達方式之一是合作農場（*ejido*）。這種中世紀機構後來被帶到新大陸，而且至今依然盛行於墨西哥。ejido一字可譯為「村子共有」；此字源於拉丁文的exitus，意思是「在出去的路上」，因為這些社區土地通常位於村莊的外圍。在西班牙，合作農場只占公有土地的一部分，專指一小塊界線明確的土地，用作全村獸欄、打穀曬穀的公共場所，以及社區垃圾堆和屠宰場。除了這些公有的合作農場之外，西班牙村莊通常還擁有林地、溪流和湖泊，一些牧場和田地。市民包括工匠師傅、農民、商人。在早期的卡斯提亞自由村莊，貴族無疑是不受歡迎人物（*persona non graia*）。

另一方面，貴族和騎士團等宗教組織擁有屬於自己的廣大領土，這些土地上的農民，境遇往往非常悲慘。這是領主（非封建）制度，地主統治他的土地和居民，雙方沒有互惠協議。西班牙社會就是最先在這樣的地區分為兩大階級——地主和勞工。自由城鎮的居民和貴族之間經常發生摩擦。自由城鎮很自然地與王室結為盟友，因為王室也感受到貴族強權持續的威脅。西班牙貴族為鞏固自己的地位，在十三世紀開始了長子繼承權（*mayorazgo*）的傳統，後來經過一番修改，也被其他歐洲國家採用。mayorazgo意思是長子應繼承父親全部的財產，而非分配給所有的子女。這種只重一個孩子的做法，加劇了西班牙原本就已很嚴重的大莊園主制度。

在十四、十五世紀的某些時候，卡斯提亞發生重大內亂，甚至出現無政府狀態，各城鎮不得不設法保護自己。個別城鎮幾乎無力反抗強大貴族，因此他們聯合起來組織了城鎮兄弟會（*Hermandades*），以確保和平。列薩日（Alain-René Lesage，按：十八世紀法國作家）的讀者應該很熟悉這個字，他在代表作《吉爾．布拉斯》（*Gil Blas*）描述主角的豐功偉業時，一再用到這個字。城鎮兄弟會是以神聖的聯盟和公約組織的城鎮聯盟，目的是在無政府狀態時合作防衛。一二九五年的城鎮兄弟會由三十四個城鎮組成；一三一五年的聯盟則有一百個村莊和城市。城鎮兄弟會擁有專屬警察部隊，無論違法者逃到哪裡，他們都有權追捕，並立即審理和判刑。城鎮居民在城鎮兄弟會的警力撐腰下，有時能對貴族發動真正的戰爭。中世紀卡斯提亞村莊的居民就以這樣的方式成長茁壯。

因此，儘管歐洲其他地區大城市的居民在封建奴役中受折磨，但卡斯提亞城鎮聯盟的成員在和平時期有自己的法律和地方官保護，在戰爭時也受自己的軍官指揮；他們充分享受自由人的一切基本權利和特權。[6]

國王支持這些城鎮聯盟，儘管他們自己的司法似乎有損國王威權，原因有二：第一，因為這些城鎮兄弟會合力對付的主要是國王的大敵——貴族；其次，因為這些城鎮本身就是一股強大的力量，如果否定他們，等於疏遠了一群有權有勢的子民。

有這些豁免權，卡斯提亞城鎮在中世紀欣欣向榮的程度，唯有義大利城鎮能與之媲美。早期與阿拉伯人的接觸，確實讓他們建立了更好的農業制度，在機械技藝方面也達到其他基督教國度所不及的靈活性。[7]

牧羊業與紡織業

卡斯提亞最初幾代的村民，以戰士和牧羊人為主；戰士是出於需要，牧羊人則是因為沒有足夠人手從事大面積開墾。他們是冒險家，否則就不會放棄原本在加利西亞、阿斯圖里亞斯、坎塔布里亞和巴斯克省分的寧靜家園。西班牙人總無法放下牧羊民族的心理，這種民族經濟很基本，因此在古代的阿斯圖里亞斯和附近地區，常會用羊代替金錢。當這些地區的居民向南遷移，他們仍想當牧羊人。再征服運動使他們有了遼闊的空地，尤其是奪得哥多華（一二三六年）和塞維亞（一二四八年）後。這促使鄉村畜牧社會的發展，其對工業發展的緩慢過程不太關心。品種優異的美麗諾羊是他們的重要產品，再加上肥沃土壤生產的農產品和簡單製造業的發展，形成了一種可獲利的商業基礎。美麗諾羊最早可能是在十一世紀，由摩爾人引入西班牙。不過，品種的重大改良始於一三九四年，當時蘭開斯特的凱瑟琳*帶著一群英格蘭的美麗諾羊當作給西班牙王儲的嫁妝。時人公認美麗諾羊的毛，遠比任何國家的羊毛更美麗細緻。附帶說明，**merino**一字源於**benemerinos**，意思是「流浪」，是一個阿拉伯部落的名字，他們隨四季變化到處遷移。十四世紀中葉西班牙發生可怕的腺鼠疫，人們大批死亡，因此留下大片無人居住而可以作為牧場的土地。

---

*〔原註〕蘭開斯特的凱瑟琳是卡斯提爾的亨利三世（Henry III of Castile）之妻，約翰二世之母，天主教徒伊莎貝拉的祖母。

牧羊於是得到額外的動力。

再征服運動不僅是兩個信仰之間的衝突，也是「基督徒的羊與阿拉伯人的馬」一決高下的鬥爭。當「聖人」斐迪南攻下哥多華和塞維亞，並占領拉曼查、埃斯特雷馬杜拉和安達魯西亞的廣大土地，羊的地位勝過馬。「智者」阿方索成立梅斯塔榮譽會（*mesta*，按：全國性遊牧畜牧業從業者同業公會）認可這場勝利的重要性，該組織為牧羊業的發展帶來王室的堅定支持。隨著征服新世界，馬再次居於上風。梅斯塔榮譽會是牛羊飼主的合作組織，管理飼養、放牧和出售牛羊及其產，促進全體飼主的共同利益。它和行會與相互合作的城鎮兄弟會有相同的目的。

領土向南擴張不僅讓基督徒取得了大片牧場，還讓羊群能在冬季向南、夏季向北大規模遷移。因此占領西班牙南部地區，對全國的牧羊和羊毛產業，都是直接的刺激。西哥德人在法律中特別提到羊群的遷徙因摩爾人入侵而中斷，直到十三世紀才恢復。遷徙迄今仍以較小的規模進行，孕育了來自卡斯提亞山脈的美麗西班牙民歌〈牧羊人即將遠去〉（Ya Se Van Los Pastotes）。

牧羊人即將遠去
前往埃斯特雷馬杜拉；
山中徒留
冷清和悲傷。

牧羊和羊毛產業史，就某方面而言，就是西班牙經濟史的縮影。英格蘭和西班牙在中世紀都以農業和牧羊立國，但當英國穩定地從農業升級至紡織業，邁向工業經濟，西班牙基本上卻始終是畜牧國家。這不是說西班牙從沒有紡織業，在穆斯林統治時，紡織是最高度發展的經濟領域之一。在十二世紀，即使在基督徒占領的西班牙地區，也有許多城市有織布業：帕倫西亞、薩莫拉、阿維拉、塞哥維亞、索里亞（Soria）、阿卡拉（Alcala）、馬德里、托雷多、昆卡（Cuenca）、哥多華和塞維亞。然而，萌芽中的紡織業到了一四三八年變得奄奄一息。

這情況的背後有許多原因。首先，法蘭德斯（按：今日的比利時西部）和英格蘭相繼發展了自己的紡織工業，後者刻意禁止羊毛出口或布料進口。法蘭德斯的紡織業發現英格蘭不出口羊毛後，轉向西班牙，開始大規模地購買西班牙羊毛。卡斯提亞的國王們因摩爾戰爭之故，急需資金，於是對羊毛出口徵稅，藉以取得戰爭資金。其實，只要戰爭持續進行，國家不斷增添新土地和財富，國王的財務狀況反而不會像長期休戰、累積債務到期時那麼糟。因此，卡斯提亞的經濟淪為法蘭德斯和英格蘭紡織業的犧牲品。起初看似有利可圖，長期下來得到的卻是惡果。眾人都急著把握機會出售羊毛。貴族、修道院，甚至城鎮居民都可以把羊毛賣給法蘭德斯的工廠換得極大利潤，王室財庫也因這項商品出口的各種稅獲利頗豐。某著名歷史學家寫道：「要不是有羊毛，許多卡斯提亞城鎮的建築瑰寶都會無法完成。」西班牙全境許多了不起的建築，都是靠羊毛的利潤支付興建。遺憾的是，這阻礙了卡斯提亞早期的工業化，而且更突顯西班牙人的性情遺產，他們總是帶著流浪者和牧羊人的心理特質。

有些城鎮議會明白這個情況，向國王請求保護西班牙的紡織業，不過無濟於事。太多人仰賴羊毛原料賺錢，國王又急需資金對抗貴族，以及推進與摩爾人的戰爭。生活費上漲，人們試圖固定物價，也固定工資，禁止食物及其他商品出口。儘管如此，通貨膨脹依舊持續，卡斯提亞的經濟陷入惡性循環。

在西班牙靠羊毛出口賺取龐大利益的商人和貿易商當中，有為數不少的外國人。無知的西班牙大眾眼看生活費猛漲，還有一群人毋須辛勤勞動就能致富，於是把懷疑和不滿發洩在這些人身上。這當然是錯誤的推論。因為「外國利益」實際上是國王促成的卡斯提爾重商主義所致。於是在一三〇六年，塞維亞發生頭一遭攻擊城內熱那亞人口的民變。這個初步的火苗，後來演變為以猶太人為焦點且延燒全半島的熊熊大火，規模大到連國王和王后都感到無法控制。

城鎮的環境與社會生活

中世紀西班牙的城鎮談不上衛生，其實當時任何國家都談不上衛生。街道中央經常有一道溝渠，只要是可以給豬吃的東西就可以倒進去。從窗戶倒出的廢水常會潑到路人頭上，後來法律規定潑灑廢水前得大喊「它來了！」（*Agua va!*）。行人聽到警告後就得自求多福。難怪有些早期的中世紀畫作，就連聖徒都穿著高筒靴走在街上；這是避免踩進廢水垃圾最簡單的辦法。當時只有最原始的廁所，街道上糞便處處。來到美洲新大陸的西班牙人，讚嘆印地安城鎮的街道比他們自己家鄉的還乾淨。

黑死病在一三四八年侵襲西班牙，居民很容易就染上傳染病。疾病可能來自東方，基本上和腺鼠疫一樣。它之所以稱為「黑死病」，是因為病人身上會出現大塊黑斑，此外如腋窩、鼠蹊和脖子等淋巴腺所在的部位也會腫脹，出現大如雞蛋的疼痛腫塊。染病者的身體會長較小的癤癰，經常吐血，大多數在兩三天內死亡。當時的統計數據雖然不太準確，許多權威人士都估計，高達三分之一的歐洲人口死於瘟疫，總計可能達兩千五百萬人。家庭破碎，各行各業缺工，農地沒有農夫，城市沒有居民。在黑死病之外，西班牙國王「殘酷者」佩德羅的統治災難，以及他和兄弟亨利為爭奪西班牙王位的相互殘殺，不難理解為什麼西班牙在經過「智者」阿方索的治理後，還要花兩百年的時間才真正發揮潛能。

中世紀城鎮的生活大抵很樸素，沒有多少物質享受。居民的財富表現在建築上，這是中世紀的偉大藝術。早期笨重的羅馬風格，有厚牆和為數不多的圓窗，是針對這塊陽光炙人和危險重重的大地而造的。幾個世紀過去之後，原本簡陋、巨大、堅固宛如堡壘的建築，變成了哥德式建築，挑高、輕盈、精緻，有優雅的肋架拱頂、尖頂拱門和美麗的彩繪玻璃窗。

教堂是城鎮最重要的建築。它象徵民眾的信仰，以及對安全、美和上帝的追尋。在偉大的教堂內人人平等，而且幾乎每個人都奉獻了一部分的生命給教堂。他們經常請來法國和德國的建築師，建造西班牙偉大的哥德式教堂，但西班牙散漫和融合的本能，幾乎不可能造出純粹的哥德風格。西班牙教堂絕對是征戰教會（Church Militant，按：仍與魔鬼戰爭、努力成聖的在世聖徒），就連教士，也經常參與對抗穆斯林的戰爭。（「祈求上帝的恩典，並用釘頭錘猛擊。」）

中世紀城鎮的主要娛樂活動包括宗教節慶、朝聖、社區歌舞，當然還有常年每週的市集（feria）。市集既是經濟機構，也是社會機構，因為所有人都來這裡聊天和交換消息，也來這裡以物易物，以及從事買賣。這類市集依舊是西班牙鄉村生活不可分割的一部分，造訪每週在阿維拉十二世紀古城牆外舉行的市場，可讓人重溫中世紀市集的古老風味。（順帶一提，我們常說的公道價格〔a fair price〕就是來自這些中世紀市集的固定價格。）阿維拉每週的市集在偌大城牆外石頭遍布的貧瘠土地上舉辦，一小群農民和帶著牲口的牧人聊天還價，多少世紀來都沒太大變化。

中世紀西班牙城鎮是眾志成城的成果，是一件藝術品。城鎮的建造注重整體性，和諧、美麗，充滿了奉獻。人人都出力勞動，對技術感到驕傲，對工藝感到驕傲。人人都盡心盡力，因為他的作品會流傳於世。在教堂裡，即使不是明顯看得到的地方，也會細心完成，因為就算人看不到，上帝也會看到。在中世紀的城鎮，每個人都有所歸屬；沒有遊手好閒的人，沒有不需要的人手，沒有用不上的人力，沒有無人照顧的靈魂。參與社區勞動，參加各種歌舞和慶祝活動，是美好的宣洩。個體在社群之中失去自己。緊張消失了，寂寞驅散了。即使在戰時或面對戰爭威脅時也感到安全。

把中世紀的城鎮想像成黑暗骯髒的地方，到處是惡臭，醜陋不堪入目，疾病散布，其實並不符合事實。當時的臭味是天然氣味：動物的、人的、廚餘的及施工的氣味。他們沒聞過我們現代人常聞到的臭味：硫酸、氯化飲用水、汽車廢氣、汽油或瓦斯、空氣中大量的塵土油煙、繚繞的媒煙及教人窒息的煙霧。我們對這些及其他許多臭味早已習以為常，很少會注意到它們。中世紀城鎮的居民習慣的氣味更少。他們的城市既不黑暗，也不醜陋。牆壁經常粉刷，吐露陽光和空氣。就連防禦工事也是藝術品。不管望向何處都能看見美景。實用與美觀很少會分開。我們如今造訪倖存的中世紀城鎮不就是為了它們的美麗嗎？房屋內部確實不太清爽，不具魅力，但中世紀城鎮的街道和廣場，市場和教堂，因色彩、人物和光線而發光。

街頭小販的叫賣聲。不分晝夜飄揚的鐘聲。四面八方傳來的歌聲。流傳至今的歌曲顯示，無論從事什麼工作，人人都唱歌。中世紀擁有適合每個人、各種場合的音樂。黎明時分，起床的時間一到，數百隻公雞齊聲啼叫，就像《熙德之歌》詩中描述的，鳥兒開始在樹上或屋簷下啁啾。人們去工作、上市場，聚在一起輕鬆聊天、傾訴心聲，感受與人連結的火花，感受團結的溫馨。

這些建築並不古舊或陳腐，而是像中世紀的燈飾一樣明亮光潔，哪怕只是因為常用石灰粉刷，因此玻璃或彩飾木材上圖像的顏色都映射在牆上，翩翩起舞。感官的擴張使生活生氣蓬勃。……儘管中世紀的飲食粗礪，但就是最清苦的人也不可能完全看不見周遭之美。城鎮本身就是永遠存在的藝術品，居民在節慶期間穿的服裝就像奼紫嫣紅的花園。[8]

流浪的吟遊詩人來到中世紀城鎮或城堡，象徵歡樂的到來，因為他會吟詠西班牙英雄的豐功偉業，或演奏柔和的求愛抒情旋律。農民和貴族都喜愛吟唱或聆聽古老的歌謠，騎士遊俠在中世紀的西班牙非常普遍，騎馬用長矛比武也總是很有吸引力。後來的騎士小說（伊比利半島的這類小說遠比其他地方都多）對西班牙生活的這個面相，有誇大和理想化的敘述，《堂吉訶德》的故事起初是刻意的滑稽戲仿，後來作者塞萬提斯竭力把筆下的騎士主角，當成西班牙生活中英雄角色的象徵。狩獵也是貴族喜愛的運動。其實這不僅是運動，因為在崎嶇地形上騎馬使用武器，是嚴格的戰士訓練。狩獵常需要用到獵鷹，使馴鷹術在西班牙高度發展。《堂吉訶德》一六〇五年初版的卷首插畫，就是頭上蓋著布套的獵鷹停在男人手臂上。而岡薩雷斯伯爵用俊美獵鷹和純種馬換來卡斯提亞獨立的故事，顯示此古老運動在西班牙歷史上源遠流長。

中世紀所有宗教慶典都有強烈的社交色彩。追求伴侶最常在這種場合發生。許多勇士等在教堂外面，但求能看心儀的女士一眼，而這往往足以天雷勾動地火。古老的歌謠經常提到這樣的追求，但其中〈愛的彌撒〉（*La Misa de amor*）特別教人印象深刻，因為正當合唱團高聲歡唱之際，突然見到一位美女走進教堂，「於是他們不再唱阿門，阿門，而是改口阿莫（*amor*，按：西班牙文的愛情），阿莫！」

卡斯提亞和雷昂的許多城堡，是灰色的大塊石頭，看起來就像從灰岩地上拔起，像衛兵一樣矗立在原始荒涼的自然景觀中。今天馬德里附近一天車程之內的範圍，還有許多這樣的城堡：奧羅佩薩（Oropesa）、塞哥維亞、曼薩雷斯皇家城堡（Real de Manzanares）、佩納菲爾

（Peñafiel）、托爾德西里亞斯（Tordesillas）、拉莫塔（La Mota）、阿爾瓦．德．托梅斯（Alba de Tormes）等等。塞哥維亞城堡以其白牆和宛如船首的尖頂造型，在這些灰色的龐然大物中獨樹一幟。城牆內偶爾有奢華的證據：厚重的摩爾地毯、進口或本地製造的刺繡布簾、巨大的木雕家具、美麗的銀器，以及插圖精美的手抄書稿。

卡斯提亞城鎮內相當的民主，城鎮與城鎮之間有大片無人居住的土地，今日依然如此。許多人總擠在小空間裡，市政機構給他們今日西班牙欠缺的尊嚴和平等感受。在古老歌謠和fueros（「市政法律與特權」）中，可以看到市民在狹窄的街道販賣商品，在市場討價還價

> 為重量和尺碼爭吵，抗議想要插隊的修士，主張不管是修士或平民，或是剛由偏遠村莊前來的包著頭巾的陌生人，人人都該獲得同樣的待遇。他們推擠揮汗，大聲叫喊；而且在市政機構發展的同時，也發展出他們的語言和文學。早期的文學帶給我們什麼？一系列場景，生動鮮明，就如原始繪畫的畫板教人難以忘懷。在擁擠市場的喧囂中，一位吟遊詩人撥弄弦樂器，喋喋不休講述熙德、拉瑞七王子或薩莫拉的喜鵲夫人唐娜．烏拉卡無止境的故事。[9]

這位樂師演奏的樂器音調單薄，缺乏共鳴的音箱，也顯示了它的年代；這可能是阿拉伯人帶到西班牙的比維拉琴（*vihuela*）或魯特琴，也可能是摩爾人的吉他，或向內彎曲的羅馬吉他，樂師也可能只有鼓或鈴鼓。無論如何，音樂總是單薄而重複，複製中古時代周而復始的固定生活。

「一位神祕的聖職人員說，他是領主的吟遊詩人。他用韻文訴說當地聖人和俗人的奇蹟故事，並說他認為這些故事值得一杯美酒。」鎮上的時髦青年用眼神飢渴地望著經過的女郎，不時真情流露地歌唱，讚美她們的魅力。一身黑的老嫗以視線在街上搜尋，她們枯瘦身子緊抓著已沒有任何希望的人生。

也許城市廣場的角落有人正在擊鼓招募新兵。在歐洲任何地方，社會階級的晉升都不如在中世紀的西班牙那般容易。加利西亞或阿斯圖里亞斯可憐的下層貴族搖身一變，成了卡斯提亞的大地主，而卡斯提亞的下層貴族過去是拉曼查、埃斯特雷馬杜拉或安達魯西亞的大地主。邊疆精神不斷吸引人們到南方發展。幾個世紀以來，他們一直夢想用武器贏得土地和財富，而他們也確實美夢成真。

儘管中世紀經濟起起伏伏，儘管有黑死病，儘管有一連串揮霍的國王，但比起其他國家，西班牙還是相對富裕，城鎮也持續增長。到了十五世紀，許多城鎮已發展為都市，它們的財富遠遠超過再征服運動之初，生活必需不比士兵優越的時候。這些財富中有一大部分用於公共工程。原本積極把貴族排除在外的城市，現在成了貴族的居住地。富裕家族開始興建豪宅，一波新興的建築潮於焉展開。在安達魯西亞，被征服的摩爾人發展起蓬勃的產業。

塞維亞的史學家描述這座城市在十五世紀中葉時商業繁榮，自征服以來從未如此富裕，市內居民受雇於各種機械技術行業，欣欣向榮。其國內的紡織布料及橄欖油、葡萄酒、羊毛等天然產品，與法國、法蘭德斯、義大利和英國貿易。屬於卡斯提亞王權的比斯開港在十三、十四世紀是與北方大規模交易的市場。[10]

約翰二世的文學宮廷

十五世紀上半葉的西班牙統治者是約翰二世（一四〇六至一四五四年），也就是天主教徒伊莎貝拉的父親。約翰襁褓時繼承王位，十四歲時接手政務。他在政治上軟弱怯懦，先受貴族中的一派左右，接著又受另一派影響。著名的寵臣唐·阿瓦羅·德·魯納（Don Alvaro de Luna）在約翰王執政期間，多數時候扮演強人角色，但最終仍在政敵要求下遭斬首。

儘管約翰王在政治上並不積極，或者正因如此，反而對文學很有興趣，身邊都是當代最優秀的作家。「約翰二世的文學宮廷」已成為西班牙文化史的一個固定用語。許多作家是猶太人，或皈依基督教的猶太人，包括國王的祕書阿方索·德·巴納（Alfonso de Baena），以及其最傑出的作家胡安·德·梅納（Juan de Mena）。應景詩勃興：常有讚美國王、貴族和城市的詩，塞維亞提供一百多布拉金幣（*doblas*）給歌誦該市最傑出的詩歌。

鐵器時代已經過去，黃金時代卻還未到來，約翰二世力圖化鐵為金，藉著精煉文字的過程，讓中世紀進入文藝復興。對摩爾人的戰爭已經停止，如史詩般緊張的局勢暫時消失。騎士詩人應運而生，這些作家用文字和人生描寫宮廷生活和愛情。圍繞在約翰二世周遭的詩人，就像許多年前在普羅旺斯的吟遊詩人；在某種程度上，他們可和兩個世紀前阿方索十世朝廷上更博識的學者作家相提並論。但如今加利西亞—葡萄牙語（伊比利亞半島西北部在中世紀使用的語言）的抒情詩派已死，卡斯提亞語成為文學作品的語言，因此宮廷裡必然聽得到卡斯提亞語的歌詞。上述就是約翰二世的統治，代表西班牙從史詩般中世紀歷史進入文藝復興之前的過渡。

當時有位編年史家如此描述這段時期：

> 最堅強勇敢的騎士，儘管以比武和戰鬥為樂，可是一旦拿起筆寫文章，卻變得像戀愛中的青年，他們的詩中絲毫不見武器或戰爭……要在這些詩中尋找當時真正的生活，根本是徒勞……要不是有其他可靠的證明，我們恐怕會把困惑和動盪的日子，當成快樂的世外桃源。

文學與現實生活的差距從不曾如此懸殊。一個被美化的世界逐漸形成，但那只是虛假的世界，充滿了十全十美的青年和美若天仙的女士。就連《正愛集》裡粗鄙醜陋的鄉下姑娘，如今也成了可愛的少女。他們家鄉的地名成了這種詩歌不可或缺的成分。也有人試圖把世外桃源和約翰二世的宮廷混為一談。然而，在朝臣寫詩奏樂的同時，一般民眾依舊艱苦過活，而今不再有誘因，不再有榮耀，不再有緊張局勢。不過，他們用歌謠紀念這一切，在歌曲和故事中反覆重溫，國王與百姓的生活漸行漸遠。

宮廷詩人歌誦的騎士精神，在真實世界成了血腥的悲劇，騎士刻意使用尖銳而非鈍頭的武器，並且不帶盾牌比武。有一次在離聖地亞哥・德・孔波斯泰爾不遠的歐比格（Orbigo），卡斯提亞騎士蘇菲奧・德・奎諾尼斯（Sueño de Quenones）和九名夥伴在約翰二世和朝臣面前和所有來人比武。這項挑戰的目的是要

解除情婦對他要求的義務，要他每週四公開在頸子上戴著鐵製領圍。比武持續了三十天，強悍的騎士既不用盾牌，也不用標靶，揮舞著米蘭鋼製的尖頭武器。總共交手了六百二十七次，打斷了一百六十六支長矛，才宣告完成壯舉。

目擊者描述了整個事件，讀者可以想像亞瑟王圓桌武士蘭斯洛特（Sir Launcelot）或西班牙的阿瑪迪斯（中世紀騎士小說《高盧的阿瑪迪斯》〔*Amadis de Gaula*〕的主角）的冒險故事。不用說，比武結束前已有多人死亡。西班牙的騎士現在藉此極端行為，以及在宮廷詩中，找到了宣洩出口。儘管約翰二世在政治和經濟方面的墮落令人憎惡，但有位作家卻認為值得「以歷史的金筆」一書寫。如今粗獷的卡斯提亞人，就像法蘭西斯一世（Francis I）統治的法國人，在文化上正朝精緻和優雅發展。

據說約翰二世本人就是優秀的詩人和音樂家。第一本宮廷歌集就是獻給他，並於一四四五

年出版。*後來也有許多人跟進。幾年後，大眾歌謠開始以書的形式出現。直到兩股潮流相逢並融合，西班牙的文學才進入黃金時代的主流。老編年史家記載，儘管國王個性懦弱，但有俊美的外表。

> 他身材高大，手腳修長，極纖瘦；他的舉止得體，一頭金髮。他說話很快，但輕聲細語。他樂於傾聽聰明和有文化的人說話；他的拉丁文聽說無礙；他喜歡文學和歷史，也愛聽詩歌，並能敏銳地批評；他了解藝術，也是優秀的音樂家。儘管他有這些優點，卻欠缺國王真正必要的長處。即使他有種種魅力，卻膽怯而沒擔當，從沒有花上一個小時去了解或為他該管理的領域付出努力。卡斯提亞叛亂和陰謀危機四伏，但他根本不在意，心思全放在更快意的事上，大權完全交給他的副手。[11]

卡斯提亞的第二把交椅阿瓦羅・德・魯納，也是聖地亞哥騎士團團長。他竭盡所能地讓貴族們安分不踰矩，並將國王的威望提升至無可爭辯的元首地位。若我們相信一位崇拜者在他過世後寫下的《唐・阿瓦羅・德・魯納紀事》（*Chronicle of Don Alvaro de Luna*），阿瓦羅・德・魯納可說是完美的朝臣和騎士。

約翰王的軟弱阻礙了他的計畫。阿瓦羅・德・魯納被嫉妒的大臣和約翰的第二任妻子（伊莎貝拉的母親）聯手指控「叛國」，處以死刑，這位卡斯提亞的重臣並未向指控者屈服。在刑架上，他沉著地說：「只要有勇氣，任何形式的死亡都不會帶來恥辱。」他把頭放在木板上，劊子手以當時野蠻的方式，一刀刺進他的喉嚨，切斷他的頭。行刑後，國王「也像殺了自己，因為在阿瓦羅・德・魯納死後，國王只多活了一年又五十天，而且日日遭受折磨，滿心悔恨。在很多場合，都有人看到他為了忠臣的死而哭泣」。國王臨終前對忠實的侍從西伯達瑞（Cibdarel）嘆息說，他希望自己「是技工的兒子，而非卡斯提亞的國王」。

在許多方面，阿瓦羅・德・魯納象徵西班牙英勇歷史的偉大戰士領袖。他勇敢、聰明，相貌堂堂，忠於主君，為國奉獻。約翰王笨拙地藉著將他斬首，掩飾自己的軟弱和優柔寡斷，丟掉了展示王權凌駕頑固貪婪貴族之上的絕佳機會。西班牙隨著約翰二世進入文藝復興的門廊，卻穿著不適合其輝煌時日的錯誤色彩。

十五世紀最偉大的西班牙詩人霍赫・曼里奎（Jorge Manrique，一四四〇至一四七九年），在約翰二世死後才出生，並開始寫作。他的《祭父詞》（*Coplas on the Death of his Father*）是世上所有語言中最動人的輓歌。曼里奎是多產作家，但多數作品都很平庸，唯有在這首詩中，他掌握、濃縮、精煉，而後傳達出個人的悲劇，把它轉化為普天下所有人類共同的體驗。或許身為詩人的

---

*〔原註〕編纂者是皈依基督教的猶太人阿方索・德・貝納（Alfonso de Baena）。德貝納在序言中表示，他編輯這本歌曲集，為的是「供國王陛下欣賞娛樂之用」。全書共收錄五十位詩人的作品。

他，在其他詩作中的那份平庸，就這麼一次，讓他成為所屬時代的完美化身。他從軍，為卡斯提亞的伊莎貝拉女王戰死沙場，得年三十九歲。馬里亞納（Mariana，按：十七世紀西班牙史學家）在《西班牙史》（*History of Spain*）滿懷敬意地提到他，說他參與了烏克勒斯（Uclés）圍城，並稱他為「潛力無窮的年輕人，在這場戰爭中展現出色的英勇」。

這首詩的靈感來自詩人父親的死。詩人之父是知名的西班牙貴族，帕雷德斯伯爵（Count of Parades），也是聖地亞哥騎士團團長。他是勇敢的戰士、傑出的大臣，也是優秀的詩人。曼里奎在《祭父詞》中哀悼去世的父親（一四七六年），「就像葬禮的哀樂」。曾任哈佛大學羅曼語系教授的詩人亨利・朗法羅（Henry Wadsworth Longfellow）把這首詩譯為英文。他在譯文介紹的最後扼要總結：「這首詩是同類型作品的典範，它的構思莊重美麗，風格也相呼應——平靜、莊嚴、雄壯。」

這首詩幾乎沒有獨特之處。其價值在於對普遍真理的動人陳述。詩的主旨在不同時代和不同語言中都已有人傳達：譬如中世紀法國詩人維永（Villon）知名的「往日的雪如今何在」，湯瑪斯・格雷（Thomas Gray）的「紋章的吹擂，權力的浮華，以及所有的美，所有的財富所帶來的……」，以及愛德華・費茲傑羅（Edward Fitzgerald）譯的奧瑪・珈音（Omar Khayyam）詩句：「然而，春天應該與玫瑰一起消失」——上述和諸多其他詩句都傳達生命的短暫無常，人類欲望的徒然，死亡的一視同仁。曼里奎的陳述非常西班牙風格；說教、清心寡欲、基督思想、莊嚴、寧靜。中世紀的西班牙確實值得擁有如此崇高的墓誌銘。以下是朗法羅翻譯的幾段詩句：

歡樂飛逝，
我們的心追憶遙遠的過去
嘆息不已；
疾馳飛奔的時刻
我們沒注意，但過去——過去
卻更受珍惜。

人生如河水，向前奔流
朝向那深不可測、無邊無際的汪洋，
寂靜的墳墓！
在那裡，塵世的虛榮浮華
翻滾，將被吞噬，消失在
一波黑暗的浪潮之中。

哥德族的王公貴族，
名聞遐邇的英雄好漢，
成列成排；

在時間向前的路徑上，
這個高貴民族的重要人物
如何被淘汰！

誰是冠軍？誰是強者？
教宗和教士，還有君主帝王？
這些人都將倒下
如死亡之手一樣沉重，
就像它撫在羊欄邊
牧羊人的呼吸一樣。

國王於今安在，情聖唐璜安在？
亞拉岡的王公貴族和王儲？
溫文爾雅的英雄安在？
在戰鬥中進行的
愛情與義行？

名媛淑女於今安在，她們
豔麗的服裝和戴著首飾的秀髮，
和芬芳的香氣？
溫柔的騎士於今安在？
跪下，呼吸愛的烈焰，
低伏在地？

高貴的馬匹，披掛著鮮明的馬具，
勇敢的領主和強壯的騎士，
強大的陣容，
如今去哪裡尋找他們？唉！
就像草地上明亮的露珠，
他們已經消逝。

啊，世界！人生匆促，
只願你所付出的生命
實實在在！

唉！你的悲傷轉瞬即逝，
我們最快樂的時刻就是
靈魂獲釋
那最後的時刻。

譯文雖精確合律，卻無法展現原文說教的樸實。曼里奎是道地的卡斯提亞人，像躲避瘟疫般避開各種綴飾辭藻。他的詩證明卡斯提亞抒情詩已成熟，將在西班牙黃金時代的美麗花園裡綻放。中世紀的生活即將走到終點，但它的英雄豪傑，那些苦幹實幹的人，被記錄在曼里奎這首感人的「科普拉」（*copla*）對句詩，並將在西班牙文藝復興時期，帶著新的活力再生。

第六章 西班牙的文藝復興

「在去年的鳥巢中，如今已沒有鳥兒。」

——塞萬提斯《堂吉訶德》

伊莎貝拉與斐迪南

約翰二世去世後，其子亨利四世（Henry IV）繼位，他儀表堂堂，很快就被民眾接受。亨利立即對摩爾人宣戰，此舉大獲民心，可是他卻在戰場上一再退縮，避免戰鬥，踩踏農田，掠奪果園，靠農民供養。人民怨聲載道，說國王似乎是與自己的人民而非穆斯林為敵。卑鄙怯懦的行為讓亨利失去許多朋友，揮霍和暴政很快使他失去民心，影響力強大的教士也反對他。國王年輕時放蕩不羈損害了性能力，大家都稱他為「無能者」。第一任王后布蘭奇在婚後幾年被送回納瓦拉，原因是「雙方的無能」。第二任妻子是葡萄牙公主，生下一個女兒，但大家都認為那是王后與英俊的朝臣阿爾布克爾克公爵貝爾特蘭．德拉庫埃瓦（Beltran de la Cueva, the Duke of Alburquerque）的私生女。卡斯提亞人稱她為la Beltraneia，意即貝爾特蘭的私生女。

亨利立女孩為王儲，激怒大批貴族和教士，要求立國王的弟弟阿方索為王儲。亨利起先同意，但後來反悔。反叛的卡斯提亞人聚集在阿維拉城牆外的岩地，以國王的肖像舉行廢黜儀式。他們在岩地上搭建高台，亨利的芻像頭戴王冠身披貂袍坐在上面，一手拿劍，另一手拿著權杖。眾人宣讀對國王不滿的宣言後，托雷多大主教上台把芻像的王冠摘除，在場貴族則取走劍和權杖，然後把芻像推到地上的沙土中。十一歲的阿方索坐在盾牌上，被高高抬起，送到高台的王座上。王公貴族列隊親吻男孩的手，號角響起，宣示新君主正式即位。儀式後，阿方索僅活了三年，而且百姓對於該效忠何人意見分歧，因此這段期間，他和亨利都不是真正的國王。不過，在阿方索去世後，無能的亨利又復位。

不服從的卡斯提亞人接著要求讓亨利的妹妹伊莎貝拉當女王，這位小姑娘卻明智地拒絕了此一榮幸，說只要她哥哥在世，就沒有別人可以稱王。反叛者對她的偌大胸襟感到訝異，於是被迫和國王談判最有利的協議。亨利如今地位極不穩固，以致欣然同意立伊莎貝拉為合法繼承人。兩派陣營對此都感到滿意，因為伊莎貝拉在宮廷內的行為舉止向來足堪表率，眾人都欣賞她的性格和美貌。

這位伊莎貝拉就是日後與亞拉岡的斐迪南結婚的天主教女王伊莎貝拉。她膚色白皙，頭髮是亮眼的赤褐色，水汪汪的藍綠色眼睛流露感性。她圓圓的臉龐賞心悅目，就像卡斯提亞小城的純樸女孩。她非常虔誠，道德和舉止都無可挑剔。亨利為改善自己的處境，曾多次想把她嫁給其他王室的追求者，但伊莎貝拉對這些提議置若罔聞。葡萄牙國王在亨利的慫恿下鍥而不捨地追求，可是仍和其他人一樣鎩羽而歸。伊莎貝拉自有主張，她看中了自家親戚，聰慧過人又英俊的亞拉岡王子斐迪南。除此之外，他還是基督教西班牙境內第二大王國的王儲，伊莎貝拉若與他結婚，她的國家將晉升至歐洲的一線地位。

她派出了特使，年輕王子決定立即前往卡斯提亞宮廷，但由於這樁婚姻遭到強烈反對，他決定在區區六名隨從的陪伴下，隱姓埋名來訪。斐迪南扮成僕人，以免被認出來，而且在每個駐留地都伺候其他人。他以這種方式抵達瓦亞多利德，和伊莎貝拉當面談話。雙方立刻受到彼此的吸引。聯姻文件的起草相當謹慎，保障伊莎貝拉在卡斯提亞國內保持絕對的至高地位。斐迪南對此沒有太大意見，協議於是達成。兩人在一四六九年結為連理。年輕夫婦的王室格言「Tanto monta」簡潔地傳達了協議的要旨；它是「伊莎貝拉和斐迪南平起平坐」（*Tanto monta, monta tanto, Isabel como Fernando*）的縮寫。雙方的聯合統治實際是由斐迪南主管兩個王國的外交，伊莎貝拉則主管卡斯提亞的內政。由於她去世（一五〇四年）比斐迪南（一五一六年）早，他後來成為西班牙統一的主要推手。在伊莎貝拉去世後，納瓦拉這個小國才加入西班牙，終於完成統一。

排除異己的宗教迫害

達成統一之前有許多的障礙。首先，伊莎貝拉得努力維持在卡斯提亞的地位。一四七四年，伊莎貝拉的哥哥亨利四世逝世，她正式成為女王。她騎著白馬，帶著一群隨從，浩浩蕩蕩前往塞哥維亞的廣場舉行登基儀式。斐迪南當時人在亞拉岡。使者大聲喊道：「卡斯提亞，卡斯提亞，為斐迪南國王和他的配偶、這些王國的女主人伊莎貝拉女王效忠！」眾人歡呼，揮舞旗幟，城裡鐘聲大作，禮砲發射，然後女王宣誓就位並退入大教堂。在吟誦莊嚴的〈感恩歌頌〉（Te Deum）之後，她跪在祭壇前，祈求上帝的幫助。

她迫切需要一切能取得的援助，無論是來自神或人的國度。因為追求遭拒的葡萄牙國王幾乎是立即宣布，將和有一半葡萄牙血統的公主、貝爾特蘭的私生女胡安娜（Juana）結褵，並支持她對卡斯提亞的繼承權。爭奪西班牙王位的新戰爭於是揭幕，延燒長達五年。斐迪南和伊莎貝拉最終在一四七九年獲勝。同一年，斐迪南八十三歲的父親去世，斐迪南正式成為亞拉岡國王。卡斯提亞和亞拉岡真正的統一就從這一年開始，象徵現代西班牙的誕生，中世紀分裂的政局和小王國時代告終。

新國家的聯合主權面對多種選擇，但不幸的是，在這個歷史時刻，西班牙的所有選擇都和宗教有關。中世紀的其他歐洲國家在宗教上都是統一的。此外，在再征服運動的八個世紀裡，它已成為西班牙基督徒王國所知唯一的團結因素。如今，在一四七九年，斐迪南和伊莎貝拉認為該是完成伊比利半島宗教統一的時候，而西班牙的兩大宗教少數族群，穆斯林和猶太人，都是達成目標的明顯障礙，因此他們勢必得被壓制。一四八〇年，宗教裁判所在塞維亞成立，負責審查皈依基督教的猶太人信仰是否真誠。它迅速累積動能，最後走向對全西班牙猶太人口的迫害。一四八一年，政府以摩爾人侵犯西班牙領土為藉口，向穆斯林宣戰。在循著這兩條交纏線索走向最後的悲劇之前，審視西班牙猶太人和穆斯林在此歷史關鍵時刻的地位，可以看出很多端倪。

在歐洲其他地方殘酷迫害猶太人之時，猶太人在穆斯林安達魯西亞和基督教的西班牙王國，安然度過了好幾百年。這兩種西班牙文化的寬容，在中世紀可說是獨一無二。穆斯林對猶太人的友善態度從七一一年一直延續到一一四六年為止，那年狂熱的阿爾摩哈德進到西班牙，前後橫跨四個多世紀。逃往北方基督徒王國的猶太人受到歡迎，加入了已在卡斯提亞、納瓦拉和亞拉岡居高位的猶太弟兄們。這關係一直到十四世紀後期才發生變化。大瘟疫爆發時（一三四八年）德國、法國、瑞士、奧地利和其他歐洲國家，大規模地侮辱、屠殺，驅逐不幸的猶太人，指責他們是造成流行病的罪魁禍首。黑死病襲擊伊比利半島時，類似動盪並未出現，使得在西班牙的兩百五十個猶太人社區鬆了一口氣，感謝上帝讓他們在定居了數百年的土地上得到包容。他們慶幸得太早，因為他們將在幾年後受到殘暴的打擊。

促使風向改變的人是「殘酷者」佩德羅，儘管他其實無心插柳。佩德羅身邊的財務顧問都是猶太人。他只任命猶太人擔任收稅官員，也只用穆斯林作貼身保鑣，這不是因為他由衷地包容他們，而是因為他不能信任自己的人民。不久後，人們漸漸視猶太人為暴政的主要幫手。當國王的私生子兄弟亨利在一三六六年挺身反叛，並暫時接掌卡斯提亞的王位後，立即對支持佩德羅的猶太人加以報復，對他們開罰鉅款。付不出罰金的就被當作奴隸出售。亨利的支持者迫不及待地迫害猶太人。一三六九年，亨利殺死佩德羅，奪得王位。兩兄弟在殊死鬥相遇時，據說亨利曾喊道：「你這混蛋猶太人！」

然而，亨利登基後改採寬容政策，並任命許多猶太顧問，但越來越多的貴族和聖職人員反猶，通過了針對猶太人的諸多禁令：他們必須佩戴獨特的猶太人徽章，過去沒有一位教皇能強迫西班牙執行這條法律。猶太人也被禁止取基督徒的名字。這是後來發生大屠殺的第一個跡象。一三九一年的聖灰星期三（Ash Wednesday，按：基督教會年曆的大齋期起始日），反猶暴動在塞維亞爆發，該市的猶太人社區被燒為灰燼，數百名猶太人罹難。暴動後來蔓延至哥多華，街頭屍首成堆。接著是卡斯提亞，那裡的七十個城市也經歷發生在安達魯西亞的野蠻行徑。連續三個月騷亂肆虐，由一個城鎮傳到另一個城鎮，導致成千上萬人喪生。

有鑑於已發生在歐洲其他國家的猶太人受難史，成千上萬的西班牙猶太人接受——或被迫接受洗禮，皈依基督教。許多皈依者在國家、乃至教會步步高升。譬如布爾戈斯頗才華洋溢的拉比所羅門．列維（Solomon Levi），改名保羅．德．聖瑪利亞（Paul de Santa Maria），在巴黎攻讀神學，擔任教士，最後成為主教，也是亨利三世的掌璽人臣，以及約翰二世幼時的攝政之一。他和其他和他一樣的教士，不斷勸誡猶太人放棄他們古老的信仰，接受基督教。他們的遊說相當成功。許多猶太人社區接受洗禮，新的皈依者被老基督徒稱作「瑪拉諾」（*marranos* *），他們參與了所有原本被禁的職業，進入大學，身居國家要職，並且學習成為聖職人員。[1]他們在社經方面都很成功。他們與基督世家頻繁通婚，在幾個世代之內，幾乎所有的卡斯提亞貴族體內都流著猶太血液。新的皈依者獲得了近一個世紀的全新自由，但宗教團體和社會大眾對他們的敵意持續悶燒。這就是伊莎貝拉和斐迪南建立西班牙宗教裁判所時的情況。

斐迪南和伊莎貝拉已把卡斯提亞兄弟會（*Hermandades de Castilla*，農村警察部隊）改造成雷厲風行的聯邦警察部隊，稱為「神聖兄弟會」（Holy Brotherhood），藉它消除鄉村地區的無政府混亂，以及打擊貴族勢力，巧妙地把他們變成華麗的宮廷附屬品。多年後，吉訶德的侍從桑丘

*〔原註〕*marrano* 一字在西班牙文是指豬。不過它在阿拉伯文的字根原本是指「禁忌事物」，或者拒絕食用禁忌食物豬肉的「外來者」。

回憶神聖兄弟會的嚴酷做法，不寒而慄。聖地亞哥、阿爾坎塔拉和卡拉特拉瓦三個主要軍事修會的統領權，也都在出缺後被授予斐迪南。這又更強化了王室的力量，並帶來額外的收入、土地和堡壘。

著名的托雷多議會在宗教裁判所成立的那年（一四八〇年）組成，貴族被排除在外，由受羅馬司法傳統教育的城鎮律師取代，後者比較偏袒國王的利益。此舉頗得民心，並且最終把貴族變成王位的附庸。城鎮百姓萬萬沒想到，他們就是下一波向中央權威屈服的人。

反猶情緒在斐迪南和伊莎貝拉即位時相當強烈。下層階級羨慕猶太人的財富和影響力，對於與貴族通婚取得更高地位的改宗猶太人，更是眼紅不已。教會內部也有很多不同群體都反猶。王室起先在此利益衝突中保持中立，但當它意識到建立宗教裁判所，可藉由懷疑改宗猶太人可能為異端，光明正大地懲罰他們，在政治上取得巨大利益時，兩位君主都允許了迫害的行為。他們得到迫害少數族群往往會帶來的廉價而殘酷的人望，但在這樣的行為中，犧牲了人民長遠的福祉。宗教裁判所向來由王室控制，藉著剝奪可疑分子的土地、財富和影響力，增加王室的力量，也藉此完成對抗穆斯林的戰爭，並促進成為新西班牙人口組成的許多異議分子，在宗教和情感方面的團結。

宗教裁判所最初的受害者並非猶太人，而是對新信仰可能不夠堅定的皈依者。事實上，新皈依信徒都在醫療、銀行、稅收和工業領域占有重要位置，無疑是他們遭到貧窮階層嫉妒和仇恨的原因之一；猶太人在西班牙人口中的普遍知識優勢，肯定是另一個原因。法國修士在西班牙的影響力，以及其他歐洲國家迫害猶太人使迫害者得到民意支持和可觀財富，又是一個因素。猶太皈依者在天主教會爬升至顯要位置，則是奇特又非常有說服力的第四個造成不寬容的要素。在這些皈依者及其後裔中，還包括伊莎貝拉的私人懺悔神父，也就是格拉納達的大主教塔拉韋拉（Talavera），此外，據一些權威人士表示，裁判所大檢察官托克馬達（Torquemada）本人也是。這樣的人還有許多。儘管應受譴責，但也可以理解，這些人為證明自己是「基督徒」和對西班牙的徹底忠誠，刻意加倍殘酷地迫害他人。

儘管如此，

> 宗教裁判所並未受到全民一致的支持。哥多華當地主要的貴族公開領導反抗，並受到市府支持，除掉了大檢察官和他可憎的代理人，算是大獲全勝。在亞拉岡、瓦倫西亞和加泰隆尼亞的抗拒力量則一般般。在薩拉戈薩，大檢察官在祭壇前被謀殺；在亞拉岡幾乎沒有一家貴族沒涉入陰謀。貴族害怕宗教裁判所，主教和律師則嫉妒它；低層階級通常支持它，因為他們比較沒有猶太人的血統，他們的財富不那麼誘人，他們認為宗教裁判所是對貴族的懲罰。[2]

儘管如此，宗教裁判所作為國家政策工具給人的恐懼快速增長。王室正走向對西班牙全國政治、宗教和社會方面的支配，絕不允許任何對新取得權力的損害。斐迪南和伊莎貝拉已開始施展

「馬基維利式」政策，一方面迫害「猶太派基督徒」（Judaizers），另一方面和穆斯林對戰，然後用剩下的力量重擊貴族。

裁判所推斷被告為猶太派的證據相當奇特：譬如他在猶太人安息日穿了比其他日子更好的衣服，或更乾淨的內衣褲；或者在前一天晚上家裡沒有火；或他曾與猶太人共餐，或吃了由他們屠宰的肉類；或用溫水清洗屍體，或者臨終時臉朝向牆壁；或為孩子取希伯來名字；「一個最離奇的殘酷規定，畢竟根據亨利二世的法律，猶太人不得為孩子取基督教的名字，否則要受重罰。」宗教裁判所像雷電般打擊新皈依的猶太人信徒；許多「瑪拉諾」在火刑架上被燒死。為數眾多的猶太人逃到格拉納達，找到暫時的避難所，但到最後，這些不幸的人都在劫難逃。

在此同時，對抗穆斯林的戰爭有了進展。他們先進攻馬拉加和其他幾個城鎮，並且征服了它們。攻下格拉納達則非易事，這個城市全力防禦，也派重兵守護堅固的城牆。再征服運動的最後一戰持續了十一年，到最後幾個月時，基督徒軍隊在聖塔菲（Santa Fe）紮營，此地就在格拉納達城市外圍。他們用一圈鋼鐵圍繞住格拉納達。圍城逐漸生效；飢餓和疲憊迫使穆斯林投降。一四九二年一月二日，勝利的基督徒軍隊進入戰敗的堡壘。穆斯林並非無條件投降，他們獲得保證得享宗教自由，保留自己的法律、家園和財產，並且不需繳交額外賦稅。因為有這些條件，多數穆斯林決定留在西班牙，但也有數千人遷至北非。斐迪南和伊莎貝拉住進了美麗的阿爾罕布拉宮，統治疆土終於統一的國家。

征服了穆斯林，鎮壓了改宗的猶太人之後，宗教裁判所開始鎖定猶太人。早在一四八〇年，也就是可怕的宗教法庭（Tribunal）成立的第一年，生性殘忍的托克馬達就敦促斐迪南，將猶太人逐出安達魯西亞，那是他們人數最多的一個地區。國王預見這樣做對經濟的後果，表示反對。托克馬達堅持不懈，以極具說服力的論據持續糾纏：猶太人在西班牙永遠都會是強大的宗教少數族群，他們有很多財富，可以讓國王擺脫所有的財政困境，「瑪拉諾」一次次地在宗教法庭審判下，承認他們並非虔誠的基督徒。在摩爾人被擊退至最後的據點後，想像取得猶太人數不盡的財富，並建造一個同文同種的西班牙的願景，變得越來越有吸引力。格拉納達一投降，不只穆斯林面臨苦難，也注定了猶太人的厄運。

格拉納達投降後三個月，阿爾罕布拉宮發出詔書，命令所有猶太人在四個月內離開，違者處死。他們獲准處置財產，但不准帶走金銀財寶。在這四個月期限之後，所有的基督徒都不得給予他們庇護或協助，否則就要沒收他們在西班牙的所有財物作為處罰。猶太人受到這樣沉重的打擊不知所措。超過十五個世紀以來，他們一直住在西班牙，付出血汗與智慧，對這個國家的財富和文化做出貢獻，如今卻要在價格崩盤的市場上處置財產，甚至不能獲得金銀的支付。不過詔書並不針對隸屬王室的傑出猶太人阿布拉巴內爾（Abrabanel），因為他是王室不可或缺的寶貴資產。阿布拉貝內爾向國王求情，願意提供巨額換取他收回對猶太人的成命。斐迪南本要大發慈悲，可是托克馬達高舉著十字架衝了進來，高呼猶大只為了三十兩銀子就賣主！因此詔書並未取消。阿布拉巴內爾立即決定加入流亡的同胞。猶太人的財產如洪水般湧進市場：一片橄欖樹林只交換一匹騾子，一棟華宅交換一匹布料，一個存貨豐富的商店交換一些長途旅行需要的小東西。

至少有十五萬名猶太人離開了這個國家。為能更堅強地忍受磨難，富人與窮人共享他們的財富。流亡者朝四面八方散去，但多數倖存者最後都落腳在北非，其中很多人再移居君士坦丁堡、近東、阿爾巴尼亞和希臘。猶太人是西班牙工業、知識和金融發展的中流砥柱，許多猶太社群對於在陌生土地從頭來過的前途驚惶不已，決定接受洗禮，為自己買下驅逐出境的豁免權。這些人後來成了往後多年神聖宗教裁判所的受害者。這就是歐洲最自傲、最茁壯的猶太人社群的命運；猶太人再也不曾有規模地回到西班牙，迄今全西班牙的猶太人口不到三、四千。

消滅摩爾人的大斧還沒真正落下。征服格拉納達後，有大約六、七年的一陣短暫平靜。接著大主教西斯內羅斯開始施壓。起初他分發昂貴的禮物給穆斯林領袖，讓他們接受洗禮皈依，這個做法十分成功。人們口耳相傳，說改宗有利可圖，於是許多百姓跟著族人領袖去教堂的聖洗池受洗。曾有一次，受洗人數高達數百人，教會不得不轉動巨大的拖把，把水灑向群眾頭上。在皈依的人數停滯後，狂熱又積極的大主教採取更激烈的手段。一四九九年，他把所有找得到的阿拉伯宗教書籍，堆在公共廣場上燒毀。許多無價的美麗手抄本在這次大浩劫中付之一炬。隨之而來的是持續施壓，監禁「惹事生非分子」，以及對拒不改宗者施加極端威脅。到頭來，幾乎每個在格拉納達的穆斯林都受洗了。山區有反叛爆發，但遭嚴厲鎮壓。一五〇二年，王室下令不接受洗禮的唯一選擇，就是流亡。數百名穆斯林離開了這個國家，不過絕大多數仍然留下來，至少在名義上成了基督徒，被稱為「摩里斯科」（*Moriscos*）或「皈依的摩爾人」，加入「瑪拉諾」（皈依的猶太人）的行列，成為神聖宗教裁判所的頭號目標。

這個國家在宗教狂熱的驅使下，透過種種狡猾可惡的手段讓人民皈依，如今全是基督徒。然而，這些前穆斯林即使成為「摩里斯科」，依舊不得安寧。他們被禁止穿傳統服裝，並明令禁止洗浴。洗浴成了初步判定是否叛教的證據。「被告洗浴……」是宗教裁判所紀錄常見的條目。這些「摩里斯科」的後代留在西班牙直到菲利普三世（Philip III）統治，始終處於面臨驅逐的岌岌可危狀態。最後在一六〇九至一六一一年間，所有「摩里斯科」都被殺害或驅逐出境。

必須記住的是，在一四九二年斐迪南和伊莎貝拉占領格拉納達時，這裡的穆斯林居民很多都有著純正或近乎純正的西班牙血統。他們雖是穆斯林，但非摩爾人或阿拉伯人。這也說明了迫害的嚴酷，因為基督徒，尤其是教會人士，認為他們是西班牙的異端。只要些微跡象顯示他們恢復固有的伊斯蘭信仰，就足以讓宗教裁判所的官員大發雷霆。在亞拉岡和東部沿海地區的穆斯林，摩爾裔較多。這些人主要是農場工人，地主費心地防止他們被驅逐，不過儘管盡了最大努力，也只能推遲而不能改變最終的成命。迫害展開後，安達魯西亞等地的農場損失了數十萬摩里斯科勞工和技工，國家資源流失，西班牙花了好幾百年才從中恢復。

斐迪南和伊莎貝拉育有一子，也就是約翰王子（Prince John），西班牙王朝延續的希望就在他身上。年輕人被送到薩拉曼卡大學學習，和其他學生一樣坐在通風大廳的硬板凳上，聽西班牙最傑出智識分子講課。他頭腦聰明，前途無量。他對音樂也很感興趣，經常在薩拉曼卡附近的阿爾瓦公爵宮殿，參加由作曲家胡安·德·恩西納（Juan del Encina）主持的牧歌表演。在他自己的宮殿裡，也定期有午後聚會，由他和五、六個訓練有素的年輕歌手，在專業音樂大師的指導下，一連歌唱數小時。王子會彈奏幾種樂器：吉他、小提琴、克拉維風琴（clavi-organ）、風琴和小鍵琴。他在一四九七年猝逝，得年二十一歲，對父母和國家都是難以恢復的嚴重打擊。西班牙歷史學者如此描述他的逝世：「他愛上了一位熱情洋溢的紅髮法蘭德斯女孩，因為他愛得太早且太過熱烈，因而罹患今天可能很容易治癒的疾病，年輕的王子就這麼死了。」

儘管迫害猶太人和摩里斯科，不過斐迪南和伊莎貝拉治下的西班牙，依舊有激盪知識的空間，也益發寬容。在安達魯西亞摧殘穆斯林的大主教西斯內羅斯，一五〇八年創辦了著名的阿爾卡拉大學（University of Alcalá de Henares），作家法蘭西斯科・德・戈維多（Francisco de Quevedo）、劇作家羅培・德・維加（Lope de Vega）及其他許多知名人物都曾就讀這所大學，它成為西班牙人文學科的重鎮。伊拉斯謨斯派曾短暫在半島有偌大影響力。西斯內羅斯主教也指示並資助了第一批批判本《聖經》的印行，以六卷本的形式在阿卡拉出版。在最後定本付梓之前，希伯來、迦勒底、希臘和拉丁文的原稿都經過仔細研究，並由一批學者耗時十五年整理與編輯。這在幾種語言中都是重要版本，因此被稱為「阿卡拉的多語聖經」。

天主教雙君的盛世

斐迪南和伊莎貝拉的統治，在西班牙史上稱為「天主教雙君」（los reyes católicos），標誌西班牙已成為現代國家，以及中世紀的結束。西班牙教皇亞歷山大六世（Alexander VI）於一四九六年授予他們此稱號，表彰他們對基督教世界的偉大貢獻。在雙君的領導下，西班牙找到了方法，把中世紀宗教和天主教的文化統一，和文藝復興的政治統一彼此融合。政治統一意味著王室的中央集權，以及小王國的末日。伊比利半島的再征服運動本身就是某種十字軍聖戰，而且直到當時，也是歷史上唯一一次成功的十字軍聖戰。教會和國家都參與了這場漫長的鬥爭，也一起贏得了勝利。十字架現在牢牢地焊在劍上。在政治上，西班牙成為一個教會國家：宗教和政治的權威都由國王牢牢把持。

起先斐迪南和伊莎貝拉似乎支持西班牙城鎮政治力量的強化，因為這可以制衡難以駕馭的貴族。可是當後者的權力被剝奪，他們立刻把精力投入對摩爾人的戰爭，在輝煌的宮廷上取得顯赫的職位之後，天主教雙君也立刻表現出決心，要主宰各城鎮及其代表機構——國家議會。一四八二至一四九八年間，在十六年的時間裡，議會完全沒有開會，最終召開時，也僅僅是因為國王需要經費，需要議會蓋章。雙君雖未完全破壞議會的力量，但它顯然屈居王室的權威之下。

斐迪南和伊莎貝拉的統治，有一年特別突出。那年是一四九二年，是西班牙歷史的奇蹟之年，醞釀數百年的事件終於齊臻頂點。首先，對穆斯林的戰爭獲勝了；一四九二年一月二日，十字架被豎立在阿爾罕布拉山上；天主教雙君進駐摩爾國王精美的紅色宮殿，以此為居所。同年，西班牙宗教裁判所全力對付西班牙的另一個宗教少數族群——猶太人，把他們集體驅逐出境。同樣在一四九二年，西班牙人羅德里戈．波吉亞（Rodrigo Borgia）成為羅馬教皇，斐迪南和伊莎貝拉在教會中獲得了強大的盟友。一四九二年的第四個歷史事件是發現美洲大陸。其他水手可能也曾抵達新大陸海岸，但唯有哥倫布得航行名留青史，連結了美洲與歐洲。一四九二年的第五項重大事件，是學者安東尼奧・德・內夫里哈（Antonio de Nebrija）出版的《卡斯提亞文法》（*Castillian Grammar*），這是所有現代歐洲語言的第一本文法書。本書明確地顯示卡斯提亞及其語言在西班牙語言和文學方面的優越地位。

內夫里哈將他的文法書送給女王時，她藍綠色的眼睛露出一絲困惑，然後問道：「這要做什麼用？」內夫里哈充滿暗示的答案，必然讓她更加困惑。他說：「陛下，語言是帝國的理想武器。」即使伊莎貝拉那時無法了解此中深意，來到新大陸的征服者絕對明白其重要性，最終西班牙在規模更勝祖國的領土和人口之中推行她的語言。在這關鍵的一年發現新世界，也讓剛贏得對摩爾人戰爭的西班牙精兵，有了可供征服的廣袤新土地。儘管擴張精神已達巔峰，這偶然的發現又為它灌注新的動力，並立即令它轉向。西班牙史上第二次的長征於焉展開：征服新大陸，讓被征服者皈依新信仰，在新大陸探索和殖民。

*

我們還可以為一四九二年再添一件大事，那就是當時西班牙最偉大的哲人路易・維弗斯（Luis Vives）於這年在瓦倫西亞誕生。同樣值得一提的是，西班牙戲劇之父、西班牙文藝復興藝術音樂之父恩西納，於這年的耶誕夜在薩拉曼卡附近阿爾瓦・德・托梅斯的阿爾瓦公爵宮殿，推出他的第一部宗教牧歌。哪一個國家曾在如此有限的時間內，發生這麼多的關鍵事件？哪個國家曾像這樣，在某個時刻，擁有如此一望無際的潛力？哪個國家曾如此充滿活力和熱情地處理擴張領土和政府的問題？我們還可以說，哪個國家曾以如此有限的資源，面對這麼巨大的問題？一路走來，西班牙的主要資源就是充沛的活力、無比的決心、不可思議的動力及人民的意志。無論是西班牙取得的或未能取得的成就，都是出於西班牙人個體的基礎。西班牙人是他那個時代的人最完滿的典型。

亞拉岡的斐迪南就是隨文藝復興而生的現代國王和新概念王權的縮影。他巧妙地玩弄西班牙國內外的敵人，讓他們互相對立。只要有利，他就會以勸說、玩笑、說謊等方法達到目的；如果無法避免，他也會戰鬥，但前提是他確信自己會獲勝。他犧牲每種理論上的公義觀念，以爭取最大的權力，同時讓最多人得到滿足。法王路易十二（Louis XII）曾抱怨斐迪南兩度對他撒謊，有人為此責難斐迪南，結果西班牙國王卻笑了，他誇口說：「他說，我不止對他撒了兩次謊，而是

---

*〔原註〕當時歐洲人急著尋找通往印度的水路，因而發現了美洲新大陸。東方的香料和絲綢為義大利城市的商人帶來財富，也使義大利成為藝術之母。在英國，一磅丁香價值兩頭乳牛。一四九九年胡椒運抵葡萄牙時，價格是在印度的四十倍。西班牙的查理五世於一五二六年結婚，他的葡萄牙妻子的嫁妝包括五萬公擔（quintal，一公擔為一百公斤）、胡椒，不過此時其價值已降到只值在印度收購價格的十倍而已。到一五三〇年，它的價格跌得更低，里斯本碼頭都是未售出的香料。香料大受歡迎的主因是當時缺乏冷藏的方法，而香料可以保存肉類並調味。第一批葡萄牙人踏上卡利卡特（Calicut，按：今日印度南部喀拉拉邦第三大城市）時，當地人憤怒地問他們為什麼而來，據說他們的答案是：「基督教和香料！」通往東方的陸路漫長而艱苦，需要通過許多國家，而水路可以避開這些麻煩，發現了往東方的水路後，義大利城邦旋即衰落，西班牙和葡萄牙則崛起成為世界強權。

十次。」

斐迪南憑著謊言和軍隊，在義大利重挫法軍，接收了那不勒斯王國，保衛西班牙邊境的安全，免受法國騷擾，並把摩爾人和猶太人逐出西班牙，或者使他們皈依，也派他的商船隊橫渡大西洋，抵達未知的新世界，在海洋另一頭建立新王國。馬基維利主義真正的歸屬並不是義大利或法國，而是西班牙。馬基維利本人也精明地指出了這點。這位義大利作家最崇拜的是西班牙人切薩雷．波吉亞（Cesare Borgia，按：羅德里戈．波吉亞之子），而亞拉岡的斐迪南則是他心目中文藝復興君王的完美典範。在關於這個主題的經典《君王論》中，馬基維利列出好國王必須具備種種欺騙和實力之後，接著寫道：

> 我們可以用亞拉岡國王斐迪南，目前的西班牙國王為例。他幾乎可以被稱為新君王，因為他從一個軟弱的國王變成了基督王國第一位名揚四海，功勳卓著的國王。考量他的行為，你就會發現它們全都非常偉大，其中有一些甚至可說是不世之功。他開始統治時就出兵格拉納達，那是他的國本。起先他不慌不忙地進行，不怕受干擾；他讓卡斯提亞的貴族一心一意忙著這件事，只想著這場戰爭，沒空想其他花招，因此他獲得了比他們更高的聲譽和權力，而他們卻一無所覺。他能夠運用教會和人民的錢維持他的軍隊，並且以這場漫長的戰爭為他的軍事力量奠定了基礎，使他隨後成名。除此之外，他能夠承擔更大的志業，並且總以宗教為藉口；他以虔誠為由，卻採取殘酷的手段，把摩爾人從他的王國驅逐出去，掠奪他們。再

沒有比這更教人欽佩或罕見的例子。他還以同樣的藉口出兵非洲，攻擊義大利，最近又襲擊法國；他不斷地策劃大事，教臣民觀看結果，感到不確定、大為驚奇，目不暇給。這些行動一個接著一個，讓他們沒有時間停下來反抗他。

可惜馬基維利沒能看到查理五世和菲利普二世的時代，否則他可能會欽佩到激動不已！

《塞萊斯蒂娜》中的現實與理想

天主教雙君的統治，標誌西班牙從中世紀進入文藝復興時代，這是一段充滿劇變的時期，充滿了難以置信的能量和無數的選擇。西班牙可以走向人文主義改革之路，但也可以同樣輕易地走上不容忍之路。她可能走向人類命運的新願景，也可能盲目且精力充沛地在快速變動的現世結構，堅持保有、延續和展現她的過去。她並非總是做出錯誤的選擇，誠如她的帝國和藝術榮耀所證明，但卻做出足夠的錯誤選擇，以致喪失了領先各國的優勢，因為進步和改變之路推進得太迅速，這讓她中世紀的僵化心智難以掌握。

一四九九年，就在這段轉換期間，西班牙文學的偉大作品之一誕生了。評論家稱之為繼塞萬提斯不朽小說後第二偉大的西班牙文學作品。這本書是《塞萊斯蒂娜》（*La Celestina*），作者是改宗的猶太人斐迪南·德·羅哈斯（Fernando de Rojas）。雖然作品形式是戲劇對話，但並非為舞台演出而寫，因此可稱為第一部現代小說，比《堂吉訶德》早了一百多年。《塞萊斯蒂娜》是西班牙文藝復興的完美文學象徵，融合了後來構成西班牙文藝復興的所有不同元素。在這部作品中，悲喜劇結合在一起，理想主義和現實主義亦然。中世紀的現實（由塞萊斯蒂娜一幫人代表）與文藝復興的理想主義（由浪漫的情人卡利斯托〔Calixto〕和梅利貝亞〔Melibea〕代表）密不可分。結果是絕望的文學表達，可看作對西班牙命運的預言，預告了西班牙後來由榮耀的高塔落下，血流不止。

《塞萊斯蒂娜》的故事無關緊要：年輕貴族跟著他的獵鷹進到了美女的花園，他一看到她就欣喜不已，充滿欲望。他求愛，急忙想伸手掀她的裙子。她是「他的宗教，他的生命，他的上帝」。他成了愛情的傀儡。這個女孩不理他，但年輕人找來老鴇塞萊斯蒂娜，她成了本書的重要角色。老鴇雖年紀不小，但拉皮條的本領依舊了得，說話簡潔扼要，出口成章。她是西班牙文學最真實的人物之一。她是「洗衣工、香水師、化妝師、處女膜修復師、老鴇，還會一點巫術……她在家裡製作香水、野味、香粉、麝香和護膚油、讓皮膚晶瑩剔透的用品、讓臉部閃閃發光的水、唇膏、藥膏，和其他上千種玩意兒」。

她是一流的皮條客，還吹噓就連神父也不顧祈禱向她洽問情婦事宜。她有時幾乎象徵古老的愛情異教崇拜，因為她把人生的一切都從屬於性的結合之下。性是至高無上的表達，至樂無上的喜悅。她的哲學是快樂普及的雜交。她弘揚伊達大司鐸和他的《正愛集》描述的感覺，但增添了她那個時代的緊迫和悲劇性。本書的次要人物各有各的特色，並根據他們個人的心理行動。這讓

《塞萊斯蒂娜》充滿了現代感和普遍吸引力，不因時間而消逝。

在中世紀，宇宙的中心是上帝，到了文藝復興期間，人類成了宇宙的中心，不是人類整體，而是個別的人。在這新概念扎根之前，文學角色不可能有顯著的區別。當個人生命成為史詩衝突和史詩悲劇的中心（即「人生悲劇感」的中心），現代戲劇和現代小說才可能誕生，在此之前絕無可能。

《塞萊斯蒂娜》中年輕的卡利斯托，經由老鴇的協助，終於密會心上人並圓房。但幽會立刻東窗事發，女孩的父親破門而入。卡利斯托急忙逃跑，卻在匆促間摔下梯子死了，梅利貝亞絕望之餘從塔上一躍而下，自殺身亡。她父親目睹此景悲慟不已，開始哀嘆自己的悲劇，也哀嘆在這精彩動人小說中逝去或被殺之人的不幸。他雖是對耳聞騷動急忙跑來的妻子說話，但這番話主要也是針對讀者而寫，表達他對無可挽回的慘劇的心聲。他悲嘆道：

> 唉，唉，我可憐的，高尚的妻！我們的快樂落到了坑底。我們所擁有的都已失去。願我們不再持續此生！……哦，堅硬的父親的心！你心愛的繼承人已經消失了，為什麼你不因悲傷而破碎？我建造塔樓的目的是什麼？我為了誰去爭取榮譽？我為誰種植樹木？我為誰建造船隻？……哦，人生充滿了動盪，受痛苦所困擾！哦，世界，世界！在我最年輕的歲月，我以為你和你的行為是由某種秩序所控管的；但現在，隨著你的潮水起落，你成了錯誤的迷宮、可怕的沙漠、野獸的巢穴、徘迴在男人之間的遊戲和扭曲臉龐、充滿黏液的湖泊、一

片荊棘、一座陡峭的山峰、滿是岩石的曠野、布滿了蛇的草地，雖盛開但沒有果實的花園、苦難的泉源、淚水的河流、悲慘的海洋、無償的辛勞、甜蜜的毒藥、徒勞的希望……但若非強大的愛情力量，是誰強迫我的女兒去死？那麼現在，諂媚的世界，你要怎麼補救我疲憊的老年？……哦，愛，哦，愛！我以為你沒有力量或權力殺死你的臣民！誰給了你這樣的力量？誰給你一個不適合你的名字？如果你是愛，你就該愛你的僕人。如果你愛他們，你就不會讓他們感到悲傷。如果他們幸福地生活，他們就不會像我女兒那樣自殺。你的聲音很快樂，但你的做法卻讓人傷心。你的火焰點燃的火種是人類的靈魂和生命。人數太多，就算我要列出來，也不知道由哪裡開始。不僅是基督徒；還有猶太人和不信教的人，所有的人都為了好的服務而付出代價……我抱怨世界，因為我在其中降生，如果它沒有賜我生命，我就不會生育梅利貝亞；如果她沒出生，就不會愛；不愛，我就不會面對我沮喪的晚年……哦，我粉身碎骨的女兒，為什麼妳不憐憫妳可憐的母親？為什麼妳對妳的老父親如此殘忍？為什麼在我準備要離開妳時，妳卻離開了我？妳為什麼留我在這淚谷中獨自傷心？

當然，《塞萊斯蒂娜》的精彩之處，不僅在這幾行摘錄句子裡。這部作品的美和力量，在於和諧地融合一切構成文藝復興西班牙的情感及文化與種族元素：視人類生來注定面對哀傷命運的猶太哲學，猶太人認為他們受困於超乎理解的不真實現實的陷阱和網孔之中；穆斯林意識中的強烈官能之愛；新興文藝復興的異教徒精神；西班牙中世紀原始活潑的現實主義，充滿了身體需求、曲折的語言和諺語；新生的文學理想主義，它將孕育出浪漫、田園和騎士行俠仗義的理想化小說，描繪完美狀態下的完美男人，是基於概念而非實際觀察的世界——這一切及其他全融入這未改宗的亞拉岡猶太人的悲喜劇裡。宗教裁判所也探究了他的生活，使他就像筆下的人物一樣，置身在舞動的生命鏈中，儘管他個人渺小的人類靈魂不會產生任何巨大的影響，也不會吸引注目，然而他的語言和情感，他生命的本質，卻能在藝術中找到不朽。這就是《塞萊斯蒂娜》偉大的原因，也以這樣的一閃光輝開啟了黃金時代。

新世界的征服

斐迪南和伊莎貝拉之治顯現西班牙文藝復興的宗教、文化和政治統一，《塞萊斯蒂娜》則將之融入、實現西班牙的文學精髓。不過，發現和征服新世界才是真正的西班牙文藝復興，是西班牙真正的重生。哥倫布在那最後一夜，於凌晨兩點站在船頭，看到遠方看似「在月光下閃閃發光的白色沙崖」，以滿懷夢想的矇矓雙眼望向未來。直到辭世為止，哥倫布都以為他找到了印度。他不知道自己發現新大陸的劃時代意義，但躁動的西班牙士兵和水手很快就知道美洲是黃金和奴隸的寶庫。這點並未逃過貪婪的西班牙國王查理五世和菲利普二世狡猾的眼睛，因為這些新土地是王室的「私有」資產，不屬於國家，他們按「王室五分之一」（Royal Fifth，按：指戰利品、礦產和找到的寶藏，以及奴隸等，王室要收五分之一的稅）」稅則，增加了無數的稅收，繼續推動西班牙一個多世紀。教會也把注意力轉移至美洲，因為這裡有許多未開發的靈魂等待皈依，他們或可在此創造人間天堂。

西班牙征服者並非桀驁不馴的浮華少年，而是年紀較長，較成熟的男子，他們的性格早已牢牢嵌在祖國的模式裡。一四九二年，哥倫布已四十一歲；皮薩羅（Francisco Pizarro）俘虜印加統治者阿塔瓦爾帕（Atahualpa）時已五十六歲；柯特茲進入墨西哥城時已三十四歲；瓦爾迪維亞（Pedro de Valdivia）頭一次帶遠征隊進入智利時也已四十歲。但第一個戴上西班牙王冠的哈布斯堡家族成員查理，即位時僅十六歲。經驗豐富的年長者進到新世界，缺乏經驗的青年卻接管了歐洲西班牙的政府。不過，儘管征服者們年紀較長，他們在身心方面的承受力不輸給年輕人。西班牙古諺有言，「不冒險就無法渡海」，每個征服者都知道這個道理。行動，英雄式的行動，是他們征服的主調，甚至比對抗穆斯林入侵者的西班牙再征服運動更有活力。征服者還創造出一種新的文學，包括對陌生新世界的一手報導和印象，它的地理、動植物、原住民，以及他們的個人經歷、探索和戰鬥。這一切都像史詩般宏偉的歷史，在許多方面，記錄這段歷史的最佳西班牙編年史家，堪與古希臘史學家修昔底德（Thucydides）齊名。

柯特茲以不到一千五百名西班牙士兵的武力，滲透了充滿敵意國家的心臟地帶，征服了龐大的阿茲特克帝國。皮薩羅帶著不到四百名士兵，俘虜了印加酋長，讓一個幾百萬人民的國家臣服。哥薩達（Gaspar Quesada）只帶著一百六十六人，就越過沼澤和山脈，深入內陸五百英里，來到波哥大的大草原，並征服了切布查印地安人（Chibchas）。奧雷亞納（Francisco de Orellana）

由祕魯越過安地斯山脈，拼拼湊湊造了幾艘臨時船隻，沿亞馬遜河行駛三千英里，最終抵達大西洋。在托洛薩平原戰役中，帶領基督徒翻過山頭的老牧人後代卡韋薩·德·巴卡（Cabeza de Vaca），跋涉後來成為美國和墨西哥的上萬英里路，接著前往南美，在那裡又走了一千英里，穿過巴西叢林到巴拉圭。這些人從不浪費時間。他們不用理性評估情況，而是憑本能地去解決每個問題，認定沒有事不可能，而實際上也幾乎是如此。另一句諺語「失去早上的人就失去了下午，失去了下午就失去了人生」綜合了征服新世界的史詩精神。

西班牙在一四九二年有能力完成豐功偉業。如果是一〇〇〇年的西班牙，永遠無法發現並殖民新大陸，一八〇〇年也同樣不行。但一四九二年，這個國家處在命運的巔峰；她徹底發揮，創造了黃金時刻，而且能夠繼續堅持。

西班牙的文藝復興，意味著中世紀許多根深柢固的西班牙價值觀式微，但發現美洲使西班牙有機會在新世界復興這些古老的價值觀。如果血性男兒、兼人之勇在西班牙不再像以往受重視，還有整整另一個半球可以發揮這些價值。如果中世紀村莊的公共生活，讓步給逐步擴展的國民經濟和地緣政治，起碼還有傳教團。美洲解決了難以自拔想延續古老理想的渴望。

知名西班牙史學家斐迪南·里奧斯寫道：「傳教團的誕生，一方面是出於宗教的企圖，一方面則是對貪婪征服者的抗議，反對剝削印地安人，反對委託監護制（*encotmiendas*）。」道明會教士佩德羅·德·哥多華（Pedro de Cordoba）在國王面前表示反對〈布爾戈斯法〉（Laws of Burgos，一五一二至一五一五年，按：是第一套管理在美洲西班牙人的法律），因為此法儘管作了修改，但並沒有壓制監護主（encomenderos）的管理，國王答道：「神父，請你負責補救這些法律；你若能這樣做是幫了我大忙。」因此，佩德羅·德·哥多華成為新世界教會理念的捍衛者。許多神父都受他的理想感召。後來這些教士受到湯瑪斯·摩爾（Thomas More）的《烏托邦》（*Utopia*）的啟發，以及本身渴望復興原始教會失去的純真的驅使，開始在美洲各地建立傳教團公社聚落。這些傳教團遍地開花，是殖民政權的榮耀之一。

我想在此引用一段我在另一本書提到關於征服新世界的段落：

> 其他歐洲國家讓文藝復興成為藝術、文學、繪畫、雕刻和藝術的紀元——全都在弘揚新的異教精神，可是伊比利半島卻讓它成為宗教和征服的時代，延長了中世紀和征服者至高無上的成就，超級英雄主義。這些征服者來自較低的階級，其中並無真正的貴族世家子弟。他們屬於平民，也展現平民個性，他們變成了平民百姓：偉大而英勇，雖往往狂熱、殘酷、貪婪、頑固，而且無知，但總是偉大而英勇。

難怪有位知名的當代西班牙作家誇口說，柯特茲和達文西不分軒輊，因為西班牙文藝復興的典型人物就是柯特茲，而非達文西。

> 美洲的發現代表了人類史上最偉大的革命。它徹底改變了已知世界的重心，把文明的視

野由東方的十字軍轉向西方的征服，標誌了中世紀的結束和近代的開始。最重要的是改變且拓寬了整個人類思維的本質，是黑暗、神祕、內在生活的結束；是尚未被遏止的前進動作的開始。由新世界湧入的黃金和白銀改變了貨幣的價值，創造了新的富裕階級，催生了資本主義。有行動力和進取心的人取代了出身高貴的王公貴族，成為言行和思想的領袖。

美洲起初是錯覺幻想，後來變成一種希望，黃金大都市的美夢雖然沒有實現，但征服者的經驗（價值比黃金更貴重）使在海外建立新帝國成為可能。這些人把注意力由古早時代的古典真理轉向未來，以及更美好、更豐富生活的承諾。[3]

第七章

黃金時代：哈布斯堡王朝的政治與社會秩序

「其他國家產生了機構、書籍，我們則留下了靈魂。」

——米蓋爾・德・烏納穆諾（Miguel de Unamuno）

西班牙人常把天主教雙君的統治時期（一四七九至一五一六年），稱為西班牙史的黃金時代，因為西班牙在當時有巨大的潛能；而外國人普遍認為查理五世及其子菲利普二世之時，才是西班牙歷史的巔峰（一五一六至一五九八年）。兩者的分歧在於觀點。西班牙人的看法是以假若西班牙人的統治繼續，而且不參與歐洲各國的政治為出發點；外國人看到十六世紀西班牙帝國的規模明顯較大，財富較多，便以此為判斷的依據。

但還有另一段黃金時代，其時限和上述兩段時期皆不完全相符。這就是西班牙文學和藝術知名的「黃金時代」（*Siglo de Oro*），它開始得較晚，持續得更長。這個黃金時代的許多傑作，都在十七世紀菲利普三世、菲利普四世（Philip IV），以及「中魔者」卡洛斯二世（Charles II, the Bewitched，讓哈布斯堡王朝不光彩地結束的人）的昏庸統治時出現。在這段政治逐漸走下坡的時期，儘管國家在歐洲的霸權式微，但卻出現了前所未有的藝術榮景。塞萬提斯、羅培·德·維加、卡德隆（Pedro Calderón de la Barca）、格雷考、委拉斯奎茲、穆里尤（Bartolomé Esteban Murillo）及其他許多人，為西班牙的文學和藝術帶來榮耀。他們的偉大作品可說是墳墓上精緻的花環。因為他們，西班牙的文化才獲得精彩展現，並被世人記住。西班牙生活的這個層面值得以專門的章節介紹，但在進入珍貴的藝術花園之前，我們應檢視它們扎根的社會和政治土壤。

查理五世的進擊

西班牙國王卡洛斯一世（Charles I of Spain，也是神聖羅馬帝國皇帝查理五世）一五〇〇年生於法蘭德斯，母親是斐迪南和伊莎貝拉的女兒胡安娜（Juana），父親「美男子」菲利普（Philip the Handsome）是奧地利哈布斯堡家族成員，也是西班牙史上第一位哈布斯堡家族成員。菲利普王子瀟灑英俊，對女性有極大的吸引力。他的妻子胡安娜是醋罈子，瘋狂地嫉妒，兩人經常爭吵鬧得整個宮廷沸沸揚揚。

伊莎貝拉女王去世（一五〇四年）後不久，「美男子」菲利普掌握了卡斯提亞的王權。其實，他的妻子才是合法的女王，但她漸漸喪失理智無法執政。菲利普（如今成為卡斯提亞的菲利普一世）受到龐大的勃艮第軍隊支持，而且卡斯提亞人起初也支持他，因為他們不滿亞拉岡的斐迪南攝政。面對這樣的反對，斐迪南暫時退出權力舞台。

「美男子」菲利普短暫的統治動盪不安，使得卡斯提亞的支持者立刻與他劃清界線。幾個月後他去世時，大家都鬆了一口氣。斐迪南回歸，擔任卡斯提亞的攝政王（一五〇六年），他的外孫卡洛斯當時僅六歲。

卡洛斯的母親胡安娜，因英俊丈夫的去世大受打擊，嚴重憂鬱，終生未癒。她跟著丈夫的棺材長途跨越西班牙，不止一次強開棺蓋，確定遺體沒有被人亂碰。胡安娜被認為已喪失心智，人稱「瘋女」（*la loca*）。因此，卡洛斯王子可說年紀很小就失去了雙親。

卡洛斯在法蘭德斯受教育，因此斐迪南一五一六年去世，[*]由他接任西班牙王位時，他並不會說西班牙語。人民對於他的即位冷漠相待。幸而大主教希梅內斯．西斯內羅斯，也就是強迫格拉納達的摩爾人皈依基督教的那位主教，緊握攝政的位子，直到卡洛斯抵達為止。有些心存反叛的貴族質疑主教憑什麼攝政，希梅內斯指著議事廳下方一長排大砲說：「憑那個！」卡洛斯就在他的支持下，以十七歲之齡，成為西班牙國王。

大家都不喜歡卡洛斯。他就和他父親過去一樣，重用法蘭德斯人，疏遠了西班牙人。新國王習慣了法蘭德斯的奢侈浮華，清楚表現他對嚴肅的西班牙宮廷的討厭，甚至也討厭他的西班牙臣民。有些城鎮對國王的行為和態度公開表示不滿。卡洛斯無意妥協，因此人民在一五二〇年準備起義。這次的平民反抗獲得地方政府的強力支持。十五個城鎮派出代表來到阿維拉，正式向國王提出要求。國王漠視他們，於是叛亂爆發。這次反叛雖產生了幾個大英雄，但並沒有強勢的單一領導人。如果當時人民贏得鬥爭，西班牙可能會在這段光輝時代實現君主立憲。可是平民欠缺組織，遭到國王優勢的武力壓制，他們的領袖也遭處決。貴族在這場鬥爭中支持國王，以確保專制政權的勝利。

在西班牙未來的歷史上，鎮壓平民的行動將一再重演：西班牙人民追求理想政府最美好、最崇高的希望破滅。一八一二年開明的加地斯議會（Cortes of Cádiz）的失敗，以及一八七〇年代第一共和國的失敗，都是劇情重演；最後的災難性重演是一九三〇年代第二共和國的失敗，以及隨後血腥的內戰。有節制的治理在西班牙從沒有太大勝算。平民起義失敗後，卡洛斯派四千名德國士兵進到反叛的城鎮，在吃敗仗的平民的傷口上撒鹽。後來，經過理智的判斷，他大發慈悲地寬容赦免了叛亂者。

卡洛斯的統治讓西班牙進入歐洲主流政治。從由母親卡斯提亞女王胡安娜和外祖父亞拉岡的斐迪南兩方，繼承了卡斯提亞、亞拉岡、納瓦拉、薩丁尼亞（Sardinia）、西西里島、那不勒斯王國、魯西永（Roussillon）以及西班牙在非洲和新世界的殖民地；從他父親「美男子」菲利普那邊，繼承了法國北部和東部、低地國的大片領土。他也是祖父馬克西米利安一世（Maximilian I）的奧地利和波希米亞哈布斯堡家族，以及日耳曼或神聖羅馬帝國的繼承人。馬克西米利安於一五一九年去世，卡洛斯接替了他的兩個王位，成為史上最大帝國之一的君主，也是自查理曼大帝以來，歐洲最偉大的帝國之一。然而，這個帝國十分鬆散，每個帝國末梢都相當脆弱，卡洛斯同步各方利益及各個地區的嘗試，幾乎注定失敗。

但國王還是勉力而為，逐漸加強他的管理，集中權力。在西班牙，他用忠誠的西班牙人取代了法蘭德斯人。他建立實力堅強的西班牙軍隊，他強力攻擊北非海盜和土耳其人，他參與全歐洲和美洲的戰爭。在歐洲，指引他人生的追求是征服新教，建立龐大的天主教帝國。在美洲，他的首要目標是盡可能掌握大片土地和更多財富，為了這兩個目的，於是有了西班牙征服者和專業的

---

* 〔原註〕伊莎貝拉死後，斐迪南再娶了十八歲的法國公主、富瓦家族的潔曼（Germaine de Foix）。據說他為增加生育力服壯陽藥，加速了死亡。

西班牙大方陣（*tercio*），歐洲最好的步兵隊。提香留下了一幅知名畫作，皇帝身穿鎧甲騎駿馬，像吉訶德一樣，準備出發，朝全世界出擊。

卡洛斯的聖戰精神並非只是擺姿態。他自認是基督教世界的私人守護者。有一次，他向法國國王法蘭西斯一世（Francis I）下戰書，要和他單挑：「男子漢對男子漢，我承諾不管有武裝或沒有武裝，用長劍或匕首，在陸地或海上，在橋梁或島上，在圍起來的場地或者在我們的軍隊面前，或者隨他希望在任何地方，以任何方式，公平地對決。」卡洛斯從沒在騎士比武的場合和法蘭西斯相逢，不過他確實在戰場上俘虜了這位法國國王，法蘭西斯因此有名言：「除了榮譽之外，一切都輸了。」

圖7-1　提香的《查理五世騎馬像》（*Equestrian Portrait of Charles V*, 1548）

截至目前為止，查理五世（一五一六至一五五六年）統治時，最重要的事件就是開發新世界。西班牙征服者在查理五世治下，於世界舞台創造了歷史：墨西哥的柯特茲、祕魯的皮薩羅、智利的瓦爾迪維亞、阿根廷的門多薩（Pedro de Mendoza）、哥倫比亞的哥薩達、美國的德索托（Hernando de Soto）、瓜地馬拉的阿瓦拉多（Pedro de Alvarado）及其他許多人。短短幾年內，西班牙就征服並管理面積是祖國二、三十倍的領土。巨大的財富開始從墨西哥和祕魯流向西班牙。在阿茲特克統治者蒙特祖馬（Montezuma）和印加皇帝阿塔瓦爾帕的寶藏耗盡之後，金銀礦山依舊源源不絕地湧出財富。許多赴殖民地的人一夕致富，就連普通士兵也家財萬貫。

這些有錢人吵著要他們所需的商品，這些需求刺激了西班牙的各種產業。紡織廠突然在西班牙各地蓬勃發展。當初平民起義遭破壞的城鎮，如今成為工業中心。起義的重鎮梅迪納德爾坎波（Medina del Campo）成為製造業活動的樞紐，各種貨物運往新世界，並以高利潤的價格出售。

> 托雷多、塞哥維亞、瓦亞多利德都成了忙碌的製造業城市……人們從鄉村湧向城市，因為那裡的工資暴增。在一五二五至一五五〇年間，托雷多的製造業務增長了五倍；有些城鎮的乞丐和流浪漢被強迫進入工廠。織布貿易向南發展至格拉納達；絲綢製造向北延伸到塞維亞，然後再朝托雷多發展。蘇格蘭年輕的瑪麗女王收到瓦倫西亞的藍色和紅色絲襪禮品，因為它的品質世界第一。[1]

西班牙在二十年內，就開始朝工業強國邁進。但在此時，國家又做了種種錯誤的決定，而大部分的錯都該由國王負責。他繼續為毫無結果的歐洲戰爭花大錢，對於該如何還債卻一籌莫展。新世界的財富都被虛擲在無用的軍事行動。物價大幅上揚，一五〇〇至一六〇〇年間，日常必需品的價格大漲了百分之四百。國王採取價格管制，抽重稅，行王室獨占公賣（譬如食鹽），禁止某些商品出口，禁止奢華服飾，完成殖民地貿易的組織化，以及許多其他毫無意義的做法。這些應急的做法都沒有長期效用，於是查理五世被迫四處借錢，支付百分之三十至四十的利息。這意味著所有來自美洲的金銀才剛抵達西班牙的加地斯或塞維亞，就被轉運到其他歐洲國家的國際銀行家和生意人那裡去了。西班牙不過是這筆財富進入外國國庫之前的過路站。

西班牙的殖民地公賣同樣失敗得一塌糊塗。它背後的邏輯雖有道理，但實務上並不可行。我們可以把西班牙比喻為有魄力的探勘者，他發了財，不想讓別人瓜分他的利益。為什麼要讓英格蘭、法國或荷蘭從西班牙新世界的礦藏中獲利？西班牙將親自嚴控這巨大的財富。一五〇三年，西班牙在塞維亞成立了貿易局（Casa de Contratación），負責管理所有的殖民商務。只有西班牙人可以與殖民地貿易，貨物必須用西班牙船隻運輸，而且為求保護，這些船隻必須組成航隊一起旅行。如此一來，礦產將毫無損失地來到西班牙，而西班牙則販售殖民地需要的商品給他們。這聽起來像是不錯的制度，雙方都有利可圖。後來英格蘭，荷蘭和法國也建立了類似的壟斷管理，且其運作較佳。兩者最大的不同在於，這些國家擁有強大、多產的產業，可用合理價格滿足其殖民地需求。反觀西班牙的產業體系迅速衰退，海軍力量退步，而且海上商隊崩潰。西班牙彷彿是對殖民地說：「吸我的乳汁吧，別人的不要。」但她自己卻沒有乳汁。更糟的是，船隊航行並不規律，經常遭海盜或外國敵人攻擊和搶劫。

美洲殖民地無法從母國得到所需的商品，只好竭盡所能去購買，因此猖獗的走私交易興起。這些年間，這種非法貿易至少提供了百分之七十五的殖民地進口物品。結果西班牙殖民地雖生產大量金銀，在一個世紀內讓歐洲的貴金屬供應量增加了三倍，西班牙本身卻沒有得到財富，經濟榮景不持久，也沒有創造永久性的進步。而且殖民地的人普遍漠視母國法律。等到卡洛斯統治結束時，西班牙一如既往，重新陷入貧困狀態。

早在一五三五年，當時最偉大的詩人，也是最偉大的戰士加西拉索·德·拉維加（Garcilaso de la Vega）已預見災難將至，他寫道：

> 一切都已消失，就連
> 房子、家庭、妻子和記憶的名字都消失。
> 又有何用？些許名聲？
> 國家的感激？留名青史？
> 有一天他們寫書時，就會知道。[2]

在一五三五年，這些文字無疑是一種預言，而非描繪現實，可是查理皇帝依舊不顧周遭臣子的反對，繼續採用耗盡一切資源的政策。他打了四十年的戰爭，幾乎和歐洲每個國家都交惡。他向教皇宣戰，把教皇的地位降級到西班牙之下。一五二七年，他的日耳曼軍隊洗劫羅馬，駐紮梵蒂岡的士兵在西斯汀教堂的地板上生火，煙塵破壞了米開朗基羅的美麗壁畫，永難挽回。一五四五年，教皇把西班牙教會收入的一半授予查理，並允許他出售大片教堂土地，使用其收益。戰爭一直持續，西班牙的命脈溢往全歐，而她最有進取心的年輕人也在征服新世界和殖民之中逐漸消耗。

即位之初，查理對宗教批評採寬容態度。據說他很崇拜伊拉斯謨斯。但皇帝經常長期逗留西班牙境外，讓修會有機可乘，開始箝制宗教自由。西班牙兩位傑出的人文主義者路易・維弗斯和胡安・德・瓦爾迪斯（Juan de Valdes），永遠地離開了這個國家。維弗斯赴英國，擔任牛津大學的教授，成了國際知名的思想家。值得注意的是，伊拉斯謨斯和維弗斯雖然都獲邀赴西班牙大學授課，但兩人都不尋常地沒有接受邀請。新教在西班牙之外起義成功，意味著西班牙國內不寬容的「反宗教改革」者的勝利。西班牙的學生被禁止到國外大學學習，擔心他們會受異端的新教觀念汙染。教會開始禁止閱讀某些書籍，並在一五四六年公布第一份禁書目錄。西班牙思想受到狹隘的正統觀念限制，阻止了外國觀念的湧入。西班牙在思想上，就像在經濟和政府治理上一樣，開始跟不上歐洲國家的行列。

菲利普二世的專制作風

查理之子菲利普於一五二七年出生，他呱呱墜地時，他的葡萄牙母親要人用床單蓋住她的臉，以免有人看到她疼痛的表情。菲利普的父母是表兄妹，家族有嚴重的癲癇傾向。菲利普的兩個兄弟在嬰兒時期因此夭折。這位未來的西班牙國王只有四分之一的西班牙血統，但有癲癇病患的體弱多病。他「生性嚴肅沉默，有白皙粉嫩的皮膚和柔滑如絲的黃髮」。他成天聽到的都是禱告和對邪惡異教徒的勸誡，很快培養出宗教狂熱分子的心智。他經常聽到耳語，說他的父王暫和全能的天主為伍，與邪惡的勢力做生死鬥爭。凡是西班牙的、天主教的，就是好的；非西班牙的、非天主教的都是惡的。查理已奠定西班牙邁向教會國家的基礎，菲利普則進一步讓新教絕對沒有在西班牙生根的機會。

菲利普二世一五五六年二十九歲時即位。他的父親因無數征戰疲憊不堪，於是退位，隱修於陽光普照的埃斯特雷馬杜拉的尤斯特（Yuste）的修道院，在冥想和禱告之中度過最後的兩年人生。*菲利普接掌王權前，已有長期的見習。

十六歲時，查理就任命他當攝政，而且查理經常不在國內，因此菲利普擁有的王權幾乎與皇

---

*〔原註〕這位退位皇帝在尤斯特也花了無數個小時，想讓他的許多時鐘同步，卻徒勞無功。據記載，他在多次失敗後說：「如果我連讓這些時鐘一起敲響都辦不到，又怎能讓所有的領地團結？」

帝相等。查理最聰明忠誠的大臣輔佐他執政，但皇帝警告皇子，絕不要單單信任任何一位大臣。帝王之道就是讓臣子彼此對抗，確保最終的行動完全由國王決定。查理甚至為菲利普分析阿爾瓦公爵，說他「雄心勃勃、道貌岸然且偽善；他甚至可能用女色誘惑你」。但查理也明確表示，阿爾瓦是有極大權勢和智慧的人物，在外交事務方面，他是王國中的第一把交椅。因此，在查理退位時，菲利普已是訓練有素的國王，莊嚴、敬業、多疑、固執。

菲利普剛即位，瓦亞多利德就舉行了觸目驚心的火刑，幾個「離經叛道的異端分子」被活活燒死。國王認為異端邪說極其可惡，該受酷刑懲罰。菲利普如今獨自在舞台上，是基督教世界權力最大的君主。他盲目地遵從父親不信任的專制作風，深信自己是神聖的統治者。他的治國方法僵固缺乏彈性。對於間諜活動和口是心非的遊戲也絕非新手。他急於掌控一切，因處理枯燥乏味的政事筋疲力竭。

> 他對手的機會主義和伸縮自如的良心占了極大的優勢，而他所承繼的任務恐怕沒有比一名帶領國家走向失敗的君王更不幸的守護者。他很有責任感，謙虛、辛勤、盡責，幾乎到過分的地步；他是好丈夫和好父親；在有限的資質內，他已竭盡全力。他把偉大的傳承視為神聖託付，但力有未逮，儘管努力，依舊光榮地失敗。[3]

菲利普本身很虔誠，但他一直把宗教視為國家政策的工具。他的父親查理已對教皇發動戰爭，帝國軍隊無情地劫掠羅馬。幾位教皇受西班牙的枷鎖束縛，出身那不勒斯的教皇保羅四世（Paul IV），被占領了一大部分義大利領土的西班牙入侵者激怒，他借助鄂圖曼帝國蘇萊曼蘇丹（Sultan Solyman）為後盾，痛斥查理和菲利普，並在一五五六年，也就是菲利普登基為西班牙國王的那年，將他們雙雙逐出教會。教皇詔書上稱國王為「奧地利的菲利普，邪惡之子，所謂的『查理皇帝』之子，他自稱西班牙國王；跟隨他父親的腳步，罪孽也和他父親同樣深重。」

但菲利普很精明，沒讓這場爭執失控。他要求威尼斯總督談判，阿爾瓦公爵「惱怒地進入羅馬，他此行並非擔任征服者，而是假裝懺悔人」。但其實菲利普自認為是上帝指定的「天主教陛下」，而且奉天命，也是可按照他認為最恰當的方式來捍衛信仰的聖騎士。西班牙教會絕不容羅馬干涉。如果必須對教皇發動戰爭，那也只好如此。如果低地國的人民堅持作異端的新教徒，他會全力施壓，直到他們看到真正的光明為止，用菲利普自己的話說，就是「如果要統治一個異端的國家，還不如乾脆不統治」。這種固執而專一的強烈信仰，把人們推向新教，使西班牙失去法蘭德斯的省分，新教也開始了象徵性的聖戰，反抗西班牙不寬容的殘忍和不公義。在自己的國家，菲利普也對疑似異教徒無情而毫不保留地迫害，甚至連全西班牙最重要的托雷多大主教卡蘭薩（Carranza），也因仰慕伊拉斯謨斯而遭起訴和廢黜。儘管教皇抗議，卡蘭薩大主教依舊受了十八年的監禁和折磨，最後心力交瘁絕望而死。其他還有九位主教也受到侮辱的懲罰。曾是查理五世朋友的伊拉斯謨斯，在西班牙可受敬佩的日子，一去不返。人們也不再能揮灑上帝賜予的、充滿好奇的心智。西班牙現在陷入了僵化的教條主義，迄今尚未恢復。

馬德里與艾斯科里亞

一五六一年，菲利普決定把西班牙首都遷到馬德里，當時馬德里只是乏善可陳的落後鄉鎮，但他認為馬德里位於全國中心，適合當他所憧憬的大一統國家的中心。此外，這將是他親自打造的首都。菲利普向來自認是西班牙命運的偉大推手。馬德里單調乏味，毫無歷史或傳統，反而使它更加適合作為首都。他會為它打造歷史，他會給它一顆心，他自己的心。不，該說菲利普二世會給它一顆紙做的心，因為他是「奏章之王」（*el rey papelero*），每一份公文他都要親自檢閱、消化、思考、傳遞、更改、取消、延伸、修訂，或者簽署。他必須批示所有奏章。他確實是「奏章之王」，而馬德里是他無盡公文檔案的首都。倘若遷都損失了傳統的吸引力，至少他獲得在與卡斯提亞無關的城市統治全國的優勢。他認為這可加強他對偏遠分裂主義省分的控制：亞拉岡、加泰隆尼亞、巴斯克地區和安達魯西亞。

因此，馬德里完全是因政治因素而存在。在那貧瘠而人煙稀少的卡斯提亞平原上建立一座偉大的城市，既不是因為歷史傳承或經濟因素，更沒有軍事理由。先前曾作為首都的三個城市：托雷多、塞哥維亞和瓦亞多利德，都有悠久的歷史。而馬德里既無寺廟又非堡壘，是西班牙城市中的年輕新貴。倘若卡斯提亞在工業革命到來時能保持領先地位，馬德里會是優秀的製造業城市，但巴塞隆納和畢爾包的居民更開明，在這方面迅速超越首都。因此馬德里成了政治負擔，重重地壓在西班牙的肚子上；它既不古老又不美麗，既不繁榮又沒有前瞻性。相反地，它就像菲利普本人一樣，嚴厲、滿是官僚、不可愛，只是制定法律和政客生活的地方而已。卡斯提亞生產中心的地位，拱手讓給巴塞隆納、瓦倫西亞和畢爾包時，馬德里成了這失敗的象徵，阻礙了整個國家的進步。它依然是曠野包圍的大城。遊客必然願意承認，近年來陽光、泉水、樹木和鮮花、純淨的空氣和水，以及愛情，讓它有了旅遊中心的魅力，龐大的官僚機構，也使它成為政治寄生蟲和絕望農村勞動者的避風港。但也因此，在其他地區的西班牙人眼中，馬德里反而成為不信任、恐懼和暴力的對象，雖然有時也有希望，但鮮少讓人喜愛。

遷都馬德里後幾年，菲利普開始建造艾斯科里亞王家修道院，是他統治時期最偉大的王宮建築群，位於新首都西北方三十二英里處。這灰色的龐然大物是冷峻嚴肅的文藝復興風格，矗立在與卡斯提亞平原縱橫交錯的陡峭山脈間的小山谷。興建的目的是要將它當作西班牙的王陵，菲利普的父親查理五世是第一位安放在這座國王萬神殿的人。這裡呈汙濁綠色的反射池，和摩爾花園清澈的流水有天壤之別，教人生畏的巨大花崗岩牆更像是巨大監獄，而非宮殿或大教堂。艾斯科里亞是菲利普二世的石製縮影。這個建築就和西班牙的宗教裁判所一樣冷酷剛硬，像奏章之王本人一樣嚴肅憂鬱，像十六世紀後半的國王之心一樣灰暗陰沉。一位名聞遐邇的建築評論家寫道：「儘管艾斯科里亞缺乏想像力，又十分沉悶，但它有深遠的影響。沒有其他建築像它一樣影響西班牙的建築趨勢。」

菲利普之父，查理五世皇帝也在格拉納達阿爾罕布拉宮的範圍內，未完成的圓形文藝復興宮殿裡，留下了自己的歷史建築，迄今仍矗立。其象徵意義和艾斯科里亞相近，是圓柱圍成的中庭，和阿爾罕布拉宮摩爾風格的亮麗色彩與光線呈明顯對比。查理五世為建造自己的宮殿，破壞了阿爾罕布拉宮的一部分。值得指出的是，這兩位西班牙國王的建築，都象徵著毀滅和死亡。查理拆毀阿爾罕布拉宮的一部分，以建造他自己未完成的宮殿，而菲利普打造的宮殿，則是以已故國王龐大的萬神殿為出發點。查理的宮殿是圓形的，宛如中世紀的生活；而菲利普打造的王室陵墓則表現了已逝的榮耀。這兩座建築都是冷酷、嚴肅、宛如監獄一般、沉重、不可愛。兩者予人的印象都是剛硬不屈的岩石。它們或許是西班牙最後一批宏偉的城堡。

圖7-2　艾斯科里亞修道院遠景

資料來源：Monasterio Escorial；由維基百科用戶Ecemaml提供。

一五六〇年代，艾斯科里亞興建之際，菲利普陷入了債務危機。外國戰爭仍在繼續，法蘭德斯是他的肉中刺，英國海盜讓他在海上不得安寧，西班牙的工業又無法與其他歐洲國家競爭，停滯不前。有幾次國王沒收了在艦隊嚴密保護下，從美洲運來的所有黃金，但它們消耗得太快，教他不得不再借更多錢，只是他付給外國銀行家的利息有如天文數字。他債台高築。有些年度，他一口氣花掉五年的收入。一五七五年時，他乾脆抵賴了所有的外債。重稅讓人民無法忍受，經濟開始崩潰瓦解。人民失業，街頭巷尾都是乞丐、流浪漢、社會的寄生蟲、落魄的次級貴族、沒錢也沒希望的退伍軍人、形形色色的街友。百姓厭惡勞動成了國家大災難。這一切反映在當時的流浪漢小說（picaresque novel，按：或作惡漢小說，源自*pícaro*一字，意為流浪漢或流氓）裡，主角往往是反英雄、流氓、騙子，作者借他之口，說明當時西班牙的情況。筋疲力竭的國家從現實上空飛過，沒掌握到歷史事實，只想靠施捨或魔法突然改變一切，擁有不同的生活，可是卻從未如願。

菲利普以一貫的剛愎自用，在此時把注意力轉移到安達魯西亞的摩里斯科身上，這些人表面上皈依基督教，但仍穿著摩爾人的服裝，仍用阿拉伯語，而且在半個多世紀表面的皈依後，骨子裡依舊可能是穆斯林。有幾次，查理想嚴懲這些人，但他們總能用錢解決事情。菲利普則不同，儘管迫切需要資金，但他對這些人的金錢收買無動於衷。一五六七年，他禁止所有的穆斯林風俗，傾政府的全力執行禁令。摩里斯科

> 不得有特別的裝束，女人必須要把臉露出來。他們的門不許上鎖，也立法禁止浴場；最重要的是，除了卡斯提亞語之外，不准使用其他語言，除了基督教之外，不准信奉其他信仰。[4]

違者將遭到嚴厲的刑罰。

摩里斯科於是公開造反。安達魯西亞的激戰持續了兩年。國王的異母（私生子）弟弟奧地利的胡安（Don Juan de Austria）奉命平息叛亂，他也極有效率地達成使命。儘管胡安誠懇地請求，格拉納達的所有人口還是整批被送往西班牙的其他地方。如今，南部已喪失了人口中最有進取心的居民，而摩里斯科被趕去的地區，盡是充滿疑心難以同化的少數民族。安達魯西亞富饒的綠色田野成了一片廣闊的沙漠。

胡安戰勝摩里斯科（一五七〇年）後，幾乎是旋即受命指揮由兩百艘船組成的強大西班牙、羅馬和威尼斯艦隊，和土耳其艦隊在希臘港口哥林斯（Corinth）附近的勒班陀灣（Bay of Lepanto）交手，獲得大勝。地中海的穆斯林力量經過這次的重大打擊後一直未復原。如今這場海戰在史上留名，主要是因為塞萬提斯參加了這次戰鬥，左臂受重傷，因而被稱為「勒班陀的傷殘者」（*el manco de Lepanto*）。

一五八〇年代，菲利普因英國海軍反覆侵擾感覺芒刺在背，特別是海上英雄法蘭西斯．德瑞克（Francis Drake），正當西班牙龐大的艦隊正為侵略英格蘭備戰時，德瑞克卻直撲加地斯港，捋了國王的虎鬚，教菲利普勃然大怒，決定對英國人加倍奉還。一五八八年無敵艦隊（Invincible Armada）為這次聖戰出發，卻因兩個因素戰敗：驚濤駭浪，以及德瑞克所指揮的體積較小、速度更快、更容易駕馭的船隻。西班牙艦隊有一半的船隻和三分之二的人員，都在此役中折損。

經過二十二年的勞動，三百名男子全天候工作，艾斯科里亞終於在一五八四年完工了。菲利普本人經常坐在山谷上方的岩石鑿成的椅子上監工。在走下坡的歲月裡，他退隱到宮內陰冷的修道院度過餘生，也在此去世。國王在崎嶇曠野，「為自己打造了牢房，為上帝建造了殿堂。」他在偉大的圖書館裡收藏了無價的手抄書和畫，也參加大圓頂教堂的各種禮拜儀式。他在唱詩席附近有一間樸實的內室，可在彌撒時聽到法衣擺動的聲音。他的身體日漸孱弱，無法再四處走動，只能坐在特製的椅子上，一連數小時，腫脹的那隻腳放在另一隻腳上。有幾次，他看著大家排練自己的葬禮。他的身體全是潰瘍，但因為當時還沒有殺菌劑，在潰瘍擴大蔓延化膿時，他承受莫大的痛苦，傷口滿是蟲子。他在生死間徘徊了將近兩個月，淪為一具還在呼吸的乾癟屍體。一五九八年，這位帶領西班牙大起大落的國王終於撒手人寰。

菲利普二世自己可憐的肉體受悲劇折磨，可是他對國家的肉體又做了什麼？只有一種比喻最恰當。那時代、甚至幾世紀後的醫師都認為，人生病時，放血是最可靠的治療法，導致許多原本強壯的人被庸醫放血致死，就連美國國父華盛頓也因這愚蠢的療法而死。但不幸的是，這就是當時相當普及的療法，儘管不符道理，卻被廣泛使用。菲利普二世就是西班牙的庸醫。他看到國家生病發抖，於是決定割開她的血管，讓血流出。它就像醜陋的紅色小溪奔向法蘭德斯，或者流向英格蘭，結果流失在大海中；它成為一條大河，流往美洲，混合印地安人的血液；它在西班牙有異端時，於街道和溝渠裡奔流；摩里斯科被殺害時，它在安達魯西亞奔流；它在勒班陀、在義大利、在法國、在非洲、在葡萄牙和公海上奔流。西班牙的肉體越來越孱弱，到最後已喪失力氣。這是菲利普二世統治的真實總整理。有的西班牙人面對歷史依然會自豪地說：「沒辦法，我們就是這樣，我們大多數人就像菲利普一樣。」這些人該仔細思索這自命不凡話語背後真正的含義。

物質享受與城市生活

隨著西班牙的黃金機會白白浪費，其命脈消耗在遙遠的各處戰場，西班牙的面貌也逐漸起了變化。都市化的過程更加迅速，建築業也欣欣向榮，尤其是政府和教會的建設。有些富裕的家族興建豪宅，裡面裝滿了世界各地的藝術品：來自法蘭德斯和義大利的掛毯繡帷、來自新世界的銀器、威尼斯的玻璃器皿、鑲嵌著金銀或象牙且精雕細琢的西班牙及義大利家具、歐洲最傑出的皮革製品，而高雅的藍白阿茲勒赫磁磚畫（*azulejos*）則是西班牙名不虛傳的精品。另外還有馬尼拉加雷翁船（galleon，按：西班牙大帆船）橫渡太平洋運來的東方物品。

可是唯有頂端的少數人能享受這些財物。整體而言，百姓比過往更清楚地分為兩個階級：少數富人，以及很多窮人，兩者之間有巨大的鴻溝。都市和城鎮的生活，整體來說，比中世紀進步沒多少。垃圾依舊扔在街道中間。直到十八世紀後才有人行道。因此，騎馬或乘馬車的人依舊把穢物、水、泥和灰塵，任意往行人身上拋。一般住宅是磚塊或黏土建築，只有教會、貴族和國王住得起石頭建築。街道點的是油燈，排放廢煙。房子很少沿街道整齊排列，而是隨意堆擠在一起，毫無設計、衛生或通風可言。城市比以往更醜陋骯髒，居住其中的生活比中世紀更雜亂侷促。擴張的宇宙和破碎的信仰，破壞了中世紀的凝聚力，取而代之的是虛幻的海外主權。國家的不確定和不安全反映在個人身上，人們追求歡樂無憂的生活。

尤其是馬德里以南，家庭和社交生活在自家庭院進行，面對街道的窗戶則覆蓋著鐵柵欄，當時文學作品中常提到的情人和彈唱小夜曲的人，就是站在這個地方。西班牙文中的「吃鐵」（*comer hierro*，意即求愛）這個片語，生動地勾勒痴情郎把臉緊貼在戀人家沉重剛硬的柵欄上。

當時的客棧惡名昭彰，流浪漢小說就是例證。小說經常描述飢餓的人在客棧裡吃了不乾淨的怪味食物，得急奔出屋外解決後果。西班牙文的客棧，即「**venta**」這個字，一般公認是源自**vender gato pot liebre**，意思是拿貓冒充野兔來出售，這話在流浪漢小說出現的次數驚人，好像這對客棧老闆來說是很自然的事一樣。

西班牙有一道常吃的菜是「爛燉什錦」（*olla podrida*）。這個名字形容得好，它是由豬、牛或羊肉加上無所不在的鷹嘴豆燉成，是數個世紀前迦太基人推廣的結果，加入白菜、胡蘿蔔、南瓜、大蒜、胡椒、橄欖油、醋和培根一起燉爛。全國各地有許多諺語都提到它，證明了它普及的程度，譬如「牛羊肉一起，做成真正紳士吃的燉菜」（*vaca y carneto, olla de caballero*），或者「燉菜若不用蔬菜，既不美味也填不飽肚子」（*olla sin verdura no tiene gracia ni hartuta*）。毋庸置疑，**olla**應用砂鍋來做，最正統的作法是小火慢燉幾個小時。如今在街上或市集偶爾也可以看到有人用巨大的三腳鍋在賣，鍋子下一直用小火熬煮。這習慣如今在墨西哥和安地斯山脈比在西班牙更普遍，他們用大型鑄鐵容器，盛裝各種熱氣騰騰的湯和燉菜。至於乳酪，通常由山羊奶或綿羊奶製成，客棧裡一定有賣，葡萄酒則裝在皮袋裡，要喝的時候握住袋子頭部一口灌下，嘴巴都沒碰到皮袋的開口，酒已流進咽喉。粗麵包浸在濃燉什錦，也是日常的食物。

在飲料方面，熱巧克力取代了咖啡或茶。自從柯特茲描述這飲料的非凡特質之後，它在西班牙就變得很受歡迎。（這位征服者曾向國王報告：「只要喝一杯這種奇妙的飲料，就可以工作一整天。」）一般是在早餐用巧克力配螺旋卷或硬麵包皮，也常在下午當茶點；有時婦女也會在晚餐時飲用。濃巧克力上面覆著厚厚一層泡沫，價格平實，即使一般人也能享受。一六二八年，奧利瓦雷斯（Olivares）公爵想把巧克力的銷售收為國家公賣，以充實破產的國庫，結果民眾嚴重抗議，他只好打消此念。

第一本西班牙食譜在十六世紀初出現，從加泰隆尼亞語翻譯而來。同一世紀中葉，許多關於烹飪技巧的書籍也相繼出現。宮廷和富裕的貴族食用調味豐富、五花八門的巴洛克式飲食。有本古書列出了馬耶納（Mayena）公爵一六一二年抵達馬德里，協商法國和西班牙王室之間的兩樁婚姻時獲得招待的食物。在提供肉食的日子，皇家膳房為他和隨行人員提供以下物品：八隻鴨、二十六隻閹雞、七十隻母雞、一百對鴿子、五十隻鷓鴣、一百隻野兔、二十五隻綿羊、四十磅豬油、十二隻火腿、三頭豬、八蒲式耳的各種水果，和六種不同的葡萄酒。在齋戒日提供給公爵的海鮮同樣教人印象深刻：一百磅鱒魚、十五磅鰻魚、一百條鯔魚、四種不同的醃魚各五十磅、一千個雞蛋、一百磅奶油、一百磅鱈魚，和一百磅鯷魚！[5]

在客棧和餐廳，大家坐在長木桌前用餐，桌子的中間有一把大刀，用鏈條綁在桌上。大刀供有需要的用餐者輪流使用。公營客棧的房間是原始的通鋪宿舍，幾個男人在簡陋結成塊狀的被子或一般稻草上一起睡覺。塞萬提斯在《堂吉訶德》描述了幾間這樣的臥室：「吉訶德又硬又破的爛床，是那間骯髒房間裡四張床的第一張，旁邊是桑丘睡的狗窩，除了床墊和床罩之外，什麼都沒有。」在小說另一處，作者把趕騾人的床描述為「只是騾子的鞍轡和墊子堆在一起」。臭蟲十分常見，沒有臭蟲反而奇怪。為避免這種說法對西班牙不公，我們要指出伊麗莎白一世時的英格蘭情況也不相上下。當時去看戲的觀眾臭氣沖天，如果關閉戲院所有的通風口，演員就無法繼續演下去。那時的英國客棧和西班牙的差不了多少。

難怪西班牙人喜歡「曬太陽」、「享受戶外生活」。坐在馬車或任何買得起的交通工具上招搖過市，是人們主要的日常樂趣。和朋友會面聊天是街頭漫步不可分割的一部分。連生意也在街頭交易——以便遠離人們稱之為家的寒冷、骯髒、齷齪、狹窄的住處。

馬德里、塞維亞和托雷多是黃金時代的三大城市。一五六一年，菲利普二世把首都由托雷多遷至馬德里時，上萬名政府官員及其家屬與他同行。托雷多驟然沒落，馬德里的規模則突然大幅擴張。雖然馬德里缺乏傳統，但它成了人口密集、活動忙碌的中心，街頭擠滿人群，劇院蓬勃發展。流氓、乞丐、騙子等三教九流全湧入新首都。起初新首都空間不夠，無法供應湧入的大批官員，於是國王立法，允許聯邦政府使用每一座樓房的二樓。不過，就像西班牙大多數的法律一樣，法規很快形同虛設，因為它一通過，幾乎就沒人建造兩層樓房了。一六二三年，首都約有上萬間住所，其中五千四百三十六間僅有一層樓，顯然是為了避免政府徵收。這些房子有個醜陋的名稱：「居心不良的房子」（*casas de malicia*），但也不能改變什麼。國王得想其他方法為他的下屬們買房子。因為這個原因，馬德里的景觀單調而不起眼，今天仍是這座城市的特徵。它也缺乏如里斯本、格拉納達和瓦倫西亞等南歐城市的風景如畫。

西班牙鄉村地區的服飾通常美麗別緻，黃金時代城市的服裝卻不特別獨特或繽紛。男士總是穿非常合身的高領外套、燈籠褲、長筒襪，披著經典的西班牙斗篷。在菲利普二世統治期間，披風成了得體穿著必要的配件。女士則穿有裙撐的連衣裙直到一六三九年，因為那成為妓女特有的服裝。女性的頭髮通常梳成頭戴王冠的形式，配上羽毛頭飾或有垂穗的女帽。正式場合需要戴手套。散步時，女性的臉都要撲濃重的紅白香粉，往往到離譜的程度，正如流行戲劇提到的那樣。無論何種階層，送給女士最受歡迎的禮物都是香水和有香氣的物品，尤其是香丸，她們總把它放在刺繡手提包裡隨身攜帶。富人圈常見的禮物是金鍊、羽毛、戒指、皮手套、珠寶、蕾絲手帕和十字架。在窮人之間，法國進口的劣質商品最受歡迎：別針、假珍珠串、扇子、念珠，和其他便宜的小東西，幾乎每個西班牙城市的大街上，都有外國小販在出售這些商品。有錢人花大筆金錢購買精雕細琢的家具、花瓶、鍍金和鍍銀的馬車廂、金銀線織的天篷、蕾絲、帷幔和地毯，以致一六一一年國家通過一條法令，限制購買這些「純炫耀的物品」。

黃金時代的娛樂活動

鬥牛在黃金時代和過去一樣，是民眾的狂歡盛會。鬥牛的歷史可追溯到古代：有作家提到凱撒在羅馬競技場，曾騎馬與公牛相鬥；也有人把鬥牛追溯到羅馬馬戲團的人獸相鬥。另外還有人說，殺牛這種儀式可追溯到基督出生前數百年，克里特島上的米諾斯文化（Minoan）。也有權威人士主張西班牙的摩爾人推廣了鬥牛。無論如何，這是有歷史和傳統的古老節慶。「智者」阿方索在《法典七章》中譴責這活動；伊莎貝拉女王也和西班牙的其他國王和王后一樣厭惡它，但傳統根深柢固。波旁王朝的第一位西班牙國王菲利普五世（Philip V）一七〇〇年即位時，民眾向他喊道：「我們要鬥牛，陛下！」因此，西班牙在這方面，一直延續了羅馬的「麵包與馬戲」（bread and circus，按：指古羅馬偶爾由公家提供飲食和娛樂等小恩小惠，滿足民眾表面的需求，類似膚淺的愚民做法）。對西班牙人而言，「馬戲」一詞就有人和牛對決的特殊意涵。為什麼是公牛而非獅子或老虎等其他動物？可能是出於上述的儀式原因，但更可能是因為公牛是唯一被逗弄必會攻擊的動物。如果公牛不攻擊，這節目就會變成醜陋的屠殺，雖然公牛和男人一樣會死，但變得沒有意義，也不再榮耀。

直到十七世紀末，鬥牛的人都是貴族，這是他們向女士、同儕和下屬證明男子氣概的方式。在黃金時代後期，專業的鬥牛士（*toreros*）才開始取代紳士貴族（*hidalgos*）。這些收費的鬥牛士通常來自下層階級，嘉年華的感覺變了樣，鬥牛的方式亦然。紳士鬥牛總是騎在馬上，手持長矛，馬術是這個活動的重點，如同今日的葡萄牙鬥牛場。公牛被矛刺，等牠不支倒地後，由十幾個僕從用劍刺死，送牠歸天。這頭高貴動物的臨終死亡，是戰鬥過程後的反高潮。

如果牛太凶狠或太難纏，有時就會死得不光彩。有人描述了發生在菲利普四世面前的一個事件；一扇小門打開，幾隻公牛被放了出來，但牠們並未得到自由，而是滑下一條木製滑道，落到幾英尺下方的河岸。通常公牛就會摔死在下面，但有時只是受致命性重傷，還會咆哮很長一段時間，教觀眾大為興奮。在瓦亞多利德的鬥牛場上，凶猛的公牛從塗了油的滑道滑到下面的水裡，鬥牛士在船上繼續鬥牛。把牛從水裡追到陸地，再追回水中，就像過街老鼠一樣。不過像這樣殘酷的做法，並非常態。

許多人竭力阻止鬥牛，但徒勞無功。教皇庇護五世（Pius V）在一五六七年禁止鬥牛，違者逐出教會，但一五七五年格雷戈里十三世（Gregory XIII）卻放寬了禁令，只限制聖職人員，規定他們任何時候都不得參加鬥牛，「尤其在宗教節日」。一五九六年，在國王菲利普二世的命令下，教皇克勉八世（Clement VIII）徹底解除了禁令。

一直到十八世紀，鬥牛都是在城鎮主要的廣場進行，周圍的建築就作為看台。無論是窗戶、陽台和屋頂都擠滿人潮，主廣場附近的陽台和窗戶數量比城裡任何地方都多。額外的臨時看台則搭建在廣場邊緣，讓成千上萬的群眾能從這些高處觀看鬥牛。馬德里的廣場周圍環繞的都是四、五層樓高的建築物，從屋頂到地面滿滿都是人，光是這樣的景觀就值得一看。黃金時代有一張舊圖畫，描繪鬥牛場上同時有六頭牛，四名騎士用矛和牠們搏鬥，幾名徒步的僕從則準備用劍攻擊牛隻。這種鬥牛肯定比同時有三場不同表演的馬戲團更加複雜，廣場某處隨時都可能出現生死交關的時刻。

值得一提的是，西班牙把鬥牛稱為「公牛的祭典」，或corrida de toros，字面意思就是奔牛，並沒有用「鬥」這個字，也並沒有把它當成運動。這是一種致命的儀式，人殺牛，牛總是必死無疑。整個過程是一種犧牲獻祭；不是獻給上帝，而是犧牲一頭高貴勇敢的動物，以證明人類能駕御野獸王國最了不起的力量和勇氣。

西班牙孩子玩鬥牛遊戲，就和英國孩子跳馬背，或美國孩子打棒球一樣。在西班牙，每個城市的街頭巷尾都可以聽到牛的叫喊，「和牛犢鬥牛」（*hccer novillos*）這個詞，就是逃學的俚語。還有許多其他常用語詞從鬥牛衍生而來，譬如 mas comadas da el hambre que los taros，意即餓得比公牛用角撞還厲害，是形容西班牙生活的貧困。這些年來，鬥牛已式微，雖然不時還有精彩的鬥牛，但黃金時代似乎已永遠消逝。比起這傳統的表演，足球吸引了更多的粉絲。這種轉變也許只是暫時的，不過誰知道？

當然，並不是西班牙全國民眾都對鬥牛那麼有興趣。宗教、慶典、遊行和儀式的吸引力也和鬥牛相去不遠。這些慶祝活動最能表現天主教會的排場和莊嚴。舉辦活動的原因包羅萬象：為紀念當地的聖女或聖人、慶祝封聖、任命主教或紅衣主教、教會或修道院破土或獻祭、普天同慶的基督節日到來，當然還有教人心驚膽顫的「信仰審判」（*auto-de-fé*），遭宗教裁判所定罪者公開受懲罰，許多人被絞死或受火刑。

幾乎所有寫過關於西班牙宗教裁判所的人，都會謹慎地指出，這樣的機構並不僅限於西班牙，宗教狂熱和殘酷的手段也並非羅馬天主教所獨有。在英國，天主教徒、英國國教徒和清教徒都曾受到迫害；道明會修士薩佛納羅拉（Girolamo Savonarola）和布魯諾（Giordano Bruno）在義大利遇害；法國也發生多次狂熱的宗教屠殺；瑞士、尚蘭和幾乎所有的歐洲國家也是如此。因此，黃金時代西班牙在宗教上的不寬容，確實不是獨特案例。然而，西班牙在不寬容的持續時間上卻是獨樹一幟。宗教裁判所直到一八二〇年才被廢除，而在本書一九六三年初版時，西班牙的非天主教徒依舊沒有宗教自由。因此，西班牙的天主教徒不能說這種愚行純屬過去。西班牙天主教會儘管一直抗議新教國家抹黑西班牙，但在最有機會表現寬容態度的佛朗哥當政時期，他們卻毫無作為。因此，西班牙教會，以及世界各地數百萬相信寬容的天主教徒，在這一點上，必須被譴責。不幸的是，即使是美國的天主教徒，也未能對西班牙否定自由的做法仗義直言，即使美國領袖是身為天主教徒的甘迺迪總統時亦然。

黃金時代的「信仰審判」是公開的，許多人不遠千里來看熱鬧。時間很早就宣布，讓好奇的人有足夠時間趕路前來。審判在公共廣場舉行，四面搭建看台，並為審判者、教會神父、司儀和名流貴賓設有座椅，民眾則湧入廣場，占據四面八方所有建築的屋頂、窗戶和陽台。罪人身穿宛如三K黨的長袍，上有高高的尖頂兜帽；被判死刑者手執綠色十字架，脖子上掛著套索。罪人緩緩地沿著街道走向廣場，儀式從講道開始，接著一一宣布審判結果。罪不致死的人在大家面前受寬恕，重新回到教會的懷抱，而遭判死刑的人則轉交給民政人員，立即處死，通常就在宗教裁判所成員的面前執行。這種奇特的「換手」做法，或許是為展示基督徒的仁慈。關於宗教裁判所就不再贅述，因為西班牙人本身已經用比我更嚴厲的言辭譴責過。值得一提的是，今天的西班牙政府已不再對宗教持不寬容的態度。

西班牙黃金時代最受歡迎的消遣娛樂有馬上長矛比武、場上競技、馬上刺環、象棋、狩獵、放煙火、各種民俗舞蹈、到宗教聖地朝聖（*romerias*）、賭博，當然，還有女色。十六世紀德國旅人曾說：「在西班牙，除了衣服、女人和馬之外，花在賭博的錢比花在其他任何事物都多。」所有妓院（*burdeles*）都提供撲克牌和骰子的賭局，跳舞和吉他音樂，吸引了犯罪分子和普通人群。公營賭場二十四小時都不打烊，其中許多還在場內提供食物和廁所，讓賭徒在手氣旺時不必離席。

馬上比武是由兩大團隊各自騎著駿馬互鬥，炫耀馬術。而馬上刺環是由一名騎士全速向一枚小環衝刺，設法用長矛刺中它。摩爾人和基督徒的互鬥則重新演繹兩個族群以往的戰鬥，摩爾人穿著他們傳統的服裝當然會被擊敗。在西班牙人抵達新大陸後，這些遊戲都移植到新大陸去，印地安人自然取代了摩爾人的角色。西班牙的大學生，尤其是阿卡拉和薩拉曼卡的大學生，喜歡從事各種惡作劇、開玩笑、夜間打鬥、漁色女性，因此必須組成特殊警察隊，防止混亂。大學裡的各典禮儀式也是歡慶的大日子。作家戈維多在小說《騙子外傳》（*El Buscón*）中，就描述了大學生的許多惡作劇。另一方面，雖然國家越來越窮，宮廷儀式反而越來越奢侈。精彩熱烈的活動，使民眾的眼與心忘了表面下的潰爛。

第八章
黃金時代的文學

「有兩種西班牙，形式的西班牙，和實質的西班牙；會消耗的形式，和耐久的實質；會崩解的形式，和歷久彌新的實質。」

——西班牙詩人雷昂・菲利佩（León Felipe）

西班牙的文學是舉世最偉大的文學之一，原因之一是來自摩爾人、猶太人以及最初定居西班牙的古早非洲伊比利亞人所帶來的異國特質。這也是西班牙文學未能被其他歐洲文化的民族普遍接受的特質，因為自西哥德人以來，西班牙從來都不是完全屬於歐洲的國家。不過，研究文學的學者和學生很清楚西班牙文學的深度、美感、品質、數量和多樣性。它的敘事歌謠和流行的「科普拉」（八音節的四行對句詩）無論在任何國家都無與倫比。它的藝術詩歌足以和舉世最佳的詩歌媲美，它的經典戲劇可與英、法兩國的戲劇並列，它的散文作家以及詩歌、哲學和分析短文的作者都是世界頂尖。它把西班牙的第一本，可能也是最偉大的一本小說——《堂吉訶德》呈給全世界，它的流浪漢故事則把文學的現實主義發揮得淋漓盡致。沒錯，雖然在塞萬提斯之後，除了貝尼托．佩雷斯．加爾多斯（Benito Pérez Galdós）和巴羅哈之外，西班牙的小說家未能躋身世界頂尖，在短篇小說的範疇中，西班牙人表現一向不出色。但我們可以說，就算西班牙沒有像法國那樣的短篇故事作家，它還是可以用精彩的流行詩歌彌補這方面的缺憾，法國在流行詩歌上就非常匱乏。進一步的比較只會導致不必要的爭論。

西班牙文學史的學者公認，西班牙文學的偉大時期是黃金時代，它始於（這些學者認為的）一五四三年，因為當年有一本詩集出版，這是兩名西班牙人的遺作——加泰隆尼亞的胡安．博斯坎（Juan Boscán），及其合著者卡斯提亞的加西拉索．德．拉維加。這些詩歌受到義大利的濃厚影響，為西班牙繆思開啟了偉大的新觀點。西班牙文學的黃金時代在一個半世紀之後，隨著古典劇院最後一位戲劇大師卡德隆．德．拉巴卡的去世，而於一六八一年結束，雪萊、叔本華、席勒和其他許多人都十分仰慕他。我個人傾向認為西班牙文學的黃金時代是在一四九九年由《塞萊斯蒂娜》揭開序幕，但很少有學者把日期推得這麼早。無論如何，黃金時代代表了西班牙心靈美麗的花朵，在西班牙政治霸權衰落後，它還持續綻放了很長一段時間，甚至持續到十七世紀末，當國家統治者越來越無能愚蠢，統治著一個百廢待舉的國家。

在這段重要的時期，西班牙正在實現一項醞釀許多世紀的意志。「有志者事竟成」（*querer es poder*）將此觀念表達得很貼切。西班牙的動力將朝三個主要方向發展：首先是發現、探索、征服和殖民；第二是黃金時代多采多姿的藝術和文學；第三是西班牙的反宗教改革（Counter Reformation），促成西班牙人羅耀拉創立耶穌會、新世界的傳教，以及歐洲其他地方無可媲美的西班牙神祕主義文學。西班牙黃金時代是這三種全國潮流的反映和融合。它們確實是俗世的神聖三位一體，指出了十六和十七世紀西班牙天才人物的主要道路。

接下來非常自然地產生了這個問題：這個國家的社會有機體日漸惡化時，它的文學表現怎麼還能保持這樣的高峰？我們必須提出象徵性的答案：庭園的花朵在枯萎死亡之前，綻放得最美麗嬌豔，而且因為土壤中的腐朽物質，使花開得臻於完美。西班牙黃金時代的作家，就像那象徵性花園裡的鮮花，從國家的衰敗中得到養分，即使必須面對並接受腐朽的社會現實，但卻用如椽之筆一路否認它，就像人們以同樣的方式和同樣的熱情，拒不承認征服他人的死亡有一天也會征服自己。

詩歌的理想世界與流浪漢小說的現實

加西拉索．德．拉維加的詩開啟了黃金時代，創作出把現實理想化的詩歌。他美麗的牧歌勾勒靜謐自然，完美之人在其中完美地活著。這是示意的理念世界，而非實際觀察的現實世界。它把人達到完美的欲望詩歌化，這種欲望在中世紀作家之間並不存在。西班牙騎士小說（《高盧的阿瑪迪斯》）和田園小說（《狄亞娜》〔*Diana*〕及《多情的狄亞娜》〔*Diana enamorada*〕）為這個理想世界提供了更進一步的層面。在騎士小說中，愛情和勇氣是完美的；在田園小說中，愛與大自然是完美的。在兩者中，人幾乎是神聖的存在，不受現實法則的約束。大自然成了上帝的女僕；或如塞萬提斯所稱的，她是「主的管家」。她與上帝分享宇宙的神聖精神；事實上，她是柏拉圖式的造物主，人們在她寧靜的臉龐，可以看到至善至美世界所有美麗無瑕的一面。這個大自然是文化創造的，是文藝復興的文化和情感的結晶。詩歌不再像《熙德之歌》那樣是現實的反映，而是人類夢想的縮影，是理想化的現實。甚至鮮花、小溪和樹木也不再只是鮮花、小溪和樹木；它們必然是一些想法。「在文藝復興的景物中，微風就像是一股整理的力量或想法，穿過輕輕搖曳的樹枝、潺潺流動的溪水、吱吱喳喳的小鳥。因此，自然景觀被轉化為想法本身。」[1]自然成為完美和諧、善良和和平的象徵。牧羊人，或「自然的人」則代表這些完美的品質，他的愛也是完美的。詩人、小說家和朝臣則成為田園文學中的牧羊人，讓模式得以完成。

羅馬天主教會在天主教特倫特大公會議（Catholic Council of Trent，一五四五至一五六三年）

仔細地自我檢討，決定自清，以更嚴格的方式解釋教條，對教規也益發嚴厲。完美的人活在完美的狀態不再是被容許的想法，因為它違反原罪的教義。反宗教改革譴責這樣的文學，痛批人失去上帝的恩寵，強調人必須要有信仰，才能拯救自己的靈魂。

在特倫特會議期間，第一本、也是最好的一本西班牙流浪漢小說《小癩子》（*Lazarillo de Tormes*）在一五五四年出版。這本小書的內容強而有力，教人震撼，其匿名作者徹底扭轉了田園和騎士小說的風格，透過一個機靈流浪兒的眼光，描繪了西班牙社會的現況。這個貧苦孩子換了一個又一個的工作，服侍了一個又一個的主人，看到無所不在的殘酷、貪婪和投機。就連教會也由兩個人物作為代表，被狠狠地諷刺了一番，因此本書作者不得不匿名。這些角色中唯一有尊嚴的是個窮鄉紳，儘管一貧如洗，卻像墮落天使路西法一樣愛面子，並且無意傷害他人。他是這個國家大部分人的縮影，是個人尊嚴、貧窮和自傲的象徵，也預示了西班牙的饑饉和物質匱乏。窮鄉紳儘管飢腸轆轆，但為表示自己吃得不錯，寧可忍著飢餓也要拿幾塊麵包屑撒在衣服上。他以各種藉口取用小癩子帶回來的殘羹剩飯，並且當著他的面吃得津津有味。鄉紳和男孩兩個人緊盯著一塊乾硬麵包或一塊牛膝，一個雖然餓得前胸貼後背卻死要面子，另一個則是飢餓和急著想填飽肚子的自然反應，兩個角色的並置，勾勒出西班牙黃金時代現實主義最動人、也最引發聯想的畫面。

一五五四年的西班牙其實沒有那麼糟，《小癩子》的作者是先知，預言了他的國家一百年後的模樣。無論他的目的是什麼，他都像畫家哥雅一樣呈現了一組清晰的西班牙生活版畫，儘管手法誇張，卻帶著真相的重擔，強烈得教人震驚。在下一個世紀，又有幾本流浪漢小說出現，西班牙的流浪漢角色也成為世界文學的知名角色。後來在法國，列薩日和他的代表作《吉爾．布拉斯》（取自西班牙流浪漢故事）將此文學類型普及化。但列薩日並沒有比西班牙小說家更高明；他只是在這個傳統中最後出現，並使其再次獲得關注。

到了一六〇〇年，西班牙城市街頭擠滿形形色色的流浪漢：失業士兵——許多是由義大利或法蘭德斯返鄉，肢體都已殘廢；把祖產揮霍殆盡窮困潦倒的貴族；無業遊民和乞丐，他們無法到新大陸去，卻不肯用雙手清白地生活；湧入城市但找不到工作的鄉下人；國家經濟崩潰而流落街頭的工人；想混進官僚機構糾纏不休的逢迎者；認為社會欠他們的騙子和罪犯，諸如此類。教會無意間鼓勵了這種寄生的態度，因為耶穌會強調信仰才是獲得救贖的方式，而不是工作。如今西班牙已不再出征，士兵再也不能用槍矛追求夢想；美洲的礦井雖把財富匯聚到少數幾個人的口袋，但礦工再怎麼努力工作，也只有微薄的酬勞；點石成金的夢，使誠實勞動的誘因全失；西班牙已耗盡命脈，因此可說流浪漢就象徵著全國的飢餓，意味著國家的絕望。

值得一提的是，最膾炙人口的流浪漢小說《古茲曼．阿發拉契》（*Guzman de Alfarache*）（第一部分於一五九九年出版，第二部分於一六〇四年完成），其作者是有猶太人血統的馬泰歐．阿雷曼（Mateo Alemán），當時這本小說比《堂吉訶德》更叫座。其英文版書名為《西班牙惡棍》（*The Spanish Rogue*），共四大冊，由詹姆斯．馬貝（James Mabbe）翻譯。在這本和其他流浪漢小說中，我們看到了對世界悲觀的展望，一種鋪天蓋地的絕望。最近有學者指出這種對人生的態度，起源於猶太人和摩爾人，而非基督徒。但由於混合的文化和宗教環境，西班牙基督徒也不可避免地吸收了宿命論的哲學。潛意識的邏輯推理是，既然上帝預先確定了人類的命運，而且世界是個大騙子，人自然有權利行騙、偷竊、欺詐——總而言之就是做個流氓，來扳回一城。因此，流浪漢小說是非常人性化的抗議，是西班牙人存在痛苦的表現，是在世界和現實不斷向前流動之際，對自我處在矛盾中的想像。

神祕主義的詩歌

因此黃金時代的其他作家想擺脫現實，豈不是理所當然？他們在宗教神祕主義者的詩歌裡找到了答案。神祕主義代表尚武精神已降級為一場宗教鬥爭。神祕主義者是靈魂的遊俠騎士，他們就像大探險家一樣，走過未知的海域，超越人類性靈已知的界限。因為對《聖經》拉丁譯本的解釋而遭宗教裁判所囚禁五年的薩拉曼卡大學教授路易斯．德．雷昂（Fray Luis de León），就是最著名的神祕主義者之一。聖十字若望（St. John of the Cross）創作關於內心生活熱情激昂的詩歌，也是知名神祕主義者。聖德蘭（Santa Teresa de Jesús，按：又譯阿維拉的德蘭，或稱聖女大德蘭）雖在塵世有許多負擔，但也藉著神祕主義寫作找到宗教的出口。值得一提的是，上述兩位男性都遭監禁，而路易斯和聖德蘭都有猶太祖先。路易斯的祖母是改宗基督教的猶太人，聖德蘭的祖父也是改宗者。*

聖德蘭（一五一五至一五八二年）是好看的年輕女孩，讀了許多騎士小說，也常想像自己成為其中的女主角。她和表兄弟相處融洽，對他們的愛情故事也很著迷。父親為了保護她，把她送進修道院，後來她就成了阿維拉的「天主降生為人隱修院」（Convent of the Incarnation）加爾默羅會修女（Carmelite）。她熱情地投入新生活，以禁食、懺悔、漫長祈禱折磨身體，漠視健康。她多次暈厥、劇烈頭痛、嘔吐、神經極度緊張，終於在一系列抽搐，全身僵硬，看不出呼吸心跳，被宣告死亡。

她的父親和其中一個兄弟不肯接受事實，輪流守候在她床邊。「作兒子的在守候時睡著，蠟燭掉在床上著了火。即使如此，聖德蘭也未能醒來。她的墳墓已經挖好了，眼睛也塗了蠟，修女來為她洗身。但她卻出乎眾人意料地突然醒了過來，吃喝後，將她在恍惚中的經歷娓娓道來。她回到修院，癱瘓無助地躺了八個月。終於她能起身活動，於是確信痊癒是因性靈獲救。」[2]

聖德蘭談到自己透過「靈魂之耳」，聽到上帝直接傳達旨意。她寫了許多書和詩歌，過起為人表率的生活，在西班牙受眾人仰慕，至今還擁有許多信徒。我們能從下面這首美麗的十四行詩，一窺這個極其虔誠的靈魂；譯者是凱瑟琳·伊麗莎白·史崔斯蒂（Katharine Elizabeth Strathdee）：

　　並非祢憤怒的可怕前兆

引我跟隨祢腳步所踏之處；
並非祢神聖的蹙眉，也不是對祢暴怒的恐懼
引導我的燈沿著祢狹窄的道路行進；
光是祢美妙的愛，就已征服了我。
祢的光彩，就像優雅而明亮的斗篷，
在純潔和有罪的靈魂上投射了光明；
在狂風暴雨的如謎的黑暗之中
祢包住了正義和不公；
祢把美麗賜給每一個人，
為什麼我們的嫉妒之心卻受到驅使，
追求世俗寶藏所託付空虛的海市蜃樓？
我害怕祢，但我並不怕黑暗的推力；
我愛祢，雖然我沒有上天堂的希望！[3]

---

*〔原註〕一四八五年，宗教裁判所控訴他重信了過去信仰的猶太教。聖德蘭的七個兄弟都遠赴祕魯，很可能是要「遠離西班牙，以避開教人痛苦的流言」。

在宗教熱情之外，西班牙神祕主義者過著身體力行的生活。他們是勤勞的工作者，誠實的改革者。但他們對上帝的追求是一場脫離現實的逃避，在此過程中，個人的靈魂追求與神聖絕對結合。他們尋求一條引領他們走出靈魂暗夜的路徑，從感官黑暗和欺騙的現實，通往上帝的神聖現實。神祕主義者不冀求任何事物，因此能夠立刻擁抱一切。他感受到自己容光煥發，起了變化，並把自己渺小的靈魂與上帝合併。聖十字若望感受到上帝是不會凋零的春天，隱藏在夜色之中；他穿越黑暗與祂共飲。我們可以理解，像這樣強烈的想法，很可能會使信徒在宗教裁判所面前身陷危險，事實也的確如此。然而這些神祕主義者在人類靈魂中發現的光明之美，遠超過我們用手觸摸或用眼睛親見的美，他們的逃避是人類在塵世中最偉大的逃避，他們的一些詩歌充滿了最慷慨激昂的情感。在文藝復興快但往往笨拙的進步之際，它們代表了中世紀信仰的昇華。

貢戈拉的巴洛克詩歌

黃金時代的第四種文學類型，是被西班牙文學天才貢戈拉高度美化的巴洛克世界，是一種對現實的讚揚。貢戈拉的詩截然不同於田園詩人筆下的多愁善感和明白易懂的鄉村景致，而是透過艱澀的比喻、出色的意象，一連串印象的累積，以敏銳詩意重新創造了整個世界。世界「經過塑造和簡化，只剩下精心描繪的輪廓、靈活的縮影、和諧的聲音，以及繽紛的色彩。透過連續複雜的隱喻遊戲，所描繪的事物往往失去了個體性，而進入一個比喻的範疇。在他的詩作〈孤獨〉

（Solitudes）中，我們不會尋找海水、淡水、噴泉或潟湖中的水，因為他用『水晶』囊括了這一切」。[4]但女人美麗的四肢也稱為水晶。因此在我們檢視詩人的詞彙時，會感到迷惑和混淆。

貢戈拉在當時引起轟動，但去世後，他的詩歌也就不再被重視。到了十八世紀，幾乎已沒人讀他的詩。法國象徵主義詩人率先重新發掘貢戈拉的詩，「他們認為，這麼晦澀的詩人，必然非常美好。」法國詩人保羅・魏爾倫（Paul Verlaine）想深入探究他的心靈，卻迷失其中。他為理解貢戈拉決心學習西班牙文，終究未能實現願望。不過，他倒是用了〈孤獨〉一詩結尾時代表婚床的美麗意象，作為自己一首十四行詩的引言：「愛情紛爭的羽毛天地！」這可能就是他對貢戈拉了解的程度。西班牙美洲現代主義者瓜地馬拉詩人魯本・達里歐（Rubén Darío）受到魏爾倫的影響，懷抱熱情來到馬德里。他在詩中歌誦貢戈拉，讓西班牙人重新注意到他。追隨達里歐的年輕西班牙詩人，尤其是羅卡及其同儕，深深沉醉在貢戈拉的作品中。一九二七年，詩人去世三百週年，西班牙《西方評論》（*Revista de Occidente*）出版了他的新版作品集。學者鑽研這位詩人，羅卡的詩人朋友達馬索・阿隆索（Dámaso Alonso）針對他最深奧的詩歌，提出批判性詮釋。此後，貢戈拉在西班牙和美洲西語國家聲名大噪，現已被視為最優秀的西文詩人。

貢戈拉於一五六一年生於哥多華的富裕書香之家。他的父親以愛書聞名，擁有一間偌大的私人圖書館。貢戈拉以他的古城家鄉和「河流之王」瓜達爾基維爾河為傲，這條河沿岸有眾多文化扎根。他年輕時曾在薩拉曼卡大學求學，學習拉丁文和義大利文，聰明瀟灑，風度翩翩。他出手闊綽，和許多女人交往。他早期的韻文並不複雜晦澀，其中有些是西文最棒的藝術民謠。他在一六〇〇年後的詩歌，則開始描繪源自他想像的人造世界，與早期的詩截然不同。貢戈拉對陳腔濫調敬而遠之，發明了符合他想像的用語詞彙。譬如，由於「白色」、「玉米」、「橄欖油」和「羽毛」等詞語都具有色彩感，所以貢戈拉用「雪」來取代「白色」，用「飛雪」取代「羽毛」。他用「金箔」描述玉米穗，用「液金」描述橄欖油。正如有人指出的，任何形式的水，在他筆下都是「水晶」。

在形容較大的範圍時，貢戈拉會用組合或延伸的意象。一條流入大海死亡的河流，在他筆下成了「一隻水晶蝴蝶，沒有翅膀，高低起伏，宛如波浪……」進入金牛座的太陽含有倒像，我們看到公牛「穿越藍寶石田，去吃恆星玉米」。當詩人看到河岸垂楊，他藉重新創造過程捕捉到的現實，成了一幅「煙火爆發」的意象。詩中隻字未提白楊，而是描述它們「在波浪之鏡前，就著煙火的光編辮子」。這些垂楊在此意象中化為神話少女，映著煙火的亮光，用溪水的倒影梳妝。詩人在其他意象中，把河中的島稱為「枝繁葉茂的括弧」，麥哲倫海峽成了「捉摸不定的銀色鉸鏈」，村子裡的煙囪則成了「夕陽的瞭望塔」。他還用更長串的意象來呈現一個簡單景象，描述幾名農夫翻山越嶺到即將舉行婚禮的場地。貢戈拉擷取景物，把它描寫為「一群鶴越過空氣之海，不像飛船，而是像揚著風帆的鳥，四散在蔚藍的空中，追蹤類似盈虧之月的圖案，或者也像用羽毛寫在天空羊皮紙上的神祕文字。簡單樸實的景象，被改造成精美的日本印花。稍縱即逝的時刻化為永恆，因為它已被詩人的想像力，重塑成散發榮光的巴洛克式大教堂。

貢戈拉認為，如果以普通的名字稱呼事物，它們的現實就止於那一刻。如果賦予它們更崇高的名字，提升、美化它們，它們就有獲得永生的機會。詩人的目的就是追循這個過程直到最終點。無論是否同意貢戈拉所得到的結果，是否因其形象的複雜難解感到困擾，我們都必須承認，他已能夠創造一個獨特的詩意世界，一個在詩人死後許多世紀依舊能生存的世界，讓未來敏於各種語言的未來世代能由其中尋求靈感。確實，現代世代的詩人可以說是由貢戈拉的概念萌芽。哥多華的吟遊詩人是西班牙黃金時代最輝煌的燈火。

下面貢戈拉的這首十四行詩是由十七世紀的理查・范蕭爵士（Sir Richard Fanshawe）所譯，表現了詩人比較單純、抒情的情緒。這首詩名為〈玫瑰〉（The Rose）。

早晨還被清風拂動的你，不到中午就會凋零，
是什麼在催促這麼匆忙棄你而去的生命？
你如此美妙歡樂，因為很快就會逝去，
短暫的驕傲為你添上一點顏色。
如果你那脆弱的美麗如此欺騙你，
那麼你該知道使你自負的事物就是你的禍根；
因為同樣的美，在血腥的葉子裡，
包藏了你早逝的判決。
有些小丑粗糙的肺會毒害你甜蜜的花朵，

如果耕犁不小心，就會把你扯下；
許多希律王時時刻刻都在等待
等你一出生就要把你殺害——
不，強迫你的花蕾開放——他們暴虐的氣息
期待生命，加速死亡！[5]

塞萬提斯與《堂吉訶德》

史上最出名的西班牙作家塞萬提斯，和貢戈拉生在同一時代。他沒有如貢戈拉顯赫的出身，不過也是個小紳士貴族。他先後在阿卡拉和馬德里接受早年教育，接觸了西班牙文藝復興的伊拉斯謨斯主義和人文主義潮流，這種自由化的影響在其傑作《堂吉訶德》中非常明顯。該書分成兩部分，第一部分發表於一六〇五年，第二部分發表於一六一五年，也就是他去世前一年。塞萬提斯曾赴義大利旅遊和工作，在勒班陀灣與土耳其人作戰，身受重傷，左手殘障。不過他說：「失去左手，右手才更榮耀。」在返回西班牙的途中，他被北非巴巴里海岸的海盜俘虜，奴役了五年，最後付了五百杜卡德（ducat，按：當時的貨幣）的贖金才獲釋。回到西班牙後，他奉命擔任無敵艦隊的食品採購，工作表現平平。他想靠寫作謀生，寫了幾部戲劇和其他作品，還算成功，但沒有創造多少收入。他有幾次入獄，可能是因為欠債無力償還，或是因為虧空。他動筆寫

《堂吉訶德》時，人在塞維亞的監獄。

這部偉大的著作在很多方面都與作者的生活重疊，小說的第一部分問世時，塞萬提斯已五十六歲，故事主角的年紀也相仿。塞萬提斯大半人生都在世界四處漂泊，寫文學書籍，遭受奴役和監禁，而他無疑也希望能夠成名，並伸張正義。雖然他總是被擊敗，但也總會反彈，抱持樂觀的態度和對人生美好的信念，不屈不撓。他就像他筆下的主角一樣大量閱讀，也許這讓他的腦袋遠離現實，使他難以專注在乏味的謀生工作。因此，雖屆知天命之齡，他依舊是失敗的理想主義者，是偉大的文學作品的夢想家，但卻一事無成。

他說他寫《堂吉訶德》是要諷刺騎士故事的荒唐，因此他讓主角日夜展讀這種故事，著迷不已。吉訶德決心要做個遊俠騎士。這位老先生首次單槍匹馬出擊，一事無成，於是他回到家，找了精明又實際的農夫桑丘當他的侍從。作者自此開始有了把握，讓這兩個角色一起出發，進行他們的正義大業，兩人相輔相成，彷彿另一個自我。隨著情節展開，我們可以明顯看出這些角色擄獲了塞萬提斯的心，於是他起初想諷刺騎士小說的念頭，也化為更宏大的對人性面貌的宣洩和創造。

「西班牙是母親；塞萬提斯只是帶來了精子。」伊比利半島上最了不起的現代哲人烏納穆諾這麼寫道。無論怎麼說，塞萬提斯在他的小說中，已經給了我們提升到偉大世界文學地位的西班牙生活和角色的畫像。桑丘代表的是感官和時間的現實，而吉訶德則象徵人類信念更寬闊的現實。雙方各自為各自的立場搏鬥，因為觀念和性格互相滲透而互有勝負。吉訶德起先很明顯是瘋了，但他只在一個層面瘋狂，也就是他對行俠仗義的信念。在其他各個領域，他都是書中最理智的人，這可以從他的言行舉止中證明。譬如就任島嶼總督的前夕，他對桑丘的勸告集智慧、理性和常識於一身。對吉訶德來說，思想和意志勝於一切，他想到什麼，看到的就是什麼。他想到巨人，因此風車就變成巨人；他想到軍隊，綿羊就變成士兵；他想到城堡，客棧就變成了城堡。桑丘起先不願相信這些事物，但他逐漸受到主人的幻想感染，另一方面，吉訶德也逐漸感染了侍從的務實。他經歷了完整的循環，從完全仰賴信念之人變成徹底不信之人死去，奉勸他的親友，不要走上他曾經度過的瘋狂生活。

整部小說是對人類個性、真理和正義的探討。吉訶德自述，他的使命是行善。

> 我已經討回了公道（他對責備他的教士說），讓受傷的人恢復，斥責了傲慢無禮的人，擊敗了巨人……我戀愛了，但不踰遊俠騎士的天職之矩；我並非這時代的惡毒情郎，而是貞潔的柏拉圖式戀人。我的意圖全都以美德為本，不傷害他人，而對全世界都有益。現在，讓高尚的法官，最出眾的公爵和公爵夫人（他從那個脾氣暴躁的教士，轉向貴族聽眾，說出結語）決定，一個以實踐這一切為唯一進取的人，是否該遭被斥為傻瓜。

這是吉訶德給書中角色和書外讀者的答案。上面的場景發生在公爵和夫人的宮殿裡，幾個上流社會的成員正在款待吉訶德，企圖捉弄他。但最後他們的嘲笑卻成為不幸的真理，他們才是傻子，而非吉訶德。因為他們的行為動機是低下的欲望，而吉訶德的動機卻無可指摘，而且還有不想傷害任何人的神聖特質。因此，儘管吉訶德瘋狂，但經歷這些後反倒變得更崇高，而捉弄他的人卻卑劣、殘忍和自大。

在書中另一處，吉訶德告訴他的好隨從桑丘：「就算你看到我身歷至險，除非我是遭低劣的平民和卑鄙的惡棍襲擊，否則你絕不要拔劍捍衛我。」他的鬥爭是針對那些，他認為征服對方有其意義的人。他必須繼續與理性的捍衛者進行無休止的鬥爭，依循常理的人是現實的俘虜。這對理想主義者而言十分可怕，但這對不僅相信而且完全生活在幻想世界中的騎士而言，卻是唯一可能的說法。即使受到死亡威脅，也要遵循規範——這是英國人所講究的運動精神，也是西班牙榮譽最高層級的精髓，不是黃金時代劇院中所描繪必須用鮮血奪回的榮譽，而是化為更深層次人性尊嚴的榮譽，是一種生存方式，是一種善的手段，是一條通向永生的道路。

吉訶德不相信什麼「實用的理想主義」。對他來說，如果實用，那就不是理想主義。他認為理想主義意味著和不公與邪惡的強大力量決一死鬥，無論面對怎樣的危險或結果。這樣的鬥爭不談實用，因為在其中，人奉獻了他的整個靈魂，不考慮妥協、退縮或姑息。從這方面來看，吉訶德的理想成了一種宗教，堪與為信仰而犧牲的耶穌基督相比擬。若說我們在小說的尾聲看到了失敗的英雄，聰明的讀者必定明白，這個英雄的潰敗就意味著他的理想會繼續存在。文學悲劇總是由這樣的元素構成。在高貴的角色失敗時，無論是在戲劇舞台上，還是在小說中，他鬥爭的本質和現實都會留在觀眾或讀者的心中，而這正是作者有意或無意想達到的目的。的確，基督教這個宗教的建立，難道不需要耶穌的犧牲？

我們可以對吉訶德作出種種解釋，這就是一個偉大作家的特色。有文評家在談小說推出後讀者的反應時指出：「十七世紀的讀者哈哈大笑，十八世紀的讀者會心微笑，十九世紀的讀者卻潸然淚下。」但無論讀者的反應或層次，塞萬提斯的角色分析和投射如此精明，每次重讀本書，都能發現新的意義。因此幾乎所有的評論家都稱這部傑作為「舉世最偉大的小說」。

在中世紀的人心裡，上帝是超然的。人只是蓋印神聖現實的模具。生命是前往永恆的通行證。「人，記住，你非死不可！」是中世紀生活的焦點。因此，中世紀小說永遠在說教，其中的角色是各種類型的人物，一直要到十五世紀，小說中的人物才有性格差異。

文藝復興時代的人開始有自己的現實。人不再只是反映現實，而是具體表現它。他是宇宙知識的起點，上帝不再凌駕於宇宙之上，而是屬於其中。大自然和上帝共同具有神聖的現實，而且確實是「主的管家」。宇宙根據秩序和和諧展開，過程的基調是愛。

這種以自然為神聖現實的觀念，在文學中塑造了住著完美狀態的人的理想大自然。加西拉索的詩歌、田園小說和騎士小說，都表達了人類實現此一理想世界的願望。這是個未受歷史影響的世界，一個充滿自然的善、美和愛的世界。

同一時期，另一個物質世界也存在。黃金時代現實主義以一四九九年的《塞萊斯蒂娜》為起點，在流浪漢小說得到蓬勃發展，充分地描述了這個世界。這個世界是絕對現實的另一分支。

「雙重真理的信條，一方面是普世的詩意真理，另一方面是歷史的具體真理，為理想化的和現實的小說鋪了路。」[6]

特倫特會議後，反柏拉圖的道德家開始譴責這個理想化的世界。生活在完美狀態的完美人類，與原罪的教義背道而馳。文學的立場逐漸隨宗教和哲學的立場改變。這兩個真理之間的關係成了問題。

「塞萬提斯發現自己置身這個衝突之中，他的解決辦法是按照特倫特的要求，綜合兩個真理。他以騎士小說和田園小說為出發點，透過幽默，融合了兩種真理。他把吉訶德置於普世的詩意理想中，又把桑丘置於歷史的具體時地。雙方各自爭奪位置，兩個世界發生衝突，最後融合。」這個宇宙無論在情感或理智方面，都是典型的西班牙世界，但同時也是全人類的宇宙。塞萬提斯已從理性官僚拯救了人性。

羅培與戲劇裡的社會現實

與塞萬提斯同期的，是西班牙國民戲劇的誕生和早期發展。劇作家羅培・德・維加（一五六二至一六三五年）知道《堂吉訶德》的作者這號人物，並在文學上與其競爭，他同時也是國民戲劇的主要創造者。羅培毫無疑問是舉世最多產的劇作家，他寫了五百至六百部長篇幅的劇本，其中許多是在緊湊的幾小時之內完成。除了教人嘆為觀止的小說、故事、詩歌和各種短篇戲劇作品，他還有逾三百部劇本流傳至今。塞萬提斯稱羅培為「大自然的神童」一點也不為過。

西班牙戲劇（*comedia*）*在羅培的筆下成了廣為流行的戲劇表演，於是西班牙的劇作家忙著寫劇本，以滿足觀眾的需求。這些劇本主要是基於一些刻板情境和愛恨情仇等原始情緒的情境喜劇，常被稱為「斗篷與劍戲劇」（cape and sword drama），因為在劇中，為解決種種陰謀，斗篷和劍會不斷出現。約定俗成的做法是，主角以斗篷掩著下巴，變得難以辨認，因此劇作家不費吹灰之力就能讓情節更複雜。劍在英勇義舉中可派上用場，也能雪恥復仇。對貞潔婦女的流言八卦，足以使她蒙羞；婦女的道德不容懷疑，人們的傳言就和真相一樣至關緊要。我們很容易看出，這些元素的組合會帶來矯揉造作的戲劇，而這種情況確實很常見。另一方面，儘管有這些公認的慣例，也不可避免受到大眾的品味和教會的限制，但西班牙黃金時代的劇作家，確實創作了相當多的一流劇本。在這方面，西班牙足以與法國並轡爭先，名列第二，僅次於伊麗莎白女王時代的英格蘭戲劇。

公眾需求和戲劇公式，促使羅培運用生花妙筆，把豐富的想像力發揮得淋漓盡致，成為世上最偉大的即興創作文學家。西班牙人一向擅長即興創作：政府、軍事、經濟問題、征服和探索、殖民，幾乎是組織生活的方方面面。他們在文學的即興創作也有口皆碑，但沒有西班牙人比羅培多產。他出口成詩的速度驚人，也留下最精彩的西班牙抒情詩，許多流行歌謠、抒情詩、歌曲和舞蹈都融入他的戲劇之中。羅培也採用許多民俗「科普拉」和諺語，把它們穿插在劇本中，讓創作顯得流行通俗。他的許多劇本都是根據史實或是家喻戶曉的傳說。戲劇觀眾深愛羅培，在他們的支持下，有時甚至因為他們堅持，他的戲劇會朝某個方向發展。他創造了西班牙的國民戲劇。

法蘭西斯・海斯（Francis C. Hayes）所著的《羅培・德・維加》（*Lope de Vega*），讓我們近距離看到羅培的花花公子、劇作家、教士、傑出西班牙人、投機分子、天主教徒、幽默家、抒情詩人、父親、情人的諸多面貌。海斯指出羅培有諸多靈感來源：

> 為了尋找戲劇題材，他走遍各處，從貧民窟到市場、到貴族的家、宮殿、教堂、上天入地。他向觀眾呈現數百名流氓。他走下社會底層（並曾入獄），探究囚犯、傻子、惡霸、匪徒、皮條客（包括男女）、妓女、寄生蟲、小白臉和詐欺者……他到處尋覓，無論古今，無分外國或本國，無論神聖和褻瀆，田園、聖徒傳記、眾所周知的故事、地理傳說或者騎士故事。他跨越時空……他向希羅多德、奧維德、賀拉斯、薄伽丘、邦戴羅（Matteo Bandello，義大利作家）、《塞萊斯蒂娜》，《聖經》和他的西班牙戲劇前輩汲取靈感。他一次次把諺語或敘事詩的角色或民族男女英雄，變得有血有肉……[7]

羅培在西班牙各地旅行見到形形色色的人，他甚至把上帝也變成作品中的角色，尤其西班牙所有著名的國王都參與其中。他把很多貴族塑造為惡棍，國王則不會有這種待遇。羅培總是站在

---

*〔原註〕指黃金時代的戲劇，非僅喜劇而已。

國王和老百姓這邊，對抗腐敗的貴族。羅培反映了他的時代，不斷向海斯所謂「那無止盡的大眾水庫」取材，亦即西班牙人民源源不絕的民間傳說。上一刻，他會讓在座每名觀眾洋溢著民族的自豪感，但下一刻，某個角色會脫口而出：「榮耀和驕傲，它們在這世界上有什麼用處？」西班牙人喜歡這些。他們在羅培筆下看到了自己熾熱本性的矛盾心理，看到這種心理在自己眼前的舞台上活靈活現地眼出，讓他們感受到非常類似亞里斯多德所謂古希臘悲劇帶來的宣洩感。

對這位才華洋溢，把人生發揮到淋漓盡致，精力無窮且感知力敏銳的人，還能期待哪些更多的成就？羅培娶了兩個妻子，還有幾個情婦，多名子女，但都比他早死。其實羅培的妻子和情婦，光是可算出來的就有十三人，至少生了十六個孩子。他的很多情婦都是已婚婦女。羅培的座右銘似乎是「犯罪、悔改，然後再犯罪」。但任何事都未曾阻止他寫作。

羅培最好的一個劇本是《巴里巴尼亞和歐卡尼亞的領主》（*Peribáñez and the Comendador de Ocaña*）。這名領主對農夫巴里巴尼亞的妻子魂牽夢縈，為了成其好事，他命令農夫去打仗，就像大衛王要誘惑拔示巴（Bathsheba）的做法。農夫立刻察覺不對，但又不能抗命。等到軍隊一休假，他急忙趕回家，可是還沒到家就聽到田間工人嘴上的歌曲，知道最糟的事已發生。最後他向領主討公道，把他殺死。國王下令逮捕殺人犯，可是聽聞其中原委後，非但饒恕了農夫，還特別褒獎他，升了他的官。在斗篷與劍的戲劇中，要保衛榮譽就得殺死侮辱他的人，即使對方是貴族階級亦然。

在羅培的另一個劇本《羊泉村》（*Fuente Ovejuna*），村裡一個有權勢的領主玷辱幾名婦女，還侮辱她們家的男人。村民忍無可忍，趁著夜黑風高破門而入把他殺死。國王派人來調查誰是罪魁禍首時，村民全都三緘其口。雖然調查者對幾個嫌疑犯動私刑，村民還是不說任何一個名字。儘管被折磨的人往往大喊要供出一切，但只要問道：「是誰幹的？」大家都異口同聲說：「是羊泉幹的。」這個劇本捧高了全村的人，因此迄今還很流行，在俄國和法國也很受歡迎。羅培擅長鋪陳戲劇裡的糾葛。他缺乏莎士比亞的深度，也很少描繪偉大的角色。他絕對沒有創造如莎翁的哈姆雷特、馬克白、法斯塔夫（Falstaff）或伊阿古（Iago）等著名的角色。他寫劇本太快太急，缺乏莎翁的強度。

西班牙黃金時代的戲劇，創造了第二種極其重要的角色，稱作*gracioso*（愚人丑角）。這人可能是主角的僕人、心腹或朋友，是主角思想和行動的共鳴。*gracioso*代表常識，有點像桑丘，有時他也代表輿論。這個象徵性的角色作用類似希臘悲劇的合唱團。法國和義大利的戲劇也採用了這個類型，用在許多劇本，但效果不如在西班牙戲劇中好。這個角色也出現在當今的歌劇中；譬如莫札特《唐喬凡尼》（*Don Giovanni*）的侍從列波萊羅（Leporello），其歌詞是填詞家洛倫佐·達彭特（Lorenzo Da Ponte）以西班牙最出名的戲劇《塞維亞的風流客》（西班牙十七世紀劇作家帝索·莫里納之作）為本寫成。《塞》劇也是文學史第一齣以唐璜為主角的劇本。

在黃金時代的戲劇中，國王幾乎總是被當成好人。他總是站在正義的一邊，和下層階級一起對抗社會上層，尤其是封建領主。心理上，這反映了西班牙當時的情況：國王希望與群眾和教會結盟，和貴族抗衡。羅培的戲劇一再向公正誠信的國王致敬，因而在民眾心中鞏固了這種形象。

評估黃金時代劇作家在西班牙受歡迎的程度時，我們要記住，當時的西班牙人多是文盲，口述文學的形式是他們唯一可接觸到的文學。幾個世紀以來，他們自發地創造了成千上萬無名的歌謠和柯普拉對句，如今這些元素成了國民戲劇的一部分，每個人都可以看到、聽到和理解它們，難怪他們對戲劇和詩歌的胃口難以饜足。

羅培在教會的懷抱，度過人生最後的時間（後來的卡德隆與帝索也是），不過他的年輕歲月可不平靜。雙親在他唸大學前就去世了；在宗教大裁判官的幫助下，他進入阿卡拉大學，完成哲學學業。畢業後，他擔任阿爾瓦公爵的祕書。他有很多風流韻事，曾在一場決鬥中把對手殺成重傷，因此被迫離開馬德里，流亡了好幾年。他加入無敵艦隊赴英國作戰，儘管西班牙大敗，他還是安全返回西班牙。在這段經歷之後，是他身為作家最多產的時期。但在第二任妻子去世，以及他最喜愛的兒子在南美洲溺斃之後，他接受了聖職，退出公共生活（一六一四年）。然而，兩年後，他又和年輕三十歲的人妻愛得死去活來。她是他牧歌中的水仙。這位年輕的情婦失明，繼而瘋狂，讓羅培傷心欲絕；她在羅培去世前三年前死亡。偉大劇作家在僅存的女兒私奔後崩潰；他原本深愛著她，也細心守護她，結果還是無濟於事。在這之後不久，他懷恨而逝，他的人生很像自己寫的劇本。最近發現他在那段時期寫的一個劇本中，有位老年人哀嘆：「讓我守護獅子老虎，讓我守護鱷魚，但不要讓我守護美麗的少女！」

羅培生前是備受仰慕的西班牙作家，無論是貴族，還是一般看戲的民眾，大家都知道他，視他為偶像。他只要一出現在街上，總有大群人將他團團包圍，就像現代影迷包圍明星一樣。只不過羅培的粉絲主要是長者。然而，街頭頑童也瘋狂地追著他，喊他的名字。在馬德里平淡的生活中，羅培的新戲是一件大事。他反映與推動流行品味的能力，其他西班牙作家都望塵莫及。塞萬提斯常常嘲笑他對大眾品味的快速反應，但這種回應使他成為「西班牙舞台之王」。

其實羅培在其他方面也受到推崇。他被選為宗教性質的馬德里學院院長，並被任命為宗教裁判所的「常員」，這是一項殊榮。教皇烏爾班八世（Urban VIII）授予他馬爾他十字勳章和神學博士學位，並發了一封奉承信給他。他在一六三五年去世，得年七十三歲，葬禮如親王一般隆重，儀式持續了三天，由三位主教穿著主教袍主持。西班牙所有劇院都舉行儀式，紀念這位去世的偶像。

奎維多與葛拉西安的鋒利之筆

和羅培同時代和在他之後的作家人數眾多，而且都很重要，不可能在本書篇幅內一一細數。法蘭西斯科・德・奎維多（Francisco Gomez de Quevedo y Villegas，一五八〇至一六四五年）有時被稱為「西班牙的伏爾泰」，他筆鋒銳利，用諷刺、誇張，和苦澀的笑，揭露了可恥和挫敗的西班牙。他的著作裡有無能和拙劣的國王、最惡劣的諂媚阿諛者、卑劣的書記和城鎮議員、無能的貴族、無知放肆的醫師、空洞自大的詩人、貪婪的惡婆娘。奎維多操縱這些人類的典型，讓他們跳起諷刺的死亡之舞，腐敗的骨架讓身體四處轉動。奎維多身為作家最關注的，是西班牙社會的醜惡和愚蠢，已病入膏肓。他譏諷和嘲笑這些事物，但他的笑卻教人心酸落淚。他的幽默成了悲嘆，他的機智是令人心碎的劍。如果像法國哲學家柏格森（Henri Bergson）寫的，笑就像海浪留下的泡沫，任何孩子都可以從沙灘上撿起來，看它變成幾滴凝結的鹽水，那麼奎維多的笑聲似乎是將人生泡沫收集到幻滅裡，呈現給我們看的只是那泡沫苦澀的殘渣。

在某種意義上，奎維多是西班牙史上最重要時刻的國家良心。他也是描繪愛情、死亡和時光流逝的偉大詩人，這一切全交織為轉瞬即逝的安魂曲。他留下了一系列十四行詩，堪稱西班牙語界最優秀的詩句：

吞噬白晝的最後一個陰影
可以讓我永遠閉上這些可愛的眼睛，
由凡人的泥土中釋出靈魂，
把它狂熱和渴望的吶喊
投在那未知的更遠之岸
在凍結的水域解凍之處，我的火焰會爆裂；
它的記憶會再次明亮地燃燒
不在意人類最莊嚴的法律。
對被鎖鍊鎖住的神，靈魂是監牢，

> 血管提供了燃料，造成這麼多火光，
> 高貴地燒著的骨骼嘲笑心的努力：
> 它會離開這個軀體，但擺脫不了它的痛苦，
> 它們將會是灰燼，但因欲望而更快成為灰燼，
> 它們將成為塵土，但卻是愛著永遠的塵土。[8]

巴爾塔沙·葛拉西安（Baltasar Gracián，一六〇一至一六五八年）則是西班牙黃金時代最偉大的散文作家之一。他的許多書由湯瑪斯·諾斯（Thomas North）譯為英文，在英國大受歡迎。他以道德為主題的散文風格辛辣，條理分明，想像力豐富，即使今天讀起來還是很有趣，令人受益良多。下面這一段取自葛拉西安的《智慧書》（*Art of Worldly Wisdom*），具體呈現這位作家的語言和思想：

> 將你國家的弱點掩藏在你體內。水會分享它所流經隙縫的性質，無論這性質是好是壞；人也會受到他所處環境的影響。沒有一個民族沒有天生的缺陷，即使最有文化的民族也不例外，不過其鄰族不會立即發現這些缺陷，或許是因為他們謹慎，也或許是因為他們低調。能夠消除自己身上所帶有的這種民族弱點，或至少能隱藏它們，是值得讚揚的技巧：如此一來，你在自己的民族裡就獨一無二，因為最出人意表的事物最受人尊敬。種族、階級、職業

和年齡也都各有弱點，如果它們全匯聚在一起不受控制，就會生成難以忍受的怪物。

葛拉西安還有一些警句，教人想到法國作家拉羅什福科（François de La Rochefoucauld）的箴言：

「人生是人與人的禍心之間的搏鬥。」

「沒有不受輔助的美，沒有不陷入粗俗的卓越，除非有藝術拯救。」

「空有內容還不夠，還必須要有形式。惡劣的形式破壞了一切，甚至破壞了正義和理性。」

「沒有理解的科學是加劇的瘋狂。」

「平庸的人只要勤奮就能有進展，才華即使出眾，不勤奮也是枉然。」

「運氣不好多數時候是愚蠢的懲罰，怨嘆的人最容易染上的就是這個病。」

「疑惑之時，和聰明謹慎的人在一起是上上策，因為他們遲早會趕上運氣。」

「要知道的東西太多，學習的時間太少；不知道的人就白活了。沒有知識的人是黑暗的宇宙。」

葛拉西安的傑作《批判大師》（*El Criticón*）以奇特而象徵性的觀點描述世界和人類。老人克里提洛因船難，在小島上遇到一個在野獸群中獨自長大的流浪兒。老人（代表世界的知識和判斷）教年輕的野蠻人（代表自然的人，人純潔的靈魂）說話，文明和自然因而被並列，然後互相對照。高貴的年輕野蠻人敘述了他的人生和經驗。老人正要說自己的故事時，正好有船經過，把他們救了出來。年輕人在導師告誡他對這些人要有戒心，說他們是敵人時，感到十分困惑。和野獸總能交上朋友的人，卻不能和自己的同類交朋友，未免奇怪，但老人說，人雖然沒有獅子老虎的利爪和力氣，卻擁有更尖利的舌頭，這個武器可以把人碎屍萬段。兩人上了船，最終在西班牙上岸。自此開始，作者對文明作了一連串的批判。自然之人純潔的靈魂總是被欺騙，就連老師對自己也不再有把握。他們去羅馬追尋平和快樂，但在羅馬亦徒然無功。那麼究竟要到哪找這些人生的理想目標？作者告訴我們，世上沒有這些東西。儘管此書的結尾很傳統，但全書發人深省，它對人生的悲觀態度深深吸引德國哲人叔本華。在葛拉西安的筆下，世界的掙扎和衝突無所不在，一切事物都處在緊張的狀態。上帝創造芸芸眾生，人類是其中最殘酷的一種，他唯一的希望是霸道或屈服；他必須驅使自己克服所有的障礙。他身上帶著倖存的種子，滅亡的毒液，一切都是命。

莫里納與卡德隆的戲劇世界

羅培在西班牙黃金時代戲劇界有許多追隨者：帝索·莫里納、魯伊斯·德·阿拉孔（Ruiz de Alarcón）、紀廉·德·卡斯特羅（Guillén de Castro）、羅哈斯·索瑞亞（Rojas Zorrilla）、米拉·德·阿梅斯夸（Mira de Amescua）、莫雷托（Agustín Moreto）、裴瑞茲·德·蒙塔望（Pérez de Montalbán），以及最後一位的卡德隆·德·拉巴卡。隨著卡德隆在一六八一年去世，這偉大時代也告一段落。我只簡略介紹這些劇作家的第一位和最後一位，他們也是其中最優秀的劇作家。帝索（一五七一至一六四八年）直到三十五歲才開始寫劇本，共留下約一百五十部長篇劇本，其中以唐璜為主題的《塞維亞的風流客》最膾炙人口。劇本以中世紀傳說中玩弄女人的塞維亞浪子為本，所有其他歐洲國家幾乎都有作家採用和模仿這個故事：法國的莫里哀（Molière）、高乃伊（Pierre Corneille）和羅斯坦（Edmond Rostand），英國的沙德威爾（Thomas Shadwell）、拜倫和蕭伯納，義大利的高多尼（Carlo Goldoni），德國的霍夫曼（E. T. A. Hoffmann）和俄羅斯的普希金（Alexander Pushkin）。莫札特的歌劇《唐喬凡尼》及達彭特所填的精美歌詞，使這故事在世上各城市的舞台，代代相傳迄今。

在帝索的戲裡，唐璜是典型的登徒子。他喜新厭舊，以引誘女人為能事，得手之後馬上拋棄她們，樂此不疲。早在佛洛伊德提出理論前數世紀，他就象徵了秉承快樂原則的本我輕率盲目的性衝動，不因社會交流、文明或良心的禁忌而放慢腳步。他象徵女性懲罰者。現代心理學可能以唐璜對母親的恨為解釋，或者說他性能力有問題，需要證明雄風，不過帝索沒有提到這些可能，只是呈現這個案例，任憑它發展成可怕的結局。在帝索看來，唐璜是不知悔改的大罪人，最後被殺死，下了地獄。他甚至根本不考慮悔改，死時一如生時，是個愛吹牛的浪子，準備接受自己種下的後果。在帝索之後採用唐璜主題的劇作家，未必讓這名浪子遭到同樣的命運；事實上，西班牙最受歡迎的唐璜劇本是一八四〇年代浪漫主義詩人荷西·索瑞亞（José Zorrilla）所寫，主角因其中一位受害者的純情而得救。後面這個劇本，也是如今馬德里每年都會公演的劇本，有時會有幾個劇團同時演出，以供觀眾作比較。

帝索在乎的是報應。他的主角沿著單一條劇情線發展，關於他無法克制的性衝動，為追求滿足，不顧任何障礙。帝索的唐璜只顧愛而不反省；他不是思索快樂和命運的浮士德，而是純粹的肉體，純粹的性慾，充滿精力、盲目衝動、不負責任的本能。他代表沒有文明的人；在帝索看來，他也代表著純粹的邪惡，象徵撒旦，因為唐璜遭惡魔附身。他是脫離社會有機體的生命原則，把原應是創造的事物變成破壞。他是失控的生命能量。當被他殺死的騎士團長雕像邀請唐璜在墳上用餐，他毫不猶豫地去了。雕像握住他的手，把他一路燃燒拖到地獄時，已經討回了公道。這是恰當的故事結局，帝索的敘述生動活潑。照作者自己的說法，這齣戲的教訓就是，在神的計畫中「欠債還錢，天經地義」。人不可能逃避行為的責任。他總有選擇的自由意志，如果做了錯誤抉擇而不悔改，就會永遠受詛咒。唐璜受到詛咒罪有應得，但他的能量、他的推力、他的驕傲、他的意志，仍舊使他成為西班牙的象徵，以及罪惡和錯誤的象徵。

備受德國浪漫派作家推崇的卡德隆．德．拉巴卡（一六〇〇至一六八一年）是西班牙黃金時代在國外最出名的作家，雪萊很欣賞他，也在英國寫到他，讓《魯拜集》（*Rubaiyat*）揚名的《大亨小傳》作者費茲傑羅（Edward Fitzgerald）翻譯了他的八個劇本。德國浪漫主義理論家施萊格爾（Friedrich Schlegel）和哲學家叔本華都認為他是舉世最偉大的作家之一。卡德隆是出類拔萃的巴洛克劇作家。他以經過扭曲的文字和象徵的光輝，為黃金時代劃下句點。他是西班牙天主教的詩人，除了較長篇的劇本，還寫了許多被雪萊形容為「星光燦爛的聖禮劇」（*autos*，按：簡短的寓意詩劇，用寓言和神學象徵解釋聖餐儀式），這是充滿詩意之美的宗教象徵作品。反宗教改革此時已箝制了西班牙所有的自由思想，只剩下純教條，外加無盡的點綴。黃金時代的戲劇缺乏人物分析和基本的質疑。這是「巴洛克」在文學中的真正意義，在其他藝術裡，尤其是建築方面，也有相對應的作品。

如今天看來，卡德隆大部分劇本的核心都不精彩，全憑語言之美挽救。在《神力魔法師》（*The Prodigious Magician*）中，一個年輕的異教徒西普里安對一名貞潔的少女產生情慾，卻遭拒絕。他和（偽裝成紳士）的魔鬼對神學進行了一番討論，然後求助。魔鬼承諾教他魔法，幫他抱得美人歸，換取他的靈魂。雙方簽了約，並以血為誓。然而少女繼續抗拒；她的美德和自由意志使她不容侵犯。西普里安最後只好用魔法擄獲心上人，但當他抓住她，試圖擁抱她時，他的懷裡只剩下骷髏。作者結論道：「這就是舉世所有的榮耀。」

卡德隆的《薩拉梅雅市長》（*The Mayor of Zalamea*）所用的主題，和羅培的經典戲劇《貝利巴聶茲》（*Peribáñez*）基本上如出一轍。薩拉梅雅市長佩德羅．克里斯波的女兒遭騎士團長阿瓦洛勾引，但他不肯娶她，身為農民的佩德羅審判他，將他定罪，並處以死刑。這個劇本也象徵軍隊和民政權威的衝突，後者明顯勝出。此劇的國王角色是菲利普二世，他赦免並獎勵了佩德羅的行為。

卡德隆最出名的劇本是《浮生若夢》（*Life is a Dream*），故事地點設定在波蘭，不是真正的波蘭，是十七世紀西班牙傳說中遠在天涯海角的波蘭。波蘭國王會占星，他從星象看出即將出生的兒子注定成為殘忍可惡的人。因此孩子出生後，就被關進塔中，與世隔絕，不至於傷人。這孩子在這種不自然的限制環境中長大成人。然而，國王在宣布由侄子繼承王位之前，決定給兒子一個機會。他用了強力麻醉劑，將塔裡的王子送到國王的床上。王子醒來後以為自己在作夢。他無法分辨哪部分的生活是現實。他變得暴力，把一個僕人抓起來扔下陽台，甚至威脅自己的父親。老國王傷心地命令再次將他麻醉，送回塔樓。這對王子是重大的創傷，他困惑至極，無法區分夢的世界和現實世界。但經過短暫沉思之後，他頓悟了，表示他將成為一個好基督徒。他現在明白了人類的幸福、所有的榮華和權力，所有的財富和物質，都會「像夢一樣過去」。唯有靈魂才真實。

幾乎每本西班牙詩集都收錄了下面這首卡德隆的十四行詩：

這些似錦繁花，洋溢甜蜜歡樂的氣息
在破曉時清醒綻放，
到夜的寒冷懷抱中，很快就會成為
虛榮和死亡製作的淒慘花環。
挑戰星空的這種色調，
這朵灑布了紅褐、金色和白雪色澤的鳶尾，
教導每個人心中必知的事情：

人們每天經過多少的生命！
這些玫瑰在黎明的觸碰下盛放，
但是盛開卻只為了枯萎和老化；
每一個花苞都是生和死的象徵棋子，
人已經預見到他生命的短暫：
這一天誕生，次日卻已死亡，他的歲月展開，
雖然幾個世紀已消失，但看來只不過是轉瞬。[9]

在卡德隆的時代，馬德里只有兩家劇院：克魯茲（Cruz）和普林西波（Principe）。但即便在黃金時代晚期的歲月，戲劇也常在城鎮廣場演出。自西班牙戲劇開始以來，戶外場所一直都為劇團使用。在這段醞釀時期（一五五〇至一五七〇年），洛貝．德．盧耶達（Lope de Rueda）的巡迴演員從一個城鎮到另一個城鎮作簡陋的演出，他們被認為是黃金時代第一個有組織的劇院。塞萬維斯在塞哥維亞的廣場觀看了他們的一場演出，他寫道：「他們所有的行李只要一個袋子就夠裝，包括四塊白色的羊皮、飾有鍍金的皮革、四副假鬍鬚和假髮，以及四條曲柄手杖。」他們用繩子拉起一兩條毯子作簾幕。樂手在幕後清唱古老歌謠。演員就在廣場上，死巷底，或在兩三棟建築物構成避風處的開放空間搭起舞台，稱作*corrales*，庭院之意。劇場包廂就是附近建築物的窗戶和陽台。舞台僅是幾英尺高的平台，用木板製作，放在長凳上。舞台後方一塊輕薄的彩色

帆布是唯一布景。如有必要，得由演員站在舞台上描述場景。這種粗陋的舞台後來逐漸改進，到卡德隆的時代，演員甚至有休息室可以更衣。女演員老是被男性觀眾糾纏不放，因此總在表演前把自己鎖在更衣室內。但最後總免不了得開門，以免這些男人因為覺得受輕蔑而喝倒采，毀了演出。舞台本身雖粗陋，卻象徵了全世界，而黃金時代的劇本確實包括了每個時代，以及任何想像得到的地理區域，羅培的想像力尤其豐富。

站票觀眾稱為「劍客」，西班牙文寫作 *mosqueteros*，他們站在舞台前的天井，在戲劇進行時不斷發出喧鬧聲，可能是叫好，也可能是喝倒采。有時他們還把蔬菜丟到舞台上，塞萬提斯曾寫到，他早期的一齣戲雖然不怎麼叫座，但至少「沒被扔青菜蘿蔔」。這些站票觀眾的鼓噪可能讓任何戲砸鍋。站票觀眾後方是專門保留給婦女的座位，稱作「燉鍋」（*cazuela*）。後來這個位置設了格架，以保障隱私。來看戲的婦女除了看人，也愛被人看，她們會盡全力打扮，吸引男性觀眾的注意。

戲總在下午上演，夜間沒有演出。冬天時，下午兩點開演；夏天則是四點。有時會有篷子遮蔭，以防烈日，但若下大雨，演出就只好取消。這些戲很少能演出一次以上，如果上演一週，已是絕無僅有。所以羅培的多產，一部分也是因為群眾壓力，他們每天都要有新戲可看。這些戲通常伴有舞蹈，中場時也會穿插幽默短劇。看戲的觀眾來自各行各業，也包括貴族和平民。在這裡社會階級終於平等，不過有錢人幾乎總能占到最好的座位，私人包廂。只有兩個主題是戲劇絕對禁演的：對君主制度的批判，以及對天主教教義的攻擊。在這樣的限制之內，產生了相當多樣的戲劇作品，其中大部分從未翻譯為英文，而黃金時代最精彩的作品也譯得很差，因此看來很荒唐，直到最近才有改善。羅伊．坎貝爾（Roy Campbell）收錄在《經典戲劇：六個西班牙劇本》（*The Classic Theatre: Six Spanish Plays*）的活潑譯本，可能是最好的譯本，因為一九五七年去世的坎貝爾，本身就是傑出的詩人。

西班牙文學在黃金時代達到了巔峰，多采多姿，蘊含偉大的詩意力量和濃烈感情。中世紀作家的特色——對現實的精打細算，到黃金時代變成了以巴洛克風格的精緻和複雜，表達人類性靈備受折磨的哀歌。古老的民間元素與此並存，一如來自魔泉的潺潺流水。黃金時代的作家把這些元素塑造成崇高的現實，捕捉了危機之中的西班牙靈魂，讓它永垂不朽。文學是國家歷史和人類精神的精華，是永恆的。每個偉大的作家絞盡腦汁與心力地創造自己的宇宙，各自追求著永恆。文明豈不就是這些藝術遺緒的積累嗎？

第九章

黃金時代的美術與哈布斯堡王朝的衰亡

「從來沒有完整社會制度的西班牙，透過精神的痙攣呈現了她的生活和藝術，正如有力量和行動的人挺身而出一樣。」

——皮奧·巴羅哈（Pío Baroja）

繪畫與文學在西班牙黃金時代齊頭並進。花園即將枯乾之時，園中的花朵會展現罕見的可愛姿顏，空前絕後。三位菲利普（菲利普二世，一五五六至一五九八年；菲利普三世，一五九八至一六二一年；菲利普四世，一六二一至一六六五年）統治的時期，正是西班牙藝術進步之際，也是西班牙帝國衰落傾頹，淪為空殼的時期。委拉斯奎茲為不幸的哈布斯堡王朝諸王及其家族所繪的肖像，清楚地說明了近親通婚的缺點，這個家系傳到最後一位國王卡洛斯二世時，已退化到慢性病纏身且愚蠢無能的地步。

歐洲其他地方顯然已把西班牙拋在身後。她頑固地堅持天主教歐洲的夢想；她嚴格地維持天主教西班牙的現況；她無力管理海外的帝國，而且莫名其妙地浪費了最後的資源，花在愚蠢的戰爭、不道德的庇護，以及舉世最多的聖職職位上。在西班牙，人人都逃避辛勞工作。凱旋的士兵不再打勝仗，輕易地淪為流浪漢、賭徒、強盜或教士；他變成寄生蟲，而非生產者。這正是他祖國的悲劇。

此時一種價值體系正在成形，將使西班牙趕不上歐洲主流的進步，落入無可救藥的境地。工業、經濟發展、科技進步、憲法政治、知識自由、教育——歐洲各國在上述領域都有穩定的進展，唯獨西班牙一直吊車尾，既無能也不願跟上時代，更不願跟上已經改變的價值觀。他們自外於這一切，譴責並嘲笑它們，說它們不好，頑固地緊抓著中世紀的過去。西班牙人的食物越來越貧乏，但卻依舊吹噓他們偉大的帝國、豐富的文化、熱情的信仰，以及無與倫比的個人價值。吉訶德和風車大戰，被粗暴地掛在巨大風車葉片上之後，桑丘對他說：「我不是告訴你了，它們只是風車？」另一次，吉訶德對桑丘說：「在我看來，這明明是曼布里諾的頭盔，但你卻認為是理髮師的臉盆，在別人看來，又會是另一樣東西。」桑丘思索了一下答道：「哦，那個臉盆頭盔……」這正是西班牙最大的困境之一：它什麼都看不清，就連自己眼前的事物也模模糊糊。

但即使在盲目狂熱的醜陋陰影籠罩下，西班牙人依舊繼續創造出偉大的藝術作品。隨著歲月的流轉，繪畫的品味也會變化，以往公認西班牙最傑出的藝術家，如今則不盡然。五十年前，大部分的西班牙藝術鑑賞家都會說，西班牙三大畫家是：委拉斯奎茲、穆里尤和哥雅，但如今則更可能是：格雷考、委拉斯奎茲和哥雅。穆里尤已經退出前三名，而來自克里特島的傑出希臘畫家格雷考則排名第一。我雖不堅持這個排序表列，但它反映了非常廣泛的意見。

格雷考

格雷考的名字是Domenico Theotocopuli，他在畫作上的簽名就是這名字的希臘文。他被稱為*El Griego*或*El Greco*，意即「希臘人」，是因為這個名字較短，較好稱呼。格雷考約在一五四八年於克里特島出生，青年時期赴威尼斯，並在大畫家提香的工作室學習。約一五七七年，他來到托雷多，在此度過餘生，直至一六一四年去世。他在托雷多的第一幅畫是一幅《聖母升天》（*Assumption of the Virgin*）圖，現存於芝加哥藝術學院。在托雷多聖維森特（San Vicente）的小教堂中，則藏有一幅他後來所繪更傑出的《聖母升天》圖。

圖9-1 格雷考的《聖母升天》（*Assumption of the Virgin*, 1577-1579）

托雷多恐怕是全西班牙最迷人的城市，又因為它規模小、歷史悠久、形形色色的藝術遺跡，說不定可算是全歐洲最有趣的城市，而它與這位天才藝術家的一生密不可分。格雷考大部分的畫都是為此地的教堂繪製，他所繪的托雷多景觀如今收藏在紐約大都會博物館，是有史以來畫布上最精彩、最特別的景物之一。格雷考也嘗試過雕刻，但不太成功，他甚至還在托雷多和馬德里之間的小村莊伊列斯卡斯（Illescas）擔任過幾座教堂的建築師。如今伊列斯卡斯依舊收藏格雷考罕為遊客所知的兩幅畫作，懸掛在古老的教堂內，由一位上了年紀的矮小修女帶路展示，她看來就像繪畫和教堂本身一樣古色古香。伊列斯卡斯的小城如今荒涼破敗，擁有這份昔日榮耀的它宛若古老平原的陰影，就在西班牙喧囂繁華的首都旁。在西班牙各處遊歷，拜訪西班牙偏僻地區的小路和小村莊時，經常會出現藏有偉大寶藏的古老教堂。而同樣常會遇到的是尚未完成的巨大船體、未竣工的教堂、沒有屋頂的修道院、幾道爬滿常春藤的空心牆壁……某人未竟的夢想。就像西班牙自己的夢想一樣……未完成，不完整。

格雷考是偉大的畫家。他早年「提香風格」的作品在西班牙很受喜愛，非常搶手，但格雷考急於發展自己獨特的才華，竭盡所能地努力，只是偶爾效果不如預期。譬如在菲利普二世巨大莊嚴，集陵寢—教堂—圖書館—修道院於一處的艾斯科里亞，就有一幅國王本人委託格雷考畫的作品，主題是聖徒聖莫里斯（Saint Maurice）的殉道。如果菲利普二世喜歡這幅畫，可能會請格雷考繼續為整棟建築作畫，但國王看到畫時非常不悅，因為這畫顏色刺眼，色調又偏灰，畫面上的士兵半裸，迷人的面孔下卻伸出醜陋的腿，而且因為焦點不在臉孔，因此幾乎不受注意。菲利普把這幅畫放在建築物的角落，他認為這種東西不該放在宗教建築的重要位置。不過或許因為失去這次機會，才使格雷考得以繼續發展自己的風格。至少此後沒受到國王的任何壓力，不必按照規定的方式繪畫。他的畫作顯然很受歡迎，教士爭先恐後出高價請他作畫，他的生活一直過得非常富裕。

格雷考的十二使徒畫作是他最好的宗教肖像畫，在托雷多有兩組，一組收藏在所謂的「格雷考之家」（La Casa de Greco），另一組則收藏在大教堂裡。「格雷考之家」的使徒畫像尚未完成；儘管乍看並不明顯，但很多手、臉和輪廓都還沒畫完。畫中使徒精緻的臉孔，尤其是大教堂裡的使徒像，展現了真正的宗教熱情。格雷考所繪的悲傷基督，可以看到更動人的虔誠，他熱淚盈眶，雙眼朝上，潔白的兩手輕輕放在十字架上，融合了生命、悲傷和神性的奧祕。

圖9-2　格雷考的《歐貴茲伯爵的葬禮》（*The Burial of the Count of Orgaz*, 1586-1588）

格雷考在西班牙最早的畫作之一，是收藏在托雷多大教堂的《基督被剝去聖衣》（*El Expolio*）。主要的人物基督身著深紅色袍子，無助地沿著街道行走，包圍他的人正在撕扯他的衣服。這幅畫現在仍然很壯觀，但基督長袍的顏色顯然已遭後來的藝術家再畫過，成了鬥牛士斗篷的色調。與我一起觀賞這幅畫的是一位在托雷多居住多年的德國畫家，他一直在模仿格雷考的畫作，他提出令人信服的理由，指出為什麼他如此懷疑。

格雷考最著名的畫作是《歐貴茲伯爵的葬禮》（*The Burial of the Count of Orgaz*），收藏在托雷多的聖多默堂（Iglesia de Santo Tome）這個小教堂。這幅畫是紅衣大主教基羅加（Quiroga）委製，後來由主教獻給教堂。幾個世紀來，它一直掛在牆上的陰影中，精湛的技巧只顯露了一部分。現在展示的光線則恰到好處，整個教堂似乎變成以它為中心。歐貴茲伯爵在十四世紀去世，但格雷考卻用他自己時代的人物作為畫中的哀悼者，其中有許多著名的文化人物：劇作家羅培．德．維加、加西拉索．德．拉維加和塞萬提斯。他自己的幼兒也在葬禮遊行中。這些人的面孔、鎧甲和輪廓都精心繪製。潔白的雙手和蒼白的五官是格雷考所繪男子的典型，清楚地表現出西班牙的貴族階級逐漸變得軟弱。畫作上半部繪的是伯爵的靈魂進入天堂，呈現完全不同的風格。整幅畫以巧妙的概念、色彩和設計，把現實世界和超自然世界作了對比。伯爵無生氣的蒼白身軀由聖史蒂芬和專程下凡的聖奧古斯丁放入墳墓。聖奧古斯丁是一位戴著禮冠的老人，身著華麗的金色法衣，輕輕托住伯爵的肩膀，伯爵打磨拋光的黑色甲冑與聖徒的金色長袍形成鮮明的對比。小教堂位於蜿蜒狹窄的街道上，附近有古老穆德哈爾式的鐘樓。我每次經過，總湧起熱切的欲望，要一次又一次觀賞這幅壯麗的畫作。

格雷考的聖母和聖家庭畫作和他的許多聖徒畫像一樣，因形體不成比例而受到注意。他的當代人畫像則正常得多，其中收藏在紐約大都會博物館的宗教大裁判官尼諾・德・格瓦拉（Nino de Guevara）的畫像是佳作之一。畫中的人物栩栩如生，朝觀眾走近，他的臉上充滿了宗教熱忱。格雷考的許多人像比例都拉得過長，通常比按比例的長度再高出一個頭，有人說這是格雷考給予這些人超越現實面貌的手法，也有人說格雷考只不過反映他那個時代宇宙觀的擴增。隨著舊世界的極限向外擴展，人類對它和凌駕它之上的神性概念也在向外擴展。還有人堅持格雷考的眼睛有毛病，因此他看到的人體比實際更長，而且還和垂直線呈某個角度。在科學測量他的許多畫作之後，最後這種說法似乎獲得證明，但我認為這並沒有什麼特別的意義。這件事或許引人好奇，但它與格雷考的傑出（或不傑出）藝術無關。散光永遠無法讓畫作卓越，也不可能讓原本沒有繪畫才能的人變成天才。

在很多方面，格雷考都是西班牙黃金時代最典型的藝術家，他並非在西班牙出生，然而到頭來，他卻比西班牙人更西班牙；他能夠看出並重現反宗教改革的本質，沒有西班牙人能做到這點。他能夠永遠地捕捉到他所移居國家同胞扭曲的精神，以及他們宗教夢想受到打擊的挫敗感。他能夠以其他西班牙人所不能夠的方式觀察托雷多，並把它神祕的植物和奧妙的閃電，以其他畫家所不能的方式化為形體、色彩和情感。美國藝評家謝爾頓・切尼（Sheldon Cheney）寫道，格雷考「做到西方繪畫抽象元素最正確的處理」，這話很接近事實。格雷考生前雖然很受歡迎，但去世後卻遭藝評家和社會大眾忽視將近三個世紀。馬奈（Edouard Manet）和其他法國藝術家都很欣賞他，但直到西班牙評論家柯西奧（M. B. Cossio）在一九〇八至一四年間，發表了一系列五篇研究，才讓歐洲重新發現他的價值。英國鑑賞家和藝術收藏家威廉・麥斯威爾爵士（Sir William Stirling Maxwell），在一九一〇年出版了精彩的《西班牙藝術家故事》（*Stories of Spanish Artists*），使格雷考在英國廣為人知。

委拉斯奎茲

繼格雷考之後的傑出畫家是委拉斯奎茲（一五九九至一六六〇年）。幾世紀以來，他一直是最受推崇的西班牙畫家。委拉斯奎茲出生在塞維亞，「系出名門」。他父親是葡萄牙貴族後裔，血統可追溯到阿爾巴隆加（Alba Longa，按：古義大利中部的王國）的國王。這個年輕人接受良好教育，展現相當傑出的語言和哲學才華。然而，他最偏好的是藝術，而且從小就狂熱地畫畫。才華洋溢的藝術家老埃雷拉（Francisco Herrera the Elder，按：他和兒子都是畫家）是委拉斯奎茲的啟蒙老師。當時埃雷拉在安達魯西亞已家喻戶曉，因此家中聚集了一大群有志繪畫的弟子。這位老師最擅長迅速又靈巧地記錄生物的形態和輪廓，但他脾氣暴躁、言語刻薄，老是令徒弟感到沮喪。年輕的委拉斯奎茲生性羞怯隨和，他向埃雷拉學到該學的一切，然後便匆忙離開了。

他的下一位老師是帕切科（Francisco Pacheco），後來成了他的岳父和傳記作者。帕切科的天賦不如埃雷拉，不過脾氣比較溫和。委拉斯奎茲很快學到自然本身就是最好的老師，花很多時間努力地描繪生活中的物品、動物和人物。帕切科寫道，委拉斯奎茲雇了一個農家少年陪在他身旁，作為學徒和模特兒，讓他可以隨時記錄這男孩的表情和情緒。他以潦潦幾筆炭筆勾勒出大概，之後若有意再細心描繪。委拉斯奎茲就以這種方式磨練改進作藝術家的秉賦。

在此同時，

> 為掌握色彩，他花了一段時間研究動物和靜物，繪製色調和色彩豐富但結構單純的各色物體，如木板、金屬和陶製的壺和鍋，和其他家用器具，以及塞維亞周遭樹林和水域常見的鳥類、魚類和水果。[1]

這些在陰暗室內空間所繪的靜物，是委拉斯奎茲年輕時的主要作品，其中許多都與法蘭德斯地區大師的傑作不相上下。人物頭像、實物大小的靜物、精心繪製的動物和幽暗的房間——這些是早期委拉斯奎茲作品的代表。

在下一個階段，他認識了格雷考，更精確地說是，他和格雷考最傑出的弟子特里斯坦（Luis Tristán）來往。特里斯坦融合了威尼斯畫派豔麗色彩的暗淡卡斯提亞色調，深深吸引他。委拉斯奎茲公開表示欽佩特里斯坦，並從他那裡學來更精彩的顏色，和更成功的對比元素。

委拉斯奎茲在二十三歲時赴馬德里；他花了許多時間在普拉多博物館（Prado Museum）和艾斯科里亞作研究。在這段時期，他畫了童山濯濯的貢戈拉畫像——以別出心裁的比喻和美麗意象聞名的哥多華詩人。不久之後，年輕的委拉斯奎茲受到國王菲利普四世注意，終其一生，國王都是他的贊助人。委拉斯奎茲有三十多幅畫都是以這位蒼白無力、眼睛下垂、生著哈布斯堡家族凸出下顎、縱情享樂的國王為主題。還有其他許多畫繪的是王室成員、朝臣和侍從。另外也有幾幅的畫面上，是一個或多個真人尺寸的醜陋侏儒，這些侏儒在當時的西班牙宮廷頗受歡迎。不容否認，這些畫都是精美的藝術品，但它們很難讓觀賞者如痴如醉。這位畫家所畫最出色的人物毫無疑問是十字架上的基督，教人無比感動，也因此帶來了西班牙語最優秀的幾首詩歌，由現代詩人、散文家、哲學家和薩拉曼卡大學校長烏納穆諾所作。

圖9-3　委拉斯奎茲的《釘在十字架上的基督》（*Christ Crucified*, 1632）

委拉斯奎茲曾兩度赴義大利。第一次是在他三十歲時，聽從先前來西班牙宮廷訪問的魯本斯建議。他在義大利待了兩年。第二次訪義是在近五十歲時，當時他已躋身歐洲最著名的藝術家。這回是教宗英諾森十世（Innocent X）委託委拉斯奎茲畫他的肖像，那是一件非凡的藝術作品。「據說教宗看到藝術家的素描，繪出教宗精明嚴肅的臉孔，臉上肌肉不由自主地抽動說：『太真實了。』」約書亞．雷諾茲爵士（Sir Joshua Reynolds）後來說，這是羅馬最好的畫作。此後不久，委拉斯奎茲畫了西班牙藝術圈的首幅裸女畫，亦即著名的《鏡前的維納斯》（*Rokeby Venus*）。畫面上是一位斜倚美女的背部，也許是為了遵守西班牙教會禁止裸女畫的命令。[2]

圖9-4　委拉斯奎茲的《宮女》（*Meninas*, 1656）

在委拉斯奎茲的最後時期，他畫了《紡織女》（*Hilanderas*）和《宮女》（*Las Meninas*）。兩幅畫作展現的功力，讓後來所有的藝術家欽佩不已。許多人稱後者是「舉世最好的畫作」。從技巧來看，這話或許不假；但從畫作激發的情緒反應來看，它絕對不是。委拉斯奎茲是史上技巧最精湛的畫家之一，但可惜他缺乏捕捉人物個性、痛苦或渴望等本質的能力，但那卻經常出現在格雷考、米開朗基羅或林布蘭的肖像傑作。

穆里尤

西班牙黃金時代第三位舉世聞名的畫家是穆里尤（一六一七至一六八二年），和委拉斯奎茲一樣生於塞維亞，不同的是，穆里尤從未出國留學，也沒有受到宮廷寵愛。不過，委拉斯奎茲確實多次鼓勵穆里尤，不僅讓他進入所有的皇家畫廊，也讓他到家中住宿作客，並把他介紹給來西班牙訪問的外國畫家。他還敦促穆里尤赴義大利進修，但這位年輕人從未前往。

穆里尤以兩種畫聞名：他的宗教畫作，主要是帶著少女清純天真的年輕聖母；以及以社會底層階級為主的畫作，尤其是街頭頑童和小販。他畫了幾十幅聖靈懷胎和聖母升天圖，有評論者認為他在這樣的畫作中，以「甜美的藍色調主導」，純潔的聖母圓潤的形體彷彿是用「血與牛奶」所繪。也許穆里尤最精美的畫作是仍留在塞維亞的一幅巨作《摩西擊石》（*Moses Striking the Rock*），其中可見一股水流從中湧出，這是他為塞維亞聖喬治教堂繪製的十一幅畫作之一，他因這批畫獲得了約三千元的酬勞。十九世紀初拿破崙占領西班牙期間，把其中一些畫帶到法國。但是這幅著名的摩西畫及另一幅雙胞巨作，《餅與魚的奇蹟》（*The Miracle of the Loaves and the*

Fishes）仍然留在塞維亞。

穆里尤畫的街頭頑童和農民很受喜愛，是十七世紀安達魯西亞較底層社會很好的橫切面。一幅很出名的畫作是《祖母為孩子抓蝨子》（*A Grandmother Delousing a Child*），記錄了當時西班牙常見的場景。老太太小心翼翼地分開孩子的頭髮，尋找藏在下面的蝨子。孩子的表情很滿足。

這些年來，穆里亞已不再那麼出名。他曾被視為史上頂尖的西班牙藝術家，但後來卻被認為太多愁善感；不過最近他重獲重視。黃金時代還有許多其他優秀的畫家，最出名的幾位可能是神聖的莫拉萊斯（Luis de Morales）、桑切斯・科埃略（Sanchez Coello）、里貝拉（Jusepe de Ribera）、蘇巴朗（Francisco de Zurbarán）和阿隆索・卡諾（Alonso Cano）。（偉大的哥雅是十九世紀畫家；稍後會再討論他。）

黃金時代的雕刻、建築與音樂

這段期間最主要的雕刻家是阿隆索・德・貝魯格特（Alonso de Berruguete）、胡安・德・朱尼（Juan de Juni）、格雷格里奧・赫南德茲（Gregorio Hernández）、胡安・馬丁內斯・蒙塔內斯（Juan Martínez Montañés）和胡安・德・梅納（Juan de Mena）。雖然這些人都不能和米開朗基羅相提並論，但那位偉大義大利大師的門徒貝魯格特（一四八六至一五六一年）確實能與文藝復興時期義大利的雕刻大師多納泰羅（Donatello）並駕齊驅。貝魯格特在佛羅倫斯學習了十六年，是兩個國家在這一領域的主要聯繫。儘管義大利對西班牙的雕塑有非常強烈的影響，但在西班牙最好的作品中，卻有一種深刻且往往受苦的現實主義，暗示著一種閃族的根源。

西班牙教堂常見的彩色木雕像，以及唱詩席和祭壇上的精美木雕裝飾畫作（*retablos*），堪稱舉世第一。托雷多、羅德里戈城（Ciudad Rodrigo）、塞維亞和布爾戈斯的木雕都是這種作品最佳的例子。很多西班牙雕刻家也製作了獨特的木雕像，他們經常嘔心瀝血地把淚滴和血刻畫得唯妙唯肖。西班牙宗教建築內部常用鐵格架分隔成各種房間，這種格架也可作為柵欄或欄杆，應用在許多其他的目的上，是西班牙人擅長的另一個領域。這種藝術被帶進新世界，在那裡重生，標識從帝國一端到另一端的征服之路。

在建築方面，仿銀器裝飾（Plateresque）在文藝復興時期出現，這是新舊的精緻融合（哥德風格、摩爾風格和義大利文藝復興風格），是來自銀匠（*plateros*）的裝飾藝術。穆德哈爾（亦即摩爾）風格也繼續發揮其魅力。許多西班牙特色的建築物都把幾種建築模式融為一體。文藝復興全盛時期的風格變得越來越強烈，在艾斯科里亞表現出菲利普二世的憂鬱。再後來，巴洛克和超級巴洛克（ultra-Baroque）風格興起，作為對十六世紀嚴峻風格的抗議，建築師自由揮灑浮誇而過度的設計，裝飾往往厚到很難看到下面的柱子。這種風格在墨西哥達到了巔峰，巨大的銀礦湧出源源不絕的財富，礦工互相較量，看誰能建造出最美麗的上帝殿堂。位於塔斯科（Taxco）由波達（José de la Borda）出資興建的美麗教堂聖普里斯卡（Santa Prisca）就是其中一例，但還有很多很多其他類似的建築。

在音樂方面，當時一些最傑出的作曲家也在西班牙誕生。「西班牙巴哈」安東尼奧·德·卡貝佐（Antonio de Cabezón）傑出的管風琴音樂至今仍備受推崇。阿維拉的路易斯·德·維多利亞（Luis de Victoria）可能是教會音樂之父帕勒斯替那（Giovanni Pierluigi da Palestrina）的學生，也創作了歐洲最感人的宗教音樂，他的合唱作品幾乎無人能出其右。薩拉曼卡的法蘭西斯科·德·薩利納斯（Francisco de Salinas）於一五七七年出版長篇的音樂理論，文中保留了幾首民謠曲調。薩利納斯是薩拉曼卡大學的音樂教授，他雙眼全盲。神祕詩人路易斯·德·雷昂為他寫了出名的頌歌，讓他永垂不朽。

古西班牙音樂最珍貴的作品收錄在《宮廷歌本》（*Cancionero de Palacio*）。原本學者一直以為這書已佚失，但它於一八七〇年在西班牙國家圖書館重現。這本書收有十五、十六世紀約五百首作品，其中七十五曲是胡安·德·恩西納所作。歌曲內容包羅萬象：愛情、田園、騎士、歷史、宗教、流浪漢、幽默和難登大雅之堂的曲子！最近也有人用古樂器為其中一些曲子錄音，盡力捕捉古老的風味和節奏。在黃金時代，來自各地的各種民間歌曲依舊蓬勃發展：民謠、工作歌曲、宗教曲調、舞曲、情歌、朝聖歌曲等等。它們五花八門的形式和繁多的數量，使西班牙民歌在所有歐洲國家居於領先。很多歌曲至今還在傳唱，只是唱機、收音機、電影和電視使這些幾世紀來的古老遺跡迅速消失。

西班牙的樂器之王當然是西班牙吉他。十六世紀的吉他與今天基本上是相同的樂器，它有形狀如8的彎曲身體，平的頂部和底部，和帶有琴桁（fret）的長頸，用手指直接演奏。早在西元前三七〇〇年，埃及的浮雕就刻畫了同類的樂器。然而西班牙吉他可能源自希臘—亞述影響的羅馬齊特琴（cithara），約在基督時期傳入西班牙。可以確定的是，中世紀西班牙的拉丁吉他是現代西班牙吉他的始祖。摩爾吉他的造型呈魯特琴的圓形，在摩爾人被驅逐後，不再受歡迎。魯特琴則是由摩爾人引入西班牙（並由西班牙傳入歐洲），儘管這種樂器在歐洲其他國家頗受歡迎，在伊比利半島卻從未流行。比起精緻昂貴的魯特琴，吉他的製作成本更低廉且更容易演奏。[3]

十六世紀在西班牙用的吉他有好幾種，有四、五、六或七弦，或者幾對弦，全都是用羊腸弦，最大的吉他，弦就最多。所有的弦通常都是雙弦，只有最高音弦例外，這種樂器的西班牙語是「比維拉琴」（*vihuela*）或「用手演奏的小提琴」（vihuela de mano）。vihuela原意是任何有琴頸的弦樂器，但由於迄今為止，吉他是在西班牙最受歡迎的樂器，所以這個字指的往往就是吉他。早在一五三五年，西班牙作曲家路易斯．米蘭（Luis Milan）在《大師》（*El Maestro*）中就有一幅插圖，上面是希臘神話中的奧菲斯（Orpheus）對圍在四周的鳥獸演奏六弦西班牙吉他。這種樂器自那時起就有輝煌的生涯。技巧無人能比的安德烈斯．塞戈維亞（Andrés Segovia，按：二十世紀西班牙古典吉他演奏家）已重振了黃金時代吉他的尊嚴，十幾位佛朗明哥吉他手也讓安達魯西亞深沉之歌的快節奏大為流行。

失去光環的卡斯提亞

這段時期儘管藝術蓬勃發展，可是國民經濟、社會有機體、民族精神和潛力卻陷入停滯。在黃金時代的最後一個世紀（一六〇〇至一七〇〇年），西班牙的國王變得越來越糟。菲利普三世比他一五九八年去世的父親菲利普二世更糟糕，菲利普四世又比菲利普三世更糟糕，而哈布斯堡王朝的最後一位國王「中魔者」卡洛斯二世則最糟糕，他宛如一尊令人作嘔的肖像，治理著破敗不堪的國家。悲慘的經濟情況和一連串的軍事失利使西班牙降為二流國家，而這些國王本身的愚蠢更是使國家萬劫不復。

在十七世紀，西班牙的古老二分法再次抬頭：強勢中央集權或地區分離主義——該選擇哪一條路？在過去幾世紀期間，偉大的心臟地帶卡斯提亞展現支配優勢，並成功地統一了西班牙。卡斯提亞是偉大戰士之鄉，其戰爭精神令人欽佩，也以此精神強行統一了許多省分。「卡斯提亞創造了偉大的事業；卡斯提亞為崇高的司法、道德和宗教觀念服務；卡斯提亞勾勒出落實社會秩序的計畫；卡斯提亞強加了標準，使社會上層較下層優先，活躍的人優於怠惰的人，精明的人優於愚笨的人，高尚的人優於卑劣的人。」[4]當然，卡斯提亞也發揚了強者優於弱者的想法。

在菲利普三世的統治下，我們注意到價值觀發生了變化。乍看之下似乎沒有任何改變，但仔細觀察，就會發現一切都變得空洞虛假。

> 雖然仍然重複同樣的言辭和理想，但它們不再激動人心。以往啟發性的思想現在只不過是文學的題材。在政治、科學或道德領域都沒有新發展，所有活動都停止，止在什麼新事物都不做的想法，只是堅持過去——其機構和教條——並且扼殺每一項措施、每一種創新的理念。卡斯提亞變得完全與自己的過去相反：它變得猜疑、狹隘、卑鄙、怨恨。它不再能領導西班牙的其他地區，出於嫉妒，它任它們自生自滅，不再理會它們正在發生的一切。[5]

加泰隆尼亞和巴斯克省分的分離主義重新抬頭，開始活躍。卡斯提亞懂得如何征服，但不知道如何治理。

一六〇九年，菲利普三世在大臣的鼓勵下決定驅逐摩里斯科，當時西班牙境內可能還有五十萬摩里斯科。他們名義上是基督徒，但有極多傳聞說他們私底下依舊是穆斯林，而這種消息也傳到宮廷。在數百名西班牙士兵的監督下，摩里斯科上了船，被送到北非，然後拋棄在當地。他們大多是農民或紡織工；掌握棉花、絲綢、紙張、稻米等許多產品的生產，以及西班牙幾乎所有的農田，這些田地在摩里斯科離開後又變回沙漠。西班牙工業和農業的衰頹可追溯到他們被驅逐之時。

西班牙似乎受到數種狂熱主義的支配：對王權的忠誠清除了建設性批評；輕信迷信而把農業、經濟和健康等方面的明顯錯誤，歸咎於超自然原因；冥頑不靈，不接受變化，因此儘管歐洲其他國家都向前邁進，西班牙卻依舊故步自封。即使發生饑荒和流行病，西班牙人也不肯研究原因，運用最新的科學知識，而是聳聳肩接受上帝的旨意，認定自己必然是犯了罪而觸犯上帝。

西班牙的經濟狀況糟到失業成為一種國家禍根。已屆工作年齡的年輕人找不到任何工作，他們唯一的保障就是進入教堂接受聖職，共有數十萬人都這麼做。到了十七世紀中期，估計有一百一十四萬一千人在西班牙帝國從事宗教工作，另有四十四萬七千人在政府工作。他們成了西班牙其他人無法支撐的沉重負擔。

新世界持續帶走國家許多最有能力的工人。但那裡的經濟條件往往也極其惡劣，聖職工作變得頭重腳輕。「這種輕易獲得光榮職業和舒適生活的手段，吸引眾多人口，因此一六四四年墨西哥市議會懇請菲利普四世不要再派出教士，因為已有六千多名教士沒有工作，卻過著養尊處優的生活。」[6]

在摩里斯科遭驅逐後，西班牙成為一個潔淨的國家的最後希望也破滅了。摩爾人的後裔都喜歡水，無論他們住在哪裡，總會引水到居處。他們的身體和城市比卡斯提亞的居民和城市更加潔淨，詩人貢戈拉習慣家鄉安達魯西亞處處引水的城市和家園，因此經常提到馬德里和西班牙中部其他大城的臭味和汙穢。

然而，西班牙宮廷在馬德里滔滔不絕地談論繁複禮儀和奢侈排場。國王花錢如流水，很少按時支付債務，稅收上漲到不可思議的地步。彷彿這樣還不夠糟糕，幾位國王開始貶低貨幣價值，物價以驚人的速度上漲，導致貨幣進一步貶值和通貨膨脹。認真做任何生意變得毫無意義。國王一直靠來自美洲的銀子救急，但是這筆財富到達塞維亞後，只會立即進到外國銀行家的口袋。

在一片蕭條中，教會之外的避風港只有一處，那就是西班牙的新世界。即使在那個時代，美洲依舊是充滿希望之地。成千上萬的人赴新大陸，找到了黃金和奴隸。塞萬提斯就寫道：「有些人出於貧窮，有些人出於貪婪，所有的人都出於瘋狂，」導致大批人口外流，由受折磨的半島遷往更自由的天地。美洲成為「西班牙窮人的避難所，破產者的庇護所，殺人犯的安全通行證，賭徒的避風港，追求自由婦女的應許之地，是許多人的誘惑和幻想破滅之地，也是少數人難能可貴的靈藥」。這是塞萬提斯筆下一個人物在舊世界喪失一切，又在新世界重新致富之後的感受。

征服者回到西班牙變得過時，失意的尋金者滿街都是。點石成金的夢想使人忽視各種生產勞動，村莊和城鎮淪為廢墟，原本的田地和森林成了草木不生的廢棄土地，覆蓋著雜草荊棘。處處貧困，幾乎沒有任何人辦婚事。

儘管母國衰頹，西班牙的帝國主義在新世界的推進卻舉世無雙，從沒有如此廣闊的土地，和如此多元的民族，被吸收到一個征服強權的文化和社會意識中。從沒有一個國家曾面對這麼大規模的種族問題，之前和之後也從沒有國家以較不激烈的種族仇恨解決問題。

西班牙作為殖民強權的根本弱點，以及英國、荷蘭和法國帝國主義後來居上的原因，在於西班牙政治和社會制度落後和頑固的本性，在於西班牙停滯的經濟，在於她在宗教上的不寬容延伸到政治領域，在於她不願加入社會變革的潮流，但最重要是在於她所要處理的問題範圍太大。舉例來說，英國人殖民的進度緩慢；他們先接管、居住，並鞏固較小範圍的領土，直到學會殖民統治的技巧。北美洲十三個英屬殖民地在一七七六年反叛，當時英國在北美開墾定居，從大西洋向內陸還延伸不到一百五十英里。而西班牙在一六〇〇年就已經占領並治理了二、三十倍大的範圍，還包括居住其中的數百萬印地安人。要是英國面對同樣的規模，恐怕也免不了會失敗，說不定比情況西班牙更悲慘。然而，這絕非西班牙社會和政治制度蒙昧無知和癱瘓的藉口，無能的西班牙君主及大臣也不能藉此推脫。

一六七六年，卡洛斯二世登基時，一切都已成流水。他完全沒有機會挽救西班牙，所有的希望都已破滅，夢想已死。然而，西班牙人卻更頑固地堅信其他人都因不可行而放棄的理念，半島上的居民依舊堅持他們過時的信仰。每條法律和政府的行動，還是導向君主集權。經濟形勢如此悲慘，社會階級彼此對立，導致國家缺乏活力，最後癱瘓。

菲利普四世於一六六五年去世，得年六十歲，留下體弱多病的四歲獨子卡洛斯作為王位繼承人。曾有一段攝政時期，但卡洛斯在十五歲時收回了權力；他名義上是數百萬人民和遼闊國土的帝國專制君主，實際上卻受大臣和顧問左右，對國事幾乎毫無所知。他生命的最後幾年成了慢性病人。他沒有生下任何王位繼承人。一七〇〇年他病入膏肓，知道自己來日不多，因此向教皇求教王位繼承的問題。教皇說，法國人是王室的合法繼承人。

卡洛斯二世十分煩惱。他恨法國人。

> 路易十四搶了他的領土，而且藐視他。身心都無力的他痛苦地躺在床上，他的教士服從聖父的意旨，威脅他若不把王位留給法國的波旁王室成員，就會永遠受到詛咒。驚恐萬分，

神志不清的國王簽署了這項命令，接著淚流滿面地倒回枕頭上，大聲說道：「我已經什麼都不是了。」此後不久，他在一七〇〇年以四十之齡駕崩。[7]

西班牙文化向來像是水果或花朵，來自物產本來可能更豐富的花園，只是因為缺乏適當的培育，因而失控並枯萎。過去幾百年來，西班牙的歷史始終是一片長滿雜草的瀕死花園。或者，如果我們以人體來象徵這個國家的生活，可以用英國學者特蘭德的說法，那就是幾個世紀以來，這個國家已經患了動脈硬化。或許菲利普二世以錯誤的熱忱劃開血管，放出生命之源後，西班牙就開始患病。

偉大的詩人貢戈拉曾寫道：「在花叢間唱歌的並非全是夜鶯；這是心靈的音樂。」吉訶德臨終前，向急著再度出遊的桑丘說：「桑丘，在昔日的鳥巢，如今已沒有鳥。」如果西班牙聽進了這話，恐怕就不會是如今的模樣。她伸手去抓幻影般的夢想，但夢想卻總能逃避她的掌握；她的手中只剩一副骨架。下面這段是否算是恰當的墓誌銘？當代西班牙最有潛力的年輕詩人羅卡寫道：「我以嗚咽的言語歌唱，憶起悲傷的風吹過橄欖樹。」他在盛年遭佛朗哥法西斯分子射殺。西班牙以殘酷和驚人的頻率，在歷史上一次又一次地殺害、放逐，或詆毀最有前途的年輕人，只因他們有膽不配合國家死亡之舞的腳步。

第十章

波旁王朝

「波旁家族成員從不學任何事，也從不忘記任何事。」

——西班牙古諺

法國勢力入主西班牙

第一個波旁家族成員菲利普五世，一七〇〇年就任西班牙國王時，這個國家的政治體已被兩個世紀的赦罪麻醉了。菲利普五世是路易十四的孫子，代表了那時代相對聰明的法國君主。他的即位並未得到熱烈歡迎，因為英格蘭、荷蘭、奧地利、葡萄牙和幾個德意志公國的君主強力反對他。他們擔心由法國人擔任西班牙國王，會破壞歐洲的權力平衡，讓法國得到無可爭議的霸權。因此這些國家支持奧地利的查理（按：神聖羅馬帝國皇帝利奧波德一世的次子，哈布斯堡家族成員）繼承王位，認為他繼位對他們比較有利。加泰隆尼亞和亞拉岡也支持查理，因為他們擔心波旁家族的專制。這些地方是西班牙在政治上最先進的地區。卡斯提亞人則支持菲利普，認為他較能保持西班牙得之不易的團結。

十三年的西班牙王位繼承戰爭於是展開，耗盡了西班牙僅存的可憐資源。菲利普五世最終贏得王冠，但在《烏特勒支和約》（Peace of Utrecht）中，直布羅陀被割讓給英國。這成了西班牙這方永遠的痛。

隨著菲利普五世成為西班牙國王，法國思想悄悄潛入伊比利半島，填補了重要的角落和縫隙。更招搖外現的法國風俗習慣，則受到更廣泛的模仿。頭三位擔任西班牙國王的波旁家族成員（菲利普五世、斐迪南六世〔Ferdinand VI〕、卡洛斯三世〔Charles III〕）殫精竭慮，追趕把西班牙拋在腦後的歐洲國家，但他們「由上而下的革命和改革」政策，沒有得到人民的支持。

沉重的傳統幾乎在生活各個層面，讓西班牙無法舉步向前，因為西班牙人珍視傳統。十八世紀的西班牙人相信自己掌握了真理，或許比其他任何時代都更堅定，他們認為西班牙有最好的生活方式，他們的文化環境比其他任何歐洲國家都優秀，因為他們比所有其他歐洲人都傑出。儘管已看到西班牙著名的步兵大方陣，幾次敗在看到西班牙人理應懼怕顫抖的法國人手下，儘管國家破產，儘管國民貧困，群眾普遍不識字，但他們仍然相信對君主制的讚揚。如果哈布斯堡家族都死光了，那麼波旁家族就必須當國王。有些西班牙人可能會反對，也有些人確實反對，尤其在加泰隆尼亞，但在年輕的波旁國王克服了所有反對，牢牢掌握聯邦政府後，人民卻欣然接受起新的專制君主。當時的作家兼政治家坎波馬內斯伯爵（Count of Campomanes）在十八世紀末的一篇文章中說道：「在西班牙群眾中，再沒有比這更深根柢固的觀點：國王是百姓、財富和眾人榮譽的絕對領主。質疑這個真理形同褻瀆。」

波旁國王帶來法國思想，同時竭力為西班牙思維注入新的活力。他們建立西班牙的語言、醫學、歷史和美術學院，開明化君主政體，制定經濟改革措施，淡化宗教裁判所的重要性，讓停滯的國家有了緩慢進展。十八世紀的西班牙大體上是兩種對立傾向之間的鬥爭：一方面是受知識分子和王室支持的西班牙歐洲化，另一方面則是純粹藉由採行兩個世紀前的方法，力圖重獲西班牙昔日榮光的精髓。後一種態度獲得西班牙人民普遍的擁護，一個例子是對反動耶穌會教士的態度。由於他們干涉國政，在十八世紀末遭自由派的卡洛斯三世解散。可是西班牙民眾支持耶穌會教士，國王此舉因而產生了意想不到的結果，讓耶穌會贏得擁護。在這種情況下，自由派君主再怎麼努力，也只能牛步前進。西班牙人一直抗拒進步。「啟蒙運動」的座右銘「以照顧大眾的利益為優先」，在西班牙沒有多大意義。

波旁家族的國王不是歡樂或慶典的愛好者。「菲利普五世生性憂鬱，卡洛斯三世性格嚴謹，他更喜歡打獵勝過宮廷娛樂。只有在這兩者之間統治的斐迪南六世才喜歡戲劇表演。」波旁家族的國王在西班牙沒有真正的朋友。幾十年來，他們一直不能把這個陌生的國家當作家園。菲利普五世為追憶心愛的凡爾賽宮，也因為厭惡陰鬱的艾斯科里亞，在馬德里北部山麓的拉格蘭哈（La Granja）建造了一座法式宮殿，周圍有寬敞的花園環繞。自從查理五世建造日後成為歷代國王居所的馬德里王家城堡於一七三四年遭大火焚毀，其內許多無價的藝術品也都付之一炬後，同一位菲利普於一七三八年開始建造新的宮殿，一七六四年竣工，成了歐洲王室的瑰寶。殿內的奢華使它成為世上最令人驚嘆的宮殿之一。但儘管波旁國王擁有華麗宮殿，他們的生活仍像一潭死水。

波旁國王盡力以音樂活動提振精神，並且像巡迴馬戲團一樣頻繁地遷移宮廷。譬如卡洛斯三世總在一月五日離開馬德里，到附近的帕爾多王宮（Pardo Palace），一直待到棕枝主日（Palm Sunday，按：即復活節前的星期日）才回馬德里。復活節時，宮廷則南遷至馬德里南方數英里的阿蘭惠斯，待到七月二十一日，再北遷至拉格蘭哈直到十月八日，最後國王還會住在艾斯科里亞，直到十二月十日再回到馬德里。四月宮廷在阿蘭惠斯時，卡洛斯三世會到山區獵山貓。他全年在馬德里的時間是七十天，不過由於其住所離馬德里都很近，並不會造成政府缺乏效率的問題。

這個時代最著名的兩位音樂家，是為娛樂西班牙宮廷而從國外請來的：著名的作曲家多梅尼科·史卡拉蒂（Domenico Scarlatti）和天賦異稟的義大利閹伶歌手法里內利（Farinelli，本名卡洛斯·布洛斯基〔Carlos Broschi〕），在麗池宮（Buen Retiro）花園和拉格蘭哈的皇家戲院，都聽得到後者動人的金嗓。史卡拉蒂於一七二九年「定居馬德里，在西班牙度過餘生」。菲利普五世對法里內利的聲音深深著迷，賜給他一大筆年金，另外還賜他繪畫、鑽石、金飾，還有一輛漂亮的馬車，並任命他擔任所有戲劇演出的導演。法里內利「連續九年，每天晚上為他的王室主人唱同樣的四首歌」。[1]

這些事物讓波旁國王的生活好過一點，但沒有任何事物讓他們感到真正快樂。僵化的宮廷禮儀不但討厭而且耗時；繁文縟節讓宮廷生活毫無樂趣可言。這些早期波旁國王真正的朋友只有妻子，在她們去世時，國王也紛紛陷入深沉的憂鬱。菲利普五世在妻子去世時因鬱鬱寡歡而退位，而斐迪南六世也在妻子去世後不到一年英年早逝。在這一年中，他有十個月活在夢的世界裡，「從一種瘋狂變換成另一種瘋狂。經常坐在凳子邊緣，一連十五到二十個小時，雙眼空洞地盯著空氣」。

政教合一與社會成見的困境

關於宗教，某位現代的西班牙歷史學家寫道：

就像十七和十六世紀的西班牙人一樣，在十八世紀的西班牙人看來，宗教不僅是官方宗教，也是個人靈魂唯一能獲得拯救的宗教。和穆斯林和路德教派數世紀以來的鬥爭，讓這種信念加強到極端的程度。加入真正信仰旗幟下的人必然是對的。不這樣做的人，甚至不該用自己的呼吸來蒙蔽信徒的寧靜。[2]

西班牙的國王依舊是「天主教陛下」，要注意的是，西班牙從沒有任何一座新教教堂，而這是西班牙的大悲劇。只要有幾個新教教派，就算是兩三個也好，都會讓西班牙天主教徒不敢懈怠，可以防止宗教極權主義跨越到政治領域，然而西班牙一向不是政教分離的國家，被八個世紀對抗穆斯林的戰爭結合在一起，兩者一直持續這樣的關係直到近代。在佛朗哥政府的基本政策中，也堅持要重新繫上舊的連結。政教合一的西班牙在十八世紀不容許異議分子，在佛朗哥政權下當然也不容許，無論是政治還是宗教的歧異。

確實，波旁國王不太熱衷支持宗教裁判所，卡洛斯三世對耶穌會教士的經濟富裕，以及政治的陰謀詭計也感到不滿，終於在一七六七年下令解散耶穌會，並把該會所有教士驅逐出境。不過，沒有幾年，耶穌會教士東山再起，而且更加活躍。除了短暫的自由主義時期，耶穌會士一直把持西班牙的教育，直到第二共和國（一九三一年）。一位當代天主教史家談到十八世紀的宗教裁判所時，甚至還為之辯護，他說：「宗教裁判所的牢房光線充足，空氣流通。早餐六點供應，午餐十點，晚餐下午四點。如果被告不到二十五歲，或者六十歲以上，或者是孕婦，就不會用當時獄中常見的酷刑手段逼供。」[3]

儘管西班牙人在信仰上有教條式的形式主義，但許多外國遊客對他們在教堂內缺乏莊重的表現大感驚訝。一位法國教士在加地斯吃驚地發現，大教堂的聖母打扮得像當時的年輕新娘，而且她的衣服還依季節經常變換。聖若瑟（St. Joseph）也作西班牙式打扮「穿著長褲、夾克和黑斗篷、蕾絲製的高圍領、黑鞋，左腋下夾著寬帽子，鼻梁戴著大眼鏡，右手拿著匕首和念珠」。即使孩提時代的耶穌也打扮得很世俗，有時穿得像教士，有時則像醫生或律師，戴著假髮，手持金柄手杖。誠如當時的某雜誌所抱怨：

> 古早時代，我們的家園是教堂；如今，我們的教堂是家園……婦女走進教堂，沿著主通道長驅直入走向祭壇，沿路吸引每一位男士的注意。還有人登上聖所（Presbytery，按：指教堂前的聖體欄杆內，專為聖職人士保留之處），以便會眾成員都能看到他。持續三小時的用餐教人愉快，持續五、六小時的舞蹈是美妙的晚間娛樂；但彌撒持續半小時就教人受不了，即使人們並沒有跪在地上。[4]

西班牙的政體和君王制度，建立在兩大堅定的柱子上：教會和貴族。在征服和殖民新世界期間，數以千計的新貴族誕生。西班牙征服者的出身都不高，幾乎毫無例外，他們因為替國王建功而獲得崇高地位。柯特茲在征服墨西哥之前曾說：「我來到美洲，並不是為了要像農民一樣耕種。」他說出了每一位西班牙士兵的心聲。確實，這種新貴族並沒有像斐迪南和伊莎貝拉時代的貴族那樣，對軍事有強大的影響，但他們和國王熟稔，能夠上達天聽，而這是平民做不到的事。儘管西班牙宮廷有嚴謹的禮節，但貴族在皇宮內外都享有一定程度的放肆，譬如他們在國王面前不必脫帽，也可以任意進出皇居，過從甚密的程度有時教人吃驚。有一張古印刷品的畫面，是一大群人在女王的寢宮裡閒晃，等她分娩。諸如此類的事，使波旁王室的私生活變得難以忍受。他們最私密的時刻仍是公眾表演。

卡洛斯三世（一七五九至一七八八年）是十八世紀最開明的波旁君主，在他的治理之下，政府採取行動，試圖扭轉西班牙人以為用自己的雙手勞動等同地位卑下的成見。王室頒布了法令，明訂皮匠、鐵匠、裁縫、鞋匠和其他幾種使用雙手的工作「是體面而光榮的；他們執業絕不會使自己或家人蒙羞，也不妨礙他獲得政府工作或晉升貴族地位」。這項法令是當務之急，因為多數西班牙人都不願意做基本的勞動。馬德里的報紙熱烈讚揚這條法令，可是幾年過去，它依舊沒發揮多大影響。正如坎波馬內斯伯爵所寫：「法律儘管命令鞋匠或裁縫的行業並不羞恥，但只要他們不說完全不工作是羞恥，就總會有貴族認為什麼也不做才崇高，並把所有體力勞動當作從業者的汙點。」

在教育方面，十八世紀至少不像前兩個世紀那麼迷信和無知。同時它也確立了「宗教和國家的永恆原則」，所有的宇宙理論和人類關係都必須以這些原則為基礎。兒童教育在其中較以往占有更重要的地位，因為孩子被認為是稚嫩的種子，會成長為未來的成熟果實。其理想如下：首先，必須灌輸他們尊敬上帝、國王和父母。孩子在八歲時應該學習讀和寫，並學習卡斯提亞的發音。九歲時，他們應該學習算術、代數和幾何。十歲時他們應該學習地理，「這是最能啟發人理解的科學之一」。在這個年紀，「應該禁止他們閱讀任何騎士小說或低俗喜劇，因為這些是魔鬼的甜蜜誘餌，用來削弱最純真的少女，和最警覺老師手下的男童」。從十至十二歲，他們應該學習神聖和褻瀆的歷史，十二至十四歲，則該學習外語。

注意上述句子中所用的「應該」。西班牙的學校其實離教育理想甚遠，這些學校的氣氛非常嚴厲。老師時時緊盯，落後的學生肩膀或手臂會挨打。正如諺語說的：「不打不成器。」

西班牙大學的情況則不然。黃金時代的偉大教師已一去不返，但中世紀的經院哲學，及其所有冗長累贅的理論論證仍為主流。神學依然被認為是最重要的學問，其他所有科學都是為它服務的僕人。它也是大學裡最受尊敬和最高薪的主要學科。西班牙依舊不斷質疑理論的問題，而歐洲的其他國家卻在物理學、解剖學、植物學、地理學、自然史及所有其他知識領域不斷進步。歷史學家巴列斯特羅斯（Antonio Ballesteros）說，當時的神學課程仍在討論天使用的是什麼語言，天空是鑄鐘青銅，還是像葡萄酒一樣的液體構成的？薩拉曼卡大學認為，研究牛頓的理論無法改善人的邏輯或形上學，而笛卡爾比亞里斯多德離真理更遠。宇宙的範疇、哲學的三段論、抽象的論證，只教會年輕的西班牙學者能言善道，背後卻空無意義。西班牙沒有好的地圖，也沒有實驗室。書本陳舊過時，許多大學生甚至認為高等數學根本是謊言和巫術。在維喜羅艾爾（Diego de Torres Villarroel）申請薩拉曼卡數學和占星學系主任時，這個職位懸缺已達三十年。在醫療方面，放血被當成萬靈藥。西班牙人放血的部位不是手臂，而是在手背或腳掌。婦女每個月經常放血兩三次。一位學識淵博的旅人認為，西班牙盲人很多就是因為放血頻率過高，造成身體虛弱所致。

卡洛斯三世時期的社會生活與文化

十八世紀初西班牙最骯髒的城市可能是馬德里。近二十萬居民擠在一個相對小的地區，因此街道狹窄而陰暗，往往也很骯髒。卡洛斯三世一七五九年從那不勒斯抵達時，曾說這裡比義大利的城市骯髒，其妻子也批評此地人民的無知、迷信和野蠻。他們的住處破爛汙穢，窗框又小，而且是藍色調，幾乎不透光，門和窗框需要油漆，建築物的外表破舊醜陋。有些西班牙知識分子認為國王住在西班牙最骯髒的城市是國家之恥，當時的人依舊從窗戶潑灑穢物，連空氣都散發惡臭。塞維亞、托雷多和瓦倫西亞花了一番心血解決類似的問題，但首都馬德里卻似乎因無止境的官僚主義，因此一切照舊。晚上街道很黑，除非全副武裝，否則沒人敢冒險出門。波旁王朝以蝸牛般的速度改善馬德里的外觀，到十八世紀末，它終於有了差強人意的南歐城市樣貌，開始看起來像二流的巴黎或柏林。

在首都的咖啡館和旅館裡，吸菸、讀報、談論政治，打牌或打撞球都屬違法。每個小酒館只能有一個出口，讓罪犯無法從後門脫逃。民眾可以討論的主題不出戲劇、鬥牛、愛情和詩歌。女性不得在這種地方遊蕩。在十八世紀末還通過了一條奇怪的法律：未婚男性酒館老闆禁止雇用「約莫四十歲以下」的女服務員或廚師。

十八世紀西班牙服飾最受歡迎的兩件物品，是長斗篷和寬邊帽。黃金時代的戲劇已使斗篷聞名，現在更是人人必備。當時的作家說：「西班牙人可以不穿鞋子，但永遠不能沒有斗篷！」斗篷是全國的象徵，甚至連死人都穿著斗篷下葬。這種寬大的垂墜服飾，讓扒手和小偷很容易順手牽羊，並立即隱藏贓物而不會被抓到。這種犯罪頻頻發生，最後卡洛斯三世的大臣埃斯基拉切親王（Prince Esquilache）下令斗篷的長度必須縮短，尺寸必須縮小，帽子也要變小，甚至規定精確的尺寸。即使警察知道罪犯的身分，他也只需把斗篷拉到臉上，把大帽子的邊緣壓低，遮住臉孔就好。不過，親王犯了一個策略上的錯誤。他的侍從太過積極執行法令，違犯此法的人被逼到牆邊，斗篷和帽子被大剪刀剪成適當的大小。民眾為此抗議不休，不久之後，一群暴徒四處撒野，威脅要剝親王的皮。民眾不喜歡他，因為他是外來者，是陪著國王來到西班牙的義大利人，他的義大利名字斯基拉奇（Squillaci）變成了西班牙文的埃斯基拉切。這次暴動害得國王得從馬德里出逃，躲到數英里外的阿蘭惠斯，在那裡待了九個月。但民怨不平息，直到國王免去大臣的職務才退去。

十八世紀西班牙另一件自豪的事物是馬車。只要財力能夠負擔馬車的人，寧可不吃東西，也不能沒有這種身分地位的象徵。擁有「哥多華的小馬」和「拉曼查的騾子」的人，更被認為是上層中的上層。乘著精美馬車四處遛達是有錢人最享受的樂趣，其他民眾在他們經過時只能羨慕讚嘆。由於街道非常狹窄，又鋪得很糟糕，再加上四處都是穢物，每當馬車經過，行人常得躲到最近的門廊內，才能避開飛濺的汙物。

卡洛斯三世大幅改善了西班牙的公路，並在一七八八年建立了一個長途馬車系統，稱作驛站馬車（*diligences*）。他還竭力消滅西班牙道路上猖獗的土匪，因為一直到他統治之時，在國內旅行而不被打劫幾乎是不可能的事。他也開始了許多經濟改革和公共工程計畫，並從外國請來工業專家，教授新的製作方法，並讓六千名農業知識淵博的巴伐利亞人，在莫雷納山脈（Sierra Morena）的十三個新社區開墾定居。在驅逐耶穌會士後，教育世俗化，學校制度也改組整頓。

在十八世紀的社交消遣中，有一種幾乎成了西班牙生活的獨特標誌，那就是聚談會（*tertulia*）。這個名詞本身原是指劇院中保留給思想嚴肅者的區域，這些人大半是神父，喜歡談論神學家特士良。因此他們在劇院的那一區就被稱為tetulia。後來，這個詞被用來指在任何男性，或者女性，或者男女皆有的談話發言場合。另外也有作家聚會的文學聚談會。再後來，每位知名作家都有他自己的聚談會，由他的仰慕者和門徒參加。這種習俗至今仍盛行。這些文學聚談會總是在一週的某一天，選在特定咖啡館聚會，作家的朋友對這些地方熟悉的程度更勝於作家的住處。西班牙在十八世紀有兩種熱飲：巧克力和咖啡。後一種飲料在法國人和少數追隨他們的西班牙人中很受歡迎，但熱巧克力仍是當時最受喜愛的飲料。它不僅是飲料，也是這個時代的習俗。就像在黃金時代一樣，社會各階級都喝熱巧克力，就連卡洛斯三世本人，儘管出身法國血統，也一樣愛喝熱巧克力，而且往往還要喝上兩杯。宮中的巧克力鍋可裝五十六磅飲料，供許多人飲用。巧克力幾乎被視為西班牙人的必需品，就連耶穌會教士被驅逐出境時，也規定他們可以隨身攜帶「每日祈禱書、衣服、巧克力和其他個人使用的必要物品」。禮儀書籍的作者和流行詩人經常提到巧克力。下面這首瓦倫西亞詩人的四行詩就是典型的例子：

哦！神聖的巧克力，
他們跪在地上研磨你，
折疊的雙手攪打你，
雙眼朝天喝下你！

西班牙人熱愛跳舞。波旁家族一登上王位，法國的習俗和舞蹈幾乎立刻取代了西班牙原本的習俗和舞蹈，但這情況並沒有持續太久。西班牙塞吉地亞（seguidillas，其中塞維亞的典型塞維亞納〔Sevillanas〕是這種安達魯西亞舞的變種）、凡丹戈（fandango）和波麗露（bolero）是最受歡迎的本土舞蹈，而最受歡迎的外來舞則是小步舞、對舞（coniradanza）、嘉禾（gavotte）、華爾滋、波卡（polka）、利戈頓（rigadoon）和快步舞（galop）。對舞來自法國，而它原是源於英國的鄉村舞蹈。後來對舞又發展出阿巴奈拉舞（habaneta），阿巴奈拉舞最後又變出了阿根廷的探戈。

十八世紀西班牙的智識生活充滿了外國影響。當然，當時法國的影響主宰了整個歐洲，波旁王朝的統治使法國的重要性在西班牙國內更明顯。盧梭、伏爾泰、孟德斯鳩和其他法國作家，都受到少數西班牙知識分子的欽佩。但其他國家的影響同樣強烈。英國作家法蘭西斯・培根、約翰・洛克、亞瑟・楊格、亞當斯密和亞歷山大・波普也名聞遐邇，對西班牙學問的重生在這個世紀也有莫大的影響。法國百科全書派（encyclopedists）的影響在本世紀後期扎根，但僅產生了相對較少的作品。知識停滯和經院主義在一七〇〇年墜入谷底，以致西班牙的思想要到幾十年後才擺脫困境，而那時，開明的卡洛斯三世已去世，王位被傳給波旁王朝最愚笨且最孱弱的人卡洛斯四世，哥雅為他愚蠢的家庭成員作畫，讓他們永垂不朽。

在促進西班牙思維進步的人中，本篤會修士班尼托・赫羅尼默・費伊豪（Benito Jerónimo Feijóo，一六七六至一七六四年）神父最受矚目。費伊豪神父以嚴厲的文筆為文痛批迷信、神話、無知、經院主義、倒退、狹隘的思想，以及其他軟弱知識分子的弱點。他主張直接研究大自然和直接經驗，反對無用的抽象玄思和空洞贅言。一七七一年頒行的法令，要求西班牙所有的教科書和課程現代化，證明費伊豪神父的成功。雖然他的想法遭傳統派強烈質疑，但他有許多追隨者，估計在這個世紀中，他總共有五十萬本書在西班牙各地流傳，讀者比塞萬提斯還要多。這顯示被禁錮在西班牙傳統和無知泥淖中的菁英知識分子，多麼迫切地想吸收歐洲啟蒙運動的進步元素。到頭來，這些泥淖實在太深，潮水太強，到下個世紀之交，西班牙智識主義還是敗在腐敗的卡洛斯四世，和他品行不端王后的宮廷之下。

斐迪南六世和卡洛斯三世都是正直開明的君主，但他們都沒有運用西班牙議會，議會在整個十八世紀只開了三次會。這個新王朝繼承了啟蒙專制的傳統。「波旁王朝中最一絲不苟的國王是卡洛斯三世。他的日常生活都按照絕對精確的時間進行。每天早上五點四十五分準時起床，如果需要，就由睡在同一室的助理喚醒。」接著他禱告和冥想一個小時左右，七點整進入內外科醫師、藥劑師和其他幾名下屬恭候的宮室，在那裡更衣盥洗，飲用第一杯熱巧克力，一喝完馬上就把他的那不勒斯管家叫來，再要一杯。接著國王到宮內各處去探視子女。八點鐘，他踏進私人書房一直工作到十一點，這時王儲阿斯圖里亞斯王子進來，兩人聊聊。「國王接著與他的告解神父談話，然後接見那不勒斯（他治理的前一王國）和法國的大使；之後其他外國大使也來晉見。」

「他公開用餐，通常都有托雷多大主教同桌，並且在用餐時與幾個人聊天。夏天午飯後他會午睡，冬天則否。」接下來，他接見其他外國訪客，並和特定人物私下談論國家要事。他喜歡下午狩獵，這是他主要的消遣。如果他有不錯的獵物收穫，回來後就會分給部屬。他常常玩一種叫「翻轉牌」（Reversi）的牌戲，直到約九點半進用冗長的晚餐。餐後不久作晚禱，上床就寢。[5]

卡洛斯三世在一七八八年去世時，也以同樣精確的儀式安葬。馬德里所有的鐘聲全部敲響，宣告國王駕崩。國王寢宮的貴族為他更衣，並用他所屬教派的領圍裝飾得恰到好處。他的遺體被放進木製棺材，蓋上豔麗的金色布料，再放進較大的鉛棺裡。國王遺體被抬到大使廳，安置在靈柩台上，由他的私人侍衛守護。然後，宮殿大門打開，讓民眾得以瞻仰遺容。

次日，教廷大使為死者祈福，金羊毛騎士團（Golden Fleece）和其他軍事修會的團長走向靈柩台，莊重為遺體解下各種領圍，也為國王脫帽，並把他的棺材抬到宮殿樓梯的最高處，在那裡進行最後的儀式。然後用五彩織錦覆棺，抬進封閉的馬車，展開前往艾斯科里亞的長途行程。道路兩邊有士兵列隊，可聽到遠處隆隆砲響。人民流淚簇擁觀看送葬隊伍走過。到了艾斯科里亞後，棺木從馬車裡移出，送到「腐化室」，莊嚴地把遺體放置妥當。（五年後再把遺體移到墓園或永久安葬室。）國王的侍衛隊長接著打斷自己的權杖，因為把它交給他以作護衛之用的國王已不在人世。侍衛隊員三次射擊，鐘聲為死者緩慢而哀傷地敲響……國王終於與其他前任國王一起安息。波旁王朝失去了啟蒙和改革的最後希望，接下來一百年，西班牙再度陷入腐敗、遲鈍和無用空談的泥淖之中。

「兩個西班牙」

西班牙人總認為十八世紀是他們歷史上一段不幸中斷的時期，他們覺得正如西班牙先前對文藝復興和宗教改革置之不理，十八世紀後期的西班牙也未接受啟蒙運動。原有的仇外心理捲土重來，程度更嚴重。

一個多世紀以來，一般普遍認為：在啟蒙時期（西班牙人稱之為*La Ilustración*或*El Siglo de las Luces*），共濟會和耶穌會士產生嚴重的對立，共濟會代表的是進步的法國思想，耶穌會則捍衛西班牙的保守主義。耶穌會和共濟會人士都認同這種普遍的看法。不幸的是，這樣的想法在大部分西班牙知識分子之間，像教條一樣生根。「共濟會於一七二七年由直布羅陀來此；他們的會所散布到西班牙所有的城市；他們與英格蘭新教徒有祕密的聯繫，直到伏爾泰的朋友、耶穌會士的災禍阿蘭達伯爵（Count of Aranda）成為大團長，讓他們忠誠的對象轉移到無神論的法國。」[6]

由此觀點又產生了第二個信念：西班牙在十八世紀分成兩個陣營，實際上該說是分為兩個西班牙，這種二分法一直持續至今。處於兩個極端的西班牙人都指出，十八世紀是該國後來社會、政治和知識弊病的病灶。當然，雙方都把這些弊病歸咎於對方。

西班牙學者梅南德斯・貝拉尤（Menéndez Pelayo）在一八八一年《西班牙異端史》（*Historia de los heterodoxa espanoles*）第三卷中說，啟蒙思想帶來了「現代的資本異端，基督神性的否定」。伏爾泰是「舉世邪惡精神的象徵和化身」，法國百科全書派是他的軍隊，傳播反天主教的思想，傳播唯物主義和非宗教主義的教條，一言以蔽之，就是使西班牙變質。貝拉尤結論說，因此到他那個時代（十九世紀的最後幾十年），西班牙成為土耳其和希臘之外，「所有歐洲國家中科學和各重要學科最落後的國家」。

貝拉尤對西班牙啟蒙時代最吸引人的兩個人物費伊豪和霍維亞諾斯（Jovellanos）多所讚譽，但他抨擊卡洛斯三世的自由派大臣（阿蘭達、佛羅里達布蘭卡〔Floridablanca〕、坎波馬內斯），以及其他西班牙百科全書派的作品和信念，他認為他們攻擊了自己國家深植於天主教信仰的天才。這些不信上帝的自由派大臣和他們的同伴，使西班牙在接下來兩世紀分裂，「兩個西班牙」勢不可免，讓這個國家分裂。他們忽視了備受尊重的真正西班牙價值。

二十世紀醫師兼史學家格雷戈里奧・馬拉尼翁（Gregorio Marañón）也做出類似的結論：

「西班牙在十九世紀上半葉的失敗，有數次內戰可作見證，而西班牙失敗的原因，幾乎完全是因大部分改革派人士的愚蠢所致。他們努力想要以非西班牙的方式進步。」而在另一頭，仰慕十八世紀自由派人士的卡斯特羅稱他們為「西班牙生活的表皮」。他認為西班牙沒有維持理性思考的能力。卡斯特羅之言立刻遭同時代的桑其士—阿波諾茲痛批，認為他這種態度對同胞的天才是一種侮辱。

另一位（一九三〇年代的）西班牙知識分子拉米羅．德．馬耶祖（Ramiro de Maeztu）則重申貝拉尤的說法，他寫道：「十八世紀後半，我們受貴族氣息的共濟會支配……。我們想要以非我們本色的身分，實踐我們的夢想。兩百年來，我們使盡全力想要作別人，而非以我們真正擁有的力量作我們自己。」

現代最知名的西班牙科學家聖地亞哥．拉蒙卡哈（Santiago Ramón y Cajal）則持相反的看法。他認為十六世紀為西班牙開了一扇窗，面對文藝復興的義大利，而十八世紀則開了另一扇窗，讓科學批評的精神進來。西班牙的任務是擺脫其古老隔離，進入現代思維的宇宙潮流。由知識分子號召青年救國的「九八年代」（the generation of 1898），也鼓吹同樣的想法。

無論如何，西班牙的知識和社會生活中，依舊有明顯的分裂，後來因為難以協調的政治分歧造成了內戰，保守派贏得這場戰爭，他們以「光榮運動」試圖恢復古老的西班牙價值觀，但嘗試了約三十五年卻並不成功。奇怪的是，佛朗哥將軍所宣稱的至大成就，主要是其政權促成的物質進步，但在知識和情感的團結方面，他卻未能使「兩個西班牙」更加緊密地聯繫在一起。

卡洛斯三世於一七八八年、法國大革命血腥大屠殺的前一年去世，他的死也終結了西班牙進步政治領導的希望。對於法國革命的激烈行為，西班牙人惴惴不安，這個國家也一如往例地打壓自由主義：

> 法國大革命在西班牙做到了美國革命做不到的事，原本啟蒙運動和經濟擴張造成的無害不和諧，如今卻因法國革命的刺激轉為增生的癌細胞。
>
> 對法國大革命最感焦慮的西班牙人是佛羅里達布蘭卡，革命對專制政體教條的挑戰使他恐懼，因此轉而抑制其政府在卡洛斯三世鼓勵下開放的各種制度。他的反應和其他開明專制君主的反應類似。俄羅斯女皇凱瑟琳二世（Catherine II）禁止法國出版品在俄境流傳，並要求在俄的法籍居民聲明放棄對法國革命政權效忠；奧地利的約瑟夫二世（Joseph II）在一七九〇年臨終時譴責了路易十六的愚蠢行為，撤銷了奧地利的新聞自由，他的繼任者利奧波德二世（Leopold II）則廢止開明的改革，以安撫貴族和聖職人員。[7]

因此，西班牙並非唯一以退步來保護自己社會結構的歐洲國家。

接下來兩任西班牙國王卡洛斯四世及其子斐迪南七世（Ferdinand VII），是西班牙史上最糟的君主。

波旁家族的內鬥與拿破崙的野心

我們對卡洛斯四世的早年所知不多，只知道他的人生腐爛罪惡。他智力不足、行動無能，而且放蕩荒淫。他的妻子是那不勒斯公主瑪麗亞．路易莎（Maria Luisa），她縱情肉慾，對自己的墮落一無所覺。在卡洛斯四世即位後不久，全歐洲都開始感受到法國大革命即將來到的動盪，而共和國及帝國將於法國誕生。卡洛斯四世和路易莎對西班牙宮廷的汙染罄竹難書，人盡皆知，國王和王后毫不遮掩他們的劣行。[8]

國王的侍衛中有個年輕英俊的士兵，名叫曼努爾．戈多伊（Manuel Godoy）。王后看上了他，兩人有了姦情。戈多伊不但迅速升遷，而且沒多久就出任首相，成為西班牙真正的統治者。王儲斐迪南對他憎恨不已，籌劃篡位。此時（一八〇七年）西班牙王室分崩離析：斐迪南遭憤怒的父母監禁，對戈多伊的統治和國王與王后荒淫無度感到不滿的民眾起而支持王子。戈多伊遭暴民追捕，在宮中閣樓廢棄的舊床墊裡躲藏了三十六小時，最後由王室衛隊救出，但暴徒隨後湧入宮中，國王恐懼發生像法國那樣的革命，因此讓位給兒子。

卡洛斯和斐迪南都盡力爭取拿破崙的支持，兩人都意識到如果沒有外力協助就無望掌權。眼光敏銳的拿破崙看準機會，說服他們兩人在法國南部巴約納（Bayonne）與他會面。卡洛斯四世和王后與斐迪南在法國皇帝面前盡曝家醜，雙方都以最下流骯髒的言語侮辱對方。斐迪南直指

圖10-1　哥雅的《1808年5月2日》（*The Second of May 1808*, 1814）

母親通姦，而拿破崙則向他指出，如果此事為真，他就無權繼承西班牙的王位。最後拿破崙認為這對父子若坐上西班牙王位，都絕非體面的法國盟友，因此決定讓自己的兄長約瑟夫・波拿巴（Joseph Bonaparte）出任西班牙國王，希望他在這個鄰國建立新的王朝。

而同時，獲得西班牙同意的法軍已準備進入西班牙，以便征服葡萄牙。現在他們接管西班牙政府，約瑟夫成了國王。卡洛斯和斐迪南都未獲准返回西班牙。西班牙民眾對無緣無故得到外國君主大感憤怒。一八〇八年五月二日，人們在馬德里自動自發地起義，反抗駐紮在當地的法國軍隊，在發生許多血腥戰鬥後才遭鎮壓。（哥雅有兩幅傑作描繪了這場起義，他也在一系列名為《戰爭的災難》（*Disasters of the War*）的版畫中，描述了隨後發生的恐怖衝突。）接著約瑟夫試圖占領並治理西班牙的其他地區。他在西班牙沒有多少支持者，因為他嗜酒，人們早已為此故意羞辱他，稱他為「酒瓶喬」（*Pepe Botellas*）。

圖10-2 哥雅的《1808年5月3日》（*The Third of May*, 1814）

英國人一直恐懼著拿破崙，現在他們看到了好機會，攻擊這位法國皇帝脆弱的側翼，並出動龐大軍隊入侵伊比利半島，為反叛的西班牙群眾提供各種支持。於是半島戰爭（Peninsular War）開打，在西班牙稱為獨立戰爭，西班牙人和威靈頓（Wellington）公爵最終勝出，迫使約瑟夫越過庇里牛斯山撤退。拿破崙無法前來協助其兄長。他在莫斯科遭到大敗，所造成的人員和裝備損失使法國在西班牙也不可避免地失敗，同時確定了拿破崙最終的毀滅。不過，戰爭很少只為了單一一個目的或明確的邏輯而戰，我們得指出一件怪事：在這場西班牙戰爭中，威靈頓公爵和英國人，實際上是努力把暴君斐迪南推上國王的寶座，也因此恢復西班牙宗教裁判所，以及隨著波旁王朝的墮落所發生的所有其他罪惡。

在戰爭進行之際，西班牙議會從馬德里逃往加地斯，在那裡起草自由派的西班牙憲法（一八一二年）。議會成員大半來自城市，一般認為比絕大多數百姓更開明，因此無論西班牙的君主是誰，除非他全心支持這部憲法，否則根本沒有實行的機會，可是要國王支持這部憲法根本是天方夜譚。在拿破崙（一八一四年）遭擊敗之後，斐迪南回到西班牙，各地人民都高呼「議會下台！專制君主萬歲！」，歡迎斐迪南登基。自由派憲法的擁護者毫無對抗民意的希望，西班牙人民是自作自受。

拿破崙反省了整件事之後這麼說：

> 西班牙這場教人遺憾的戰爭造成了真正的創傷；這是法國不幸的第一個原因。要是我能預見這件事會讓我如此煩惱和懊悔，我就永遠不會參與其中。但在採取前面幾步之後，我不可能退卻。當我看到那些笨蛋在我面前爭吵互罵時，我就想我不妨利用這個機會，解散這個水火不容的家庭……我在西班牙的失策因其結果而無可挽救。我應該讓西班牙有自由派的憲法，並讓斐迪南負責執行。如果他真誠行事，西班牙必然會繁榮，並和我們的新做法相協調。我們將達成偉大的目標，法國將獲得親密的盟友，並獲得真正強大的力量。相反地，如果斐迪南不盡責，那麼西班牙人本身就會推翻他，並且會要求我給他們一個統治者。無論如何，西班牙那場不幸的戰爭是一場真正的苦難……如果我所建立的政府仍然存在，將會是西班牙史上最好的事。我會讓西班牙人重獲新生。我會讓他們有個很棒的國家。我會給他們一個新的王朝，而不是虛弱、愚蠢、迷信的波旁族裔，除非它能對國家有益，否則就無權得到王位。我會摧毀迷信和聖職人員的陰謀，並廢除宗教裁判所和修道院，趕走懶惰的修士。[9]

斐迪南七世接位，成為專制君主，他重建了宗教裁判所，廢除了短暫的自由主義浪潮，並粉碎了每一種改革。他把反對他的人全關進監獄，並再次恢復固有的特權。自由的討論被扼殺。新國家嚴懲自由主義者，許多人被處以死刑，因此人們紛紛逃出西班牙。耶穌會被請回國，並受命主持年輕人的教育。整個國家陷於貧困，沒有工業發展，土匪在每條公路上出沒，人民無法旅行。國王貶低並抨擊自由主義所有的主張。在約瑟夫．波拿巴政權期間已自組政府的美洲殖民地眼見無法與斐迪南談判，決定永久自行掌權。重新收回西班牙帝國海外領土的希望，都因專制國王的無知和狂熱而注定失敗。

哥雅畫作下的真實

在卡洛斯四世、約瑟夫．波拿巴和斐迪南七世統治下停滯不前的年代，西班牙文化的一線光芒，是西班牙史上最偉大的藝術家之一哥雅精彩的繪畫和版畫作品。西班牙獨立戰爭於一八〇八年爆發時，哥雅六十二歲，在過去近三分之一世紀的歲月裡，他一直是西班牙宮廷的官方畫家。

> 他已經畫了各種肖像——駭人的、怪誕的、諷刺的、討人喜歡的、報復的，都是統治西班牙的墮落者、妓女和怪物的家族，他們赴巴約納，全力在拿破崙的腳下卑躬屈膝，在征服者的面前掀出家中臭不可聞的糾葛，和卑鄙的政治陰謀，這一切都蹂躪這不幸的國度。[10]

他也以西班牙的生活場景為題，為王家繪製數十幅大型素描草圖，用來製作一系列美妙的織錦，但他的才華主要還是在較嚴肅的事物。*

哥雅親眼看過戰爭，其墮落和恐怖的本質從未離開他的腦海。他有許多繪畫、素描和版畫直接或間接取材自大屠殺，對戰爭的譴責在藝壇中前無古人後無來者。哥雅畫出了他親眼目睹的慘況，而且他見到了最糟的情況。在他的眼前，人變成了野獸，殺人放火。他看到一個人大腿被人抓住，並且用劍由他的胯下被劈成兩半；他也刻畫了另一名男子在樹上掙扎。他看到一個受傷的法國士兵被人在地上拖曳到死為止，並用「他活該」（He Deserved It）這個名稱作畫，他看到作母親的在恐懼的子女面前遭強暴，他看到獸性帶來的官能感受，而且他繪出將被強暴婦女的裸露乳房，這似乎帶給他替代性的快樂。在一八一一年的饑荒裡，他看到婦女和兒童瘦骨嶙峋，他也

---

*〔原註〕哥雅常用木條、海綿或抹布上色。他的刷子通常都是最粗糙的質地。有法國評論家說：「哥雅用顏料塗抹畫布，就像泥水匠抹牆壁一樣，他會用拇指蘸少許顏料，為畫面加上細膩的情感。」哥雅所描繪的美麗西班牙風情被西班牙作曲家恩里克．格拉納多斯（Enrique Granados, 1867-1916）用作歌劇《哥雅之畫》（*Goyescas*）的基礎，其中有些絕美的旋律。哥雅所繪的黑白鬥牛素描《鬥牛術》（*Tauromaquia*）是西班牙藝術中最具活力的代表作。收藏在普拉多美術館的還包括他的《穿衣的馬哈》和《裸體的馬哈》（馬哈 Maja 是西語漂亮的姑娘之意），這兩幅畫顯露出他深沉的感性。傳說畫中人物是他的情婦阿爾巴公爵夫人，此事非常可疑。不過哥雅確實過著多采多姿的放蕩生活，並且有許多非婚生子女。據說他還是一名很高明的鬥牛士。

畫了這些景象。他們向路人伸出可憐的雙手，卻什麼也得不到。哥雅為這些畫下的標題是：「吶喊沒有用」、「沒人能幫助他們」、「他們是否屬於另一個種族？」

他的版畫中有一名神父腳上生著爪子，在耳朵的位置則長出吸血鬼的翅膀，這幅畫名為《違反公共利益》（*Contrary to the General Interest*）。後來他又有版畫，同一名神父的心臟被吸血鬼吸了出來，畫名為《後果》（*Consequences*）。在另一幅畫中，有一頭驢子面前放了一本攤開的書，在向修士上課，哥雅把這幅版畫稱為《那更糟糕》（*That Is Still Worse*）。還有一幅版畫，畫面上是一個女人的屍體，哥雅的題名為《真理已死》（*Truth Lies Dead*）。

圖10-3　哥雅的《戰爭的災難（版畫三號：一樣）》（*The Disasters of War, Plate 3: Lo mismo*, 1810-1820）

資料來源：維基百科用戶 NNeilAlieNN。

《戰爭的災難》是有史以來最可怕最真實的戰爭紀錄。生者的腳下滿是血泊，死者則擺出怪異的姿態，雙腿分開，張開醜陋的嘴巴，手指蜷曲，難以言語形容的怪相構成了人類生活的草圖。哥雅經常只題名為「我看到了這個，還有這個」。

《災難》這一系列版畫於一八二四年左右首印，當時七十八歲的哥雅獨自越過庇里牛斯山，在法國避難（命運真奇怪！），以逃避斐迪南七世的專制，和他所擔心隨時可能重建的宗教裁判所。他描繪鬥牛的版畫和揭露西班牙人惡習的《謬想》（*Los caprichos*）和《諺喻》（*Los proverbios*）系列，是以黑白兩色繪出的有力研究。除了出色的草圖和包括可愛兒童的肖像之外，他大部分的藝術作品揭露了人對其他人的殘酷非人性，象徵性的墮落，和西班牙人民的不可思議的勇氣。他掛在自己家牆上的畫作如今都收在普拉多美術館裡，畫面上象徵了言語無法形容的恐怖，但觀賞者往往看不出它們的意義。怪異可怕的羅馬農神薩圖恩（Saturn）咬下自己孩子的頭就是一例。有些藝評家認為，哥雅在一八二八年以八十二歲高齡去世之前，就已經發了瘋。

拉臘筆下對現實的批判

斐迪南的統治激怒了覺醒的西班牙人民，一八二〇年軍隊起而反抗，並接管政府。加地斯的自由派憲法再次生效，宗教裁判所也遭廢除，有三年的時間，西班牙有貌似自由派的政府。反叛的將軍拉斐爾．里亞戈（Rafael del Riego）成了英雄，在他的軍隊中流行的一首歌曲後來也成為一九三一年西班牙共和國的國歌，被稱為〈里亞戈頌〉，這首歌以及當時流行其他歌曲的歌詞，說明了西班牙內部對立的本質：

如果神父和修士知道
我們要怎麼讓他們慘敗，
他們就會蜷縮成一團，大喊：
自由！自由！自由！

其中有些歌曲用詞淫穢，譬如：

吞下它，吞下它，吞下它，
長臉的老反動分子，
我們不想要妓女王后，
也不要龜公國王！

「吞下它」指的是一八二二年的憲法，反對派，尤其是國王，被迫接受它。然而，這個自由派政府只是西班牙史上一段短暫而無效的插曲。如我們先前所說的，西班牙人民對開明政府持懷疑態度。他們偏好專制君主而非憲法政權，即使像斐迪南七世那麼墮落的君主也好。因此當法國軍隊再次入侵西班牙，讓斐迪南再登王位時，人民並沒有反抗。這些落後、迷信、反動的西班牙人民在十年內再次接受了桎梏，彷彿這些枷鎖是最純粹的黃金（一八二三年）。

不過，在斐迪南七世於一八三三年去世時，他們的熱情消退了一些。他過了放蕩的一生，人人都看到政府毫無顧忌的腐敗。在他臨終時，家族成員在他床頭為了該由誰繼位拳打腳踢，爭吵不休。斐迪南已修改了法律，讓他當時三歲的女兒伊莎貝拉繼位。國王的長兄卡洛斯強烈反對，並且起而反抗，因此展開一連串稱為「卡洛斯戰爭」的長期內戰，在信教極虔誠的巴斯克省分獲到重大支持。

一傳出斐迪南的死訊，許多被迫流亡的西班牙自由主義者就回到了祖國，西班牙也慢慢地、痛苦地、費力地，再次收拾殘局，由谷底開始漫長而痛苦的進步。他們正如我們一樣看到，凋敝的國家經歷了啟蒙運動卻未獲啟蒙，經歷了法國大革命而未獲改革，如今正在經歷工業革命，卻未被工業化。

在歐洲的其他地方已有一系列價值觀生根發芽，但西班牙卻對此一無所知：憲法政府、社會改革、應用在經濟上的新發現和技術、通訊和交通的建設、農業改革、政教分離、言論自由、集會與新聞的自由。但西班牙卻頑固地堅持中世紀的夢想。儘管她極其沮喪失望，仍然大談神聖的信仰、光榮的過去、傑出的性格、無與倫比的勇氣和獨特的熱情。這就像站在墓地裡吹噓死者的功業，好像這樣的誇耀會使死者重獲新生似的。

掌握到西班牙這個古怪夢境精髓的，是十九世紀的偉大作家馬里亞諾・荷西・德・拉臘（Mariano José de Larra，一八〇九至一八三七年）。他的父親在法國占領時期曾經支持約瑟夫・波拿巴，法軍落敗後，他們全家逃往巴黎，後來在一八一八年大赦時回到故鄉。拉臘幼時是神童，在法國又讓他見識到了自由主義，因此他後來在故國的生活挫折不斷。他決定投身新聞業，到他二十四歲時，已成為西班牙最優秀的記者。拉臘發展出一種簡潔、尖刻的風格，與他同代的其他浪漫主義作家截然不同。他在許多文章中戳破西班牙誇張的吹嘘和自滿，暴露出背後枯乾的實體。他說：「在馬德里寫作，教人哭泣。」因為為西班牙人寫作是浪費墨水和靈魂。任何國家的缺陷都逃不過他的筆尖：法國作風勢利的花花公子，虛假愛國主義粗鄙的性質，人盡皆知西班牙人的懶散，以古早流浪漢風格過騙徒生活的普遍欲望，社會、經濟和政治制度的落後，任何理想主義在西班牙的無用等等。

拉臘生為非傳統的浪漫主義者，死時亦然。一八三七年二月十三日，他的小女兒進他的書房道晚安，卻發現她的父親躺在血泊中，才二十八歲的他用子彈轟頭自殺。全西班牙首都大感震驚，傳說作者婚外情卻遭小三拋棄，但一般人都認為他是因自己的苦澀而厭世，後來證實這兩件事都是真的。他的葬禮規模盛大，全馬德里的文學圈都前來參加。在他的遺體準備下葬時，一個身體瘦弱、臉色蒼白的年輕人走上前來，用激動的聲音讀出他寫給死者的輓歌。這位不知名年輕人的詩詞讓在座的哀悼者都深深感動，他名叫荷西・索瑞亞，從此展開了詩人生涯，後來成為西班牙浪漫主義運動的主要作家之一，也是一八四四年著名的《唐璜》（*Don Juan Tenorio*）劇本作者，在西班牙舞台上取代了由帝索所寫同一主題的劇本。這齣唐璜劇至今在西班牙依然十分流行，經常在萬聖節前後上演，因其最後一幕發生在墓地，所以時間上十分合適。

拉臘對折衷的做法不以為然，身為作家的他追求淋漓盡致。他瘋狂地尋找西班牙文化和科學重生的證據，卻一無所獲。他尋找可能意味著拯救的性格元素，但它們也不存在。他開始覺得由西班牙人推動西班牙的再生，是完全不可能實現的夢想。他陷入悲觀和絕望，並以坦率的文筆描寫他的國家和人民，教保守派大感震驚，卻像磁鐵一樣吸引知識分子。拉臘本人常出現在他自己的許多文章裡，因此他的文章有其他浪漫主義作家所缺乏的私人和個別的筆調。這種藝術氣息濃厚的個人主義再加上簡潔經典的風格，和犀利批判的才華，使後代作家崇拜他，稱他為天才和先知。

拉臘在一篇傑作中寫道，他故意讓僕人喝醉，以便僕人直言無諱，說出心聲。僕人很樂於從命，因此成為「作者的良心之聲」。僕人拿自己卑微但滿意的物質生活（就如桑丘一樣）與主人只會導致沮喪和絕望的理性主義（有點像吉訶德）作對比。僕人說：

> 你晝夜在書頁中尋求真理，又因為找不到它而備受煎熬。你發明了文字並讓它們成為感受、科學、藝術、存在的事物。政治、榮耀、知識、權力、財富、友誼、愛情！但當你發現它們只是文字時，你就辱罵詛咒。而同時，我吃喝玩樂，沒有人會欺騙我，就算我不快樂，也不會因此絕望。你命令我，但你不能命令你自己。作家，可憐我吧。我因酒而醉，的確如此；但你卻因欲望和無能而醉！[11]

拉臘在西班牙有不少崇拜者，但他知道要用寫作來影響西班牙人不啻緣木求魚。西班牙的三個階級各自以不同的方式卻同樣失聰，誰會誠心聆聽？一般民眾冷漠而殘酷，未來數年也沒什麼用，因為他們沒有對智識的需求，也欠缺所有的刺激。他們無法自行動作，而在等待允許自己受感動的時刻。而逐漸開明的中產階級終於開始有了對智識的需求，他們意識到它一直而且依然處於非常糟糕的狀態，他們希望改革，因為這是使他們進步的唯一方式。還有為數不多的特權階層，他們在異鄉成長，因異鄉眼花繚亂：他們是政治移民的受害者——這階級自認只有他們是西班牙，但他們跨出每一步，都驚訝地發現自己只不過領先其他人百碼而已。[12]

在另一篇更為尖刻的文章〈一八三六年的萬聖節〉中，他描述了由馬德里來到墓地的大批人口，並驚嘆道：「為此，他們離開馬德里！」在墓地，他羨慕死者，質問生者說：

你們自己就是死人，為什麼來拜訪你們的父親和祖父？他們雖死猶活，因為他們有和平，有自由，世上唯一可能獲得的自由，由死亡賦予的自由；他們不交稅；他們無法組織動員；他們不能受譴責也不能被監禁；他們是唯一享受新聞自由的人……簡而言之，他們只認得一種法則，那就是讓他們在那裡專橫的自然法則，他們遵守那條法則。

「那是什麼紀念碑？」我在廣闊的墓地漫步時驚呼道。

「那是過去幾個世紀的巨大骨架，還是其他骷髏之墓？它是皇宮！它有一面面向馬德里，也就是其他的墓……」

作者在他的死亡漫步中來到各政府建築前方時，他反省道：「這裡是西班牙的一半：它死在另一半手下。」

漫步者想要躲藏在自己的心裡，但卻發現他心裡只有另一個墳墓。「讓我們讀一下碑文。誰死在那裡？可怕的墓誌銘！希望埋葬在這裡！」

「沉默，沉默！墓地在我們心裡！」

拉臘許多作品的簽名都是費加洛（Figaro），這是法國作家波馬謝（Pierre Beaumarchais）知名三部曲喜劇的英雄。我們很容易就明白為什麼這個名字這麼吸引他。三部曲的第二部一七八四年的《費加洛的婚禮》正是掀起法國革命熱潮的劇本。在劇中，象徵貴族阿瑪維瓦伯爵想要行使他作為封建領主的權利，在他的理髮師費加洛結婚前夕，和他的新娘共度春宵。費加洛當然非常憤怒，而且因為他先前曾幫助伯爵贏得另一位女士的芳心，因此使他加倍氣憤。在一番胡鬧和喬裝之後，理髮師終於戰勝了伯爵，娶回他的意中人。這齣戲讓歐洲的貴族大感震驚，因為在革命洪流之前，他們的真面目已遭揭穿：他們是無恥、不道德、墮落的舊秩序擁護者。莫札特在一七八六年把這齣戲改編成歌劇時，不得不用義大利文而非德語，讓觀眾無法體會到故事的細微差別。原劇本在維也納禁演，在巴黎也因擔心會激起群眾的義憤，而禁止歌劇公演。當局知道這種作品多麼危險，但儘管他們採取嚴格控管，在巴黎依舊有私下的「彩排」，而且廣受歡迎。

拉臘是個出色的西班牙費加洛；他沒有波馬謝的主角那麼幽默，對現狀的批評更加嚴厲。他了解西班牙人生命力、人文主義，普遍主義和信仰的理想，並且看出它們太根深柢固、太強烈，因此無法在可讓西班牙歐洲化的理性主義、科學、政治自由主義和社會改革面前屈服。正是這種絕境使他的作品以仇恨和自我毀滅的方式轉向內心。

第一共和早夭之後

斐迪南七世的女兒伊莎貝拉二世由一八三三至一八六八年治理了很長的一段時間，頭幾年由她母親攝政，當時西班牙的自由主義有了進步，也嘗試讓經濟和教育制度現代化，成立了許多小學，重組大學，創辦數個文化機構。伊莎貝拉的私生活幾乎和她父親一樣放縱，也養成毫無來由指派和罷黜大臣的習慣，政府因為人事不斷的變化而癱瘓，這也反映出女王的善變。伊莎貝拉高頭大馬，在宮廷雀躍（她愛跳舞）實在不甚美觀。不消多久，她就被西班牙人用輕蔑和譴責的語氣稱為「esa señora」（那個女人）。伊莎貝拉的王夫是她的堂兄阿西西的法蘭西斯（Francis of Assisi），他高亢的聲音教人不快，被稱為「Paquita」（女性生殖器）。伊莎貝拉生下王子（後來的阿方索十二世）時，幾乎要用暴力掩住王夫的嘴，以免他公開宣稱孩子不是他的。女王後來又生了八個孩子。

伊莎貝拉生性慷慨、不切實際、善良、迷信，情緒像嬰兒那般不穩定。她專屬的懺悔神父克拉雷（Claret）干涉國政，不斷造成麻煩。另外一位在背後影響女王的，是有「流血的西班牙修女」之稱的帕羅士尼奧（Patrocinio）修女，據說她手上出現基督傷痕的印記，在公共場合出現時總戴著手套，我們有充分的理由相信她的傷口是自己造成的。有這樣的近臣和這樣的性情，伊莎貝拉二世的政府不免荒謬。

儘管政治腐敗，官僚主義盛行，但西班牙在物質方面確實有了進步。鐵軌開始鋪設，在一八四八至五八年間鋪了五百英里，一八五八至六八年間鋪了三千英里。在西班牙的悠久歷史中，各個地區終於頭一回能夠彼此密切連結。然而，中央政府太過無能且不得民心，儘管交通改善，卻幾乎無法降低全國各地強烈的分離主義情緒。此外，在鋪設鐵軌時的財務和人事也有嚴重的醜聞，太后本人也參與其中，最後不得不永久流亡。[13]

伊莎貝拉二世政權最重要的大事是西班牙自由主義的逐步發展，不過我們必須先為這個詞下定義。所謂西班牙自由主義只是指一般公民擁有適度權利法案的憲政政府，並沒有偏左或類似的立場。法、英的政治事件和接觸德、英哲學學派引發了這個運動，不過許多西班牙人被迫成為自由派，是因為他們討厭伊莎貝拉二世和她的親信，他們並不了解也不關心什麼叫議會政府。到一八六八年，國人受夠了女王的政府，普里姆將軍（Juan Prim）起義，結束她的統治。但這場政變有個負擔：西班牙軍隊。西班牙海軍首先起而反抗，陸軍很快就加入，對自由運動而言，軍隊是很奇怪的夥伴。伊莎貝拉二世發現自己沒有援軍，於是出國流亡，她哀嘆自己的命運說：「我以為我扎下了更深的根！」

叛軍開始尋找合適的國王，普里姆將軍感嘆說：「在歐洲尋找民主國王，就像在天堂尋找無神論者一樣困難。」[14]最後薩伏依伯爵阿瑪迪奧（Amadeo of Savoy）接受了王位，他在馬德里撐不到幾年，自由派各派系之間的鬥爭使阿瑪迪奧一世的統治成了一場噩夢。在他的短暫統治之後，是一八七三至七四年的西班牙第一共和國。第一共和國共有四位總統，最後一位是著名的歷史教授，也是當時最有名的西班牙演說家埃米利奧・卡斯特拉（Emilio Castelar）。他的前幾任總統按黨意行事，只有卡斯特拉稱自己是posibilista（可能主義者），意思是他會盡其所能，但他所能做的實在不多。

無論是西班牙共和國或是其總統，都沒希望生存下去。卡斯特拉自己就曾說：「我們共和黨有許多先知，卻沒有多少政治家；我們有很多理想，卻沒有多少經驗；我們擁抱整個思想的天堂，卻在路上的第一個洞就摔倒。」他們的路上有很多洞：古巴反抗西班牙的統治、自由派的分裂、議會的敵意、軍隊的不滿，西班牙北部如火如荼的卡洛斯戰爭，依舊要求波旁君王的君主制度者，還有駭人的經濟和金融情況——這些只是第一共和國必須面對的一小部分問題。能夠建立第一共和國已教人驚奇，它的死亡是意料中事。

一八七五年，在英國桑德赫斯特皇家軍事學院就讀的阿方索十二世獲邀回到西班牙擔任憲制君主，當時他十六歲。他了解議會政府，並且尊重這種制度。他在歐陸和英國的教育和遠離他母親墮落的宮廷，讓他有能力擔任國王的角色。在他短暫的統治期間（他在十年後去世），西班牙在政治上似乎有真正的進步。自由主義者和保守派輪流掌權，憲法受到尊重，秩序也得以恢復。但這些變化幾乎沒有意義；它們只是一種休戰，雙方同意做出溫和有禮的表象。在西班牙，權力由一方轉換到另一方，通常被稱為「換哨」。

阿方索十二世於一八八五年去世，得年二十七歲。他的王后為他生了幾個女兒，但沒有兒子。然而他去世時，她懷了遺腹子，六個月後，王子誕生了，後來成為阿方索十三世。在接下來的十六年裡，他的寡母擔任攝政，其時期可與伊莎貝拉二世受訓成為女王的早期攝政相媲美。一九〇二年，阿方索十三世接掌政府時，西班牙站在未來偉大發展的門檻。她的學校獲得極大的改善，也產生了一代受到世人尊重的知識分子，國王本人似乎同情人民日益高漲的自由主義情緒。西班牙的花園裡即將要開花結果，西班牙人是否會抓住這個機會，抑或是重回剛痛苦爬出的過去深淵？

不幸的是，波旁王朝的最後一位君主能力不足。阿方索在強烈的聖職人員氛圍中，被溺愛的母親撫養長大。他的導師蒙大拿神父（Father Montana）是激烈的反動派。阿方索一直未被送到國外教育。阿方索強烈抗拒宮廷的鬱悶氣氛，和軍事人員結為好友，他非常欽佩他們冒險的精神。最後，軍隊在他眼中成了一切男子氣概和英雄的象徵。[15]

教會和軍隊再度把持了權力；他們會繼續支配西班牙嗎？這還需要史學家問嗎？早熟年輕國

王的才華被他的教養抵消，而這個國家缺乏自治經驗也很快就顯現出來。在阿方索統治國家的頭兩年，共有六十六位新部長，而在他登基二十九年後流亡之前，也共有三十三個截然不同的政府。

第十一章
智識主義的思潮（一八七〇至一九三一年）

「失去了早晨就失去了下午；失去了下午就失去了人生。」

——西班牙古諺

十六世紀，在菲利普二世統治下，西班牙與其他歐洲國家脫了節，之後的歷屆國王更讓這個問題成了全國的災難。西班牙喜歡單獨行動，堅持自己的價值觀體系，抵制進步。在十八和十九世紀，西班牙在人民的教育方面遠遠落後其他國家，雖然葡萄牙也許更糟，但西班牙在歐洲國家中也已敬陪末座。的確，在絕大多數人民無法讀寫的國家，社會大眾卻有強烈的創造力和尊嚴感。西班牙人依舊創造出詩歌、歌曲和其他自然藝術流行情感的表達。舉世沒有一個國家擁有比西班牙更美的民間詩歌和民間音樂。沒有任何一個國家的文盲群眾生來比他們更文雅、更有活力。

未經訓練的西班牙人民總是創造出偉大的藝術，並且始終擁有任何事物都難以摧毀的深刻尊嚴和力量。儘管這些特質教人欽佩，但在現代世界中僅靠它們卻不足。確實，它們使西班牙在現代國家中顯得有些異常。渾然天成的民間天才無論在藝術領域多麼富有創造力，都無法治理國家。在十九世紀後半葉，西班牙人開始明白這一點。對西班牙人民來說，教育是一種迫切的需求。讀書識字不再是奢侈品；思想已成為自由的錢幣。如果不想讓國家永久落後，那麼建立學校——更多更好的學校，就是當務之急。面對這種需求時，有一個人脫穎而出。他名叫法蘭西斯科．吉納．德．羅斯瑞歐斯（Francisco Giner de los Ríos），於一八三九年在風景如畫的安達魯西亞小城隆達（Ronda）出生。

知識分子的呼聲

英國的西班牙學者特蘭德稱吉納為「第一位現代西班牙人」。西班牙史學家薩爾瓦多・德・馬達里亞加也說他是「西班牙十九世紀最崇高的人物」。吉納是馬德里大學傑出的法學教授。西班牙的法律學位就相當於美國人文學科的學位。吉納對這個較廣泛的文化領域感興趣。他是全心奉獻型的教師。

一八七〇年代，西班牙教育部長要求所有大學教授都得宣誓效忠，宣誓支持王室、國家王朝和天主教。吉納和其他幾位知名教授都拒絕宣誓，而遭解雇。這一群沒有學校的教師決定籌辦一所自己的大學，命名為「自由教學機構」（Institución Libre de Enseñanza），於一八七六年成立。吉納因此成為西班牙第一所獨立於國家和教會之外的學校的校長。

這個機構並不屬於任一政黨，但其教師確實堅信西班牙在自由和非宗教基礎上的革新。機構的主要目標是在自由的氣氛中教育西班牙青年。這個自由的新大學也教育出許多知名的人物。一九五六年獲得諾貝爾文學獎的詩人胡安・拉蒙・希梅內斯（Juan Ramón Jiménez）就曾在此學習，一如二十世紀上半葉另一位偉大的西班牙詩人安東尼奧・馬查多（Antonio Machado）一樣。吉納的理想是以博雅教育培養一群具有全面、自由修養的人，人格高尚、性格寬容的人，能夠領導國家向前邁進。在傳統阻礙了進步，以及日後獲得諾貝爾生理醫學獎的拉蒙卡哈仍然得偷竊屍體才能做解剖學研究的西班牙，這樣的理想令人耳目一新。

吉納是一代西班牙人的導師，他們對他推崇備至。在他的學校帶領下，其他教育機構也紛紛成立，使思想自由的學風遍地開花：先進的歷史研究中心（Center of Historic Studies）是我本人在第二共和國時期攻讀博士學位之處；女生宿舍（Residence of Señoritas）和學生書苑（Residencia de Estudiantes），相當於牛津和劍橋大學的學院；以及與其他機構合作相關的進修教育委員會（Committee for the Extension of Studies）。這些文化機構中，位於馬德里皮納大道（Calle del Pinar）二十一號，座落於山頂的學生書苑可能是外國人最熟悉的一個，因為這個位於西班牙首都心臟地帶的可愛綠洲，秉持博雅教育的優良傳統，年復一年為外國學生舉辦夏季學校。

這棟建築外圍環繞著一條小護城河，流水奔流不息，教人想到安達魯西亞摩爾人水聲潺潺的花園。這條護城河有其象徵；它意味著此地屬於自由狀態，獨立且不受任何政府或宗教的影響。我在這裡暑修時，這裡有長久居於其中的詩人羅卡、散文家荷西·莫瑞諾·維亞（José Moreno Villa），和評論家達馬索·阿隆索，他也是這個地方的負責人。穿著像新教牧師的哲學家烏納穆諾也是此地的常客，希梅內斯、貝德羅·薩利納斯（Pedro Salinas）、霍赫·紀廉（Jorge Guillén）這些詩人和老師亦然。我也記得來自阿根廷的米格爾·柯多米（Miguel Cordomí）和阿藍布魯（Aramburu），以及來自法、德和西班牙各省的其他人。英國的西班牙學者特蘭德經常來此，其他西方國家的知名西班牙學者，包括許多美國學者也常來此地。

我對這個地方最有趣的回憶，這裡的學生有次知道他們的主任阿隆索喜歡裸睡，因此有一晚在他的床上撒滿了鹽。羅卡很喜歡這個惡作劇。阿隆索後來成為詩人貢戈拉的偉大翻譯者，他的體型像《愛麗絲夢遊仙境》中雙胞胎特老大（Tweedledum）的外形，禿頭，再加上遭捉弄後大聲咒罵的樣子，教人畢生難忘。

吉納的學生和跟隨他們的人是建立第二共和國的那傑出一代的重要人物。舉世任何一個國家都會為擁有這樣優秀的一群人引以為傲。問題是這樣的人並不夠多，西班牙自由的教育開始得太晚了。在數百萬人仍然是文盲的國家裡，沒有自治的訓練，專制主義盛行，少數幾個好人能有什麼用？

努力讓西班牙再生的人並非僅僅吉納一人。格拉納達的安荷．加尼韋特（Ángel Ganivet），是當時尖刻批評的憤青，就像拉臘第二。沒有人有比他更鋒利的筆和更有洞察力的思想。他和少數幾個深愛西班牙的人一樣，深切地感受到它的不完美，並極力探索和恢復西班牙永恆的精神傳統。他和當時許多西班牙人不同，並不鼓吹西班牙歐洲化；恰恰相反，他所說所寫的內容全都是呼籲西班牙靈魂在非歐洲的過去中尋求原創性和獨特性，是未來成長的基礎。加尼韋特努力闡釋和評估自己國家的精神和性格，他試圖從內部重振西班牙。他的格言來自聖奧古斯丁：「不要忘形，因為你真正的靈魂存在內心深處。」他認為這非但適用於個人，也適用於國家。

加尼韋特聲言，西班牙人雖有征服的才能，卻無法統一和治理被征服者。如果西班牙要在現代國家中維護自己的尊嚴，就必須重拾這一重要的活力，並且把它集中用於一個新方向上。加尼韋特和烏納穆諾結為好友，他們在信中明智地評論了國家的命運。加尼韋特的文章為數不多，卻是當代西班牙文學中最好的散文，不過他的批評大多反民主。「把人當成社會有機體，他們讓我噁心。……我熱心支持普選，但有一個限制條件：沒人投票。」他認為政府應該留給聰明人和強者治理。

加尼韋特經常旅行，政府派他到比利時、芬蘭和俄羅斯，年僅三十三歲的他卻在俄國的德維納河（Dvina）溺斃。由這些北國的制高點上，他能更清楚地觀察自己的國家；而他也並沒有放過他的讀者。就像拉臘一樣，他自己的生命力和理想主義毀了他；在陰險的人中，要保持理想主義者的性格，向來都不利健康。

這個時代第三個把生命獻給西班牙重生的人是華金·科斯塔（Joaquín Costa，一八四四至一九一一年），一個講究實際的亞拉岡人。科斯塔努力要使他的國家與其他歐洲國家並駕齊驅，他既用文字，也有言語，穿插教人難忘的口號，其中許多仍然深植人心。他喊道：「熙德的墓必須用雙鎖和鑰匙鎖起來。」不能再回顧過去的光輝，如今的西班牙需要的是「學校和食物」（*escuela y despensa*），還需要「鐵的外科醫生」（*cirujano de hierro*），一個用無情的手術刀摘除和截肢的人。西班牙是空心的蘆葦，是乾涸的河流；她的投票人口是「無所作為的群眾」。西班牙必須去非洲化，必須要歐洲化。我們必須以榮耀交換進步，必須用戰艦交換學校。「我們的國家並不需要英雄或殉道者的熱血，而是需要能夠支配並運用自己情感的智慧者的冷血。」西班牙的衰弱是由於缺乏意志，是因為經濟落後，是因為普遍存在的文盲，以及根深柢固的政治領袖的支配（*caciquismo*），使所有選舉都成為一場鬧劇。西班牙需要自由，「自由的根源在於獨立，獨立的根源在於肚子」。飢餓的人永遠無法真正自由。

科斯塔在全西班牙大力宣揚他充滿活力的自由思想。他向廣大的群眾提出農業和社會改革的問題；他讓年輕知識分子集中注意力在母國社會有機體的潰瘍上。他敦促要灌溉貧瘠的土地。他承認同胞沒有能力接受純民主政府，因此主張像羅馬一樣的「民選獨裁」（elective dictatorship），迫使無知和持異議的反動分子服從。科斯塔對他那一代的年輕人影響深遠，讓他們了解國家的問題所在。

「九八年代」

智識主義的浪潮在西班牙日益茁壯，結果造成大批作家和藝術家的誕生，被稱為「九八年代」（the generation of 1898）。那年西班牙與美國作戰，結果西班牙大敗，使西班牙人不得不檢討自己，因此產生這個名詞。西班牙軍隊的榮耀顯然已經不復存在，她喪失了最好的殖民地，如今孑然一身，弱小、貧窮、失去了尊嚴，甚至連現代國家的榮譽也不復存在。難道她的鐵腕將軍沒有殘酷地迫害古巴人嗎？即使幾乎所有的西班牙人都認為這是一場不公正的戰爭，是美國為奪取殖民地而強迫它參與的戰爭，但她也徹底證明了自己的國家沒有承受現代挑戰的能力。

因此一個基本的問題油然而生：西班牙是什麼？這就是「九八年代」的成員想要尋找的答案。他們深入研究了過去的歷史和文化，想揭示**西班牙真正的靈魂**。他們探究了她孤立的城鎮和村莊，以便感受到她的精神地理，因為在這些地方，過去仍然活生生地存在、不曾遠去。他們試圖讓西班牙歐洲化，像尼采一樣全力以赴。他們極重視感性價值，認為這是藝術創造力的主要來源。他們對觀念的本質持懷疑態度，但矛盾的是，這些擁護強大信念的人卻過著缺乏意志（*abulia*）的生活。這些為了重燃信仰而熱切爭辯的人卻相信人生本身就是苦悶的，並且因此而持悲觀態度。

在這一代人中最能掌握卡斯提亞精髓的詩人馬查多，充分表達了他國家特有的「精神包容」態度：

> 悲慘的卡斯提亞，昨天統御所有的人，
> 如今卻一身襤褸，鄙視她所不認識的一切。

「九八年代」的作家是傑出而多元的群體，他們只是因為所生活的時代而聚在一起，每個人都有獨特的個性，具有各自的美學信條和自己的哲學。他們雖未發起統一的文學運動，但確實創造出自偉大的黃金時代以來最好的西班牙文學。這些人使伊比利亞堅硬的土地再次燃起火焰，激起了巨大的熱情和活力。在幾個世紀的沉睡之後，西班牙再次活躍起來。「九八年代」的作者體現了現代西班牙的最後、最好的希望。他們人生和作品中隱含的矛盾是他們國家的矛盾。他們頌揚人的意志，但自己卻沒有這樣的意志。他們謳歌卡斯提亞的力量和榮耀，但他們卻並非卡斯提亞人。他們主張西班牙要歐洲化，但在他們的作品中，傳統卻無處不在。他們渴望信仰宗教，但自己卻是懷疑論者。他們倒是做到了西班牙人一直都辦得到的成就：建造了一座美麗的宮殿。

我們沒有篇幅或時間單獨討論「九八年代」的所有成員及其同時代的人。列出他們的名單並無意義，尤其它們是不熟悉的外國名字。不過簡述這一代作家的主要觀點，以及另兩位實際上並不屬於該團體，但在西班牙確實發揮了強大影響力的作家，絕不會錯。這兩位不屬於「九八年代」的作家是貝尼托．佩雷斯．加爾多斯（Benito Pérez Galdós，一八四三至一九二〇年）——塞萬提斯以來最傑出的西班牙小說家，以及維森特．布拉斯科．伊巴涅斯（Vicente Blasco Ibáñez，一八六七至一九二八年），後者的小說廣受全世界歡迎。

加爾多斯與伊巴涅斯

來自加納利群島（Canary Islands）的加爾多斯一生大半在馬德里度過，成為這個雜亂首都的闡釋者。他來到馬德里的時間正好能即時觀察到一八七〇年代的政治和社會動盪，並立即開始尋找民族心理的基本運作和情感。雖然加爾多斯本人主張自由解放並且反教士，但他觀察到西班牙人的心靈內在有一種良性的中立性。正如曾任西班牙駐美大使的史學家馬達里亞加所說的，吉納提出了西班牙的 ethos，也就是精神或內在特徵，而加爾多斯則展示了它的 epos，也就是其十九世紀生命的宏偉流動。加爾多斯是唯一堪與其他歐洲小說大師相提並論的西班牙小說家。法國有巴爾札克和左拉、英國有狄更斯、俄國有托爾斯泰和杜斯妥也夫斯基，以上只僅舉幾例。

加爾多斯全心寫作，由早上七點開始寫到晚上九點，日復一日，週復一週，只有在吃飯和運動時才休息。他穿著破舊，放棄了社交生活之樂。他是天才，擅長堆疊細節、發展情節、描繪人物，並把這一切全部融入他細心鋪成的結局。他對人類的心理有驚人的了解，且有不可思議的觀察和分析能力。他以深沉的人性溫暖賦予了小說人物生命，但他缺乏詩歌或預言的宏大氣勢，而這使俄國小說家得以超越寫實主義，施展使人類精神昇華的交響魔法。

加爾多斯的細節堆疊偶爾會多到乏味，讀者必須強迫自己，才能讀完他最長作品的冗長段落。他的傑作《兩個女人的命運》（*Fortunata y Jacinta*，一八八六至一八八七年）共有一千七百頁。但加爾多斯對西班牙的了解只有少數同胞能及，他能夠在書寫中提供完整的篇幅來剖析西班牙人的生活。他從未緩和他的利筆，也不會加諸沉重的道德負擔。他抱著活力樂觀，反對人類意志中沒有意識到的那股盲目、魯莽、非理性的驅力。他寬容、理解、同情、自由開放，就像理想的精神醫生。加爾多斯大部分的小說都寫在佛洛伊德之前，在一八七〇至一九〇〇年之間，因此他的作品中並沒有佛洛伊德的術語。但他對性格的剖析會啟發有興趣探究正常和異常心理的人——尤其是對西班牙人心理學有興趣的讀者。

加爾多斯一生未婚，但他有許多情婦，並與她們有一連串「擬似家庭」的關係。他非常了解並親身感受夫妻和孩子及朋友和戀人等關係的互動。他也認識三教九流，以及各種宗教的信徒。他描繪的猶太人物是西班牙文學中最深刻的人物之一。加爾多斯早年的寫作受法國現實主義和自然主義的影響，但最後他從托爾斯泰對人性的熱愛中找到了歸屬。不過他「最喜愛的大師」是英國小說家狄更斯。他原本就在英語學校接受教育，可以流暢地閱讀英語。正如與他同代的作家李歐波多．阿拉斯（Leopoldo Alas）所指出的，加爾多斯的小說沒有西班牙文字的昨天；只有比昨天更前一天。這些小說源自西班牙黃金時代的現實傳統，使加爾多斯成為自那時代以來最偉大的西班牙小說家。他描述十九世紀西班牙人的生活，「以無比的忠實和精準，使得永恆現實的結構顯現在對軼事的描寫之中，而在十九世紀人的形象之下，是永恆之人的形象」。

加爾多斯的小說技巧非常類似黃金時代的諸位前輩，如流浪漢小說的作者、劇作家帝索和羅培．德．維加，以及塞萬提斯。

> 對這些人來說，寫作戲劇或小說就是無限地增加故事情節及相關內容。塞萬提斯就連在《堂吉訶德》中，也收集並用上了他所經歷的一切：田園故事、騎士故事、言情故事等。加爾多斯也是如此，他以一個行動作為小說的中心軸；但這個行動的進展幾乎總是緩慢到教人疲憊的地步，在每一個轉折處都會被打斷，朝每個可以想像的方向延伸和分岔……

加爾多斯以及黃金時代散文作家所用的技巧，也是當代西班牙和西裔美洲小說的主要特色。

加爾多斯最擅長的是人物的發展和他對個人追求理想及適應社會的呈現。他從未完全接受左拉決定論的自然主義，雖然他確實以近乎無情的準確性呈現人性和外在現實，但他並未把個人意識視為外在環境所決定的結果。他賦予書中人物自由意志，這是天主教的基本原則之一；他以富有哲理的方式，透過呼應黑格爾的觀點來呈現這點。在黑格爾看來，個人是在浩瀚歷史汪洋中濺起的波浪。在加爾多斯的小說中，個人的個性一方面是基於自我之內的衝突，一方面是與周遭他人之間的衝突而形成的。個人藉由與他人的關係尋求自我拓展和成長；他遇到了許多不同的人，每一次的遭遇都使他自己的個性起了變化。人與人之間的關係始於對立的鬥爭，最後卻成了某種融合。自我由別人身上吸收，去除自身的一部分個性，成長、超越其初始的局限，最後達成自我實現。在這個過程中，加爾多斯融合了文學現實主義、基督教理想主義和黑格爾的人格觀。

加爾多斯未能寫出世界級的傑作可能有兩個原因：他下筆非常迅速卻粗心，而且他也不像巴爾札克、托爾斯泰或狄更斯那樣善於講故事。儘管如此，他的作品依然是歐洲和世界文學中真正不朽的作品，他本人也是十九世紀西班牙文壇的巨人。他的傑作《兩個女人的命運》是一幅寬闊的畫布，勾勒出馬德里的許多人物，讓人錯以為那就是人生的樣貌。他對書中兩名女性角色的呈現，即妻子和情婦，使其他西班牙作家望塵莫及。書中一名男子馬克西·魯本（Maxi Rubén）極端地神經質，在幻覺的夢中逃避現實。夢境的敘述和分析是加爾多斯小說技巧的基本要素。這本小說以精湛的筆法描寫錯綜複雜的人際關係。這部佳作未能得到英語世界的認可十分可惜。加爾多斯總共寫了七十七本小說，作品數量驚人。他比任何其他西班牙小說家都清楚地看出：

> 過去對西班牙現狀的引力是無解矛盾的結：因為一個民族既不能放棄過去，放棄它基本

> 性格的基礎，也不能活在歷史的邊緣，因為要適應現在就意味著要不斷地革新。現在，也就是生命，是既由過去也由未來所構成。因此，停頓的國家——正如希望西班牙停滯的傳統主義者那樣，注定要失敗或死亡。[1]

加爾多斯雖反教士，卻並不反對天主教。他的這個觀點代表了數百萬開明西班牙人的看法；也就是說，他反對的是偏執、狂熱和迷信，而這些在西班牙自然與天主教產生聯想。他並不反對宗教教條。在西班牙，教區神父和修女過著貧困的生活，奉獻一生，他們並不極端狂熱，也從未招來人民的反對，但讓一個宗教團體或修會變得像耶穌會那樣富裕強大，最終會激起民眾的敵意。在小說《貝斐達夫人》（*Doña Perfecta*）中，加爾多斯就描繪了反教權的問題，而故事就發生在古卡斯提亞的小城中。貝斐達夫人象徵傳統、信仰，對她來說，科學和學問可能會毀滅性靈生命。代表科學和啟蒙的年輕自由派工程師佩佩（Pepe Rey）來到小城，一心想娶堂妹——完美夫人的女兒。兩種觀點產生致命的衝突。鎮上謙卑得教人啼笑皆非的神父當然站在貝斐達夫人那一方。整個城鎮象徵了偏狹、不寬容的態度，並且把佩佩視為異端。這個青年準備與戀人私奔時，被一個擁護王室的人殺死，而已顯露出精神不穩定的女孩則被送往瘋人院。這個小城的氣氛再度恢復成一片冰冷的灰暗。

加爾多斯還寫了許多劇本，雖然它們不像他的小說那樣精彩，但當時卻非常受歡迎。其中，一九〇一年的《伊萊克特拉》（*Electra*）最膾炙人口。這齣戲重演了《貝斐達夫人》的悲劇，但做了一點變化。年輕的自由派主角想娶一個象徵傳統的女孩。這女孩為了逃避婚姻，被迫進入修道院。在這齣戲中，自由派的力量獲勝。演出後大受歡迎，甚至造成幾種騷亂：示威、罷工、攻擊修道院，最後導致內閣垮台。由普拉塞德斯．馬特奧．薩加斯塔（Práxedes Mateo Sagasta）組成的新內閣還因此被稱為「伊萊克特拉」。[2]

儘管加爾多斯刻畫了西班牙人的悲哀，但他自己卻是堅定的樂觀主義者。這位小說家的朋友寫道：「在夜幕降臨之時，大自然會為白晝彷彿永遠死亡而變得悲觀嗎？藝術的哀傷就像大自然的哀傷一樣，是一種希望。為什麼基督教如此具有藝術性？因為這是悲傷的宗教。」

另一位不屬於「九八年代」，但其作品卻與這個世代的作家並駕齊驅的西班牙小說家是來自瓦倫西亞的伊巴涅斯，他於一九二八年去世。伊巴涅斯是他那個時代的瘟神，有些人說就是因為他非常受歡迎，所以被排除在知名的「九八年代」之外。[*]他在美國聲名鵲起，許多評論家稱讚他是繼偉大的俄羅斯和法國小說家之後的接班人。美國文評家威廉．迪恩．郝威爾斯（William Dean Howells）寫道：「俄國人已不再是大師，又沒有法國、英國或北歐作家能與伊巴涅斯相提並論，當然也沒有義大利人、美國人，以及我們現在難以出口的德國人。」

事實上，伊巴涅斯只是西班牙樂隊裡演奏得最大聲的樂手。他有原始的生命力和講述故事的天賦。他在世界文壇暫時真空時現身，享受這所謂的名聲。他最好的小說都將場景設在西班牙全區中他最了解的瓦倫西亞，他的傑作是一八九八年出版的《小木屋》（*The Cabin*）。在離開瓦倫西亞之後，他的作品也就不再那麼精彩。他有著通俗劇風格的《四騎士》（*Four Horsemen*）、《血與沙》（*Blood and Sand*）、《地中海》（*Mare Nostrum*），以及其他許多作品是他在國外最成功的小說；這些作品就是在他離開瓦倫西亞之後才寫下，而這使許多聰明的西班牙人對於身為作家的伊巴涅斯感到慚愧，他們不喜歡外國人因為較差的作品而欽佩他們的文學。伊巴涅斯本人對自己後期的作品也不太有把握；他曾說過自己在寫完一本小說後，並不能確定它究竟是傑作還是垃圾。

在美國，文化評論家孟肯（H. L. Mencken）駁斥了郝威爾斯對伊巴涅斯的頌詞。他認為伊巴涅斯「幾乎是典型社會主義者的化身——反傳統、能言善道、多愁善感、誇張——熱切地擁護各種崇高的目標，對當前的陳腔濫調有熱誠的反應」。每當有人問伊巴涅斯他在做什麼，他總充滿活力地回答：「戰鬥！」但其實他在世界各地旅行並寫作。孟肯介紹了另一位作家——「九八年代」的皮奧．巴羅哈，來取代伊巴涅斯的文學地位。儘管海明威對巴羅哈十分欽佩，但巴羅哈的小說卻一直未能在世界文學中扎根。不過巴羅哈、烏納穆諾、巴葉─殷克蘭、阿佐林（Azorín）、奧德嘉（José Ortega y Gasset）、希梅內斯、馬查多，以及貝納文特（Jacinto Benavente）組成的世代，幾乎甩掉了自黃金時代以來一直煩擾著西班牙靈魂的那份責任，但是

* 〔原註〕伊巴涅斯應該被稱作布拉斯科，在西語世界中他也確實被如此稱呼，但他在英語世界中被稱為伊巴涅斯。布拉斯科是他父親家族的姓氏，伊巴涅斯則來自母親的家族，而根據西班牙的傳統，母姓置於名字的最後。

這些人之中並沒有巴爾札克，也沒有托爾斯泰，當然更沒有塞萬提斯。他們讓西班牙留在他們發現她時的原貌；她處於一種致命的痛苦狀態，一腳踩在過去，另一腳留在空中，等待未來。她現在仍然橫跨在不可測的深淵之上。

烏納穆諾與奧德嘉

烏納穆諾（一八六四至一九三七年）是「九八年代」的元老人物，他是薩拉曼卡大學的希臘語教授，後來成為該古老機構的終身校長。烏納穆諾雖是巴斯克人，卻在卡斯提亞生活、寫作，也在卡斯提亞看到其國家焦慮不安的靈魂。羅卡曾告訴我說，烏納穆諾最親愛、最親密的友人是個笨兒子，他們花很長的時間沿著西班牙古老蜿蜒的街道巷弄漫步，而作父親的他則大談生死問題。整個瘋狂世界是否是這位非傳統哲人的音箱？他要在永恆的疑惑之前，為了信念而捨身。

然而烏納穆諾卻愛和會聆聽的人談話。他的聚談會因為他的對談而相當有趣，或者該說是他的獨白，因為他很少讓別人有插嘴的餘地。他總說：「想法說著說著就來。」而他的文章的確洋溢著口語的熱情。這些活潑的對話有一流文學作品的水準。他在文中和每一位讀者對話，而非表現如面對廣大群眾的演說家。

烏納穆諾在政治上一向是異議分子。在十九世紀初，他反對國王阿方索十三世；後來他更強烈地反對一九二三年普里莫．德．里維拉將軍的專政，因此遭到流放。當局可能默許烏納穆諾越過葡萄牙邊境，但他不願讓他們趁心如意，所以他收拾了一些物品，把希臘文的《新約》和義大利詩人賈科莫・萊奧帕迪（Giacomo Leopardi）的詩塞進口袋裡，乘船前往富埃特文圖拉島（Fuerteventura）。西班牙民眾為此大聲抗議。於是藉著言論和行動，烏納穆諾在一九三一年協助西班牙第二共和國成立。當他返回故土時，受到了熱烈的歡迎。

他欣喜地迎接共和國，但也謹慎地提醒說，永遠不該忘記「永恆的西班牙」的存在，這是傳統的主根、國家的命脈。不久他就開始攻擊共和國的無能政府；他厭惡社會主義，因為他怕它會摧毀個體。他始終是各政黨的眼中釘。最後，佛朗哥將軍受教會強力支持的國民軍（Nationalist）叛亂時，烏納穆諾也以某種程度的熱情迎接，因為他希望能夠在其中找到他那神祕、永恆的西班牙的重生。但當他看到德軍與西班牙法西斯主義者出現在他心愛的薩拉曼卡時，不由得對西班牙法西斯主義發出痛苦和憎恨的吶喊，但卻為時已晚。不久之後，這位老哲人去世了。人們說他是因體力衰竭、心碎而死。或許他忘了自己早前的信念。他曾說：「王座和祭壇的結盟，長期下來，對兩者都會致命。」

烏納穆諾曾和伊巴涅斯在巴黎會面，那位熱情的瓦倫西亞人想說服他，巴黎和世界其他地方才真正是二十世紀的重鎮。烏納穆諾尖銳地說：「不，給我薩拉曼卡的廣場，它比其他一切的價值更高。」說來奇怪，伊巴涅斯在下意識中也同意他的看法，因為他在寫他自己國家的問題時，總寫出最傑出的作品。他較差的作品《四騎士》在美國成了暢銷書；他的這些作品華而不實，但他自己卻無法從這樣的作品跳脫出來。

烏納穆諾絕不會贏得最受歡迎作家的獎項；他對讀者的要求太高了。他強烈的情感有著深厚的西班牙根源：

在西班牙靈魂之中運作的，不僅是我們自己的靈魂、現代人的靈魂，還另外包括了我們祖先的靈魂。我們自己的靈魂，也就是生者的靈魂，在西班牙靈魂中僅僅只是存在著，因為我們的靈魂要一直到它不再是獨立的個體，要一直到我們暫時死亡，才會進入我們國家的靈魂。

在我們的語言既不歐化也不現代時，怎麼可能使我們的思想變得現代和歐化？在我們努力說一件事之時，它卻讓我們說出不同的事物，因此我們說不出我們假裝在說的想法，卻說出了我們不想說的想法。

我們努力——也就是說，我們之中的許多人都在努力，要用外在的標準扭曲我們的精神。我們既沒有讓自己成為我們假裝模仿的人，也沒有讓我們作自己，因此產生了可怕的混合物，一種無價值的混種。

關於這一切，最奇怪的就是——總有一天，只要有任何人研究十九、二十世紀之交時的西班牙的精神情況，這一天就會來到：最奇怪、最令人驚訝的事就是，最西班牙、最正統、最道地的西班牙人，是最歐化、最外來的人，他們的靈魂包含最異國的特質；而另一方面，許多頭腦單純的人認為來自異國的精神，英國的、法國的、德國的、挪威的，其根源卻與創造西班牙靈魂者的根源最緊密相連。[3]

烏納穆諾顯然把自己算在最後一類中，因為他非常崇拜上述各種文化的某些精神。索倫・齊克果（Søren Kierkegaard，按：丹麥哲學家）尤其是他的導師。

烏納穆諾又說：「我們的缺點，或者其他人所謂的我們的缺點，往往就是我們卓越的根本；通常被當成我們的惡習而遭譴責的特質，其實是我們美德的基礎。」烏納穆諾真心認為西班牙的生命力（*élan vital*）可追溯至西班牙民族古老的非洲起源，因此他認為西班牙和歐洲這兩個詞並不相容。他非常厭惡為了復興國家而提議的各種計畫。他說：

> 「**歐洲**」一詞表達的是模糊的想法，非常模糊，過於模糊；但更模糊的是「**現代**」一詞所代表的觀念。如果把兩者結合在一起，它們似乎應該相互限制，產生具體的結果，而「**現代歐洲**」一詞所表達的，應該比組合它的這兩個詞的任何一者都更加清楚；但它可能依舊很模糊。
>
> 顯而易見的是，我是以某些人稱為「任意陳述」（arbitrary statement）的方式評論，既無文件資料，也沒有證據，不受現代歐洲邏輯的支配，並且蔑視其方法。除了熱情之外，我沒有尋求其他方法；當我厭惡、反感、憐憫或輕蔑時，就讓我口說我心，讓話語盡情傾吐。
>
> 人家說，我們西班牙人是專橫的騙子，我們用修辭填補了破碎的邏輯聯繫，我們巧妙地區分無用的細微區別，我們缺乏連續性和歸納法，我們有學究的思維，我們是詭辯家……等等、等等。

我聽過有人以類似的言辭批評聖奧古斯丁，這偉大的非洲人，淹沒在修辭、在文字的變化、在對比、矛盾和巧妙比喻的波浪之中。聖奧古斯丁既是貢戈拉主義者（Gongorist，以誇張虛飾為風格），也是內涵主義者（Conceptist）。這讓我相信貢戈拉主義和內涵主義是激情和熱烈的自然形式。

這位偉大的非洲人，這位偉大的古代非洲人！在這裡，你有堪與現代歐洲相對，至少具有同等價值的表達。聖奧古斯丁是非洲人，屬於古代世界；特土良亦然。那麼為什麼我們不該說，「我們必須面向古代，讓自己非洲化？」或者是「我們必須面向非洲，讓自己古老化？」[4]

烏納穆諾不信任科學和理性主義。在他看來，教育應該導向智慧，而非知識。

智慧之於科學，就像死之於生，或者你也可以說，智慧之於死亡就像科學之於生命。科學的目的是生命，智慧的目的是死亡。科學說，「我們必須活」，並尋求延長、增加、促進和放大生命的方法，使生命可以容忍，可以接受。智慧說，「我們必須死」，並尋求如何讓我們死得其所。

烏納穆諾認為，沒有比死亡更真實的自由，而那些熱衷於追求科學和生命，背棄智慧和死亡的人，其實尋求的無非是快樂。這是現代歐洲的哲學和宗教，而不是西班牙的哲學和宗教。烏納穆諾隨後提出了一個專斷的困境——

> 說它是專斷，因為我無法用邏輯證明它，因為它是由我內心的感覺強加給我的，而非來自於我頭腦的推斷：快樂，或是愛。如果你想要其中之一，就必須放棄另一個。愛殺死快樂，快樂殺死愛。
>
> 在這裡很適合引用我們的神秘主義者，我們令人敬佩的神秘主義者，我們唯一的古典哲學家，我們西班牙的智慧而非科學的創造者——也許**科學**和**西班牙**這兩個詞，幸好，是互相排斥的。引用他們的感受，關於愛和快樂的感受而非思想——「**因為我不死，所以我死了**」（*muero porque no muero*），以及由同樣的情感深處解放出來的甜蜜痛苦及其他感受。

在烏納穆諾看來，個人就是一切，群眾則什麼也不是。「其他民族留下了機構、書籍——我們則留下了靈魂。」個別的人類靈魂是這個宇宙中唯一的真正價值。它很珍貴，因為它獨特且無可取代。據說偉大的德國詩人歌德去世時，遺言是：「光，更多的光。」這句話象徵了日耳曼人對知識的追求。烏納穆諾則發出了不同的聲音，他喊道：「溫暖，更多的溫暖，主啊，因為我們死於寒冷，而不是死於黑暗。」在這一點上，他便區分了西班牙人與北歐人的氣質。這位哲人接著繼續陳述他自己個人靈魂的「定言令式」（categorical imperative）：

> 我需要靈魂的不朽，我個人意識無限期的持續存在——我需要它。如果沒有它，沒有對它的信心，我就無法生存和去懷疑；無法相信我會實現它的這一點折磨著我。既然我需要它，我的熱情就會引導我肯定它，並且武斷地肯定它。當我試圖讓別人相信，讓自己相信它時，就會違反邏輯，採用被欠缺熱情且對終局認命的那些不幸的人稱為「機巧和矛盾」的論述。熱情的人，專斷的人，是唯一真正的反叛者……[5]

烏納穆諾的基督教處於痛苦的狀態；他想作虔誠的天主教徒，他想要不朽長存。就哲學而言，他真正的宗教是吉訶德式的宗教；他極其希望「從理性的官僚中拯救吉訶德的墳墓」。如果他的話語在曠野中消失，終有一天曠野會聆聽，並且會轉變成發聲的森林，向主宰生死的永恆上帝詠唱和撒那（hosanna，按：基督教徒使用的讚頌語）。他寫道：「**如果死後只有虛無在等待我們，那麼讓我們採取行動，讓它成為不公義。**」

荷西・奧德嘉・伊・賈塞特（一八八三至一九五五年，簡稱奧德嘉）是「九八年代」另一位傑出人物，他公開反對烏納穆諾，尤其是在歐洲議題上。烏納穆諾堅信西班牙本身的價值，他的哲思充滿了西班牙天主教的傳統。他希望藉著揭示和振興其最佳價值來重建、復興他的國家。奧德嘉是馬德里大學的哲學教授，後來成為共和國議會很有影響力的成員，和烏納穆諾持對立態度。他不僅相信西班牙歐化的必要性，而且也不信任純正的西班牙價值觀。他擔憂群眾——尤其是只接受過半吊子教育的西班牙群眾，並贊成由少數人統治國家。奧德嘉和當時其他幾位有潛力的西班牙年輕人一樣，被送往德國接受高等教育，崇拜日耳曼思想和事物。把這些西班牙青年送到德國求學是根本的錯誤。西班牙永遠無法應用日耳曼的秩序、權力，或日耳曼文化的概念。這些西班牙青年需要的是通才教育和對司法與議會政府的信念，這是德國無法給予的。當時德國已經感染了強力病毒，導致後來兩次世界大戰和最後希特勒主義的崛起。

奧德嘉頌揚科學、秩序、組織、理智化。他擔憂西班牙人難以管束的無政府狀態；他為公民秩序、客觀方法和社會紀律而吶喊。儘管他有哲人之稱，但他並非哲學家，而是受過良好教育且經常語出驚人的記者，在西班牙的著作和影響力使他有獨特的重要性。一九二三年，他創辦了二十世紀最精彩的西班牙雜誌《西方評論》。他出身富裕的記者家庭，自稱「在印刷機上誕生」。和烏納穆諾深刻誠摯的宗教信仰和對上帝的終身追求相比，奧德嘉對宇宙持的是較懷疑和科學的看法。正如他的同事及朋友馬達里亞加所寫的，他就是曾在報紙頭版貼上「上帝在望！」（GOD IS IN SIGHT!）大標題的人。

不過奧德嘉也會嚴厲地批判他的國家；他在一九二一年發表《沒有骨氣的西班牙》（*Invertebrate Spain*）中全力抨擊、砲火猛烈，書中最生動的句子是：「當今的西班牙不是一個國家，而是一個偉大的民族沿著歷史的公路奔馳之後揚起的塵埃。」難怪奧德嘉多年來始終拒絕讓這部作品被譯為外語，因為他擔心這會徹底暴露自己國家的缺點。但奧德嘉其實並不認為西班牙有那麼糟糕。在同一本書中，他也明白地表示，在他看來，西班牙在歐洲歷史的階梯上從沒有處於如許多人所說的那種高處，而當時（一九二一年）她也沒有像其他人所說的那樣，落在衰敗的低點。她的毛病在於她不是真實的社會，沒有凝聚力，沒有統一的和諧。她是群龍無首的混合體，是一個沒有頭的無固定形狀的軀體。在西班牙，成也卡斯提亞，敗也卡斯提亞。她的統一，虛幻的統一，源自卡斯提亞，但她對分裂主義和區域主義的強烈衝動也出於同源，而後者在加泰隆尼亞和巴斯克兩省感受最為強烈。奧德嘉說，其主要原因是，卡斯提亞主宰的時代把自己關在堅固的塔樓裡，對於她強迫統一的其他省分漠不關心。這造成了小行政區主義（cantonalism）的永久存在。此外，西班牙的階級分明，即使彼此住所相距僅一石之遙，依舊因階級上無法衡量的距離而分隔。他們對對方的需求所知甚少，就如西班牙人對阿比西尼亞人（Abyssinian）的需求所知甚少一樣。這樣的民族怎麼能創造和諧的社會、和諧的政府、和諧的文化？個別的西班牙人雖傑出，但整體而言，西班牙人是一群在從未化解的歧異中，難以控管且不和諧的群眾。西班牙人民拒絕遵循知識分子的領導，因此國家生活脫序，「沒有骨氣」。

一九三〇年，就在西班牙第二共和國建立前夕，奧德嘉發表了他最知名的作品《群眾的反叛》（*The Revolt of the Masses*），該作很快就被翻譯成其他文字，並在當時正經歷經濟大蕭條的美國風行一時。這本書的目的是對歐洲史上的運動作整體的闡釋，強調群眾的興起和反抗（奧德嘉指的群眾是中產階級，而非工人）。然而，作者論述首當其衝的挑戰集中於歷史背景獨特的西班牙，因為這裡的一小群知識分子正在全力引導反動群眾走向社會自由主義。正如奧德嘉所指出的，群眾猶豫畏怯，拒絕繼續前進。這是個根本的錯誤，因為在奧德嘉看來，群眾「是社會中保持被動的那部分，這是他們的天職。他們來到世界就是為了要被引導，要受影響，要被代表和組織……」。當群眾自己行動時，就會動用私刑。因此暴力幾乎已成為當今世界許多地方普遍的社會行動。每當一個國家出現困難、衝突或問題時，「群眾就會要求國家立即干預，並以其龐大而無懈可擊的資源直接解決問題。這是如今威脅文明的最大危險：國家干預」。奧德嘉接著指出，法西斯主義只不過是群眾的一種運動。後來出現的希特勒更進一步代表同樣的觀念。而跟隨他們的佛朗哥會不會成為這種理想的最後化身？

在奧德嘉看來，群眾已經開始相信他們就等於是國家，因此「越來越傾向於發動其機制攻擊任何藉口，粉碎任何以政治、思想、工業等事物擾亂他們的創意性少數」。他追溯這個想法的起源到羅馬的凱撒時代，在五賢帝時期（西元二世紀），國家已經成為專橫的集權力量，一切都為國家而存在。「全部的生活都是官僚化的。結果如何？生活的官僚化導致了所有層面的絕對衰敗。」國家的迫切需要接著出現：軍隊。「來自非洲的塞維魯斯王朝（Severi）出兵世界……想想羅馬皇帝塞普蒂米烏斯．塞維魯斯（Septimus Severas）給兒子的遺言：『**保持團結，支付軍餉，其他都不用管**。』」

羅馬統治下的西班牙的社會有機體和國家在北方德國軍隊的攻擊下解體。後來，在十八世紀，國家（根據奧德嘉的說法）仍微不足道，早期的資本主義和工業化產生了一個新的社會階層，即擁有活力和政治才能的中產階級。他們也極其自負，發明了「國家之船」（ship of state）一詞，認為自己是「海洋，擁有無限的力量，醞釀著暴風雨」。這個國家是在中世紀由一群與資產階級截然不同的人建造的。「貴族，一個因為他們的勇氣、他們的領導才能、他們的責任感而受尊敬的階級。如果沒有他們，歐洲國家現在就不會存在。」可是貴族儘管有心靈所有的美德，卻缺乏傑出的頭腦。他們無法發展任何技術，他們感性、非理性和有限的智力就只能如此。他們並未發明火藥；群眾由東方獲得火藥，然後開始要求他們下台。這些高貴的騎兵紳士（*caballero*）如此愚蠢地披掛著沉重的鐵甲，受著束縛，在戰鬥時幾乎動彈不得，他們怎麼可能贏得了槍械？

因此群眾接管了他們自己的政府。法國大革命就象徵了這一點。奧德嘉一向都恐懼群眾統治。他寫道，他相信哲學的統治，而哲學（即偉大的新理想）統治並不表示哲學家本身會如柏拉圖所希望的那樣成為統治者，甚至也不意味著統治者會變成哲學家。「嚴格來說，這兩者都是最具毀滅性的。哲學只要存在就足以統治，意即哲學家要作哲學家。近一世紀以來，哲學家已經成了什麼都是——政治人物、教育家、文人、科學家——卻偏偏與本業漸行漸遠。」可惜的是，可能不知不覺中，奧德嘉本人和他偉大的同代人物烏納穆諾，雙雙都被歸在後面這個範疇。

當佛朗哥將軍在一九三六年對西班牙第二共和國發動叛亂時，奧德嘉是議會的成員。在馬德里經過兩年多的圍攻，最後淪陷時，奧德嘉流亡阿根廷。然而五年之後，因為軸心國在二戰中敗象已露，佛朗哥政府急於作出民主的表相，因此作態邀請他和其他知識分子回到西班牙，並承諾不會報復。奧德嘉接受了邀請，代價是緘口不言。奧德嘉付出了代價，十年後他去世了，他的嘴如今密封在堅不可摧的沉默中。

烏納穆諾和奧德嘉無疑是到西班牙內戰之前最具影響力的思想家和領導人。他們的思想共同點很少，一個是傳統主義和存在主義者，另一個則是崇拜日耳曼秩序和少數菁英神話的人。兩人都接受了可稱為世界性的教育，而兩人也都誤解了他們在人類舞台上把握機會的必要性。一般的西班牙人都誤解了那種必要性，因此並未苛責兩人，只責罵他們既然高人一等，應該了解得更多。事後看來，很容易就發現他們應該留在西班牙自由主義的架構之內，烏納穆諾應該盡力改進共和派的無能，追求公正的政府，而奧德嘉則應該繼續流亡，發聲支持公義、民權和容忍。這兩位傑出領袖的晚年成了對當代西班牙的知識分子的政治參與的諷刺評論，雖然理論上很傑出，但實際上卻很貧乏。

巴羅哈與阿佐林

「九八年代」的偉大小說家是皮奧．巴羅哈（一八七二至一九五六年），他和烏納穆諾一樣，是成年後在卡斯提亞度過一生的巴斯克人。海明威十分崇拜巴羅哈，稱他為「大師」；這位美國作家直截了當的尖銳風格往往流露出巴羅哈的影響。孟肯也讚美巴羅哈，並且為他於一九七二年出版的精神自傳《青年與自我崇拜》（*Youth and Egolatry*）的英文版寫了導讀。孟肯寫道：

這位小說家的技巧無疑與伊巴涅斯一樣嫻熟，而且更加深刻，他缺乏熱情的性質，因此並不那麼吸引人。他提出了令人不安的問題，取代了花俏的必然；他提出了一種廣義的反教條，取代條理分明而全面的學說……巴羅哈是分析師、評論家，他幾乎可說是憤世嫉俗。如果他傾向於任何明確的教條，那就是人類的基本弊病無法治癒，所有的補救措施都與疾病一樣糟糕，要干預普遍的人性，根本是浪費時間。[6]

巴羅哈的小說主要是「思想小說」，其情節和角色的描繪不如其他偉大的當代的西方小說家。但是，當伊巴涅斯在美國廣受歡迎，電影業以其較通俗的小說製作了十分成功的電影，巴羅哈卻是西班牙最受歡迎的小說家，儘管為數眾多的聖職人員非常不喜歡他。

在《青年與自我崇拜》中，巴羅哈講述了他在火車上的一段經驗，根據新聞報導，當時西班牙革命分子「參與搗亂」，對阿方索十三世無能政府的抗議。這是一九一七年八月西班牙工會呼籲建立共和國時的大罷工。巴羅哈寫道：

從聖塞巴斯提安回來時，我正巧和來自馬德里的一家人同一輛車。作父親的身體虛弱，患有黃疸且表情抑鬱；母親是一名胖胖的、棕髮黑眼的婦女，全身上下戴滿了珠寶，她的臉上化了妝，白得像蠟燭一樣。一名十五歲至二十歲左右的美麗女兒則由一名顯然與她訂了婚的中尉陪同。最後還有另一名十二至十四歲左右的女孩，無精打采，好像餐桌上的靜物。突然，正在看報紙的父親驚呼：

「他們什麼都不會做，我可以料到；他們會讓革命分子獲得赦免。政府什麼都不會做。」

「我希望他們殺死他們每一個人，」那個與中尉訂婚的女孩插嘴說，「想想看！竟然射擊士兵！他們是土匪。」

「是的，我們竟有這樣的國王！」臉如石蠟的胖婦人用悲哀的語調說，「毀了我們的夏天。我希望他們槍斃他們每一個人。」

「而且不只他們，」父親打斷說，「在他們背後的人，那些作家和領導人，他們躲藏起來，然後扔出第一批石頭。」

進了屋子後，我發現我的書最終校稿剛印好送來，因此坐下來閱讀。

來自馬德里的那個家庭的言語仍在我耳邊迴盪：「我希望他們把他們每一個人都殺死！」我心想，無論我們有什麼樣的感受，都不可能不恨這樣的人。這些人天生是敵人。這是不可避免的。

現在，我讀著校對稿，覺得寫得還不夠尖銳。我應該讓它更激烈，更反中產階級。我不再聽到謹慎的聲音像幾天前那樣誘惑我，讓我在清晨的白霧中寫下共謀的翻案詩（palinode），收回我先前的看法。

戰鬥、冒險的熱情再次在我的心頭翻攪。在我眼中，庇護港成了蹩腳的避難所——寧靜和平靜顯得可鄙。

來，男孩，站起身來，抛出風帆！把革命的紅旗升到我們脆弱船隻的桅杆頂上，然後出海！[7]

不過坦白說，巴羅哈並不是真正的革命者。在政治上，他是激進社會主義中的溫和派，但在他的私生活和社會生活中，他根本是反政治或不關心政治的。他確實及時逃離佛朗哥將軍的政權，但他卻稱不上是反對派的知識分子領袖。一九五六年，他在馬德里的一家醫院去世，海明威曾去那裡看望他。

巴羅哈反對一切，所以他自然會嘲笑西班牙的兩個政治極端。他聲稱西班牙議會就像動物園一樣，自由派和保守派都遵循相同的道德觀，只是採用不同的風格。「唯一的區別在於，保守派大撈一票走人，而自由派則撈得較少，但次數更頻繁。」所謂的嚴刑峻罰也遭他譏諷：「很久以前就有人指出，法律就像蜘蛛網，抓住了小蒼蠅，卻讓大的溜走。」

但巴羅哈的態度並不完全悲觀。在他的小說中，曾有一個角色描述了理想的國家，他只簡潔地說：「沒有警察、沒有神父、沒有蒼蠅！」這就是巴羅哈真正的信仰：一個不需武力就能統治，沒有聖職人員來阻礙進步，並且乾淨的地方。

巴羅哈的小說和加爾多斯的小說一樣，呈現了寬廣的西班牙生活剖面。他描述下層階級及他們「生存的掙扎」，這也象徵了他們國家的生存掙扎，他的筆法教人想起黃金時代古老的流浪漢小說，兩者有很多共同點。他的人物為生存而掙扎奮鬥；他們和真實存在的人一樣行事，並對自己的行為負責。他們遭受完全的自由所帶來的懲罰，就像影子在昏暗的床單上來回閃動一般。

「九八年代」的成員之間最奇怪的一段友誼，是小說家巴羅哈和阿佐林之間的情誼。阿佐林是繼烏納穆諾之後，這個集團中最著名的闡釋者和精神散文家。如果把巴羅哈比喻為棉花原料，那麼阿佐林就是織好的絲綢，但這兩人多年來一直是忠誠的朋友。阿佐林是荷西．馬丁尼茲．路易茲（José Martínez Ruiz）的筆名，他在一八七四年出生於西班牙東南部的阿利坎特省，但他和烏納穆諾一樣，成了卡斯提亞的偉大闡譯者和支持者。他的文章明顯缺乏行動，大半是描述、思想、情感、抒情和象徵主義。阿佐林採用典型的西班牙風格，一直是主觀的散文家，而非客觀的分析者。他對宇宙間的高度詩意有敏銳的觀察。詩人薩利納斯曾經講過關於阿佐林的軼事，充分說明了他的性格：有一天，薩利納斯、希梅內斯和阿佐林在馬德里繁忙的街頭等待擁擠的交通停下來好過街。前兩位對噪音和繁忙的交通大發議論，但阿佐林卻發現角落的街燈中有少量的氣體逸出，專心聆聽它微弱的嘶嘶聲響，十分著迷。他在作品中也採取類似的態度，由最微小的事物中看到了偉大事物的象徵，而在偉大的事物中，他也看到了無足輕重、渺小的事物的投射和延伸。

在《小城》（*Los pueblos*，一九〇五年）和《卡斯提亞》（*Castilla*，一九一二年）這類的作品中，他在現在的痕跡中捕捉到了過去的氣息和精神，揭示了古往今來的唯一和永恆。或者如他所說的，在花朵枯萎、花器清空之後，空氣裡依舊瀰漫著「玻璃的香味」。這種感覺讓阿佐林與美國小說家湯瑪斯．伍爾夫（Thomas Wolfe）產生了精神上的親密感；對伍爾夫而言，「分秒必爭的日子，像蒼蠅一樣，嗡嗡地投奔死亡的歸宿，而每一個時刻都是一扇代表不同時間的窗戶」。《薩里奧》（*Sarrió*）是阿佐林最優秀的速寫之一。雖然它寫於一九〇五年，但它依舊掌握了西班牙當今的精神，顯示了這個民族真正的核心沒有多少變化。曾任首相的卡諾瓦斯．德．卡斯提約曾說：「在西班牙，變化的只有表面，而非其下層。」其實薩里奧是阿斯圖里亞斯一個微不足道小村莊的名字，但阿佐林用它作為卡斯提亞常見的老朽士紳貴族之名。在象徵上，這個名稱也適用於這位老紳士所住的城鎮、卡斯提亞這個省本身，最後也適用西班牙全境，最後縮小到這一個卡斯提亞的靈魂。以下就是阿佐林對這位老紳士所住的城鎮的描述：

> 這位名人的朋友和崇拜者如果看到下面這些文字，一定會感到驚愕。薩里奧生病了；薩里奧日益孱弱……我在早上來到這個寧靜而明亮的小村莊；太陽照亮了遼闊的廣場；清新的藍色陰影落在房子屋簷的角落，籠罩住門；教堂和它兩座平坦的石塔，古老的塔樓，金色的塔樓，由背景中冒出頭來，映著清澈明亮的天空。廣場中央，噴泉由四個噴水口輕輕地流出，聲音輕柔，流進雕刻的石盆。我停步欣賞藍色的影子，封閉的窗戶，深沉的靜默，輕柔的水聲，塔樓，天空中燕子振翅，古鐘漫長而節奏的敲擊。等我敲了敲這偉大人物的門：叩，叩！門是半開的；走進去應該不算失禮。前廳空無一人；一張桌上有一個燭台和用了一半的蠟燭，一只空玻璃杯，也許還有一些藥物，和一堆連橡皮筋都還沒拆開的地方報紙。整棟房子都瀰漫著深刻的沉默；家具上布滿了灰塵；有一兩把椅子的底部不見了。空中飄浮著一股遺棄的氣氛，浮現在這個地方所有的細節之處，就像深深的倦怠，像不可抗拒的絕望……[8]

阿佐林拍了拍手，過了一會兒，一名僕人出現了。他臉上流露出他在等待的同時也害怕某個事物的表情，而正是住在這些陌生房屋裡的僕人典型的模樣。阿佐林說他來找他的朋友。他還在床上，雖然已經上午十一點了。不，他沒病，但他清晨三點起床，後來又回到床上。阿佐林很驚訝。這事聞所未聞、十分荒唐。那麼他那三個漂亮女兒呢：卡門、蘿拉、佩皮塔？卡門老早以前就結婚了；蘿拉也是，而以前常用細長纖白如絲緞的手指彈鋼琴的佩皮塔則已經死了。

現在，在這個被遺棄的房屋內浮現的氣氛之所以神祕，對我來說變得好懂多了。我們曾如此愛著的人怎麼會以這麼快而殘忍的方式消失？難道在世上，我們所愛、所偏好的事物中，沒有任何固定不變的東西嗎？

這時頭頂上傳來沉重的腳步聲，接著是一聲咳嗽，最後是薩里奧模糊的聲音。過了片刻，薩里奧在樓梯的轉角處出現。是他嗎？不是他嗎？他拖著腳步。從前他總是梳理得整整齊齊，現在臉上卻有幾天沒刮的鬍碴。他的襯衫不再漿燙整潔。你還需要什麼可以更清楚顯露他頹喪衰腐的細節嗎？在他面前，我感到一股深沉的悲哀，和我原已感受到的悲傷融合在一起。現在他走下樓梯，重重地靠在欄杆上。我專注地看著他。

在這些小城裡總有些普通的、不起眼的、微不足道的男女，他們的友善親切、他們單純的話語叫你著迷，而他們的消失會讓你像失去英雄或偉大的藝術家一樣悲傷。佩德羅、安東尼奧、路易斯、拉斐爾、阿爾貝托、萊安德羅，我們幼時或青春期所認識的人如今何在？也許你不在的時候，在你忘記了他們友好的回憶之時，他們全都已經去世；也許其中一些人，譬如薩里奧，經歷了家庭破碎、朋友辭世，構成他時代氛圍的一切都消失無蹤，但他仍活著。然後你明白，在西班牙村莊的古老房屋中，這些悲慘、哀傷、孤獨的人在生與死之間擺盪了兩年、三年、六年。（雖然大家努力拯救他們，但一切都是徒勞。）歲月已經逝去；青春活力已經浪費；即將吞噬我們的氣氛已然形成，而我們為逃避它而做出的一切努力都是徒勞無益的。你現在明白了薩里奧的悲劇嗎？

「薩里奧！」我向他喊道。

接著他佇立了一會兒，迷惑不解，用黯淡無光的眼睛看著我；之後，他張開嘴，彷彿要說他說不出的話，最後他用含糊冷漠的聲音喊道：

「啊，是的！阿佐林……」

可怕、濃厚的沉默再次浮現在前廳中。我們不能對彼此再說任何話語。我們要說什麼？我們沒有必要發言。生命中有一些時刻，譬如在多年之後站在你當年所愛的人面前——生命中有一些時刻，你以為有很多事情可說，你要表達強烈起伏的情緒，但儘管如此，你卻發現腦海裡就連最常見的詞語都沒有浮現……

在這位偉人面前，我保持沉默、悲傷，不知所措。我離開這棟房屋時，再次在村莊裡寧靜的廣場上看到了怡人的藍色陰影、教堂扁平的塔樓、封閉的陽台；我又一次聽到流水潺潺，燕子迅速掠過天空的鳴叫，標識了時間的古老鐘聲有著抑揚頓挫、永恆、對人類的悲傷漠不關心……

薩里奧是西班牙的本質精神，像山巒一樣古老，不受變化的影響，依附在陳舊古老的記憶活出他的生命。西班牙已經歷了文藝復興和宗教改革，而未改變她的靈魂。她經歷了自由和工業革命，卻未真正在乎它們的影響。她屹立不搖，不願接納新事物，也不能改革舊有的一切，在更廣的層面上對人類的巨大衝動

也無動於衷；這些衝動讓其他國家前進，但她卻在嚴峻中毫不妥協、在惰性上毫不動搖。如果栽種新芽，就會被摘掉；培育花朵，就會由藤蔓上遭到修剪；甜美的音樂一響，演奏者就必死無疑。西班牙就像薩里奧一樣活在過去的腐朽宅邸中，她的心靈昏沉且茫然，她的衣著蓬亂不齊，她在樓梯上的步伐搖搖欲墜，她的視線則因為永遠朝內而黯淡無光。當古老的藍色陰影落在村莊廣場及扁平岩石建起的教堂上時，噴泉裡的水仍在流瀉，燕子大聲鳴啼，而時鐘提醒我們，在其對人類精神的永恆測量中，時間正在流逝，而為求至臻完美，人類的精神當然被置於這個宇宙之中。

第十二章

第二共和的建立

「西班牙有很多東西可看，卻沒有多少東西可吃。」

——荷西．奧德嘉．伊．賈塞特

西班牙帶著所有的固有價值觀進入二十世紀，這些舊價值觀屹立不搖：在極右派這方，有著對專制政體的渴望，和教會的力量有所連結；有在知識分子和中產階級及工作小組中蓬勃發展的自由主義，把十九世紀的優良傳統發揚光大；有由於與古巴和美國作戰，因此人力過多的軍事單位；還有眼前雖然對政治活動十分謹慎，但在全國政治生活中仍然擁有強大力量的教會；以及加泰隆尼亞和巴斯克兩省的分裂主義的反叛情緒。在所有這些元素中，只有支持民主自由主義的第二個元素承擔了將西班牙轉變為現代國家的真正重擔，也就是擁有真正的議會政府和真誠的社會及經濟改革方案。其他的團體要不是拖拖拉拉，就是直接或間接地阻礙能促進民族團結、和諧和進步的大部分措施。

但有個從前不存在的新元素進入了國家政壇：**極左派**。十九世紀激進的革命思想，外國激進分子帶來的意識形態和經濟援助，西班牙國內駭人的惡劣工作條件，最後再加上一九一七年俄國革命的刺激——這一切帶來了極左的極端主義團體。起初他們自稱為無政府主義者和工團主義者（syndicalists）；後來左翼社會主義和共產主義也發揮了影響。這些極端的激進分子主要是在工會中發揮作用。左翼的極端主義分子就像右翼的極端分子一樣，要對本世紀西班牙的一個良好政府的垮台負起巨大的責任。兩個群體都以自我為中心，他們看不出或不願意為共同利益而努力。這兩個集團都非常有組織，他們作威作福，不負責任地阻撓妥協，大喊反叛，破壞安寧，摧毀議會政府。這兩個團體的規模相對較小，其中極左翼的人數可能不超過人口的百分之五至百分之十，極右翼的人數也不到上述百分比的兩倍，遺憾的是，他們竟毀掉了西班牙大多數民眾為追求正直且公正的政府所付出的真誠努力。

在動盪中前行

在二十世紀西班牙的政治史中，光明希望和痛苦挫折不斷交替。在阿方索十三世統治的頭十年，他似乎真心偏向自由主義，但隨著時間過去，他對立憲政府越來越不耐，對西班牙的保守派——即大地主、軍隊、教會——日益友善。他把大部分時間都花在操弄政治，而非致力於了解西班牙真正的問題，進而積極領導、跳脫政治，為國家謀福利。也許對於生來就是西班牙國王的人而言，這些要求是奢望；也許對於波旁王朝來說，這匪夷所思。無論如何，阿方索十三世無法滿足時代的要求，而這也是他被廢黜的原因。就像典型的波旁家族一樣，他從未學習任何事物，看不出風雨欲來的不祥之兆。

在美西戰爭後，西班牙失掉了古巴、波多黎各和菲律賓，於是她把重心轉向西班牙帝國的最後一個前哨：摩洛哥。法國和西班牙爭搶北非地區，結果西班牙搶得面積較小卻麻煩無窮的殖民地。西班牙只是出於不切實際的頑固和驕傲才堅持這塊領地，但它無論在金錢和軍事上帶來的麻煩都超過它的價值。這塊地涉及西班牙的尊嚴，這是被趕出西班牙的摩爾人和摩里斯科定居之處，現代西班牙當然想要重申她對古老敵人的統治地位，尤其在她已失去了所有的海外領地之後。曾是最偉大殖民帝國的西班牙怎能放棄這個依舊象徵殖民強權的一方天地？

然而就算西班牙政府感受到帝國的最後一絲衝動，不得不前往摩洛哥當士兵的貧窮西班牙勞工和農民卻絕無同感。從前只要一擊鼓，西班牙每個可憐蟲就會趕去入伍的光景已不復見。這種欺騙遊戲玩得太多遍，就連最無知的鄉下人也不再有上戰場追求榮耀的願望。而且要和摩爾人對戰？政府一定是瘋了！但無論瘋狂與否，阿方索十三世的政府已經全力投入。法國早已吞食了非洲這個地區的精華部分，而且還想要更多。曾經有可靠報導說，要是西班牙士兵當初遲個幾小時抵達他們的控制區，就會發現法國人已經捷足先登。

一九〇九年，在摩洛哥的西班牙軍隊由於管理不善，受到重大的軍事挫敗，西班牙政府決定召集加泰隆尼亞的後備軍。對於主張分離的加泰隆尼亞而言如同是一記耳光。這是中央政府的愚蠢錯誤。巴塞隆納的工人發起大罷工，暴動發生，教堂和修道院受到攻擊，經過數天街頭戰才鎮壓暴亂。這次的事件稱為「悲劇週」（*semana trágica*），預示著即將出現的血腥衝突。情勢變得十分緊張，全西班牙都實施戒嚴。

混亂的悲慘局面結束時，中央政府逮捕了法蘭西斯科．費雷爾（Francisco Ferrer），犯下了更大的政治錯誤。費雷爾雖是狂熱的無政府主義知識分子，卻可能是無辜的，但政府仍指控他是暴亂主謀。費雷爾是「現代學校」（Escuela Moderna）的校長，這個學校教導學生相信社會平等，厭惡主張傳播錯誤教義的教會。費雷爾另外還設有一間夜校和一家報社，分發許多無政府主義的傳單手冊。因此，儘管費雷爾在暴亂方面是無辜的，卻自然成為代罪羔羊。他接受了審判，律師為他提出了強力抗辯，但他還是被判有罪，並遭槍決。於是他成了偉大的烈士，而對自由派的同情席捲了全西班牙。反政府示威頻頻，內閣垮台。哪個國民會想在死在摩洛哥？

自由派現在得到了機會，他們的領導人荷西・卡納萊哈斯（José Canalejas）是位能力過人且正直的政治家，深諳西班牙罕見的妥協藝術。但在一九一二年，卡納萊哈斯遭一名無政府主義者暗殺，象徵了自由派的夢想暫時終結。接下來由羅曼諾內斯伯爵（Count of Romanones）擔任首相，他是「西班牙政治人物的原型」。要是卡納萊哈斯活著，軍隊和教會可能會受到限制，加入堅定的民主政府。卡納萊哈斯是西班牙歷史上罕見的傑出人物，他是虔誠的天主教徒，也是優秀的自由主義者。自由派失去了這位靈魂人物就群龍無首。

> 一九一四年三月的一個下午，一個額頭厚實的年輕人站上了馬德里劇院的舞台，他的眼神意味深長，帶著自覺的魅力微笑，用優雅的姿態和斯文的聲音向全廳熱切聆聽的觀眾說話，而群眾不時報以熱烈的歡呼。[1]

這位年輕人是知名作家及馬德里大學的哲學教授奧德嘉・伊・賈塞特。他的演講是對進步的呼籲，他說，我們這一代聽到西班牙這個詞時，想到的不是黃金時代，「我們記不得宗教的勝利，也召喚不來蔚藍天空之下的光輝憧憬——我們只有感覺，感覺到的是悲傷」。奧德嘉繼續拆解波旁王朝復辟的「官方西班牙」。濫權者和特權階級的古老西班牙正在消亡。復辟必須結束，「斬草要除根」。奧德嘉滔滔不絕地表達了他對知識分子力量的呼喚：西班牙的一切都必須自由化、民主化、國有化——軍隊、王位、國家、聖職人員、勞工、貴族。

自由派現在有了知識分子作為領導人。一個世代之前，吉納在「自由教學機構」種下的樹，如今開花結果。在吉納的學校接受培訓的西班牙教授和作家對國家的問題有深入的了解，教育終於得到了回報。但四個月後，奧地利大公在塞爾維亞遭暗殺，第一次世界大戰爆發。

歐陸一陣顫慄，西班牙也準備面對新危機。人民對支持交戰的哪一方有嚴重的分歧。中上階層、反動和聖職右派，以及大多數軍人都親德國；大工業家、知識分子和許多勞工則親協約國；大部分的農民則冷漠無感。在眾人的立場尖銳對立的狀況下，西班牙力求中立。國王極其謹慎，不公開表態支持任何一方，他娶的是英國公主，但他的母后卻是奧地利貴族。在這次的大浩劫中，阿方索十三世與他的國家走了四年鋼索。

在戰爭進行時，西班牙也並未無所事事。購買西班牙商品的訂單紛紛湧來，外國的影響力也隨之飛快增長。大量外資帶動工業發展，西班牙銀行的黃金存款在四年內增加了四倍。西班牙貨幣升值，經濟開始復甦。前西班牙駐美大使及史學家馬達里亞加寫道：「大戰帶來了外國活力的強大潮流，注入國家最深處。」法國和德國的激進主義開始在西班牙發展，工人團結成為一股政治力量的理論也逐漸成為現實。國王繼續玩弄政治，他的聯合政府反覆變動，加速了政黨解體和政黨體系的死亡。西班牙選民從來不知道何謂真正誠實的選舉，因為所有的選舉都是由政府「製造」的，現在他們看穿了這種騙術，也逐漸變得更加自主。

儘管一次大戰對西班牙有諸多壞處，但也讓西班牙終於覺得自己又成為歐洲不可或缺的一部分。馬德里放下了它的地方主義，成為歐洲最重要的中立城市；許多國際政策和金融問題都在那裡進行。兼顧交戰雙方的失蹤士兵局也在此成立，工作效率極高。西班牙接管了許多外國大使館和在其他歐洲國家的公使館。西班牙醫師到協約國的醫護船上去，「向憤怒的德國潛艇指揮官保證醫療船的誠實」，西班牙軍官也經常到戰犯營地檢查當地情況。西班牙對自己重新成為歐洲國家的重要一員感到非常自豪，她再次「參與國際生活。十六、十七世紀西班牙的將軍、教士和大使在歐洲地位崇高，然而自從那時以來，已很久沒有這樣風光的日子了」。[2]

「復興」的精神瀰漫在整個西班牙境內。後來成為第二共和國大報的《太陽報》（*El Sol*）率先領導國家自由化的運動。危機在一九一七年浮現檯面。在大工業家、左派各黨派支持及民眾擁護之下，議會多數成員（共有七十一名代表）集會，並要求徹底的政治改革。原本如果有適當的領導，這可能是轉變為真正議會式民主的關鍵機會，但結果卻因兩派極端分子掌控，成了全國性的災難。國王成了極右派的領袖，他指派了保守派的首相和內閣官員，為改革運動澆了一盆冷水。全國都感到受了騙，工會大聲抗議。立場較溫和的馬德里社會主義聯盟（Socialist Union）率先發起大罷工，極左派的巴塞隆納工團聯盟（Syndicalist Union）緊隨其後，罷工很快就蔓延到了所有的主要城市，譬如馬德里、巴塞隆納、塞維亞、畢爾包、奧維耶多、瓦倫西亞等。

西班牙的經濟癱瘓了；交通和建設停擺。工會要求建立社會主義的民主共和國，並封鎖道路。他們性急的領袖做得太過火，反而把這個國家直接送到了他們最討厭的團體——軍隊手裡。陸軍部隊攻擊了堆路障的工人，數百人死傷，兩千人遭監禁，罷工也遭到無情的鎮壓。軍隊「由無政府主義手中拯救了國家」，獲得至高無上的地位。左右兩派極端造成了這場危機，而這兩者中較強勁的右派以極高的效率解決了它。

四年後的一九二一年，在摩洛哥又發生了第二場災難。指揮大批西班牙軍隊的將軍曼努爾·西維斯特（Manuel Fernández Silvestre）想要迅速結束摩洛哥戰爭。他去見國王，國王贊同了他的計畫。於是西維斯特率兵前往，可是他非但未如願贏得戰爭，反而陷入摩洛哥領袖阿卜杜·克里姆（Abd el-Krim）所設的陷阱，西班牙軍隊被圍困在一個小山谷，遭到屠殺。這是極不光彩的災難。雖然國王極力撇清與此事的關係，但事實說明了一切。人民的憤怒和失望情緒高漲，雖然政府做了各種調查，也組成了十四萬名士兵的新軍隊，準備參與摩洛哥戰爭，但為時已晚，已無力再挽救政局了。

西班牙將軍們認為該是接管的時候了，而普里莫·德·里維拉將軍則是執行這項任務的人選。馬達里亞加寫道：「每個西班牙將軍的雄心壯志，都是成為國家統治者來拯救國家。」他接著說，這種野心不只限於將軍，遍及每個公民。英國人或北美人往往只要在黨內或團體中工作就會滿足，但西班牙人卻熱衷於自行掌握一切。安達魯西亞的普里莫·德·里維拉就是這種人。他依循純正的西班牙傳統，而這也是最受歡迎的拉丁美洲獨裁者的純正傳統。群眾在他身上看到自己及其充滿熱情的愛國主義；他是他們熱情的縮影和象徵。他跟他們一樣，會快刀斬亂麻，降低憲法的複雜性和政府無能的官僚作業，藉由精挑細選的法令，讓國家重回正道。

國王非常清楚軍隊在醞釀這樣的圖謀，但由於在摩洛哥的慘敗，他對自己失去民心非常不安，因此默許一切的發展。國王數次痛斥議會，在他統治的二十一年間，換了三十三次內閣，平均七、八個月政府就更迭一次。在這種情況下，要保持穩定的政府是不可能的。一九二三年發生政變時，阿方索十三世反倒鬆了一口氣。軍隊雖然接管政府，但國王不就是軍隊的總司令嗎？西班牙憲法此時宣告死亡。在當時的激情中，許多人以為這是好事，但實際上這是藉著軍事政變（*pronunciamiento*）倒退到十九世紀由軍隊統治的習慣。普里莫．德．里維拉就和十九世紀發動過類似政變的軍事領袖如里亞戈、普里姆等一樣。國王非但未能如願統治軍隊，反倒成了軍事集團的囚犯。

其實獨裁統治反而推動西班牙的發展。「秩序和進步」這樣的口號不正是每個獨裁政權的靈丹妙藥？但這樣的舉動卻讓另一種力量登基，即軍國主義、教權主義及寡頭統治，結果阻礙西班牙的進步達一個世紀之久。新政府迅速地使勞工轉向中立；它偏向社會主義而非更激進的工團主義，讓工人的反抗陷入困境。在獨裁專政的頭幾年，社會主義者與政府攜手合作。

平心而論，普里莫．德．里維拉有其功勞，他親自接手指揮摩洛哥戰爭並獲勝。他讓西班牙的運輸系統現代化，而且像墨索里尼一樣，「讓火車準時發車」。他還展開了大規模的高速公路建設計畫；在他的政府倒台之前，西班牙有了自羅馬時代以來最好的道路，但它們不久就失修，並且維持此狀超過一世代。他邀請大企業在西班牙設立分部，許多企業也付諸實行。軍隊讓這個國家保持了一段時間的秩序。

但是代價是什麼？首先是政府對媒體進行嚴格的審查。西班牙最知名的文學、科學和藝術俱樂部，馬德里的阿特尼奧俱樂部（Ateneo de Madrid）遭到關閉。最高法院院長被撤職。甚至連教科書都經大幅修改，以聖職觀點出發，確保安全過關。教師被施壓，無論他們願不願意，都得參加彌撒。普里莫・德・里維拉的這些措施獲得軍隊、教會、企業和大地主的支持。就如每一位受歡迎的獨裁者最初都會受到眾人擁戴一樣。

可是大眾對普里莫・德・里維拉的支持並不長久。知識分子最先反對他。德高望眾的烏納穆諾反對態度激昂，他寫信給阿根廷的朋友痛批獨裁政權，這封信在未獲他同意的情況下被公開發表。西班牙政府於是把烏納穆諾趕下了薩拉曼卡大學希臘語系主任的寶座，並把他流放到加納利群島去。他後來赴法國，聲稱只要普里莫・德・里維拉在位，就拒回西班牙（除非獲得特赦）。

這個獨裁政府另一項更不得人心的錯誤，是對兩名國民衛隊（Civil Guard Corps）士兵遇害案的處置。罪魁禍首究竟是誰不得而知，當局逮捕了幾個人，經軍事法庭審判後宣判「無罪」，引起大反彈。國民衛隊要求更改判決，改判被告有罪。當局在威脅之下照辦，而且執行死刑，全國民眾義憤填膺，在法國流亡的烏納穆諾和奧德嘉領導民眾反抗這種專制的行動，他們也公布證據，證明整個事件都是西班牙警察的胡作非為，他們若需要代罪羔羊，就會找到冤大頭。無辜的西班牙人民因為政府的無理要求而犧牲。遺憾的是，因為西班牙的報紙受到嚴厲的審查，因此這些報導從未見諸報端，但藉由口耳相傳，許多人都知道這些事。

普里莫・德・里維拉在位的最後幾年曾試圖建立公民政府，但此時輿論強烈反對任何形式的獨裁。除了極右翼之外，自由主義在所有的人口族群中都迅速增長。教會中也有許多神父是自由派信徒；他們反對獨裁統治，支持朝共和國的方向努力。一九三〇年，全球經濟大蕭條導致西班牙國內經濟惡化，反對獨裁統治的呼聲穩定發展。同年，政府關閉了所有西班牙的大學，它們已經成為公然反叛的根源。工人失序的情況日益嚴重，一九三〇年共有五百四十次罷工，一九三一年，罷工的次數更高。民眾不顧牢獄之災，開始連署共和宣言，他們聚在一起大聲吶喊：「打倒國王！」國王此時已和獨裁統治畫上等號。他們甚至沒有提起將軍的名字。普里莫·德·里維拉在同年下台，由努力重建憲法制度的達馬索·貝倫格（Dámaso Berenguer）將軍接任。但是到一九三一年四月舉行選舉時，人們才表達其對軍事或君主政權多麼深惡痛絕，而阿方索十三世逃離西班牙。共和國登場的時刻來臨。

左派的崛起與發展

建立和管理西班牙共和國的人是歐洲史篇章中最混雜的混合體。首先是我們先前已經提過的有遠見卓識的知識分子。接著是形形色色的自由主義者，其中有些人是天主教徒，但大多數人則否。接下來是加泰隆尼亞和巴斯克的分離主義者，在他們看來，共和國意味的是地方自治。最後還有西班牙由無政府主義者、社會主義者及共產主義者所組成的左派。上面所有的人都自稱為共和派，其中絕大多數都反對教權。

反對教會干政已成為西班牙自由主義的顯著特徵，在共和國時期演變成政教之間的激烈衝突。這樣的衝突並非頭一次在西班牙出現。一七六七年卡洛斯三世驅逐了境內的耶穌會教士；一八一二和一八二〇年，暫時掌權的西班牙自由主義者也採取強硬地反對教權的立場。這三次，政府都主張改革，而教會則反對。

其實在西班牙，情況並非一逕如此。中世紀村莊裡的神父支持地方社區反抗中央的權力、窮人對抗富人、弱者對抗強者。但後來逐漸地，藉由鼓勵迫害猶太人、摩里斯科及其他異議分子，任由宗教裁判所擴大力量，並且持續長久的時間，讓教會與反動社會情緒和專制政府結合，使得教會不再是群眾的保護者。起初，人民依舊追隨反動的教會，反對一切政治自由主義，但日子一久，當歐洲其他國家紛紛前進，西班牙的經濟和政府卻因循守舊，西班牙人民不由得覺得教會辜負了他們。這種感覺越來越強烈，使得許多人開始認為教會欺騙了他們，因此加入反教權知識分子的陣營，並由原來熱烈支持教會轉變成強烈反對。這說明了二十世紀反教權暴動的狂熱暴力，也部分說明了第二共和國反教權的立場。二十世紀西班牙左派政黨的迅速發展，是這些歷史發展的自然結果。無政府主義期望建立一個沒有政府的社會，成了左派政治哲學裡第一個在西班牙大受歡迎的類型，因為在傳統意義上，所有的政府都相當惡質。

無政府主義與工團主義

身材高大、精力充沛的俄羅斯貴族米歇爾．巴庫寧（Michel Bakunin）是西班牙（及歐洲）無政府主義政治運動的推手。這是西班牙第一個有組織的左派觀點。巴庫寧起先追隨馬克思，但隨後與他鬧翻；兩人在一八六八至七二年間產生激烈衝突。巴庫寧想要摧毀國家、上帝，以及代表上述兩者、倚財仗勢的富人。他相信如果這些力量消失，社會將自行分割成幾個較小的社區，創造幸福的生活。巴庫寧的信條是基於他年輕時曾在俄羅斯農民的小社區看到的生活，他的想法會在西班牙扎根，就是因為西班牙的中世紀城市有類似的歷史。總之，巴庫寧成為了支持分離主義、地方政府、分割中央政權等西班牙古老傳統的群眾的先知。

受到巴庫寧狂野的理想主義和對教會的激烈仇恨的啟發，一場無政府主義大會於一八七二年在哥多華舉行，會中起草了一份宣言，聲明他們的成員（大約五、六萬人）提議「在國家統一的崩毀上建立自由獨立的城市，只受聯邦協議的約束」。實際上，西班牙無政府主義代表的是復活的中世紀，沒有教士，也沒有國王。次年，瓦倫西亞南方幾英里的小城阿爾克伊（Alcoy）有一位無政府主義教師率當地造紙工廠工人罷工，是西班牙首次以政治行動為武器的案例。工人示威和討論，市政當局支持業主，工人在街頭遊行，然後開始射擊。激烈戰鬥持續了數小時，造成數人死亡。工人似乎勝券在握。他們接著燒毀了造紙廠，射殺了市長，砍了他的頭並帶到街上遊行示眾。一名西班牙將軍奉令率兵前往平亂，迅速肅清了主要起事者，並以高超效率鎮壓無政府主義者的運動。

然而這只是使無政府主義轉入地下，使其日後帶著新的動力與氣勢反撲。一八九一年，數千名工人進入古城赫雷斯，大喊「無政府狀態萬歲」，並在殺害了兩名店主後被警察驅散。接下來的二十年中發生了數起暴力事件，爆炸四起，無政府主義者遭監禁和折磨，而首相卡諾瓦斯．

德・卡斯提約在一八九七年遭報復而被槍殺。這樣的暴力最後導致了一九〇九年的罷工，隨後自由主義在西班牙各地風起雲湧。

打從一開始，這個國家的問題就在於「西班牙境內的一切都源於西班牙」。無政府主義者能夠在西班牙取得如此進展，就是因為他們與從未消逝的西班牙傳統同步。不僅中世紀有村莊合作社，到十九、二十世紀仍然有許多類似的合作社。華金・科斯塔和約翰・蘭登・戴維斯（John Langdon Davies）都談到這些合作社，而傑拉德・布瑞南（Gerald Brenan）在他精彩的著作《西班牙迷宮》（*Spanish Labyrinth*）一書中也有提到。中世紀共有土地的制度自然帶動了其他的社區活動。在科斯塔於一八九八年書寫這類生活的當下，雷昂的拉納比斯村（Llanabes）及附近的村莊仍然遵循這種生活模式。布瑞南引用鎮上神父的說法，說明這些公社活動在拉納比斯村中如何進行：

> 這種政策教人佩服。外科醫生、牧羊人、鐵匠、藥劑師的店鋪、教皇的贖罪券、連禱文等，都由政府免費提供。鹽、穀種，以及租用公地之所需，在村里公平公正地分發。所有的土地都是公有地，每十年由鄰居平等重分一次……村裡只有一片實施長子繼承權（*mayorazgo*）的土地。

另外還有許多迄今依然存在的村莊公社的例子。庇里牛斯山谷大部分的牧場都是公有的，在卡塞雷斯（Cáceres）和阿斯圖里亞斯山脈也有公社制的鄉鎮。在這些村莊裡，所有的基本服務，通常也包括獸醫在內，都由地方政府提供，作物的種子也是如此。村裡通常有合作商店。在阿斯圖里亞斯、人口近一萬五千的卡索村（Caso）共有兩萬頭牛。加泰隆尼亞也有許多類似的村莊，迄今還存在。譬如在製網業重鎮巴格（Bagur），產業是共有的。在一九三六年的塞爾瓦港（Port de la Selva）還有漁民合作社，擁有並共同營運船隻、養護工廠、倉庫、醃製廠、商店、卡車、咖啡館、劇院及會議室。他們甚至自行鑄造錢幣，並建立因應死亡、事故和船隻損失的保險系統。社區提供戲劇表演、舞蹈及一系列的教育和文化講座。就像西班牙的許多村落一樣，他們也有信貸基金供村民使用。加泰隆尼亞還有許多其他的漁民公社。[3]

無政府主義者和這種合作生活方式的建立並無關係，然而他們卻充分利用了從遠古時代就遍布這些村莊的社區精神。更重要的是，一九三六年佛朗哥將軍發動國民軍叛亂時，「西班牙無政府主義地區的每個村莊都放棄了城市，開始透過組織自我統治」。在市政廳會議中，工人討論了他們的問題，並決定了要採取的行動方案。這意味著即使中央政府失去了控制權，這些較小的社區也會繼續運作，不會減少成效。

一九〇〇年代初期，左派的另一場運動進入了西班牙：工團主義（syndicalism）。工團主義是無政府主義的一種變體，兩者很快就融為一體。它的發源者是法國哲學家喬治・索雷爾（Georges Sorel），他在一九〇八年出版了一本關於這個主題的書。值得一提的是，雖然無政府主義源自俄羅斯，工團主義源自法國，但這兩種運動的思想都是在西班牙被廣泛、有效地運用。部分原因在於西班牙的中世紀歷史和難以磨滅的地方情感，但西班牙境內宗教、經濟和政治的惡劣情況也難辭其咎。syndicalisme 一字是法文裡的工會。西班牙文的工會是 sindicato。

無政府主義者工會開始失勢時，西班牙工團主義者就接手了。兩者的觀點非常接近：工團主義被認為只是建立無政府主義社會的手段。因此新運動很快就被稱為無政府—工團主義（anarcho-syndicalism）。一九〇九年在巴塞隆納發生的「悲劇週」，隨著費雷爾殉難，讓左派工人體認到建立更強大、規模涵蓋整個國家的勞工組織的必要。次年，這樣的工會聯盟以「全國勞工聯盟」（Confederación Nacional del Trabajo）為名成立，簡稱 C.N.T.，到一九三六年西班牙內戰爆發時，這個工會大約有一百萬名成員。

工團主義在組織和方向上，都優於先前無政府主義者沒有條理的作法。工團主義者的工會完全是以地方為基礎，而非全國性的職業工會。每個地方工會幾乎都有完全的自主權，決定在什麼情況採取什麼行動，使工人擺脫了西班牙人一向不信任的絕對集權的領導者。此外，工團組織的領導人和工作人員沒有拿取酬勞；一九三六年只有一名祕書領薪。會員繳納極少的會費。這些使工團運動比其他工會占有道德上的優勢，並因此號召了全心追求理想的工人團體。

工團主義工會的主要武器是罷工，在 C.N.T. 成立後幾個月，於一九一一年發動首次罷工。這次的罷工未做充足的準備，在首相卡納萊哈斯的積極領導下，政府迅速鎮壓，C.N.T. 暫時遭到停權，辦公室也被封鎖。工團運動暫時崩潰，但它並未消亡。接著無政府主義者在一九一二年射殺首相——這是十五年來的第二次。左派所著迷的暴力導致了西班牙兩位備受敬重的政治家，卡諾瓦斯和卡納萊哈斯的死亡。這兩次都導致政府朝反動的方向擺盪。

第一次世界大戰阻礙了無政府－工團主義運動的發展，成員之間因大戰而起了嚴重的分裂，有的人主張中立，有的則支持協約國。一九一七年社會主義聯盟發起的大罷工只得到了無政府工團主義者半推半就的支持，但兩年後的一九一九年，後者發起了一連串罷工，始於巴塞隆納，並迅速擴及全國各地，數以百計的新成員也紛紛加入運動。

一九一九年十二月，C.N.T.在馬德里舉行了一次代表大會；共有四百五十名號稱代表七十萬名工人會員的代表出席，他們在馬德里劇院開會，這正是五年前奧德嘉慷慨陳詞，主張西班牙復興的同一場地。奧德嘉敦促同胞走上自由改革之路，無政府－工團主義的代表卻支持他們所謂的「無政府主義者或自由意志共產主義」。大多數代表投票，決定不與規模較小的社會主義工會「工人總同盟」（Unión General de Trabajadores，簡稱U.G.T.）合併。不久後，摩洛哥的災難發生，政府垮台，普里莫・德・里維拉將軍的獨裁專政在一九二三年掌權。他的政權強烈支持較溫和的社會主義工會，無政府－工團主義再次轉入地下。

許多作家評論說，西班牙的無政府主義是純粹的伊比利亞主義。它代表了西班牙人在政治行動的舞台上解放後的獨立。無政府主義者的理想是絕對的自由，這當然是荒唐的想法，但在西班牙，人們一直都迷戀著荒唐。這在本質上是一種吉訶德式性格（Quixotism）的宗教。「自由意志共產主義」真正的意義是，經濟和政府在沒有國家的集權控制之下，以集體社區為基礎重組。小型自治村或工會本身就是這種新集體主義的基礎。

無政府─工團主義者激昂地相信，最後也最大的一場暴力衝突會終結所有的暴力，隨後新社會就會出現；但強權和圖謀不軌者必須被剷除，他們會阻礙人類自然地實現其社會理想，即自由。無政府主義者不只要沒收富人的奢侈品，而且要消滅他們。他們受到一種幾乎禁慾的道德感動，教人想到早期的基督徒和猶太人。在團體中，他們努力棄絕所有酒精飲料、菸草，甚至咖啡。他們以國家或教會都辦不到的效率壓制在地的妓院──通常國家和教會對這個社會的「安全閥」都睜隻眼閉隻眼。無政府主義者從沒有社會主義者那種「更高生活水準」的理想，因此無政府主義運動就是西班牙的理想主義達到瘋狂的極端，但無論它由哪裡起源，都沒有人會懷疑它屬於西班牙的本質。同樣也沒有人懷疑，如果無政府─工團主義者在內戰結束後掌權，一定會是最可怕的暴政。在無政府主義者看來，自由意味著不受國家、教會和資本家的控制，但這並不表示良心的自由。如果有一些好國民想要參加彌撒，或把孩子送進教會學校，或者喝一杯威士忌，或者過奢華的生活，或者吃非當地的農產品，或者支持將國家發展得更強大的想法，他就自動被妖魔化，必須被清算，好讓其他人保有自由。所以讓他靠牆站好，讓他吸這輩子最後一支菸，然後開槍！

一無所有的人自然對物質事物深惡痛絕。西班牙這麼多世紀都一無所有，因此對奢侈品的蔑視也是想當然耳。西班牙人是天生的禁欲主義者，他頌揚祖先克制物欲的美德。在當今西班牙的小村莊，甚至在城市裡，許多西班牙人也反對最基本的奢侈品，甚至吹噓他們的房子裡不需要暖氣，他們就是如此有耐力。只有孱弱的英國人和美國人才會依賴人工的暖氣。斯巴達人般堅忍的個性和絕對的自由，這是許多西班牙人抱持的理想。

西班牙的無政府主義者訴求的就是這種原始的驕傲和種族的力量，並以此奠定了他們成功的基石。此外，他們把焦點集中在地方工團的自主權，直搗西班牙性格的根源，也就是憑本能單打獨鬥。在西班牙對抗約瑟夫．波拿巴和法國的戰爭，就像在西班牙內戰時一樣，這種本能的行動或者「有組織的無紀律」導致了最頑固且持久的游擊戰。擊敗他們就像除草一樣，機器一走，它們就會盡快重新生長。這些倚靠本能行動的游擊戰術贏得了對拿破崙的戰爭，也差點成功擊敗佛朗哥，儘管他有義大利和德國的盟友，但這個故事留待後面再談。

社會主義

無政府主義或無政府—工團主義這兩種運動訴諸工人階級堅定的美德和地方的自豪感，但西班牙社會主義的表現卻更勝一籌。馬達里亞加寫道：「馬德里的社會主義是現代西班牙政治中唯一真正的歷史實體，亦即唯一有內在生命的實體，使它在這個國家的生命中，具有永久性、成長性和發展性的價值。」在第二共和國的早期，許多觀察家都認為西班牙正在朝溫和的社會主義國家之路邁進。要是這樣的行動成功，俄羅斯共產主義在西歐就會有充滿活力的社會主義對手，現在的世界局勢可能就會有所不同。有許多因素使這些觀察者認為西班牙經濟和政府自然會採取社會主義，這些因素包括：地方集體主義的傳統、無所不包的教會、強大的中央集權政府，以及一群受過高等教育、高知識的社會主義領導人。在理論上，把這些因素放在一起，可能會使一個有效率的社會主義國家成功誕生。實際上他們也試圖這麼做，但卻徹底失敗並以內戰告終。

社會主義在一八七〇年代開始於西班牙發展，幾乎與無政府主義同時，但它的進展慢得多，因為社會主義需要更多的培訓和更多的控制。一直到一八八八年，工人總同盟成立，社會主義運動才真正開始。這個新工會的成員不到三千人，是溫和且訓練有素的組織，沒有不切實際的愚蠢革命計畫。社會主義者對議會程序、紀律嚴明的全國聯盟、民族國家富有信心，也相信能提高生活水準。這些信念使他們和無政府主義者有所區分，他們的工會會費也較高。

在進入二十世紀後，社會主義者（約增為兩萬六千人）開始建立並發展他們的「人民之家」（Casas del Pueblo），使他們的政黨除了政治之外，也有文化的號召力。人民之家不僅是黨在鎮上的分中心，也提供了公共圖書館、委員會和社交室（通常是咖啡館），以及文化和教育計畫。馬德里的人民之家原是公爵府邸。布瑞南說：「社會主義政黨對尊嚴有強烈的自覺，認為自己是過去輝煌時代的繼承人。」新世界的西班牙教會不是經常被稱為社會主義社會？當然，無政府主義者譴責這些文化的幌子，認為是社會主義者出賣自己給資本主義的證據。

西班牙社會主義者積極爭取誠實的選舉，堅信這會讓他們有更高的掌權機會。他們也積極反對政府腐敗、裙帶關係、政治上唯領袖是從的做法和文盲。他們參加了一九〇九和一九一七年的罷工，顯示他們在經濟和政治領域也發揮了相當大的作用。因此在西班牙所有的大型政黨中，社會主義者是最能代表為政府的誠實和正派、法庭上的正義、群眾的教育，以及國家財富的公正控制和分配而戰的政黨。一九一七年的罷工雖被軍隊鎮壓，但不久之後，幾位社會主義者獲得無政府主義選民擁護，被選入議會。該黨如今聲稱有二十二萬名成員，成了不可忽視的政治力量。只可惜黨內的衝突削弱了其實力。畢爾包的英達萊西奧・普列托（Indalecio Prieto）率領自由派和更有彈性的成員，而馬德里的法蘭西斯科・拉戈・卡瓦列羅（Francisco Largo Caballero）則代表專制的卡斯提亞精神。普里莫・德・里維拉掌權時，社會主義政黨持續成長，到了一九三一年，它已擁有上百萬名成員；無政府—工團主義者也宣稱有相同的成員數。社會主義黨員中有許多傑出的知識分子：歷史學家和法學教授斐迪南・里奧斯、邏輯學教授胡利安・貝斯泰羅（Julián Besteiro），以及著名作家路易斯・阿拉奎斯坦（Luis Araquistain）。*

左派與土地

西班牙所有的左派黨派都是由城市工人組成，並由少數熱心的革命人士領導。然而這些城市工人大多是因為無法耕種維生而湧入城市的農民。他們由家鄉連根拔起，特別容易受到由其他歐洲國家湧入西班牙的新興極端思想影響。

---

*〔原註〕西班牙共產黨於一九二〇年由一些社會主義和無政府—工團主義異議分子組成。它無足輕重，因此在普里莫・德・里維拉獨裁統治時並沒有對它採取任何行動，既未控制也未鎮壓。

因此我們可以說，土地的基本問題是西班牙左派的核心關懷，包括它的分配不均和使用不當。西班牙人起先是牧羊人，而非農民。後來羅馬人引進了大型莊園（latifundia），開始發展農業。在西哥德人統治時，農業情況惡化，羅馬人所帶來的其他一切大抵如此，只有教會例外。在摩爾人入侵西班牙時，他們比羅馬人更加努力灌溉和耕種土地。透過他們的努力，在安達魯西亞和瓦倫西亞處處可看見灌溉溝渠、高架渠、水車和其他化沙漠為綠地的工程。

卡斯提亞雖是西班牙的心臟地帶，但並非肥沃的農地。卡斯提亞人是優秀的戰士，他們最後戰勝了摩爾人，占領了他們的田地，把它們分給地位崇高的貴族，放羊吃草，並荒廢了龐大的灌溉系統。因此在西班牙歷史上，大莊園再次成為一種生活方式。菲利普三世把摩里斯科驅逐出西班牙，摩爾人農業的最後遺跡也就隨之消失。

唯一的好處是，安達魯西亞有許多公共村莊，讓農民能夠依賴共有的土地勉強餬口。教會在此地區也擁有大片領土。一八一二年，自由派議會使出致命手段，沒收這些共同土地和教會所擁有的土地，並公開出售來還清國債。莊園被賤價出售，產生了一批新的非自住業主。

一九二九年，就在共和國成立之前，一項針對一〇二萬六四一二名地主或租戶的調查發現，其中八四萬七五四八人每天的收入不到一個比塞塔（peseta，按：西班牙貨幣），相當於當時美元的兩毛五分。安達魯西亞大約有四千名大地主，只占業主總人數的百分之二，但他們的收入是二十萬名小地主所得總和的兩倍。大地主的平均收入大約是普通小農的五十倍。工作人口中，有一半是佃農（*braceros*），他們每日所得是西班牙最低的，更糟的是，他們一年中約有一半的時間都沒有工作。曾細心研究這個問題的布瑞南引用了一七八〇年卡洛斯三世的大臣坎波馬內斯如下的文字，並說這「完全符合目前的情況」。

> 安達魯西亞的居民幾乎都是單純的勞工，他們的職業都是暫時且不穩定的，在一年裡大半時間都因為沒有工作而過得相當貧困、十分懶散。他們的妻兒也都失業，擠在城鎮和大村莊裡，依靠善款維生……處於飢餓之中——這和土壤的肥沃與否並不相關，而且當然不是因為他們懶惰所致。[4]

安達魯西亞的城鎮多半都相當大，人口在八千至兩萬五千之間。但它們與英、美相同規模的城鎮不同，並沒有給人繁忙或生產中心的印象。相反地，它們的房屋和建築是烈日下堆聚在一起的古老岩石，居民擠在狹窄的街道上，教人想到從岩石下面爬出來的蜥蜴，飽經風霜，正在覓食。這些城鎮的產業都屬最原始的類型：製陶、編織、糖果製造、菸草加工、肥皂生產、皮革加工等。然而這些人儘管營養不良，卻有著教人難以置信的活力，讓每一位旁觀者都留下了深刻的印象。他們幾乎可說是光憑呼吸就可以生存。但他們的內心卻埋藏著炸藥，只要點燃導火線，爆炸就會發生，一如日夜交替一樣自然。

如果向北走，情況很明顯會逐漸改善，到坎塔布里亞地區和一路延伸到西班牙北部的庇里牛斯山麓時，達至最理想的狀態。但西班牙農民的生活水準依然比其他歐洲國家農民落後，只有葡萄牙可能除外。灌溉和機械化可以讓西班牙廣大農業用地的生產力提高至少六倍，在許多情況下甚至可提高三十倍。可是因為這需要相當大的投資，因此大地主對這樣的改進興趣缺缺。

所有這些社會力量的相互作用和連結使第二共和國於焉誕生，而這些力量之間必然的衝突也導致其解體。儘管知識分子說服力強，並且發言適度，但工會領袖和工人卻掌握了韁繩，想要把馬車轉向他們自己想走的小路。社會主義者、無政府主義者、自由主義者、農民、知識分子、極左派與溫和的共和派、許多開明的天主教徒，以及渴望自治的巴斯克人與加泰隆尼亞人，構成了西班牙共和國的民眾基礎。這些形形色色的元素彼此之間，甚至在每一個團體之間，都有激烈的衝突。我們是否能期望他們保持一定時間的團結，讓西班牙轉變為現代、議會式的民主社會？這是西班牙絕大多數人的期望和夢想。

第十三章

西班牙第二共和國（一九三一年至一九三九年）

活在初曙的時代是幸福的，
然而擁有青春，更是無上的美好……

——威廉·華茲華斯（William Wordsworth）

英國詩人威廉·華茲華斯寫下了前頁的知名詩句時，法國大革命才剛剛爆發。一切都顯示幾個世紀以來的夢想可能在不久的未來實現。但當革命人士開始因狂熱而失控，斷頭台砍下一個又一個的頭顱，直到街道都流著猩紅色的鮮血時，這位詩人只能厭惡地背過身去。西班牙第二共和國起先也有光明的前景，但內戰和惡毒的報復接踵而至，許多客觀的觀察者心中也湧起了和華茲華士相似的感受。

長久以來，西班牙人一直夢想著他們的共和國，並自十九世紀起就稱之為La Niña Bonita，意即「美麗女孩」。「美麗女孩」終於降世，但她卻只能隨即死亡，永遠沒機會成為主婦。事後看來雖很明顯，但在一九三一年時卻很少能有人如此預言。我在一九三二年夏天抵達馬德里時，人人仍然自豪地說：「我們做到了，一滴血都沒有流！獨裁統治崩潰了，國王逃走了，新政權上台了，這一切都在幾個小時內完成，**因為這是人民的希望！**而且連一滴血都沒有流！」大學教授也重複了類似的話，學生也附和他們，店主、醫生、律師、社會主義者、工人也是，甚至連先前曾是保皇派的人，也因這美麗知性夢想的熱情而感動。

一九三一年四月十二日，西班牙舉行了市議員選舉；投票率很高，許多地方都達到九成，也沒有發生任何混亂，但在計票結果出爐時，正反兩方都很驚訝。投票結果顯示，西班牙五十個省分的每一個首府，除了四個微不足道的例外之外，都投票反對君主制。在馬德里和巴塞隆納，共和派獲得強力的支持，勢不可擋。保皇派雖在鄉村地區占上風，但眾所周知，這些地區在政治上向來就受到支配和操控，因此並沒有占太重的分量。國王接到通知，他的統治已經結束，建議他離開西班牙，他也立即從善如流，但他並未放棄王位。國民衛隊倒向共和派。四月十四日，共和國宣布成立。

馬達里亞加生動地描述了當時發生在馬德里的情況。大批人群聚集在王宮前，但獲悉國王已逃出此地。這些群眾並不想要流血；他們只是吶喊：「Viva！Viva！這個萬歲！那個萬歲！」不過宮殿負責人擔心群眾失控，於是召來更多的警察。警方應允並派了「武裝警力」前來，但來的卻只是一些手無寸鐵的人民。他們在王宮四周形成圓圈，要求群眾後退。群眾立刻服從，不久之後就散去了。

共和國大受人民歡迎。這正如奧德嘉所說的：「當命運賦予西班牙人大膽設想的責任，光輝燦爛的一刻便來臨了，幾世紀內不會再見到這樣偉大的時刻！」薩拉曼卡大學偉大的老校長烏納穆諾昂首闊步進入馬德里，獲得了數十萬人前所未有的歡呼。大家鳴炮慶祝，整個城市都心潮澎湃、激動不已。

> 像春天的大自然一樣歡樂——這就是西班牙在共和國最初的光輝時日的情緒。他們的革命如此乾淨，沒有像其他戲劇性歷史時刻那樣，受到任何過度行為的汙染，沒有任何軍事的干涉或反抗，人民如此秩序井然地表達意見。獲勝的共和派人心中感受到的第一種情緒，就是自豪的喜悅。

馬達里亞加如此寫道。他是新政權的創始人，也是最偉大的領導人之一。

這是西班牙歷史上，知識分子首次和群眾站在一起。奧德嘉先前指西班牙無骨氣，雖然有很大的群眾活力，卻沒有骨幹和大腦；如今卻相反，整個國家被焊接成新合體，群眾當然是肌肉和軀體，知識分子和受過教育的人則是大腦，負責指引。這種合體製造得太過迅速。抱持理想主義的知識分子太不切實際，議會代表太出於私心、過於頑固地堅持己見，工人則未經思索就提出要求。受到懲罰且對近期事件感到恐懼的教會則暫時撤退，但它這樣做只是為了鞏固自己的力量，而軍隊則對於政府的反軍事政策越發沮喪。其他明確表示反對共和國的君主主義者則大感震撼。

要是共和派知道他們正在重蹈覆轍就好了。這是一個多世紀以來的第四個「自由派」政府，也是第二個共和國。一八一二、一八二〇、一八七三，和現在的一九三一年，他們都有機會大展身手，只可惜他們沒有學到歷史的教訓，或者該說他們記不得阿爾卡拉．加利亞諾（Alcalá Galiano）的箴言。他在一八二〇年曾感嘆道：「法國人經歷了三年的奮鬥，血流成河，才贏得自由。而我們在西班牙卻只需要兩天的解釋和一天的歡喜。」這位史學家說不定會毫不客氣地補充說：「加上多少年的哭泣？」

一九三一年四月市政選舉中投下選票的實際統計，說明了君主主義者的力量並未消亡。當選的市議員人數是：共和派有三萬四三六八人，社會主義者有四八一三人，共產主義者有六十七人；反對君主主義者總數共有三萬九二四八人。但另一方面，支持君主主義者則有四萬一二二四人。在經常作票的國家選舉中，君主主義者雖得到略高一點的優勢，但這數字至少應打個八五或八折。結果仍然顯示約百分之四十的選民支持君主主義，而這就是第二共和國誕生時的情況。

改革的激情與浮躁

在這兩大政治集團較勁的世紀鬥爭中，天主教會的態度頗不值得仿效。一直到一九二七年，官方的教義問答書仍稱投票給自由派是一種罪行。在一九三一年的競選活動中，許多教士都把共和派稱為「共產黨」，希望這樣可以讓他們落選。不到四週，在市政選舉和共和國宣布成立後，托雷多大主教向教友發布了公函，咄咄逼人地質疑新政權。他根本不肯等著看共和國會是什麼樣的政府，反而對阿方索十三世讚不絕口，並指共和派的勝選是「耶穌王國的敵人」勝利。其他主教的觀點則較溫和，有數百個教區的神父也在選舉中投票給共和派，但是西班牙教會的大主教卻如此公開地站在反動勢力那方。三天後，群眾開始攻擊教會。

這個景象教人觸目驚心。教堂遭縱火焚燒，紅旗突然出現。騷亂由馬德里開始，像野火一樣蔓延到整個西班牙，在最貧困的安達魯西亞尤其暴力。這些破壞公物的暴徒和縱火犯是什麼人？顯然有很多是來自極左翼的無神論者，但其他則無疑是君主主義者花錢雇來的特務。上百座教堂遭焚毀。共產主義現在成了常用的名詞，共和國最初的幸福熱情如今變成一種嚴肅的憂慮。這些暴行如此輕易發生，顯示了新政權天生的弱點——它無法維持秩序。不過能夠指派警力的內政部長是天主教保守派的米格．莫拉（Miguel Maura），他顯然對突如其來的暴力事件大感意外。無論如何，木已成舟，起事者已遭查出，民眾義憤填膺；君主主義者和聖職人員占據一方，另一方則是共和黨各派，雙方之間的鴻溝越來越深。

加泰隆尼亞的人民極其渴望分離主義，他們大模大樣地宣布要成立加泰隆尼亞共和國，但最後還是被說服，接受中央政府讓它們半自治的承諾，與之合併。戰爭部長曼紐爾・阿薩尼亞（Manuel Azaña）大幅縮減西班牙軍隊，解散三十七個步兵和十七個騎兵團。冗員得以全薪退休，起初這舉動似乎教人欽佩，但這反而創造了一大群自覺受到不公正待遇而被剝奪了地位的有力人士。

為成立共和國的第一個議會，選舉在同年六月再次舉辦。投票結果顯示，儘管有種種挫折，人們對共和國的熱情依舊在增長。西班牙人民仍然充滿了希望；他們仍然情感充沛，並且以偉大而慷慨的姿態要賦予代表全權，讓他們把國家轉變為現代國家。社會主義者有一一五名代表當選，是當選人數最多的團體。左翼團體的代表總數達到二八二名，而極右和中間派當選人數僅一七二人。知識分子或專業人士被選入議會的數目十分亮眼：六十五位教授、四十一位醫師、一二三名律師。工人代表只有二十四名。

共和國當然是知識分子的產物。議會開始制定充滿理想主義的新憲法，這份文件自豪地宣布：「西班牙是所有階級工人的共和國。」接著它宣布拒絕以戰爭作為國家政策的工具，因此使西班牙成為第一個採取這種人道主義立場的國家。憲法規定了普遍選舉、單院國會、政教分離、宗教自由，撤回對聖職人員的經濟支持，推動教育世俗化，藉由徵收私有財產進行土地改革，以及其他漸進的立法項目。

新憲法出自理想，充滿了不切實際的辭藻，是美麗的紙上夢想，它承諾的遠超過政府所能辦到，除非人民願意花數十年的努力和耐心，而非只是焦躁不安數週，坐等它憑空出現。譬如西班牙憲法上明訂：「共和國向每一位勞工保證尊嚴生活的基本條件。其社會立法將規範：疾病、意外、失業、老年、體弱和壽險；保障婦女和兒童的勞動，尤其保護為人母者的權益；保障工作日、最低工資以及家庭工資；保障每年的帶薪休假、西班牙勞工在國外工作的情況、合作機構……」等等。還需要我們作更多引述嗎？

正如共和國的一位創始人所說，共和國的政客「決心由商展的第一天起，就把所有的商品都陳列在櫥窗裡」。盼望國家轉變的人民情緒飢渴，他們被餵食了豐盛的甜點，但依舊飢腸轆轆。一如既往，西班牙的理想主義又是唱高調。儘管共和國的知識分子領袖非常正直，但他們卻不擅實務，也幾乎完全缺乏真正的政治家風度。吉訶德再度回到西班牙，騎著他那匹營養不良的老馬，穿過不毛的荒地，高呼他對國家的救贖。除了先前引用的幾行憲法之外，還有許多跡象顯示出這種吉訶德式性格。譬如，憲法的起草人真心相信，為了消弭戰爭，就該在憲法中明文規定不可作戰，接著就可以裁軍。然而，重要的應該是消弭國內可能導致戰爭的緊張局勢，尋找共同的立場，讓政見不同者至少有個抒發的出口，可以釋放大部分的不滿。重要的是要宣導寬容和耐心，並且在國家議會開會時，公開樹立這樣的榜樣。重要的是要遵循大多數西班牙人民的意志，他們在這段關鍵歲月的每一次選舉中，都明確表示他們全心全意地反對以暴力解決國家的問題。

悲哀的是，雖然西班牙人民態度溫和，但議會本身卻很快便分裂為頑固的派系。這種分裂導致了局勢的緊張、互相指責、暴力、報復，以及政治光譜的兩造各自的極端主義的增長，最後發展為西班牙歷來最血腥的戰爭——西班牙內戰。

儘管障礙重重，但共和國在成立的頭兩年裡仍然勇敢地奮鬥，要讓一個長久以來習慣於專制政權的中世紀國家改頭換面，變成擁有進步議會政府的現代國家。他們以教人感動的熱情改革教育。第一任教育部長創建了三千所新學校；第二任部長費南多．里奧斯後來擔任共和國駐華府的大使，他在已教人咋舌的數字上又增加了七千所學校。新憲法宣布「義務教育」，但由於沒有足夠的學校可容納四分之一的就學人口，因此這成了空談。儘管如此，共和國於一九三六年開始解體時，它依舊可以自豪地指出，他們的教育系統中已增加了一萬所新學校。必須說明的是，並非所有的新學校都有足夠的人手，然而共和國最偉大的成就或許就在於民眾無法擺脫對受教育的渴望。內戰開打後，共和國依舊強調教育。即使在戰場上，學習也繼續進行。書籍四處傳遞，教師由一處到另一處教學，印刷了小冊子、教授了課程。從前認為不可能讀書寫字的人學會了讀書寫字。只是無論如何努力，落後的國家都不可能在五年內完成教育，而要讓激動萬分的人冷靜下來則需要更長的時間。

這讓我們面對了宗教問題，這是自由派共和國在西班牙引起的最嚴重暴力仇恨的癥結所在。教會一直都公開反對自由主義，西班牙的自由派也幾乎總是反對教會。自由派本該由歷史的殷鑑，學到要把腳步放得更慢，但人類鍋爐承受的壓力有限。多年來計畫及等待上的挫折、普里莫．德．里維拉軍事獨裁的障礙，加上現在他們終獲西班牙人民的授權，他們壓抑的熱情突然間有了出口——他們難以抗拒這一切，因此共和派是以「全力以赴，對抗西班牙人頑固不化的岩石」的態度，駕馭國家的船隻。馬達里亞加多年後檢討起來，認為這是共和國最根本且最致命的錯誤。當時最孚眾望的共和派領袖阿薩尼亞聲稱，最激烈的反教權行動無可避免。

阿薩尼亞並非激進的左翼分子，他曾受教於奧古斯丁修士，後來取得馬德里大學的法律學位，是頗有文化的知識分子，多年來一直是作家和公務員。他的文學和批評作品的讀者不多，但其寫作相當出色。他是溫和但思想活躍的自由主義者。烏納穆諾曾這麼說他：「小心阿薩尼亞。他是沒有讀者的作家。他有能力發動革命，好讓人家讀他的作品。」這當然是開玩笑，但阿薩尼亞對教會所做的正面攻擊必定讓這位老哲學家嘀咕道：「看到了吧？我早就告訴你們了。」反教權的運動導致以下諸條目出現在新的西班牙憲法，或者在不久後頒布的特別法令中：政教分離，允許夫妻在結婚兩年後由雙方協議離婚，教育世俗化，解散耶穌會和沒收耶穌會財產，所有墓地的世俗化，除非死者在遺囑中明確要求，否則禁止宗教葬禮，各種宗教的崇拜自由，兩年內撤回所有國家對聖職人員的財務贊助。

針對教會機構的正面攻擊立即引起了激烈的反抗。如果共和派在這方面採取較溫和的做法，教會的政治教條主義可能就會漸漸衰退，就像其他許多天主教國家一樣，譬如法國、義大利、比利時、荷蘭。共和派如果能以更加寬容而積極漸進的社會立法，幾乎可以確定行得通，因為西班牙有成千上萬的天主教徒會支持這樣的做法。但是對於以前完全不允許離婚的國家，現在經過兩年的婚姻，只要雙方同意就可以離婚，這樣的擺盪太過激烈。至於除非死者遺囑中囑咐，否則禁止宗教葬禮的法律，則是愚蠢的不夠寬容，因為九成的西班牙人去世時都沒有留下遺囑。這一革命性的變化無疑是教會長期以來的政策所導致，教會原先要求在社區中具有一定重要性的西班牙人都得採行宗教葬禮，即使這些人已具體要求採行相反的做法也不容許。

自由派這種「神聖反教權教會」的不寬容心理需要一些解釋。首先，在西班牙，解散耶穌會教士並非新鮮事。在共和國批准新的反對法令之前，耶穌會在西班牙已被壓制或驅逐出境五次。查理三世在十八世紀首次將耶穌會教士逐出西班牙全境後，教宗本人也解散了耶穌會。這種天主教國家與宗教團體的衝突和宗教教義無關；它是源於兩個強大的經濟、政治和道德力量的對立而來：一方是強大的耶穌會組織，另一方則是西班牙即將出現但混雜異質的自由主義。這兩種力量無可避免會相互碰撞，但它們沒有正面衝突的必要，而這次的碰撞只會削弱共和國政府的權威。

阿薩尼亞為解散耶穌會的命令辯護，他說，耶穌會用反民主的哲學灌輸學生，因此阻礙了現代國家的出現。

西班牙臨時政府總統阿卡拉．薩莫拉（Alcalá Zamora）高聲抗議這些嚴格的反教權做法，但徒勞無功。基於人們長期以來一直被壓抑的熱情，這些法令在相當多人的贊同下全數通過。阿卡拉．薩莫拉是虔誠的天主教徒，因此他辭職求去，由阿薩尼亞繼任，於是大局底定。如果自由派採取更溫和、更緩慢的做法，或許可以挽救西班牙共和國，但他們在勝利之際，便耗盡了他們的優勢。

雖然在西班牙宗教問題上的武斷決議可能是共和國垮台最大的原因，不過共和國處理土地問題的方式也很教人失望。西班牙政府缺乏訓練有素的公務員執行土地改革計畫或任何其他形式的社會或政治改革。此外，負責土地改革的人完全沒有能力指揮。他「是名漫不經心且無責任感的記者，無論在土地還是在任何行政問題上都毫無經驗」。戰爭爆發時，龐大莊園還未充公，遑論公平地再分配其土地，但當時和現在，這種土地改革都是西班牙社會和經濟進步的必要條件。

共和政府的勞工政策則比較開明。人們有機會集體談判；除了意外和失業保險，政府還提供了公共就業方案，以穩定並保持最低的失業率。在勞動部長拉戈．卡瓦列羅的領導下，社會主義者在自由化和肯定勞工在國家經濟上的地位和尊嚴方面做得非常出色。在大原則上反對社會主義者的工團主義者則繼續攻擊他們，想要證明真正民主的國家主義不可能成功。

鑑於所有的錯誤和障礙，第二共和國能夠撐這麼久真是奇蹟，但在一九三一至三二年初，自由主義者對民主願景抱著近乎神祕的信心。在那段變化劇烈的時期赴西班牙的訪客幾乎都會立即注意到這點。優秀的政府觀光局幾乎在全國各地都有分部，證明了西班牙人只要有心，便可以做到什麼樣的程度。國家觀光局（Patronato Nacional del Turismo）在這段時期的表現空前絕後，不但提供了多種語言的導遊，還有各主要歐洲語言的免費出版品，說明西班牙各種藝術紀念遺址和地理區的背景和意義。無論走到哪裡，西班牙人似乎都充滿驕傲與希望。在共和國早期的日子裡可以感覺到一種夢想，尤其是學生、知識分子以及城市工人身上更顯而易見。富人和保守派人士則對他們採取溫和的反對態度。

派系分裂的危機

工人毫無保留或偏見地敘述他們對國家未來的希望，並對西班牙的民主深信不疑。作家和教師也持相同的觀點。或許西班牙會轉變成像瑞典一樣溫和的社會主義形式，過去中世紀的合作社區不就證明了這種生活方式非常合乎西班牙的風格，而且對西班牙也非常實用嗎？不流血革命不就證明了西班牙已經超越了作為政府手段的暴力威脅嗎？難道西班牙人沒有選擇最傑出的人才來帶領他們前進嗎？可是西班牙的黃金歲月卻並未到來。雖然人民夢想著，但共和國議會卻日益犯下嚴重的錯誤，而保守的反對力量也在鞏固並加劇抵抗。

那段時期幾乎天天都會出現在頭條新聞的名字是亞歷杭德羅·勒羅克斯（Alejandro Lerroux），老資格的西班牙激進共和黨（Radical Republican Party）領袖，其黨在國家議會有九十位代表，是第二大集團。（社會黨人代表最多，有一一五人。）阿薩尼亞的共和行動黨（Republican Action）只有三十位代表，但由於他本人的地位和正直，使他躋身政府的主要領導人之一。勒羅克斯原是典型以煽動為能事的政客，但後來變得較為溫和。他起先是公然反教權的領袖，但他的極端態度已經減弱，加上其黨在議會的代表人數眾多，使他在議會享有禮遇。阿薩尼亞不信任也不喜歡勒羅克斯，認為他是粗魯庸俗的政客。他完全無視於勒羅克斯的政治敏感。另一方面，阿薩尼亞的政黨成員中包括了全國最傑出的知識分子。這兩人之間的分歧導致了議會內部的混亂。這是阿薩尼亞的致命錯誤；勒羅克斯原本會與他合作，但阿薩尼亞不願紆尊降貴，這讓勒羅克斯覺得自己和他的代表遭自由派排斥，於是開始轉向右派。

在保守派這端則有吉爾．羅伯斯（Gil Robles），他是精明傑出的羅馬天主教教授，也是一流的議員，有相當多的資金支援。在兩年的「自由派」政府之後，左右兩派劃出戰線。一九三三年選舉時，西班牙共和國突然右傾，這可能是因為大約有六百萬名婦女首次享有選舉權投票之故。社會主義者在一九三一年贏得了一百一十五個議會席次，現在只剩五十九席。阿薩尼亞的政黨由三十名代表減為五名，而左派代表總數則由二八二人減至九九人。另一方面，勒羅克斯的中間派由九十人增為一〇四人，而右派總票數由六十人增為二〇七人。社會主義領導人拉戈．卡瓦列羅因為採取改革策略，流失大量支持者，而吉爾．羅伯斯則成為舉足輕重的政治領袖。自由派在共和國頭兩年的立法幾乎都遭廢除或者形同虛文。這種突然的轉向證明了西班牙議會採單院制是嚴重的政治錯誤。如果有上議院來抵消選民情緒的迅速變化，政局會更穩定。但由於缺乏這種穩定的力量，政府一頭栽進了困境。

不滿的煽動派政客勒羅克斯受命組成內閣。這位新總理試圖挽回軍隊和教會。他任命一位叫做法蘭西斯科．佛朗哥（Francisco Franco）的將軍擔任大眾軍事學院（General Military College）的院長。在新總理治下，西班牙幾乎一夕之間就有了變化。全國經濟開始萎縮。農場工資大幅下降，地主再次翻身；在處理勞資糾紛時，變成偏袒雇主。另一方面，有關俄羅斯的書籍開始湧入國內，共產主義開始真正吸引左翼選民。拉戈．卡瓦列羅的革命熱情使他越來越親近共產主義的哲學思想。普里莫．德．里維拉之子荷西．安東尼奧（José Antonio）組織了西班牙法西斯集團長槍黨（Falange）；天主教領袖吉爾．羅伯斯在訪問維也納後也採用了納粹的一些做法。這兩個極端背叛了共和國真正期望的中間做法，西班牙開始不可避免地走向內戰。

西班牙極左派首先採取行動。拉戈．卡瓦列羅在國內四處宣揚叛亂；他最喜歡的一句話是，如果右派繼續推動西班牙走向法西斯主義，那麼就可能有必要組成「無產階級專政」。保守派天主教領袖羅伯斯領導議會中最大的聯盟，由聯盟成員出任司法、農業及勞工三部部長，左派乃以罷工回應。西班牙重要城市都癱瘓了。在馬德里，民眾了解當時的情況，反抗迅速崩潰，拉戈．卡瓦列羅被關進監獄。但在奧維耶多和巴塞隆納，尤其是位於西北部阿斯圖里亞斯省的奧維耶多，卻發生了大量流血事件，阿斯圖里亞斯的礦工走上街頭，占領城市達一個月，在那裡草草推行共產主義。中央政府最後鎮壓了這場叛亂，但已有上千人遇害、數千人受傷。奧維耶多市的大部分地區都被戰鬥夷為平地。雙方陣營都傳出對方可怕的暴行。

讓我們記錄一下這場大暴亂的左派版本。下面這段文字刊在一九三六年出版的《造反的西班牙》（*Spain in Revolt*）一書中，作者哈利．坎納（Harry Cannes）和西奧多．雷帕德（Theodore Repard）說：

> 一九三四年十月，工人對啟動法西斯獨裁統治的企圖的英勇回應，將使這段時期永遠留在西班牙的記憶中。十月一日，以C.E.D.A（羅伯斯的聯盟）為首的法西斯集團在勒羅克斯的新內閣安排了他們的人馬，目的是要挑起內戰。面對迫在眉睫的義大利和德國模式的法西

斯獨裁統治的威脅，西班牙工人決定發動殊死戰。[1]

但法西斯政變的威脅是真的嗎？抑或僅是左派分子的幻想，要在無產階級專政中建立自己的權力？絕非右派的馬達里亞加支持後面這種觀點。*他指出，儘管羅伯斯是議會中最大團體的領袖，卻沒有獲邀籌組內閣，這個任務交給了勒羅克斯。結果如何？幾乎立即發生暴力叛亂，但發生的地方卻非在最貧困之處，而是在工資最高且條件最好，激進左派工會也組織得更好的地區。共和國中央政府派佛朗哥將軍和其他軍事領袖鎮壓暴亂，並召來了摩洛哥的摩爾人部隊。這些軍隊在阿斯圖里亞斯出現，讓民眾產生了可怕的印象，因為這似乎是刻意侮辱他們的榮譽和傳奇歷史。無論如何，叛亂遭到了相當激烈的暴力鎮壓，如果羅伯斯希望的話，他可以走向法西斯主義，但他並沒有這麼做。相反地，這個國家在搖搖欲墜的議會制度下蹣跚地走了三年。一九三五年，羅伯斯負責戰爭部，但即使在這裡，他也沒有試圖破壞共和政府的體制。國家情勢越來越糟，經濟開始崩潰，全國各地爆發罷工，土地改革幾乎沒有進展。議會中爭執不斷，雙方都慷慨激昂、狂熱亢奮且頑固執拗。

最後，在一九三六年舉行了幾場新選舉，被視為左派陣線的偉大勝利；他們在所謂的「人民陣線」（Popular Front）中鞏固了地位。如果算入巴斯克民族主義者，那麼成分混雜的左派陣線獲

*〔原註〕馬達里亞加是新政府初期派駐美國的西班牙大使。

得了四二〇萬六一五六票。中間派獲得六八萬一〇四七票，右翼總數為三七八萬三六〇一票。人民陣線因而獲得二五六名代表席次，中間派五十四名，右翼則是一四三名。先前未進入議會的共產黨這回獲得十四個席次，後來又增加了兩個席次。極右翼取得了相當的代表席次。左派聲稱獲得驚人的勝利，但如果仔細研究這些資料，卻會發現顯然並非如此。如果中間選民改投右派，那麼右派就會得到優勢。在總計二五六名的左派代表中，只有一一〇人是馬克思主義者，其中宣揚暴力和無產階級專政的極端主義分子不到一半。西班牙人民在投票中顯然贊成溫和的做法，並贊成維持共和政體。但此時，兩個極端完全掌權，溫和或妥協似乎不再可能。受人民擁護的阿薩尼亞當選總統，但他無力回天，身為總統的他權力不如總理大。總統是裝飾性的職位，真正的統治權在其他人手上。失去阿薩尼亞的穩重領導對共和國是巨大的打擊。極左派的拉戈·卡瓦列羅和他極端主義的夥伴策劃叛亂，極右翼的佛朗哥及同僚則計畫軍事起義、接管政府。後者趁前者還沒機會推進前，率先發動攻勢，西班牙內戰於是爆發。

隨著兩個極端鞏固其立場，西班牙也承受了一系列騷亂、暗殺、報復、罷工、對宗教建築和聖職人員的攻擊，以及其他失序情況。由人民陣線掌權的中央政府無法維持秩序。一九三六年六月，羅伯斯在議會中提出了以下悲慘的數據——即使把這些數字減半，也同樣慘不忍睹：一六〇座教堂被毀、二五一座失火或遭其他攻擊、二六九人被暗殺、一二八七人受傷、六十九個政治前提被打破，一一三次罷工。但與會代表並沒有太在意他所說的話。暗殺繼續進行，甚至連議員也遭謀殺。一九三六年七月十七日，右翼開始叛亂，摩洛哥叛軍前往西班牙本土充當先鋒，次日在西班牙本土發動叛變。

事後看來，不難指出共和國的錯誤。首先，憲法過於理想化，而且不夠彈性，無法適應時代的需要。工人和工會，尤其是無政府主義者和左派社會主義者，當然還有共產黨人，引發了無數次不必要的罷工，煽動了愚蠢的屠殺和混亂，使大部分人民受到驚嚇，激起對共和國的反感。極右翼，尤其是荷西·安東尼奧的長槍黨吸收了義大利和德國的法西斯主義思想，同樣暴力且無法無天。整個右派急於控制議會，但政治領袖不願意發動法西斯叛亂，而由將領進行這項任務。

西班牙人願意為了西班牙或人類的自由，而在馬德里或巴塞隆納的街頭犧牲性命，但如果不是為了像他自身的生命那樣崇高的事物，譬如他收入的一大部分、他的土地、他作為勞工領袖或將軍的權力，或者為了捍衛在政治上和他不同意見者所花的力量和時間，那情況便截然不同。他起草了理想主義的政治宣言，使其在拉丁美洲和西班牙隨處可見，然後鬆了一口氣。他的犧牲就此結束。但議會政府需要更多的施與受。在最初的階段，它最需要適度和寬容，直到社會大眾對這種政府形式的穩定和誠信建立信心。確實，大部分西班牙人投票支持溫和路線，但其中約有十分之一的人支持極左派，以及至少另外十分之一支持極右派。民眾的支持激起了兩極端的領導人極大的熱情，他們盲目地向前衝，卻沒有仔細看是誰在追隨他們、什麼又正在他們國家內部上演。

在這場權力鬥爭的祭壇上，西班牙民眾顯然被犧牲了。共和國從未建立中間立場，也沒有真正的保守黨。在迫切需要上議院為議會政府提供穩定因素的國家和時期，憲法卻確立了問題多多的單院制議會。憲法在反教權計畫上做得過度，其勞動條款又引起左派的熱情和右派的謾罵。最重要的是，國家沒有立場超然、訓練有素的公務員，可以有效而無偏見地執行政令。不過儘管有這些問題，要是當初被選來領導它的代表是較冷靜且更有常識的人，願意把共同利益置於黨派的福利之上，共和國依舊可能倖存。

西班牙內戰

佛朗哥將軍的力量由南方進犯，就如數世紀前的摩爾人一樣，橫掃南部平原和山脈，向卡斯提亞推進。他們雖在安達魯西亞的城市碰到零星阻力，但這些反抗最後還是被消滅了。叛軍很快就逼近共和國首都馬德里。他們在這裡遇到了共和國的主力軍隊，進攻的腳步於是趨緩。最後，他們決定圍攻首都。接下來三年，兩軍在首都郊區對峙，就在現在的大學城（University City）的校園裡。在這裡發生了許多血腥的戰鬥，但圍攻的部隊雖然不斷轟炸，依舊無法進入馬德里。不知為了什麼原因，他們並未切斷城市的供水，如果這樣做，可能幾天內就可結束圍城。其中來自北方的高架渠，絕對無法被防衛。大學城的古建築在戰鬥中完全被摧毀，砲彈射穿了也在城內的皇宮的厚牆和屋頂。

其他共和派激烈抵抗的地區包括巴斯克和阿斯圖里亞斯兩省、瓦倫西亞及加泰隆尼亞，尤其是巴塞隆納。巴斯克和加泰隆尼亞人除了是為共和國而戰之外，也是為自治而戰。巴斯克團體組成了共和派的宗教和保守元素，他們在卡洛斯戰爭中曾長期和中央政府對抗，被稱為自由派或左派。另一方面，在巴塞隆納，成千上萬的共和派人士則是徹頭徹尾的無政府主義者，他們對組成工團地方政府的興趣比贏得對佛朗哥將軍的戰爭還要高。他們渴望充分利用國家的混亂情況以爭權。而共產黨人全心參戰，先是為了獲勝，然後再討論如何分配戰利品。大部分參與共和軍的群眾則不屬任一陣營，他們純是為了捍衛共和國而奮鬥。

西班牙內戰是歷史上最殘酷的鬥爭之一。任何內戰都必然會產生分裂，但是一個為意識形態路線而戰的內戰會由中間分裂國家、家庭、兄弟、父子、朋友，並在家庭和社區生活的基本結構中引起分裂和仇恨，歷經數代也難癒合。這些加上西班牙人充滿熱情和容易激動的個性，促成了最可怕的全面血浴。這正是發生在西班牙的情況。共和軍因為支持共和國，而被稱為「忠誠派」（Loyalist）；他們狂暴地殺死神父、修女，及其他所有被視為同情佛朗哥的人。而佛朗哥派之所以被稱為「國民軍」，則是因為他們想像他們的叛亂反映了反對共和國的強烈民族情緒。他們在落入他們手中的地區和城鎮中挑出支持共和國的人，讓他們靠牆站著，然後開槍。在這些野蠻的報復中，大約有十萬名西班牙人喪生。這些殘酷的暴行迄今在西班牙仍有根深柢固的可怕遺緒。

佛朗哥及其擁護者把他們的軍事暴動稱為「國民軍起義」是錯誤的，因為它並非出於國民，而是受到專制政體舊有保守的傳統啟發。身為佛朗哥袍澤的將軍都非常厭惡共和國，因為它主張自由主義，也因為它積弱不振，難以遏止亂局。這些將軍並沒有政治或社會計畫。他們代表消極的一切：他們反對共和國、反對廣泛攻擊宗教人士和宗教建築、反對罷工、反對自由主義、反對讓勞工得到任何權力、反對任何一種議會或民主政府、反對公民自由和宗教自由，而且大聲疾呼，強烈反對暗殺同情他們的人。這些反叛分子的消極主義一開始就標誌出佛朗哥政府的特色。

這些將軍並未聲稱他們是為了拯救西班牙免於共產主義而反叛。這個說法是後來為了政治宣傳才提出的。佛朗哥將軍最初的宣言甚至沒有提及共產主義。他厭惡的是共和國。而共和國起初並未把這次的軍事反叛當成羽翼已豐的法西斯叛亂，事實上也非如此，因為西班牙大多數的右派都不贊成這樣的起義。事實上，在叛亂最初的幾個小時，如果共和國立即採取行動，可能可以阻止叛亂，可是共和國掉以輕心，等到它開始行動時便為時已晚。這很可能是必然的結果，因為幾乎三軍都加入了這些將軍的叛亂，許多國民衛隊的士兵也參與其中。幾乎失去所有士兵保衛的共和國，雖有一些警衛和小型軍事團體效忠，但數量無法和佛朗哥的軍隊數量抗衡。何況將軍幾乎立即得到德國和義大利的飛機，以運送他的部隊，並且又有上述兩造的大型特遣部隊加入。義大利派了四個師，全副武裝地在西班牙戰鬥，而德國人則派出數量可觀的空軍和數千名士兵組成的地面部隊。

因此，共和國不得不臨時拼湊出一支軍隊，如果考量它幾乎無法克服的障礙，可以說是表現得非常出色。然而，這支軍隊主要由訓練不當、裝備簡陋的新兵組成。許多人聽說要和「法西斯分子」戰鬥時，還說從未聽過這個詞。沒有國外的軍備援助，這支軍隊幾乎沒有指望打敗人數眾多、軍備又精良的右翼勢力。幾乎所有的外國都拒絕援助共和國，包括美國在內。雖然俄羅斯派出軍隊與宣傳專家及一些飛機馳援，共和國也向法國購買了一些飛機，但這些都只是杯水車薪。

戰爭後來，有一旅又一旅的外國志願兵抵達，其中大約有八成共產主義者為共和國而戰，但這些部隊無法與成千上萬和佛朗哥並肩作戰的義大利和德國軍隊相提並論。共和軍主要由西班牙人組成，他們以西班牙人知名的堅韌和勇敢而戰。

如果內戰最終由共和軍獲勝，西班牙成為共產國家的可能性有多高？在總計四七三名代表中，共產黨代表占十六人，也許至少有五、六十名社會主義者會與他們同行。無政府主義者正在打自己的戰爭，而且是以反革命的方式，因為他們不希望保留共和國，也不想提供共產黨和他們的同路人太多幫助。因此大約有八分之一的代表可能被視為共產主義者或其追隨者。可是這些人並不代表八分之一的選民。英國史學家阿諾．湯恩比主編《國際事務調查》（*Survey of International Affairs*）期刊作了可能相當準確的估計；他指出，在內戰開始時，西班牙的共產黨不到五萬人，但在內戰第一年結束時，這個數字卻增長到約三十萬。這些狂熱分子竭盡全力滲透和控制政府，毫無疑問他們的影響力遠遠超過他們的數量。他們以平常那種強迫、欺凌的方式耀武揚威。除了在內戰中一敗塗地的最後幾個月，西班牙共和國一直未落入共產黨人的手中。這些人堅持不懈，因為他們若不成功，便成仁。

要是共和軍贏得內戰，共產黨人似乎也不太可能主宰政府，因為他們遭到西班牙民眾強烈的反對。如果美、法和英國由內戰一開始就運送武器和裝備給共和國政府——他們有權利這麼做，因為這是正規的西班牙政府，這些國家本來可以施加足夠的壓力，確定共和國由非共產主義者掌權。但那時人人都害怕希特勒，全世界雖誠懇但遭誤導的世人都不願意提供武器給任何國家，以免自己的國家在無意中捲入戰爭。當然，等希特勒做好準備後，這場戰爭還是到來了。事後來看，我們可以說，要是二次大戰在一九三六年希特勒尚未準備好之時爆發，同盟國對付他就會輕鬆得多，且可以挽救數百萬人的生命。

我們已經由慘痛的經驗中了解到，舉世任何一個民主國家挫敗都會削弱美國的力量。美國現在遵循全球承諾的做法，其實是為了保護美國自己的利益。要是我們能在西班牙內戰時協助共和國，我們便會迎來一次難得的機會。其實這場戰爭不僅僅是西班牙國內兩個派系之間的鬥爭，也是一場德國、義大利和俄羅斯或多或少都參與其中，以西班牙為戰場，測試他們的武器和政治宣傳的國際戰爭。西班牙內戰是第二次世界大戰的預演。最悲慘的是，在希特勒和墨索里尼死後三十多年，身為西班牙法西斯國家元首的佛朗哥依舊繼續煽動人心，宣揚他們的哲學。他的存在提醒我們，我們還沒有完全贏得反法西斯的戰爭。這就是派遣成千上萬西班牙士兵與希特勒並肩作戰，造成許多美國人犧牲的同一位佛朗哥將軍。

並非所有的美國人都贊成對西班牙內戰採取不干涉政策。羅斯福夫人就表明，總統小羅斯福想要接濟物資給西班牙共和國，但是卻受到政治壓力而未能如願。施壓的大部分是美國的天主教徒，他們喜歡佛朗哥將軍。曾擔任羅斯福戰爭部長的著名共和黨人亨利·史汀生（Henry L. Stimson）曾在致《紐約時報》總編輯的信中表示：「西班牙共和國政府被我國政府認定為西班牙的真正政府。因此共和國完全有權『購買必要的用品和彈藥』以鎮壓叛亂。」

接著史汀生先生對美國被迫遵守，但德、法、俄卻不理會的「不干預」政策，作了相當尖刻的評論：

關於這項協議，第一件該談的就是，它徹底放棄了國際社會過去多年來採取的行為準則……不干涉協議既是嘲諷也是失敗……結果表明國際法的新實驗多麼徒勞且危險。美國本身放棄了傳統政策，這一個半世紀以來，它一直謹慎奉行這個政策，以保護國際和平與穩定，而這些國家也和美國一樣，不喜歡全副武裝的生活。廢棄這個原則，並且同意另一個未來可能會造成窮兵黷武的新先例時，可能會帶來莫大的痛苦……

如果這個忠誠派政府被推翻，那麼顯而易見的是，它的失敗完全是因為它被剝奪了向我們及其他友邦購買防禦所需的彈藥的權利。[2]

休伯特·馬修斯（Herbert L. Matthews）在《軛與箭》（*The Yoke and the Arrows*）一書中引述了上文，並加上他個人的意見說：「這是一位真誠而明智的美國人的意見，它將長留青史。」

西班牙的共和派自稱「忠誠派」，因為他們對共和國「忠誠」，但佛朗哥將軍那方卻總是稱他們為「赤色分子」；另一方面，共和派人則稱佛朗哥的支持者為「法西斯主義者」或「反叛分子」，而佛朗哥那派自稱為「國民軍」。西班牙內戰是一場口水戰，也是思想、火藥和鋼鐵武器的戰爭。

至於美國對西班牙內戰的輿論，蓋洛普民意調查顯示，曾有一度有百分之七十百的美國人表達對忠誠派的支持。這項調查必然包括了許多美國的羅馬天主教徒在內。不過天主教高層在華府遊說——華府對高層比對基層更有反應，施壓其偏袒佛朗哥將軍。

西班牙內戰摧毀了西班牙，全國有數十萬人犧牲。有些觀察者認為總死亡人數達一百萬，不過真正的數字可能略低。隨戰爭而來的是反感和恐怖，因為雙方都狂熱到讓各自的行刑隊開槍射擊所有涉嫌協助另一陣營的民眾。

對於所有還能記住這次內戰的人來說，這場無情的屠殺是可怕的噩夢。佛朗哥政府收集了五萬四五九四名遭對方處決的支持者名字，而遭佛朗哥處決的人數可能更高，因為在戰爭結束後很久之後，佛朗哥依舊繼續處決「共和派」。日復一日，週復一週，馬德里和巴塞隆納的居民往往會在清晨聽到行刑的聲音。一天內遭處決的人數可能達兩三百。

監獄裡充斥政治犯。在戰爭結束兩年多後，佛朗哥將軍的牢房裡仍然有二十四萬一千名政治犯，其中包括許多西班牙新教徒，因為在那段日子裡，只要是新教徒，就自動被國民軍視為嫌犯。

西班牙忠誠派可能由於友邦拒售武器彈藥給政府而輸了內戰，但共和國本身早已因其議會的無能而分崩離析。共和派領導人幾乎都是用心良苦、真誠、理想主義、誠實、敬業、熱情的人，但他們不知道如何治理。他們不願意妥協。他們讓個人的敵意破壞議會的程序。阿薩尼亞、勒羅克斯、羅伯斯、卡瓦列羅，及其他人都受過高等教育，應該知道成功的政府乃是由創造可能的藝術所構成。但這些領導人卻是徹頭徹尾的西班牙人，他們來自專制政府、宗教裁判所、軍事霸權高於人民領袖的傳統。他們的失敗再次證明了，在西班牙，國家只能由下述兩種方式作選擇：不是分裂成區域片段，就是聽從強大的中央政府。因為在西班牙，只有最強大的中央政府才能凌駕長久以來地方對分裂的渴望。就如過去幾個世紀的歷史所見證的一樣，自第二共和國成立以來，西班牙人民本身就不斷反映出同樣的這些傾向。

第十四章
西班牙的共產主義和法西斯主義

「在我看來，關於我們的頹廢，最悲哀的不是頹廢本身，而是負責公共事務的人經常表現出來的純粹愚蠢。」

——安荷・加尼韋特（Ángel Ganivet）

在共和國早期，西班牙的共產黨只有幾千名成員，在政治上的力量微不足道。西班牙法西斯主義或長槍黨主義（Falangism）在當時的全國政壇上同樣無足輕重，但這兩個群體的槍枝都上了膛，一旦開始射擊，被夾在中間的西班牙人民便會被迫在兩個極端中抉擇。將軍派最後贏得了艱苦的勝利，法西斯主義占了上風。佛朗哥統治的西班牙非常明顯地成為了法西斯國家，多年來一直運用種種暴力、任意發布的法令和恐怖行動等手法，就像德國和義大利一樣。在佛朗哥政權後期，獨裁統治之所以軟化（但必須一提的，是在軸心國落敗之後），只證明了他是名講求實際的政客，而並非他有民主的覺悟。畢竟西班牙是歐洲唯一殘存的法西斯政權，而且面對西方民主國家相形見絀。

共產黨與共和派

專家認為，共產黨對忠誠派的影響不能輕易抹煞。然而毫無疑問的是，在內戰開始後，俄羅斯的軍事援助更大幅地提升了這種影響力。在整個內戰期間，共產黨的立場號稱是要**贏得對抗法西斯主義的戰爭**，並且淡化無產階級革命的說法，以免引起西方民主國家的警覺。如果我們回顧這段重要時期在西班牙的專家對這個問題的看法，將會有助我們對這個課題的了解。

首先，我們想探究的是克勞德．鮑爾斯（Claude G. Bowers）的看法，他是一九三三年至一九三九年美國駐馬德里的大使。鮑爾斯不僅是傑出的大使兼公務員，也是一流的歷史學家，寫了許多名著。他本人認識共和國所有的領導人，並經常和他們接觸，譬如阿薩尼亞、勒羅克斯、吉爾．羅伯斯、將軍荷西．米亞哈（José Miaja）、胡安．內格林（Juan Negrin）、普列托等領導人。他對俄羅斯或共產主義從未表示任何特別的同情，而且在整個內戰前夕和期間，都對共和國政權深表同情。他認為美、英和法國的「不干涉」協議其實是直接落入希特勒、墨索里尼和佛朗哥的圈套。一九三七年七月二十日，他預言：「隨著每一次投降，由很久以前的中國開始，其次是阿比西尼亞，然後是西班牙，法西斯勢力在虛榮心煽動之下，將毫不遲疑地轉向其他國家——如捷克斯洛伐克，而隨著每一個國家屈服，歐洲戰爭的前景就變得更加陰暗。」[1]

鮑爾斯怎麼看西班牙國內的情況呢？他在一九三三年來到西班牙，這年右派在選舉中獲勝。他一方面承認新右翼政府反改革的偏見，一方面也強烈譴責「左翼社會主義者」拉戈．卡瓦列羅在一九三三和三四年於全國各地四處威脅要發起革命。一九三四年，主要在阿斯圖里亞斯的礦區和巴塞隆納的叛亂真正發生時，鮑爾斯報告說，這是社會主義聯盟的左翼所組織的勞工起義。他也煞費苦心地指出這樣的起義如何遭摩爾人軍隊和西班牙外籍軍團殘酷摧毀。在此之後有很長一段時間，右翼政府沒有任何建設性的立法或政績。共和國先前兩年所實施的改革措施都遭逆轉或取消。人民對政府普遍不滿。鮑爾斯先生報告說，一九三六年，在選舉前十個月，費南多．里奧斯（知名的共和國駐美大使）向他保證，右派會在選舉中慘敗。鮑爾斯答說，他聽到的民意並非如此，但費南多解釋說，由於鮑爾斯是外交官，他當然只聽得到上層社會、實業家和金融家的反應，他們不會有這樣的看法；不過所有的小城鎮和村莊裡的人民都對右派政府很反感，他們被摩爾人和外籍軍團在阿斯圖里亞斯的野蠻行徑激怒，儘管這些消息因為媒體受審查而遭壓制，但藉著口耳相傳，現在早已人盡皆知。等一九三六年選舉舉行時，費南多的預言果真一一實現。[2]

阿薩尼亞領導的自由派勝選後建立了新政府。鮑爾斯說，在這個政府中並沒有共產主義者或社會主義者，也沒有極端分子。

在阿薩尼亞的政府中，沒有任何一位成員與共產主義有絲毫的關聯。他是偉大的政治家，偉大的思想家和政治哲學家，也是鷹派的民主人士，西班牙的每一個人都知道他是共產主義和法西斯主義的敵人。他的閣員全都來自保守的共和派和各民主政黨，沒有任何一名左傾的社會主義者，共產黨人就更不用說了……凡是腦袋清楚的人都不會把當時軸心國要對其發動戰爭的政府說成共產主義政權。那時法國國會有一百個共黨議員，但法國政府並沒有被稱為共黨政府；一九五三年，義大利國會的共產黨員更多，但也沒有人說義大利是共黨政府。[3]

在西班牙，總計四七三名的議員中有十六人是共產黨人，但他們之中沒有任何人在政府中任職。

佛朗哥反抗的是阿薩尼亞的共和派政府，是希特勒和墨索里尼稱之為「赤色」的政府，而他們也以此為藉口來干預西班牙政局。這兩名法西斯領導人都急於讓西班牙成為「布爾什維克主義的墳墓」。佛朗哥將軍稱所有共和派為「赤色分子」的習慣，讓他獲得德國和義大利的大量援助。

然而，他聲稱他反叛的原因是共和國政府無力維持社會秩序。右派的羅伯斯先前避開了希特勒和墨索里尼，他於一九三六年控訴國會的罪行，包括一連串謀殺、犯罪及政府似乎無法控制的失序。鮑爾斯並不同意羅伯斯所列的總總不滿，此時他在西班牙已待了三年，對這個國家有了深入的認識。他決定自行駕車到掠奪破壞情況最嚴重的地區察看。在橫跨西班牙全境、長達數百英里的駕駛途中，他發現了一座慘遭祝融的教堂。他雖未能到每一個號稱發生暴亂的地點，但他的考察之旅十分認真，而他能明確斷言：

> 反叛的將軍預先安排了希特勒和墨索里尼的軍事援助，使一個和平的國家陷入腥風血雨之中，其目的是結束共和國為消除殘留在這片土地上的封建制度，以及提升工人的地位至擁有人的尊嚴所做的改革。由於他們這種目的無法獲得國際輿論的認同，因此必須另覓說法。因此在眾將軍義正辭嚴打擊叛徒，希特勒與墨索里尼大軍抵達西班牙寧靜的土地的數個月之前，他們展開了不實的政治宣傳，要說服世界，讓他們以為西班牙處於混亂狀態，而由阿薩尼亞領導的政府是共產黨的組織。
>
> 據我所知，並沒有「混亂狀態」，因為我親自造訪號稱混亂發生的地方，卻沒看到混亂的場面。[4]

鮑爾斯並沒有說羅伯斯提出的數字不正確，但他確實十分肯定地說，每一場民眾鬥毆、酒吧裡每一次的鬧事、每一次的犯罪和凶殺案、每一次對教會的搶劫，以及每一次的地方罷工和蓄意破壞都被列出並大幅報導，好作政治宣傳之用。他認為，如果《紐約時報》也列出並大肆宣揚美國各地每天發生的類似事件，再以「美國社會騷亂」為標題刊出，那麼美國也會面對相同的情況，因而讓人們以完全錯誤的角度來看美國政府。鮑爾斯舉出了共和國政府竭盡全力保護全國教會及其人員的許多事例。他還表示，他確信許多眾人皆知的騷亂和罪行都是因法西斯內奸滲透而造成，他們許多人偽裝成當時群聚在西班牙各地的德國「遊客」。他進一步指出，根據他的第一手資料，許多混亂事件根本從未發生。

對於共和派人士在這段關鍵時期的內部爭權，鮑爾斯大使有什麼看法？他是否依舊支持他最初的強烈主張，為阿薩尼亞在一九三六年組成的非共產政府背書？他是否依然相信，共和國政府在戰爭開始後也能維持其領土上的秩序？鮑爾斯確實全心全意支持共和國，他一直都抱著它會贏得內戰的希望，但他非常清楚地指出，在戰爭結束前，共處黨已深入滲透該政府。他還說，在戰爭期間，共和國境內出現了無法控制的暴行、成千上萬的野蠻殺戮，且民眾的房屋遭到大規模的破壞。

共和派人士之間一直都有分歧存在。一九三四年反叛的領袖拉戈．卡瓦列羅是極端派的領袖，急於以社會主義打造西班牙。鮑爾斯指出，拉戈．卡瓦列羅在一九三六年的選舉民調中居共和派人士之首（人民陣線候選人），再加上正在演化的社會主義者中最受推崇的胡利安．貝斯泰羅根本未能在初選出線，已可以明顯看出當時的情勢。貝斯泰羅是有文化修養及品格的公務員，以其廉潔和溫和而著稱。共和國政府曾請他放下平靜的學院生活，出任議會議長。在這樣的職位下，他依舊能夠在兩年多的任期中保持寬容、公平、溫和和斯文的態度。鮑爾斯大使說，這位傑出人物的失勢，以及拉戈．卡瓦列羅在一九三六年受到的抬舉，對於在馬德里的溫和的共和派人來說，是巨大的衝擊。[5]

另一方面，泥水匠出身的拉戈．卡瓦列羅是訓練有素的非典型政客。他是「哥們」，也習慣把民眾稱為「工人」。他是社會主義聯盟的領導人，是該黨的激進派。他相信無產階級革命，而且不想等太久。他對議會程序感到不耐，並認為自己是偉大的無產階級救星。不過拉戈．卡瓦列羅也徹底誠實廉潔；他過著清苦的生活，成了工人階級的偶像。鮑爾斯大使堅定地表示，拉戈．卡瓦列羅的壓倒性勝利及貝斯特羅初選的失敗，恐怕是最重要的單一事件，讓右派認為左派在選舉中獲勝就等於為社會革命背書。即使貝斯泰羅後來獲得提名，都無助於減輕這種憂慮。拉戈．卡瓦列羅本人也未設法安撫恐懼他的人。他自恃自己在選舉中的勝利，又因一九三四年叛亂不成遭右翼政府監禁的餘怒未消，他就像火柴一樣，準備點燃火藥桶。當時西班牙監獄裡還有三萬名左翼分子因叛亂遭囚，拉戈．卡瓦列羅要求立即釋放他們，果真得逞。鮑爾斯大使並沒有提到暴力事件在釋放他們之後是否增加，但馬達里亞加卻表示，這三萬名極端分子一被釋放，騷亂就猛增了十倍。這發生在一九三六年那個災難性的夏天。

隨著摩洛哥軍隊反叛，右派於七月十七日出擊。鮑爾斯大使向美國國務卿科德爾．赫爾

（Cordell Hull）報告說，支持軍事叛變者包括：君主主義者、希望維持封建農業的大地主、實業家與金融家、教會、法西斯主義者，以西班牙前獨裁者之子荷西・安東尼奧・普里莫・德・里維拉為首的法西斯分子，以及軍隊。

鮑爾斯說，由此開始，共和國領土上爆發了難以控制的混亂和暴動。情況一直到共和國政府牢牢掌握維持公共秩序的武力之後才獲得控制。舊勢力已經放棄了共和國：國民衛隊、許多警察、士兵及幾乎所有的軍官。有效的替代力量需要很長的時間才能建立。

共產主義總是靠著社會混亂和政治暴力才茁壯成長，西班牙也不例外。在共和派方面，共產黨人和左翼社會主義者是關係密切、組織良好的集團，他們打鐵趁熱、立即動手，占據很多重要位置。幾個月後，最初領導內閣的卡瓦列羅不能配合共產主義原則，因此遭共黨全力驅趕，並在一九三七年五月十七日被共黨較喜愛的胡安・內格林博士取而代之。內格林是前內閣的財政部長，他原是馬德里大學的生理學教授，在政壇上則是較沒名氣的社會主義者。他是理想的對象，可以掩飾共黨控制共和國政策的努力。鮑爾斯大使表示，共產黨充分利用由俄羅斯運來的戰爭物資，逼迫共和國政府做這個改變。卡瓦列羅辭職的原因表面上是健康因素，但鮑爾斯表示，「他的失勢毫無疑問是因為共產黨人的堅持」。[6]

鮑爾斯佩服內格林博士的文化和語文能力；內格林能說五種語言，也是諾貝爾生理醫學獎得主聖地亞哥・拉蒙—卡哈爾（Santiago Ramón y Cajal）的得意門生。在政治方面，內格林衝動、過於自信，自認為可以應付任何事或任何人。但他無法應付共產黨人；他們玩弄了他。鮑爾斯先生沒有注意到這點，顯然在他看來，內格林是勤奮、敬業、開放的社會主義者，這的確是他一直以來的標籤。

一九三七年五月之後，拉戈・卡瓦列羅不得不退居二線。他繼續發表激烈的演講，任何懷疑他對無產階級革命信念的人，只要讀讀他的言辭，就絕對會相信他的熱忱。後來他逃到法國，在納粹占領了法國時被關進集中營。鮑爾斯說，他在戰爭結束時由集中營獲釋，身體已衰殘不堪。他在一九四六年的一場截肢手術後於巴黎去世。

內格林是個勇敢的人；在內戰最後悲慘的幾個月裡，他勇敢地苦撐，希望歐洲能爆發大戰，拯救西班牙共和國。在內戰接近尾聲時，馬德里的共和派罷免了他，認為他的領導太過左翼，而內格林不得不逃亡。已經有很多文章寫過他的政治信念和政治行動。鮑爾斯大使並不認為他受制於共產黨人，《紐約時報》在內戰期間駐西班牙的通訊記者休伯特・馬修斯也持同樣的看法。馬修斯在《軛與箭》中寫道：

> 內戰後半期的共和國總理內格林和你我一樣都不是共產黨員。他名義上是社會主義者，但西班牙的社會主義者就像英國的工黨黨員一樣，並非馬克思主義者。內格林博士的問題在於贏得這場戰爭，或者至少要堅持到歐洲戰爭爆發為止，他和我們所有的人都已看到歐洲戰爭即將到來。如果沒有西班牙共產黨人或俄羅斯的幫助，他就無法繼續內戰，或者讓西班牙

共和國繼續撐下去。俄國是唯一願意出售武器給他的國家，也是少數幾個在國聯（League of Nations）中支持西班牙的國家之一。

> 由這個角度來看，內格林博士是「赤色分子」甚至是共同路人的說法，根本是無稽之談。內格林政府從未受「赤色分子」支配。以往有許多人都說，要是共和派獲勝，那麼西班牙將會變成共產國家，現在也有許多人如此認為，但在我看來，這並非實情……我確信西班牙不會成為共產國家，最好的證據就是第二次世界大戰後歐洲的情況……即使在有大規模共產黨運動的義大利和法國，建立共產政權是不可能的。[7]

鮑爾斯大使雖然並沒有點名指控內格林和拉戈．卡瓦列羅是共黨同路人，但卻明白指出莫斯科「藉機勒索」，威脅共和派在政治上讓步。莫斯科方面直言不諱地表示：「把我們所要求的拿出來，否則我們就不再送武器過來。」鮑爾斯還提到，共和軍中有太多共產黨員，但「每一個共產黨員旁邊都有一名非共黨軍官為他的行為把關」。不過鮑爾斯斷言：「若世界自一九四五年以來有學到什麼的話，那就是，**出於選舉政治組合的目的而把共黨納入人民陣線中，將是致命的舉動**。」[8]（粗體字為本書作者自行加註。）

法西斯主義的干預與美國立場

希特勒和墨索里尼對西班牙內戰的態度並不相同。墨索里尼急於主宰地中海地區，他認為若把西班牙納為盟友，可助他實現這一野心。如果西班牙實踐法西斯主義，也會引起法國極大的憂慮，讓法軍撤離義大利邊境。墨索里尼征服和軍隊凱旋遊行的偉大夢想也激發了他的靈感，他認為義大利士兵必須藉著戰鬥，保持良好的訓練。齊亞諾伯爵（Count Ciano，按：墨索里尼的女婿）也熱誠援助佛朗哥將軍。兩位義大利領導人都非常害怕西班牙會變成「赤色」政府，並在所有的公開聲明中都充分表達這一點。

希特勒則是在納粹空軍首領赫爾曼．戈林（Hermann Goering）的影響下介入西班牙，至少這位德國元帥在紐倫堡大審作證時如是說。戈林急於測試他成立不久的納粹德國空軍的實戰能力。他和希特勒兩人都歇斯底里地恐懼「赤禍」。希特勒說，要不是因為這種憂慮，他會把西班牙留給共和軍，而「教會就會遭摧毀」，他興致勃勃地如此補充。義大利和德國都渴望藉著幫助佛朗哥，戰勝脆弱的西班牙共和國，打擊「頹廢的民主」。此外，西班牙長期內戰將吸引西歐民主國家和美國對伊比利半島的關注，讓德國趁機重整軍備。義大利和德國都認為西班牙內戰是千載難逢的機會，可以為即將到來的歐戰作演練，他們希望藉這場更大的衝突統治整個歐洲。

送抵西班牙的外援數量一直沒有正確的紀錄，但是根據現有的各種報導和檔案，休．湯瑪斯（Hugh Thomas）在精采且詳盡的《西班牙內戰》（*The Spanish Civil War*）一書中，列出了可說是非常接近事實的數字。德國對佛朗哥的援助總計超過五億德國馬克，而德軍在西班牙人數最多高達約一萬名士兵和飛行員，其中包括三十個大砲和反坦克連，以及數量不詳的空軍中隊。義大利分批派了十萬大軍來協助佛朗哥，但其士兵在西班牙的人數從未超過五萬人。

這場戰爭造成六千名義大利士兵死亡。齊亞諾伯爵表示，義大利曾派出上千架飛機援助佛朗哥將軍，但這個數字可能略高。官方的史第芬尼通訊社（Stefani News Agency）報導的數字為七六三架義大利飛機和一四一具飛機發動機。同一通訊社還列出了七六六三輛汽車、一萬零一三五支自動化槍械和一六七二噸炸彈。

送抵共和軍的外援則少得多，其中主要來自蘇聯。德國武官報告說，蘇聯派遣了二四二架飛機、七三一輛戰車、一三八六輛卡車及九二〇名官兵，另外還有數千噸的燃料、衣物、醫療品及小型武器。法國支援共和派的官方數字則為兩百架飛機，也許其中許多飛機是共和派私下向法國和其他國家購買來的。在共和國這方的國際縱隊（International Brigades，按：共和軍由他國志願兵組成的軍隊）中，外籍官兵的總數從未超過兩萬人，他們來自世界各地，其中極大部分都在行動中喪生。

在坦克、火砲和飛機的數量上，共和軍以一比十居於劣勢，因此儘管他們的軍隊人數接近一百萬人，但除非英、美、法等民主國家支援大量重型裝備，否則他們的失敗便成定局。這樣的援助從未送抵共和派手中。

共和軍得到法國象徵性的支援，但英、美兩國卻都採取徹底「不干涉」的政策。兩國政府都對西班牙實施武器禁運，並獲得國會支持。美國國會對禁運投票時，眾議院只有一張反對票；參議院也只有參議員傑拉德．奈伊（Gerald Nye）反對。納粹政府迅即稱讚此舉，佛朗哥亦表示，羅斯福總統在禁運一事上，表現得像「真正的紳士」。

沒有人可以義正辭嚴地把美國的「不干預」或「孤立主義」政策歸咎於華府。美國政府對輿論反應非常敏感，除非國人有強烈的情緒，至少要有百分之五十的國人支持，否則不可能運送軍備給西班牙共和國。這樣的事史無前例。大多數美國人都樂見共和國戰勝佛朗哥，但很少有人願意冒著開戰的風險，擴大物資的援助。如今回顧起來，我們也只能指出哪些領導者正確地闡釋了當時的局勢，哪些則否。鮑爾斯大使應該比美國政府中的任何人都清楚情況，在我看來，他是對的。

湯瑪斯在《西班牙內戰》中指出，美國曾有一刻差點解除武器禁運。那是一九三八年五月，內格林為解決衝突而宣布了他的十三大要點，主旨是要所有外國軍隊都撤離，舉行全民公投來決定西班牙要有什麼樣的政府。華府官員及著名政壇名人才終於了解禁運為軸心國帶來的好處。此時，曾任胡佛總統國務卿和羅斯福總統戰爭部長的史汀生發表了堅定的聲明，贊成解除禁運。美國駐德大使威廉．多德（William Dodd）也表達了類似觀點。愛因斯坦及其他德高望重的美國人簽署了請願書，敦促這一行動。參議員奈伊和眾議員拜倫．史考特（Byron Scott）在國會提出撤銷禁運的決議案。顯然國務卿科德爾．赫爾（Cordell Hull）暫時改變了觀點，並決定在背後運用他的影響力。於是消息在精心籌劃之下走漏給《紐約時報》。政府急於知道社會大眾的反應。日前才被派往倫敦的大使老約瑟夫·甘迺迪（Joseph P. Kennedy Sr.）警告說，此舉可能會引發歐洲大戰。數千名美國天主教徒也發起類似的抗議活動，反對向西班牙赤色分子提供援助，而羅斯福總統受到這樣的壓力，只好要求赫爾改變立場，後者也立即從命。[10]

一九三九年《紐約時報》派駐西班牙記者的湯瑪斯·漢密爾頓（Thomas J. Hamilton）在西班牙內戰結束後不久出版的《姑息的孩子》（*Appeasement's Child*）一書中，扼要地總結了法西斯派的勝利。他指出各民主國家的「不干預」政策剝奪了西班牙共和國購買軍備的權利，造成共和國的失敗，又說：

> 另一方面，軸心國決定給予佛朗哥足夠的幫助，讓他贏得勝利，根本不理會委員會（非干預委員會〔Non-Intervention Committee〕）。其實如果希特勒和墨索里尼願意，大可以助佛朗哥早一年贏得內戰。他們如此謹慎地分配援助……似乎證實了他們故意利用內戰，在民主國家造成分裂的說法。當然，分化倫敦和巴黎比在西班牙扶植法西斯政權更重要；那雖也是有用的次要成就，但在這裡，戰爭時間拖得越久，法西斯主義就能越穩當地壓在西班牙背上，讓佛朗哥更容易受他們控制。[11]

蘇聯的介入

俄羅斯在西班牙內戰中還扮演了其他什麼角色？直到內戰開始之時，共和國才與俄國建立外交關係。雙方接著互換了大使，蘇聯派了馬塞爾．羅森伯格（Marcel Rosenberg）駐馬德里。由於俄羅斯正把戰爭物資輸入給共和軍，因此他變得非常有影響力。共和國最初犯下的大錯之一，就是把大部分的黃金財寶（總計大約五億美元）運往俄羅斯保管。左翼社會黨人如財政部長胡安．內格林、總理拉戈．卡瓦列羅，以及因達雷西奧．普里耶托得為這個決定負責。在開戰之初，佛朗哥將軍這方並沒有黃金儲備可用，共和國之舉鑄成大錯。大約百分之七十的財寶都是金幣，俄國人迅速把它熔化、打造為金條，並為此對共和國索取高額費用。由於金條的價值低於金幣，他們這樣做對西班牙人絕無幫助。俄國政府也為輸往西班牙的蘇聯軍備索取了高昂費用，這筆金額要由金條總額中扣除。在俄羅斯的黃金也被算在為共和軍向其他國家購買物資的帳上。

這件事的結局是，一九五六年蘇聯公布決算帳目時，他們聲稱不但西班牙的黃金已全數耗盡，共和派還倒欠他們五千萬美元。共和派從來沒有收到關於他們財寶的任何賬目，其流亡政府雖然竭盡一切努力，想要重新取回他們相信仍在蘇聯手中的財富，但未成功。俄國政府否認還有任何遺留下來的財寶。順帶一提的是，佛朗哥政府在絕對掌控西班牙經濟的情況下，花上了二十年才累積價值五億美元的外匯存底。

在西班牙內戰開始後不久，俄國軍援就抵達西班牙，國際縱隊中有百分之八十的士兵是共產黨人或其支持者，他們大半是出於宣揚共產主義的熱情而組成。在紐約市一直有共黨人士大肆招攬「為西班牙民主而戰的志願兵」。在這些「反法西斯」的集會上，人們收取捐款，並熱情洋溢地為流血的西班牙民主發表演說，當共黨人士最愛的歌曲流瀉在空氣中，黨人便高舉拳頭致敬。我們不妨公平地指出，在英國流血的民主遭遇敦克爾克的災難，而流血的法國民主遭到納粹軍隊掠奪其領土時，俄國人並沒有為捍衛民主而吶喊抗議。在西班牙內戰，和其他戰爭一樣，他們都是在捍衛自己的國家利益，如今亦然。

我們完全有理由相信俄國人配給軍事援助的方式與軸心國相同。一旦他們在共和國境內站穩腳步，就永不放手，而且還隨著戰爭的進行越收越緊。只要情況的發展合乎他們的期望，蘇聯的裝備就源源不絕流入西班牙，但如果西班牙人變得太過獨立，這些供應就會減少為涓涓細流。此外，這種俄國的裝備經常被用來威嚇反對內戰同俄國人希望那般持續進行的人。

共產主義作為一種政治哲學，它的魅力究竟有什麼祕密？休・湯瑪斯清楚地表明：

> 共黨一副掌握了未來的神氣、他們的活力、他們實事求是的政治態度，當然還有俄羅斯武器的威名，使得有志者都願意參與。到一九三六年底，他們的人數已經增加到大約三十萬。但正如岡薩雷斯・潘尼納（Gonzáles Peña）所說的，要不是因為視覺宣傳（俄羅斯飛機和坦克）的力量，他們也不會那麼成功。巴塞隆納的共產黨人開始在各處取得進展。[12]

他們憤怒地和該地區的無政府主義者對立。

共產黨人總是支持最忠於他們觀點的人。拉戈．卡瓦列羅、胡安．內格林和阿瓦雷斯．德爾．巴約（Alvarez del Vayo）恐怕是最助長他們聲勢的人。先前我們已經談過了前兩個人物的角色。而第三位阿瓦雷斯．德爾．巴約，則擔任過卡瓦列羅內閣的外交部長，以及內格林的外交部長。他在一九三〇年訪問過俄羅斯，而且也和內格林一樣，雖然從未戴上共產黨的標籤，但幾乎在每一個問題上都遵循共黨路線。蘇聯就透過這些人和他們所任命的其他人，盡一切可能完全控制共和派政府。共和國總統阿薩尼亞就逐漸被擠到不重要的角落。

一九三八年四月，內格林博士獨斷獨行，接管了國防部，但卻沒有放棄總理職位，並將戰爭部、海軍和空軍全部交到共黨次長手中。外交部門被交給阿瓦雷斯．德爾．巴約，後者也任命了一名共黨次長。阿薩尼亞總統成了共黨或其信徒的囚犯。下面讓阿瓦雷斯．德爾．巴約說明他自己的立場，這是引自他在一九四〇年二戰爆發時出版的《自由之戰》（*Freedom's Battle*），其中很難看出他是如自己所稱的自由愛好者。書中非但沒有反共的言辭，而且作者顯然認可俄羅斯的所作所為。但在第二一九頁，他確切地說明了他對民主政府的感受：

> 在拉戈．卡瓦列羅擔任總理期間，在程序上，內閣要對重要決定投票。每當為了保衛共和國，必須採取強力措施時，都會發生這樣的情況：儘管大多數人都投票支持總理的立場，但內閣中的普里耶托集團卻總投票給政策舉棋不定的溫和派。但內格林博士擔任總理時，他

採取不同的做法，僅在死刑判決時才進行投票。在任何其他事項上，內閣不必協調分歧的意見，每一位部長都可以自由表達他的觀點，最後由總理就大家討論的結果做出決定，不必投票。這確保了較活潑的領導。[13]

再沒有比這段話更準確地描述出蘇聯中央政治局的運作，或者比這更好的辯解。

一九三八年八月，就在內戰結束前七個月，內格林博士檢閱了他在巴塞隆納內外所能徵召所有的戰車和飛機，並且在這次閱兵後，要求阿薩尼亞總統同意他希望任命的新內閣。從這一刻起到內戰結束，內格林都是西班牙的幕後獨裁者。阿薩尼亞總統又撐了五個月，最後離開西班牙。內格林赴巴黎拜訪他，試圖說服他返國，但阿薩尼亞不願意再當傀儡，依舊留在法國。內格林回到西班牙背水一戰。他希望歐戰爆發，說不定可拯救西班牙共和國，但最後卻差了幾週而錯失機會。

俄國人非常明顯地想在西班牙共和國建立無產階級專政，讓共黨或親共黨人士掌權。要實現這一目標，首先必須贏得內戰，並在戰鬥中盡一切努力，把共黨或最好是親共人士推向權力。共黨領導人毫不猶豫且不擇手段地打擊反對者，在內格林政府之下，甚至以偽造文件誣陷前司法部長安德雷烏．寧（Andrés Nin Pérez），將他逮捕並殺害。儘管大多數共和派都反對，但到內戰尾聲，這種無情的共產活動卻成功了；共和派有各種立場和派系，但共黨及其支持者卻能團結一致，因此他們在政治上能有更大的力量。

然而，共黨最後卻做得太過分，因而弄巧成拙。共和派需要他們所能取得的一切幫助，甚至願意忍受各種輕蔑侮辱來爭取援助。蘇聯是唯一幫助西班牙的國家，因此也是唯一能對西班牙共和國施加強大壓力的國家。如果民主國家能向忠誠派提供大規模的軍援，無疑能發揮更大的影響，並阻止共黨滲透到共和國政府中。這是假定他們會抱著這樣的目的，明確而認真地這麼做。即使沒有這樣的反對力量，俄國人和西班牙的擁俄派也並未量力而為。人人都知道他們是誰、有什麼目的，以及他們會怎麼做。儘管他們的援助不可或缺，且仍有助共和國獲勝的機會，但他們要求並獲得了巨大的權力。只是在戰爭尾聲，非共黨的共和派人士脫離他們，建立了完全不受共產主義影響的政府。兩組人馬之間發生了嚴重的衝突，經過三天激烈的戰鬥，反抗的共和派獲勝。他們的領導人是全馬德里最受尊敬的胡利安．貝斯泰羅、*共和軍司令米亞哈將軍，以及首都指揮官塞西斯蒙多．卡薩多（Segismundo Casado López）上校。內格林博士失勢後搭機赴法。幾週後，內戰於一九三九年三月二十六日結束，共和軍解散。

極力反對佛朗哥政權的老牌自由派共和黨人馬達里亞加，他對自己的共和派同僚可沒有像鮑爾斯大使和《紐約時報》記者漢密爾頓及馬修斯那麼客氣。馬達里亞加非常嫌惡共黨表面上和共和國政府結盟，只為了不勞而獲。他尖銳地指控卡瓦列羅領導的西班牙左派在一九三六年策劃造反，並說他們打算「強迫西班牙採取無產階級專政」。根據馬達里亞加的說法，佛朗哥將軍的右

* 〔原註〕佛朗哥進入馬德里後，囚禁了貝斯泰羅。幾個月後，貝斯泰羅在獄中因肺結核去世。

翼人士起先只是反抗。接著他補充說：

世界各地的共產黨人都為左派、西班牙共和國及忠誠派辯護。他們和他們自由派的朋友都抗議說，共和國政府中沒有任何共產黨員。但對於徹底破壞一九三一年憲法的社會革命，卻一字不提。[14]

馬達里亞加對胡安・內格林和阿瓦雷斯・德爾・巴約的看法是，他們是共產主義路線的追隨者，幾乎願意為馬克思主義的理想犧牲一切。內格林在一九三八年五月宣布了可能和平解決內戰的十三點方案，馬達里亞加義憤填膺，他尖酸地評論道：「他們義正辭嚴、無懈可擊，但和事實及其政府的作為都相去甚遠，因此知道他們底細的人，都無法對他們產生信心。」[15]

馬達里亞加甚至否認軸心國對佛朗哥將軍的援助對內戰結果舉足輕重。

為什麼叛軍獲勝？單純而情緒化的答案是：**因為他們得到了德國和義大利的幫助**。這個答案是說不通的。外援雖很重要，但並非關鍵，任何誠實且了解西班牙事務詳情的學生都不敢武斷地說，要是雙方沒有任何外援，會有什麼結果。革命者失敗的主要原因就出於革命本身。在反叛者出現時，革命軍才發現大部分軍力已轉移到叛軍一方。這本身就是由於政府在公共秩序問題上已暴露了一段時間的弱點。[16]

這些言論與鮑爾斯大使的觀點並不完全吻合。他們兩人都是西班牙共和國和內戰真摯且誠實的詮釋者，兩人都以正直和客觀著稱。鮑爾斯的優勢在於，整段內戰期間他都留在西班牙，但馬達里亞加的優勢則在於他和共和國的許多領導人交好。真相必然存在於兩者看法的中間地帶，介於這兩個人所寫的文字之間。無論如何，現在看來美國為了自己的利益，應當支持共和國政府，出售武器給它，早早施壓，並在內戰期間持續努力，確保共產主義和法西斯主義都不會在西班牙開花結果。第二次大戰期間和之後，美國在法國、義大利和西德都採取如此作法且非常有效。西班牙或許不像其他西歐國家那樣立即響應民主的號召，但她會有所回應，因為她大多數的人民都表達了這樣的意願，而且她也別無選擇。

西班牙內戰的代價

西班牙內戰對國家在實質和道德上造成極大的破壞。休．湯瑪斯估計約有三十二萬人在戰鬥中喪生，可能有二十二萬人死於疾病或營養不良，至少有十萬人遭處決或謀殺，總計約有六十四萬人死亡。戰爭結束後，至少有兩百萬人被羈押在佛朗哥的監獄中，刑期各不相同。戰爭本身破壞了大量的建築物：二十五萬棟房屋被毀、二十五萬棟遭到破壞、一八三座城鎮慘遭蹂躪、兩千座教堂被毀。幸運的是，在戰爭中於巴塞隆納和畢爾包興起的產業並未遭受太多影響，但在西班牙有三分之一的牲畜被殺，大部分農業機械也遭到破壞。鐵路線損失了百分之六十一的客車、百分之二十二的貨車及百分之二十七的火車頭。戰爭造成不動產方面約二十億美元的損失，但整個內戰耗費的國力至少是該金額的六倍。[17]

內戰最悲慘的結果之一，就是許多知識分子放棄了自由原則，並有數百名遭到放逐。內戰爆發時，這些人大都在馬德里被捕，幾乎所有人都簽署了支持共和國的聲明，包括名醫馬拉尼翁、小說家拉蒙·裴瑞茲·德·阿耶拉（Ramón Pérez de Ayala）、文學評論家曼尼德茲·皮達爾、作家奧德嘉及其他許多人。共和派的暴行和共黨在政府中不斷增長的壓力，使這些人很快地逃離西班牙，並在安全抵達海外之後便開始批判共和國。

詩人羅卡在暴力衝突爆發之際返回格拉納達的家，如他所說，家鄉父老都認為他是那裡的「小小的榮耀」，因此他覺得自己應該能夠平安無事。沒想到他卻因為是共和國的忠實支持者，而在半夜遭法西斯分子逮捕並殺害。[18]著名散文家拉米羅·德·馬茲圖（Ramiro de Maeztu）在馬德里遭共和軍槍殺。年輕一代中最傑出的小說家拉蒙·山德（Ramón Sender）加入共和軍作戰，他的妻子和兄弟因此遭敵對派殺害。西班牙最優秀的知識分子大舉出走後，留下了巨大的空缺。內戰爆發時，巴羅哈由共和軍的領土逃到國民軍領土，但他發現這個地方也待不下去，所以逃到國外。不過他在戰爭結束不久返回西班牙，並繼續在那裡生活，直到幾年後去世。阿佐林逃到巴黎，後來也回到西班牙。卡斯提亞的偉大老詩人安東尼奧·馬查多，對政治從來不感興趣，持續支持共和國。他最後被迫以難民身分逃亡，最後在法國去世，也在法國的泥土下長眠。

內戰爆發時，烏納穆諾在薩拉曼卡，而他在衝突的最初幾週，支持佛朗哥將軍的國民軍。到了十月，他改變了心意。德國軍隊褻瀆了西班牙的土地，西班牙的長槍黨在他心愛的薩拉曼卡大肆宣揚狂熱盲從的思想。一九三六年十月十二日，薩拉曼卡大學舉行了一場盛大的儀式，慶祝西班牙人口中所稱的「種族日」（*Día de la Raza*）。這是西班牙資助哥倫布發現新大陸，成為泱泱大國的紀念日。出席儀式者包括佛朗哥之妻、一位名叫米蘭．阿斯特雷（Míllan Astráy）的法西斯將軍、許多大學教授、市民、長槍黨人，以及烏納穆諾本人。儀式一開始就砲火四射，米蘭．阿斯特雷將軍發表了激動人心的煽動性演講，他對共和國，尤其是對支持共和國者所居的巴斯克及加泰隆尼亞兩省大肆批評。聽眾情緒激動，幾個穿著招牌藍色襯衫的長槍黨向這名法西斯主義者致敬，並大喊「死亡萬歲！西班牙自由統一！」

身為校長的烏納穆諾終於起身說話了，人人都洗耳恭聽。這位老先生毫不動搖；他立刻稱「死亡萬歲」的口號是「毫無意義且戀屍的」，接著憤怒地為巴斯克省分和加泰隆尼亞辯護，並在最後對米蘭．阿斯特雷將軍人身攻擊。這樣的演講在國民軍的領地上前所未有。將軍無法克制自己，用盡力氣高呼：「知識分子下台！死亡萬歲！」

烏納穆諾回答道：

> 「這裡是智慧的神殿，我是它的祭司。你在這裡褻瀆了神聖的領域。你會獲勝，因為你擁有過多的蠻力，但你無法讓人們相信。因為要取信於人，必須要先行說服。為了說服，你需要你所缺少的事物：鬥爭中的理性和權利。我認為勸你為西班牙思考是徒勞的。我說完了。」

觀眾目瞪口呆。「大家沉默了很長一段時間。然後教會法的教授挺身而出，一手挽著烏納穆諾，另一手則拉著佛朗哥太太。這是烏納穆諾最後一次演講，之後他被軟禁家中。要不是國民軍當局擔心會引起國際上的反對，否則他恐怕會下獄。」一九三六年的最後一天，這位七十二歲的老人去世了。[19]

成千上萬的自由派人士逃離西班牙，以躲避佛朗哥的新教會國家。整個出版業幾乎全都離去，最優秀的作家、大學教授、藝術家和科學家也一同離去。兩位最重要的西班牙史學家，拉斐爾．阿爾塔米拉（Rafael Altamira）和桑其士—阿波諾茲，雙雙流亡。全國最受歡迎的劇作家亞歷杭德羅．卡索納（Alejandro Casona）和西班牙最優秀的文學及社會評論家阿梅里科．卡斯特羅，以及馬達里亞加、拉蒙．山德、巴布羅．卡薩爾斯（Pablo Casals）、貝德羅．薩利納斯、路易斯．塞努達（Luis Cernuda）、荷西．貝爾加明（José Bergamín），費南多．里奧斯和其他數百人。

這些人無法忍受佛朗哥將軍。他們之中沒有極端主義者；全都是值得敬重的自由主義者，對公平正義與自由深具信心。失去這些人是西班牙難以彌補的損失。除了不幸的死難者之外，最受景仰的領導人自願流亡，意味著國家失去了命脈。至少三、四十萬人越過邊界進入法國；其中約一半留在當地，另一半則分散到天涯海角；最後有數千人返回西班牙，一至兩萬人赴墨西哥，還有大批人赴美國。除了墨西哥外，拉丁美洲國家大都緊閉門戶。西班牙民眾有一整個世代都沒有明智的領導，缺乏骨氣。沒有知識分子領導，民眾就是一盤散沙或順從的羔羊，接受佛朗哥將軍的政權統治。

西班牙內戰在舉世諸多著名知識分子的心中激起了熊熊烈火。海明威、安德烈・馬爾羅（André Malraux）、亞瑟・柯斯勒（Arthur Koestler）和喬治・歐威爾都積極支持共和國的理想，戰爭也永遠塑造了他們的人生。卡繆解釋了原因：「正是在西班牙，人們才知道即使是對的卻依然會遭打壓，蠻力可以戰勝精神，勇氣有時候得不到報償。無疑地，這就是為什麼世人會將西班牙的戲劇視為一種個人的悲劇。」[20]或者如英國學者特蘭德所說：「（西班牙）在戰爭中失去的不僅僅是一個政府，而是整個現代文化。」[21]

第十五章
烈士谷

「在整個歷史中，西班牙表現出一種荒謬的衝動，非要擺脫她最有潛力的知識分子不可。」

——薩爾瓦多・德・馬達里亞加

在馬德里西北方約二十五英里的瓜達德拉馬山脈上，有著佛朗哥將軍追求不朽之地——著名的烈士谷（Valle de los Caídos）。這個地方經過數年工程，於一九五九年完工。就像對待其他許多事物一樣，將軍把自己想像成現代的菲利普二世，他建造這個紀念建築，希望它像菲利普為歷代國王所建的莊嚴陵墓艾斯科里亞一樣教人敬畏。

這個紀念碑區有兩處主要建物：一是巨大的混凝土十字架，高四百五十英尺，聳立在山頂；另一是由堅實的花崗岩隧道通往位於山內岩洞中，著名的巴西利卡式教堂。教堂長九百英尺，但既沒有其他西班牙大教堂的內部尺寸那樣寬闊、挑高，當然也沒有那麼美麗。在有些地方，寒冷粗糙的花崗岩保留原始的狀態，讓人有巨大洞穴教堂的印象；有的地方則用大理石仔細地圍住，或是讓花崗岩裸露在外。教堂採用大理石

圖15-1　從廣場看去的烈士谷

資料來源：維基百科用戶 Godot13。

為地板，並以昂貴的掛毯覆蓋大部分的牆壁。一座祭壇位於教堂的盡頭，其上方是巨大的圓頂，高兩百英尺，天花板上覆蓋著巨大的鑲嵌畫，畫中央的人物是基督，周圍是諸聖徒。祭壇和詩班席都不起眼。正如將軍在西班牙的一切作為，它們並未展現任何創意思維上的新意，而只是重現西班牙的過去，其藝術精神遠遠凌駕這座巨大紀念碑。

在明亮的穹頂下，長眠於大理石地板下方的是長槍黨的烈士荷西・安東尼奧・普里莫・德・里維拉。他的遺體由艾斯科里亞移出，安置在此地。佛朗哥將軍讓他變成了他的勝利和政權的象徵。人們或許會在他的墓上看到花圈，在這之後則是一個粗糙的原木十字架，橫梁由佛朗哥將軍親手所砍。十字架與完美修建的環境形成怪異的對比。

人們在巨大的中央走道上下走動時，擴音機流瀉出宗教音樂。這裡有一股陰冷潮濕的氣味，可能來自山岩，但也或許因為被埋在牆壁和掛毯後面的一萬五至兩萬具屍體（或骷髏）而加劇。據將軍的說法，因血腥內戰而死的雙方「現在在此一同長眠」。他建造這座紀念碑的確切理由是「為使解放聖戰中的犧牲者永垂不朽，紀念為上帝和祖國奉獻生命的人，並為後代樹立榜樣」。但佛朗哥寬宏大量地決定讓死去的共和派人士分享這塊墓地，因此現在才有「烈士谷」這個比較普遍的名字。

佛朗哥讓許多囚犯來進行這個建設。他們全天候工作，以創紀錄的時間完成紀念碑。無論是在過去還是現在，許多西班牙人都對此感到憤怒，因為這個國家當時面臨極度貧困，並且處於破產的邊緣，為什麼還花大筆金錢和大量的勞力去建造這個墓地？為什麼不去生產食物？為什麼不去修築道路？為什麼不興建房屋？這些人嘲笑將軍模仿菲利普二世的企圖，並把這個墓地稱為「佛朗哥的恐龍建築」。但也有人認為這是國民軍政權的不朽作品，意味著教會和國家總是團結在一起。

烈士谷距艾斯科里亞僅數英里之遙，旅客可以在一天之內參觀兩座古蹟。本篤會是此新庇護所的守護者，駐於當地的大修院。最初計畫是讓方濟會負責，但這個修會以侍奉和貧窮為宗，拒絕讓僧侶住在這樣奢侈的地方。成千上萬的西班牙人根本不肯來此，認為這是紀念他們內戰的永久恥辱。

許多作家把這座紀念碑描繪為史上最龐大的志業之一，幾乎可以肯定會成為將軍不朽的成就，但我個人對此相當懷疑。在這一世代的人離世，佛朗哥政權遭遺忘之後，所有的舊仇恨都會集中在這個地方，它將會遭到破壞或改變，使它不再代表它現在所具有的意義。我不知道下一代可能還會有哪些其他做法。或許這座紀念碑會象徵埋葬整個西班牙時代的地點。同時，這個聖殿主要是佛朗哥將軍和國民軍「解放起義」領袖的墓地。它甚至也是荷西·安東尼奧的安息之地，這位年輕的貴族和花花公子是一九二〇年代大眾擁戴的獨裁者之子，在內戰之初遭共和派處決。但這位荷西·安東尼奧究竟是誰？他何德何能，如此受人矚目？他的信念是什麼？他又為什麼遇害？

荷西・安東尼奧與長槍黨

雖然內部瓦解是西班牙共和國失敗的原因，但如果不是因為佛朗哥將軍以強大的手腕把右派各派系融鑄成強大的共同體，軍事反叛可能會崩潰。這是共和派沒有的能力。當然，傳統和歷史站在將軍這邊，而非在共和派那方。

起初軍方叛變除了推翻共和國，扶植由軍隊、教會和貴族組成的右派獨裁政權之外，並沒有任何政治方面的政策。佛朗哥將軍立即看出其不足，人民需要政治綱領，因此他全面接管了西班牙法西斯長槍黨，把它納入他與共和國鬥爭的框架之內，使它成為他自己的官方政黨，最後讓它完全順從他的意志。這是將軍驚人的能力：為了自己的目的而挪移並利用右翼聯盟的各種元素，不然這些元素原本可能會對他的團隊產生破壞力。將軍成為長槍黨黨魁的那一刻，就注定了該黨不再有行動自由。

長槍黨對西班牙的座右銘是，統一、偉大而自由，非常適合將軍。其強烈的天主教觀點也增添了它的吸引力。因此佛朗哥將軍立刻將他所領導的軍事反叛稱為「基督徒聖戰」，為的是要把西班牙由無神論者和共產黨人手中拯救出來。這個想法很快就流行起來，因為古時候的卡斯提亞人不就是為了同樣的信念，才與穆斯林鬥爭嗎？

長槍黨的創始人是荷西・安東尼奧・普里莫・德・里維拉，他的父親是共和國時期之前的西班牙獨裁者。在佛朗哥政府時期，西班牙各城市有一半的主要街道都是以此人之名命名。即使在馬德里，著名的格蘭維亞大道（Gran Vía）也曾被改名為荷西．安東尼奧大道，全國其他地方亦然。沒有採用這名年輕法西斯主義者之名的大街則被改名為「Caudillo」街，亦即領袖街。幸好在佛朗哥去世後，所有的街道名再度改回傳統名稱。

長槍黨黨名「Flanage」的意思是方陣（Phalanx），取自馬其頓軍隊的軍事陣法，這些部隊在西元前四世紀推翻了希臘共和國。長槍黨於一九三三年由荷西．安東尼奧建立，很快地就把其他西班牙法西斯集團納入組織內。一九三四年，荷西．安東尼奧獲選進入國家議會，是唯一的法西斯代表。天主教右派領導人吉爾．羅伯斯藐視這個年輕人的政治野心，稱他為「señorito」，意思是花花公子。羅伯斯表示，西班牙政治不適合花花公子，但無論荷西．安東尼奧是不是花花公子，他都是勇敢且具有相當個人魅力的青年。他急於為父親辯白，並且堅決反對西班牙共和國。他欽佩墨索里尼和希特勒，並模仿他們用彩色襯衫作為黨員的制服；他挑的是藍色。這個黨的黨徽是著名的「軛與箭」，也是天主教雙君斐迪南和伊莎貝拉的象徵。長槍黨的旗幟顏色是黑與紅，而其政治理想是：天主教、專制主義、法西斯主義者。在內戰期間，它也建立了自己的民兵。

休．湯瑪斯這麼描寫荷西．安東尼奧：「他的演講和著作給人一種出於才華橫溢的大學生的印象；他雖然上過冗長的政治理論課程，卻沒有完全消化。」接著他引用這個年輕人的一段話：「這個國家是歷史性的整體……在我們每一個個人和我們的團體之上。國家建立在兩個原則上……為統一的國家服務，以及階級的合作。」荷西．安東尼奧後來又說：「法西斯主義是一種歐洲的不安，它是了解一切的方式……歷史、國家、公共生活的無產階級化，這是一種了解我們時代現象的新方式。法西斯主義在許多國家已經取得了勝利，而在某些國家，譬如德國，它是透過最無可指責的民主手段獲勝。」[1]

在內戰前幾週的那些糟糕日子裡，長槍黨在西班牙的作為和希特勒的衝鋒隊在德國的作為大致相同；其成員正在組織騷動和暴亂，大肆挑釁、侮辱政府，並用各種恐怖手段對付反對他們的有力人士。這是暴力和暗殺的黨，儘管荷西．安東尼奧個人強烈反對這種策略。在大約三個月的時間裡，四十名長槍黨人和五十名共和派人士遇害。在內戰爆發前幾週，荷西．安東尼奧本人遭共和國逮捕，先囚禁在馬德里，然後送到瓦倫西亞附近的阿利坎特監禁，被當作人質，讓他的信徒不敢輕舉妄動。一九三六年七月十七日軍方叛變時，他仍在獄中。同年秋天，他在共和派法庭受審，被處死刑，正式的罪名是他參與反抗共和國的準備行動。

荷西．安東尼奧慷慨陳詞，為自己辯護，但判決結果已成定局。宣判之後，他迫不得已向在馬德里的共和國內閣提出上訴，但這群人意見不一，而他們還在審查這個案子時，地方當局就自作主張，處決了荷西．安東尼奧。史坦利．潘恩（Stanley G. Payne）在關於長槍黨的著作中詳細描述了這個年輕人的審判和他在世的最後時光，認為對他的指控可能與事實不符，而他只是代罪羔羊。[2]當然，他去世後，在所有反共和國人的眼裡，他就成了烈士。這個消息傳到共和國的敵對陣營時，他們立即審判並處決了共和派總理拉戈．卡瓦列羅的兒子作為報復。

荷西．安東尼奧既死，長槍黨就成了佛朗哥將軍手中的兵卒。內戰結束後，這年輕人的遺體被重新葬在佛朗哥將軍的烈士谷的主祭壇前，迄今仍然有些西班牙人視他為佛朗哥「聖戰」的偉大烈士。然而，他原本的許多追隨者最後都反對佛朗哥。長槍黨的政治和經濟哲學主要體現在西班牙工會（包括管理）國有化的工團國家的概念上，在佛朗哥將軍接收後，卻為了配合他的目的而改變。長槍黨人也創造了幾個頗具說服力的口號，後來被將軍採用，有很好的心理效果。長槍黨本身也分裂為左右兩翼；右翼的想法多少和佛朗哥將軍相似，而左翼則強烈信仰社會改革。將軍擔心左翼的活動和承諾可能失控，因此急於吞併這個群體。

佛朗哥政權與主業會

佛朗哥將軍的全名是法蘭西斯科．波利諾．赫曼尼吉爾多．悉奧杜羅．佛朗哥．巴哈蒙德（Francisco Paulino Hermenegildo Teódulo Franco Bahamonde）。他於一八九二年生於加利西亞省的費羅爾市（Ferrol）。他的家族以長壽聞名，其父親活到九十三歲，祖父壽命也達一〇二歲的高齡。佛朗哥在一九〇七年進入位於托雷多的軍事學院，從軍也成為他的職業。國民軍在一九三六年爆發叛亂時，他是西班牙共和國陸軍參謀長。他在發起叛亂上舉足輕重，也立即成為叛軍的領袖。

佛朗哥先前曾隨西班牙軍隊派駐在摩洛哥多年，是名脾氣沉穩的堅強領袖。他很擅長行政，也是勇敢的軍官。打從他稱作「光榮運動」的叛亂爆發開始，摩洛哥軍隊，包括摩爾人和外籍軍團在內，就是他最堅定的核心支持者。佛朗哥有鋼鐵般的意志，並且具有在西班牙人身上少見的冷酷，精於算計。有時他掛著淡然的笑容，對群眾的歡呼很少流露情緒。他從沒有像希特勒或墨索里尼那樣喜愛掌聲，但總是將其視為他勝利的自然結果。

他在摩洛哥時期的一個故事揭示了他的個性。當時食物不佳，外籍軍團經常鬧事。有一天，號角響起數次，士兵才不情不願地集合、接受檢閱，佛朗哥在檢閱時沒有任何惱怒的跡象。他在一名身材魁梧的士兵面前停步時，這人突然把他野戰餐盒裡的東西朝將軍臉上丟去，並破口大罵說：「你喜歡豬食！好，把這個拿去！」佛朗哥不動聲色，冷靜地掏出手帕，抹去了制服上的飛濺物。他檢閱完之後，先下令立即改善軍糧，然後平靜地說：「把那人帶去處決。」

佛朗哥並不和藹可親，他在西班牙從來沒有真正受人民愛戴。儘管有些人總是為他吶喊，但在他赴西班牙各城市時，通常都只聽到敷衍的掌聲。他總是乘坐一輛勞斯萊斯的防彈車，由特勤局人員包圍，在某些國家的場合，則由包戴著頭巾、騎在馬背上的摩爾衛兵保護。只要他暴露在群眾面前，就會看到場上有許多湯普森衝鋒槍。

國民軍起義二十五週年紀念時，我正在馬德里，當時正計畫舉行一場盛大的「勝利」慶祝活動。軍隊將沿著美麗的卡斯提亞納大道（La Castellana）遊行，預期會有大量的群眾。露天看台沿著整條大道設置，但卻與遊行隊伍隔著一道厚厚的鐵絲網，這正象徵了多年佛朗哥獨裁統治的醜陋和不安。

佛朗哥政權是西班牙歷史上統治最長的政權之一，在他統治西班牙的三十六年間，將軍和他的政權融為一體。他是所有武裝部隊的總司令、政府的領袖，以及全國唯一政黨的領導人。他的議會只有一種權利：同意他的政令——如果佛朗哥要他們同意的話。他之所以這樣做，是出於西班牙和中南美洲獨裁者常有的那種奇特感受，要為他們所做的一切提供合法的面具。

將軍執政的頭幾年並不成功。全西班牙經濟蕭條，幾乎停頓。西班牙內戰才結束，二戰就爆發，西班牙無從更新損壞的運輸設備和已遭破壞或老舊的機器。二戰結束後，西班牙發現他們同時被民主和共產陣營疏遠，被排除在馬歇爾計畫、聯合國和北大西洋公約組織之外。但到一九五〇年六月，韓戰開始，惱怒和害怕的美國急於在共產主義集團周圍建立一圈基地，以保障它的安全。原本一直到此刻都熱切盼望美軍在西班牙設立基地的佛朗哥將軍突然冷漠起來，等待美國找上門來。一九五三年，雙方達成協議；這是自西班牙內戰以來，外援首度湧入西班牙，支持、甚至拯救了她的經濟和政府。一九五五年，西班牙被聯合國接納，成為會員國。

佛朗哥將軍自認為他在內戰中所發起的是聖戰運動，西班牙各階層也大都同意。一九三七年，除了三位主教外，其他所有的西班牙主教都簽署了支持國民軍的牧函（按：主教寫給教友的公函），為國民軍背書。然而他們也在這份文件中指出：「這場戰爭的目的並非是為了建立專制國家。」內戰結束後，將軍獨攬大權，直到一九五三年，佛朗哥才和羅馬教廷達成關於西班牙教會的協議。其實將軍早已自行恢復耶穌會士的影響力，並取消了共和國所有反教權的法律，只是他要讓世人看到他與羅馬關係良好，因此才有了一九五三年的教廷協定。

西班牙國家元首和教宗的這項協定，顯然是親羅馬的舉措，因此也就是偏離西班牙宗教分離主義的做法。從長遠來看，這的確是走向宗教自由主義，擺脫西班牙狂熱主義之舉。在一九五三年的協議中，教會獲得國家財政支持，也掌握了教育，羅馬天主教會被認定是西班牙唯一的宗教，聖職人員在法庭上獲得某些特權，幾乎使他們成為國內的獨立社群，教會財產免於被徵稅，高級教士要由教宗與國家元首雙方協議任命。

這項協議讓佛朗哥在國際上受到尊重，但西班牙國內卻有很多國民感到惱火。長槍黨右派持敵意是因為西班牙政府手中沒有保留足夠的權力，佛朗哥的反對派則因教堂正式獲得許多權力而不滿。教會的領袖則因在新職位上感到更安全，因此毫不掩飾他們對爭取更多社會正義、新聞自由、公民自由，以及讓政權制度化，使權力傳承有脈絡可循的慾望。

西班牙所有理性的公民都抱持相同的信念，但教會對這些特別感興趣，認為其能保證一九三〇年代反教職的殘酷暴亂不再發生。《紐約時報》評論說：「經驗豐富的觀察家認為，長期被指責為反動的西班牙天主教會，正在謹慎地讓自己在工人眼中擺脫和佛朗哥將軍獨裁統治的關係，以鞏固其自己在任何未來政權中的地位。」

西班牙宗教景觀中較保守的一面是由被稱為主業會（Opus Dei）的組織所代表，它後來在政府中發揮了非常強大的影響力。左派批評者稱其為「Octopus Dei」（天主的章魚）或神聖的黑手黨（Holy Mafia）。而西班牙右翼人士則稱其為「新的白色共濟會」，認為它太自由。主業會於一九二八年由一位富有律師轉任的牧師在馬德里成立，慢慢獲得了地位、金錢、影響力，受到尊重。一九五〇年，教宗庇護十二世正式核准主業會為俗世會。

主業會人數向來不多，它在西班牙的會員不超過兩萬兩千人，包括美國在內的約六十五個國家的全球會員總人數約為六萬人。然而，主業會在西班牙卻成為一股強大的政治和社會力量，許多閣員和重要政府官員都是主業會成員。

主業會的宗旨是振興傳統價值觀：讓西班牙更西班牙，回歸古老的西班牙和基督教倫理，重建傳統美德，恢復古老的尊嚴和西班牙的榮耀，打擊自由主義、理性主義及悖德的邪惡。主業會成員發誓貞潔、貧窮和服從，但這個誓言可以隨意撤回。許多成員都很富有，也被預期會把個人收入的盈餘捐給組織，因此主業會累積了大筆財富，控制許多金融機構，包括西班牙最大的銀行之一的大眾銀行（Banco Popular）。它還控制了馬德里、巴塞隆納、瓦亞多利德和雷昂等地的幾家報紙，並發行了幾本雜誌。

在教育方面，主業會的影響既強大且充滿壓迫。它採取明確的立場，反對由吉納和一些自由派教授在一八七六年成立「自由教學機構」的理想。其成員認為這令人推崇備至的機構是西班牙自由主義、左派思想和不負責任行為的溫床。許多主業會成員在西班牙大學擔任重要職務，該組織在潘普洛納也有類似大學的機構。其他幾所西班牙高等學府的師生厭惡潘普洛納學校的學術標準和對神學的重視，紛紛抗議，但無濟於事。

主業會在經濟方面對佛朗哥政權也發揮很大的影響力，但其政策不像在宗教和社會觀念那樣傳統或嚴格。大企業，尤其在國際金融方面，大家做法不一，而主業會則急於進入國際潮流。有人可能會說，他們在經濟上可稱得上是自由派，他們渴望西班牙參加共同市場，並且看出這樣做的好處。因此在主業會的領導下，西班牙資本家開始由半孤立的情況下浮出檯面，登上賺大錢的舞台。西班牙陷入了來自歐洲各地強大的經濟和政治潮流之中，而沒有察覺主業會取得的其中一項成就，那就是為後佛朗哥時代的西班牙做準備。屆時主業會本身雖然會逐漸消失，但它所建立的經濟基礎卻會堅定不移。

一九六二年二月九日，西班牙正式要求加入歐洲共同市場，希望因此成為歐洲發展主流的一員，但正如該組織的一位官員對一位巴黎記者所說：「西班牙當然可以準備加入我們，但我們需要西班牙嗎？」畢竟，她能提供什麼資產？她主要的出口包括橄欖、橄欖油、柑橘類水果和葡萄酒，這些產品都與義大利和法國衝突。多年後，在一九八四年，西班牙仍然試圖加入共同市場，這時大部分的反對力量已軟化。在這段過渡期間，西班牙已成為不容忽視的工業強國，她和北歐的持續合作比以往更加必要。

在西班牙，各站停靠

許多西班牙人樂意承認，他們的政府一直都是舉世最糟糕的政府，目前的也不例外。但他們說話的方式有時卻讓外國觀察者感到困惑，因為其姿態和語氣都讓人相信，西班牙人實際上是在吹噓自己歷來的爛政府。在某種程度上，他似乎相信舉世任何地方都沒有像這樣的政府，因此糟糕的政府是西班牙獨特的傳統。表面上這似乎很有趣，但卻是國家生活中最悲哀的事實之一。這也是任何外國——無論抱持多大的善意，都必須面對的現實。

當然，佛朗哥政府試圖在現代西班牙復興教會國家的過去。無論在政治上多麼含糊其詞或慷慨激昂，都難以隱瞞這一基本的事實。佛朗哥和他的政權展現的是知識的落後。他們在一開始就已失敗，只是自己不知道。他們雖然在物質上取得實質進展，但智識的進步接近於零。他們的墳墓就是巨大而昂貴且充滿仇恨的烈士谷——二十世紀的艾斯科里亞。

當今的西班牙是以往所有一切的綜合體。她的主根深入無底的過去。她曾在歷史上接二連三、美麗地綻放，把光輝遍灑在整個歐洲文明之上。但在其他許多時候，她卻嚴峻地關上了通往外界的大門，退回至定格的回憶的陰霾之中。儘管她的政府多年貧窮，但她的活力永遠豐沛，似乎取之不盡、用之不竭。西班牙人是舉世最慷慨、最高尚的人。他們自發性的藝術使他們在歐洲諸國間獨樹一格，既因為其數量，也為其無與倫比的美麗。當今的西班牙一隻腳在現在，另一隻則在過去，橫跨了深不可測的深淵。

短短幾個月前我才赴西班牙旅行。當飛機由北方進入半島時，我們看到拔地而起的山脈，然後是巴斯克的驕傲——工業城畢爾包，它的煙囪徹底地汙染了空氣。由海岸到馬德里，一路上都是山巒、山巒，和更多的山巒。平地很少、農田很少、城鎮也很少。當飛機接近馬德里時，群山突然退到遠方，我們低飛在一片平原之上。在明亮的光線下，大地就像水晶一樣。我們飛到更低處，準備要降落。我們可以清楚地看到在地面上有個男人正在篩穀；他把小麥扔向空中，讓金色的穀子流回地面。附近有另一個人正在用騾子耕作。馬德里附近的鄉村受到深度的侵蝕，呈鋸齒狀。沒有緩解紅色乾燥地面的植披。機場單調、擁擠、實用，設法讓你進出。這是一個醜陋城市教人不愉快的入口。計程車司機竭盡所能超收費用，一直在談物價的飆漲。

最後，我們終於抵達了馬德里著名的卡斯提亞納大道，朝市中心而去。我們經過外觀肅穆的國家圖書館，當年我在馬德里大學唸博士時，曾花了無數時光在館內讀書和學習。圖書館內一如當年，卡片索引一樣教人頭痛，許多書仍然難以找到。每天都有一小群西裔的外籍公民聚集在圖書館的台階上，討論西班牙文化的個性和最新流行的議題。

卡斯提亞納大道每年都變得更長、更嘈雜，大道外圍還有很多新的建築。但這條著名大街較古老的部分，其面貌五十年來並沒有太大的改變。兩旁綠樹依舊成蔭，噴泉依然流動，人群仍然在散步。交通流量比以往更多，人們的穿著則讓人想起美國的大城市，到處都可以看到藍色牛仔褲，髮型在長度或風格上也隨個人心意變化。

馬德里市中心並沒有留下內戰的遺跡，儘管當時它曾被圍困並嚴重轟炸了幾年。巨大的王宮位於這個大都會西邊，確實留下砲轟的痕跡，但附近的大學城卻是新建的。老校園遭徹底摧毀，市內這部分的土地遭通往四面八方的戰壕破壞無遺。佛朗哥將軍攻下馬德里後，把整個地區挖淨，然後開始興建新的大學城，由許多按平凡現代風格的大型建築構成。校園入口處有一座巨大的教堂和高聳的拱門，紀念國民軍的勝利。拱門的的尺寸教人印象深刻，但稱不上美麗。如今佛朗哥的幻想已破滅，其華麗的銘文也黯然失色。

王宮的外觀並不特別壯麗，其內部卻使其躋身歐洲最美麗、最豪華的宮殿之一。它擁有無數古代和現代、各種尺寸和風格且最精緻的時鐘收藏。佛朗哥常在這座宮殿裡接待外國政要，他也在這裡歡迎過艾森豪總統。美國總統和將軍在這座城市裡驅車繞行的景象，讓許多西班牙人有沉重之感。總統稱佛朗哥是反對共產主義的好盟友無濟於事，而多次刊載在西班牙媒體上，艾森豪擁抱佛朗哥的照片，則進一步貶低了美國民主的理想。

在甘迺迪總統上任時，他的許多支持者都希望他不要再公開擁抱這位西班牙獨裁者，但一九六一年十二月，甘迺迪的國務卿迪恩．魯斯克（Dean Rusk）在拜會了西班牙的陸、海軍部長和商務部長之後，也拜會了佛朗哥，稱許他是對抗共產主義侵略的盟友。受政府掌控的西班牙報紙稱頌魯斯克的訪問。這種美國最高官員擁抱拉丁美洲獨裁者的做法，在這些國家造成了非常惡劣的印象。就在美國試圖在拉丁美洲國家面前擺出民主國家捍衛者的姿態前，魯斯克在西班牙與佛朗哥一起出現的情景對美國的鄰居來說，是特別難以吞嚥的苦藥。他們喃喃地說，山姆大叔言行不一；詹森和尼克森總統卻無意澄清這種質疑。

內戰在托雷多留下較多痕跡。在查理五世建造的阿爾卡薩宮，有一千兩百名民兵和家屬抵抗共和軍，遭圍困達兩個多月之久，最後才被國民軍救出，而這個宮殿有一半遭摧毀，不得不重建。甚至由斐迪南和伊莎貝拉所建美麗的聖胡安王家修道院，也在內戰中嚴重受損。在托雷多，曾有一段時間，街道上滿是鮮血。但是這個古城曾經歷過許多次猛攻，在最近的戰爭中也能倖存。這個西班牙的古老首都周圍是荒蕪的田野，四方有太加斯河的深蝕河床環繞，邊界上種有白楊樹和巨大的檉柳，而西班牙所知的每一種入侵的文化的遺緒都在這小小的城內交融。太加斯的河水是藍色和黃色的，捕捉了純粹及變化的光。夕陽西下之時，天空變成詭譎的玫瑰和紫色，而雨燕則發出怪異的叫聲，在太加斯河上盤旋。整個區域都披著丁香的陰影，讓遊客再也分辨不出一個世界在何處結束，另一個又在哪裡開始。托雷多的黃昏時刻是西班牙遊客的偉大經歷。我原本只要去托雷多住幾天，最後卻逗留了數週。

在由缺水的土地驅車返回馬德里的途中，四面八方都是凋萎的田野。已經一個多月沒有下雨，小麥一排一排倒伏在地，黃色的殘株留在敞開的曠野。有幾座農莊種植玉米，在低處的圓丘上則長有一些橄欖樹。到處都可看到無處不在的西班牙白楊，樹葉婆娑起舞。山巒在遙遠的北方，就像灰藍色的羊毛堆。這條路上布滿了新興產業，有很多汽車和機車。田裡則有勞工的茅屋；他們在中午時分會躲進屋內，避開灼熱的太陽。所有的樹木都是灰撲撲的綠色。唯一較深的綠色來自偶爾出現的玉米田，或來自一叢在風中揮舞著樹葉的白楊。

夜晚的馬德里因舞動的燈光和奔流的噴泉水而成為如夢似幻的城市。儘管白天的卡斯提亞納大道灰黯冷清，月光下的它是世上最美的林蔭大道之一。托雷多、格拉納達、塞維亞、哥多華、瓦倫西亞——西班牙的任何一個城市都是如此。一到黃昏，各城鎮就開始有了生氣、恢復活力，又變得青春美麗，充滿了希望；即使是那些整天遭到奴役的人，日暮時的聲音都很響亮悠揚。西班牙難以言喻的魅力就在夜晚的這些城鎮。城內輕柔的空氣和流動的水聲，教人心醉神迷。塞維亞的吉拉達塔的閃亮尖頂映著月光，是舉世無雙的景象。由阿爾罕布拉山上的阿爾罕布拉宮旅館陽台眺望格拉納達市的景致，教人一生難忘。這個迷人的安達魯西亞小城的公雞晝夜啼叫；鐘聲在四處迴響，在平原和山上餘音回盪。在阿爾罕布拉山下，孩子們在小公園裡遊戲的聲音像遠處的鳥啼一樣飄浮在空中，他們正等著要乘坐旋轉木馬，嘴裡喊著「tío vivo」，在西班牙文裡的意思是快樂的叔叔。西班牙的每個城鎮都有它自己的聲音、自己的氣味、自己的建築、自己的歷史、自己的魅力，它們各有不同。

我們乘夜車由馬德里赴聖地亞哥。在西班牙，只有非常貧窮或非常糊塗的旅客才會自己去車站或售票處買車票。飯店的服務人員或旅行社都很樂意為你效勞，而且幾乎非得這樣做不可。在你要求協助買票時，飯店員工的階級秩序立刻顯露。主管交代下級，下級會再交代更下級。最後總有個倒楣的女職員不得不打電話訂票，再由倒楣的小弟搭電車或公車去取票。整個交易可能需要兩三個小時，即使旅客有大把時間自行處理，恐怕也找不到對的辦事員。

在比較好的西班牙旅館，領班（*conserje*）幾乎可以為你做任何事。他可以幫你買觀賞鬥牛的票券，幫你租車和司機，幫你買戲票或音樂會的票，為你找臨時祕書或打字員，為你訂並取飛機或火車票，為你預訂飯店。我在美國旅館從未看到這樣的效率。說明西班牙人效率低下的格言在此並不適用。西班牙人只要有心，可以像世上任何一個民族一樣充滿效率。

我們赴聖地亞哥所搭的火車臥鋪雖舊但舒適，而且對長達近四百英里的距離來說，價格便宜。電力發動機拉著一長串車廂的火車緩緩上坡，它先經過教人印象深刻的艾斯科里亞，接著就能在另一側看見有著中世紀城牆圍繞的城鎮阿維拉。在那之後則是一片黑暗。火車在早上八點抵達聖地亞哥。

我一早就醒來，由車窗看風景。地面現在比較綠，顯然土壤較肥沃。這裡有玉米田、葡萄藤、長排的啤酒花。每一塊田都用灰色的石頭圍住。加利西亞不像卡斯提亞那樣燦爛潔白；這裡甚至連房屋和教堂都是灰色的。煙霧從煙囪冒出，空氣涼爽，有層薄霧籠罩著大地。到處都可看到被稱為「hórreos」的長方形儲物箱立在地面上，這是為了要防止老鼠偷吃穀物用的；它們有些是石頭製，有些則是木頭所造，其一端都有一個十字架。乳牛正在草地上平靜地吃草，牠們因為綁在角上和一條腿上的繩索，因此奇怪地跛行。綠色的山脈出現在鐵軌兩側，如波浪般連綿起伏。我們經過了一條又一條隧道，以免坡度過於陡峭。軌道兩旁是紫色和黃色的花朵。我們顯然已經離開了荒蕪不毛之地。

聖地亞哥是古代建築的榮耀，整個城市已被宣布為國家古蹟。其著名的天主教雙君酒店（Hostal de Los Reyes Católicos）或許是歐洲最有趣的旅館；它位於一座經過改建的古老建築內，是過去朝聖者的休憩之處。其大教堂有著巴洛克風格，外表陰沉，內部卻有中世紀天主堂的美麗柱廊。聖地亞哥和整個西班牙一樣，到處都是觀光客。我前一次來此時，到處都是牧師，如今卻不然。西班牙教會在社會主義政府下保持低調。

幾天後，我們和一些西班牙朋友開車去加利西亞的舊都貝坦佐斯（Betanzos），並參觀了那裡幾座古老的羅馬式教堂。其中一座是由一位年近八十的老先生法蘭西斯科神父管理，因為鄉下的葡萄酒不夠好，因此他招待我們喝他的聖餐酒。他有四、五個聰明的年輕助手。在內戰期間，工人前來燒他的教堂，而他站在教堂前懇求他們離開。他們和他很熟，先向他道歉，但還是接著放火，因為他們說，他們是奉命行事。幸好他在教堂燒毀之前先滅了火。沒有人對他有反感，附近的人都認識他並愛他。但在西班牙其他地區卻未必會像這樣。

法蘭西斯科神父是舊政權的古老象徵，而他年輕的神父則代表新的、受過教育的、寬容的、可愛的人類。他們的生活毫無疑問是完全的奉獻，是對人類以及上帝的奉獻，而不是抽象理想。同樣明顯的是，他們過著貧困的生活。由這些純樸者的性格，可以看出這個國家的高尚。只要西班牙人民齊心協力，就有如此巨大的潛力。

西班牙的個人主義依舊是無政府和無組織。這個種族沒有凝聚力，除非是為了「反對某人或某事」。如果西班牙人能像他們反對某事一樣努力工作，他們的國家就會成為西歐，甚至全世界最有活力、最進步的國家之一。加尼韋特在多年前曾寫道：

> 在中世紀，我們各個地區都想要自己的國王，並不是為了要方便治理，而是為了要破壞王權；各城市都想要市政特權，以他們擺脫早已大不如前的國王的權威，而各個社會階層都想要各種特別法、豁免權和特權。那時我們的國家距離實現法律理想只有幾步之遙：所有的西班牙人都應該在口袋裡放一份法律文件，乾脆俐落地說明：**這名西班牙人已經得到授權**，

可以為所欲為。[3]

我在隆達的一間旅館遇到一名惱怒的英國人，他用另一種方式說出了同樣的概念：「在這個國家，每一個幸福的乞丐表現得都好像國王一樣！」西班牙歷史學家拉斐爾．阿爾塔米拉曾嚴厲批評他同胞這種破壞性的個人主義。他說：「我們國家不團結，是出於兩個原因——第一，每一個西班牙政府的第一要務，就是推翻前任所支持的每一件事；第二，西班牙政黨從來無法不去理會信條上的差異，為了國家的福祉而合作。」[4]這一切的結果就產生了政治無能且無組織的種族，儘管它在藝術創造力上表現驚人。

西班牙幽默值得大書特書。它有一種怪誕尖刻的特質，在美國或英國人聽來並不覺得好笑。西班牙經常有關於死亡的笑話，甚至在常吃的食物中，也會有像「聖人的骨頭」（*huesos de santo*）這樣奇怪的名字，它是一種甜食。當今西班牙最受歡迎的飲料稱為桑格利亞水果酒（*sangria*），意思是放血，看來和它的名字很相像，是一種紅色的餐酒，混合了一點檸檬汁、冰塊，也許還有一些其他的成分。在典型的西班牙小餐館（*tasca*）用餐的人，都會點桑格利亞酒佐食。

西班牙人有一點在我看來很有趣，但我很確定他們並不覺得，那就是在你們談話激動起來之時，他們逼近你的方式。只要話題一熱烈起來，你的西班牙朋友就會用頭和聲音來轟炸你，或者一躍而起逼近你，直到你覺得他隨時會撲上身來。如果你們兩人都站著，這尤其教人不安。西班牙人不可能和你真正展開談話，除非他的臉就在你的臉旁邊或面前，幾乎貼在你的鼻子上。要是你曾經注意到兩個西班牙人並肩走在街上說話，那麼在他們對主題感興趣時，幾乎總會突然止步，然後他們會轉身面對面，站在那裡揮舞雙手、大聲喊叫，連一條街之外都聽得見。在這個話題談完之後，他們會平靜下來繼續漫步。這種漫步是西班牙生活的主要逍遣。除非是午睡時間，否則西班牙的街道和廣場上都擠滿了人，且到處都是觀光客。安達魯西亞的人吵鬧而快活，北方的居民則較內斂。不同地區的聲音的音色甚至也有所不同，語調也是如此。

從聖地亞哥美麗旅館的露台上，我看到一群學生在前往大教堂的路上沿著西班牙廣場漫步，大教堂巴洛克風格的外觀是其風格在西班牙最教人印象深刻的例子。六名加利西亞婦女正沿著街道前行，她們頭上承載了沉重的負荷，雖然不用雙手接觸負荷的物品，但直立和優雅的步態卻使她們保持穩定平衡。這說明了她們行走的姿態如王后般優雅。這些人民打扮得很乾淨，但他們的衣著，尤其是鞋子，卻很破舊。橄欖油和大蒜烹煮的氣味，山區空氣隱約的氣息，辛辣的煙薰香氣，來自大教堂淡淡的馨香，老舊發霉木材的氣味——這一切氣味融合成加利西亞的獨特香氣。我們幾乎可以想像海洋的氣味與其他鹹味混合在一起，滲透到該省各處。建築物屋頂上的瓦片因年代久遠和煙燻而呈灰色。磁磚、屋頂、牆壁、陽台上每一個小角落和裂縫中，都長著紫色的小花，那是狀如波浪花邊的纖弱花朵，加利西亞石楠。

有一晚在雙君酒店的小教堂裡，我們聽到由一百一十位費羅爾工人組成的合唱團的精彩演唱。按西班牙習俗，音樂會直到晚上十一點才開始。他們動聽地演唱了韓德爾、馬士卡尼及北美靈歌。我從未聽過更好的合唱團。第二天晚上我們聽了來自龐特維德拉（Pontevedra）的另一個合唱團；這回男團員都穿著晚禮服，女團員則穿著白緞，他們也唱得很美。西班牙有古老的宗教音樂傳統，因此合唱肯定是歐洲第一。

我們沿路走到聖地亞哥大教堂。它外觀的石頭因奇特的毛病而剝落，有些地方噴上厚厚的石蠟塗層，讓水滑落。大教堂內有著宏偉的榮耀之門，這是歐洲羅馬藝術最好的例子之一，它是古老大教堂的一部分，可以追溯到十二世紀。大教堂內部陰沉、濕冷、華美、灰白，充滿馨香和如喇叭聲般的風琴聲；在我聽來這相當嚇人，並不美好。在教堂內部有一處內牆是沉重的鋼門，門後是大教堂的寶藏。每隔六年，這些門會開放一次，展示巨大的財富。

大教堂的另一處是「摩爾人殺手聖雅各」（*Santiago Matamoros*）的畫像，其中一名不幸穆斯林的頭顱滾落在地，滿是血腥。約旦國王參觀這座大教堂時，畫作的這一部分被小心翼翼地遮蓋起來，以免冒犯。在其中一個較小的禮拜堂裡有聖母和聖嬰耶穌，以及東方三賢士其中兩位，即梅爾基奧爾（Melchior）和加斯帕（Gaspar）的雕像，但卻找不到另一位賢士巴爾薩澤（Balthasar，按：傳說是阿拉伯國王），意味著對摩爾人的仇恨。在教堂第三處，巴爾薩澤被以衣衫襤褸、雙腳赤裸的模樣呈現。

當然，大教堂裡最著名的是一個小銀棺，裡面應該是聖雅各和與他埋在一起的兩位朋友的遺骨，因為無法確定哪些骨頭是聖人的，所以把所有的遺骨全都放在棺材裡。但其實其中的骷髏很可能是早期西哥德時代的異教徒。關於天空中星星的異象，以及有聲音說這裡是聖雅各埋葬之處的故事，是源自西班牙早期的宗教信仰，整個聖雅各的崇拜狂熱受到法國克呂尼修道院修士的推波助瀾；他們在西班牙對抗摩爾人的運動中相當活躍。這些信仰是對早期基督徒異端邪說和將戰爭與宗教結合的狂熱穆斯林的合理反應。

在聖地亞哥狹窄的街道上，我們再次聽到熟悉的聲音。有宛若鐵匠鋪的叮噹響聲，但裡面的男子正在敲打象徵聖雅各的銀色小貝殼，來到聖地亞哥的遊客都會搶購。我們聽到斷斷續續、尖銳的說話聲；有些人只聽得到母音，悠揚的西班牙語裡清晰完美的母音。一個母親對著正在街上騎三輪車的幼兒大喊：「不要在街上騎，不然鬼會把你抓走！」小販沿街叫賣商品。正在一間房內擦磁磚地板的女僕突然唱起一段歌曲。另一間敞開的大門傳來風笛清脆甜美的聲音，還有人正敲著鈴鼓標記節奏。

還有一天，我們駕車沿著風景如畫的巴哈斯海岸（Rías Bajas）駛往維戈（Vigo），這些道路幾乎已荒廢了。路上我們經過一個叫做塞蘇爾（Cesures）的小村莊，教我想起了一首古老的西班牙民謠，是我先前在這個地區聽過的〈塞蘇爾之花萬歲〉（*Viva la flor de Cesures*）……西班牙民歌是世上最美麗的民歌之一。只有俄羅斯在民間音樂的多樣性和美感上堪與西班牙相比。通常西班牙民歌的歌詞也特別詩意可愛：

De rosas y claceles
y de alelíes,

se te llena la boca
cuando te ríes.

La iglesia se ilumina
cuando tú entras,
y se llena de flores
donde te sientas.

這些韻文不可能翻譯，因此只能把原文收錄在這裡。在藝術的另一極，西班牙也百花齊放，畢卡索、達利、米羅、胡安・格里斯（Juan Gris）及其他許多二十世紀重要藝術家的作品，都以獨特的性格在現代繪畫中占有一席之地。

我們和加利西亞的一些朋友駕車，由拉科魯尼亞（La Coruña）來到費羅爾附近的一個古老村莊參加節慶活動。這些人對待朋友的熱忱和慷慨大方教人感動。費羅爾的人對駐紮在那裡的美國海軍越來越不耐煩，這些年輕人遠離家鄉，對西班牙人的生活方式一無所知，犯了許多粗魯的錯誤。其中最不可原諒的是他們把腳伸到其他桌椅的橫木上。在西班牙的家庭中不能擺出懶洋洋的姿態。不過有位美國人已盡力挽回了他國家的榮譽。有一天，這個城市舉行慶祝活動，演講人準備上場時，這名美國人問他是否可以說幾句話。他站起身來，非常戲劇化地宣布他愛西班牙，如果有需要，他願意在這廣場上為西班牙民眾犧牲性命。觀眾們熱烈鼓掌。這件事過後，這位美國人在費羅爾成了大英雄。許多個月之後，有人滿心欽佩地把這個故事說給我們聽。這說明了這種姿態在西班牙人的心裡會留下什麼樣的印象。我相信這樣的人在美國一定會被視為炫耀，或者被當作個傻瓜。

加利西亞、阿斯圖里亞斯、巴斯克等省分都是多霧的山地。有人告訴我們，在那些地方，整個夏天並非從早到晚都有陽光，不過通常一天內總會有一些陽光。這裡太多雨、多陰，說明了為何鄉間四處都是深沉的綠。加利西亞人用這句話描述他們的四個主要城市：

拉科魯尼亞開心、龐特維德拉瞌睡、維戈工作、聖地亞哥祈禱（*Coruña se diverte, Pontevedra duerme, Vigo trabaja, Santiago reza*）。加利西亞人只要離開家鄉，總會思念故土，這種情感稱為morriña，思鄉之情。舉世很少有地方能複製像加利西亞這裡的綠色植物、圓形山脈、古色古香及傳奇凱爾特的特色。

我們由拉科魯尼亞出發，經過里瓦德奧（Ribadeo）前往奧維耶多，由卡斯特羅波爾（Castropol）越過迷人的海灣。內戰在奧維耶多留下了明顯的標記，也許比西班牙任何其他大城市都要明顯，甚至連大教堂都遭到猛烈的轟炸。在奧維耶多，我們也直接面對了西班牙的奇異景象，也就是源自西班牙習俗的奇怪矛盾。譬如，旅館的服務員穿著晚禮服，用夾子夾麵包卷，從不用手觸摸它們，但我們在麵包店的櫥窗上看到同樣的麵包卷毫無包裝地敞開陳列，上面都是蒼蠅。西班牙的餐桌禮儀也很奇怪；他們會小心翼翼地把水果切成小片，一塊塊地吃，認為直接拿水果吃的美國人非常粗魯，可是他會將滿嘴塞滿麵包，幾乎無法咀嚼，同時又一直高談闊論。服務員雖然衣著講究，手指甲卻很骯髒，但桌子上的玻璃杯都像鑽石一樣閃閃發亮。勞力浪費的情況很嚇人。有天早上，我在飯店看到五個女服務生跪在地上用拖把擦洗大理石地板。有時每天要做兩次。

西班牙人

西班牙人的哲學是享受當下，不管明天。他們說，「盡可能採下玫瑰花蕾」（*Cojamos la flor de instante*）。然而內戰留下的不安全感和恐懼，在西班牙歷史的不確定結構之下更加嚴重。就像在俄羅斯一樣，內戰之後是一段時期的鎮壓，但與俄羅斯不同的是，緊隨西班牙內戰之後的是另一個邁向自由的機會。如今很少人提到那場戰爭，部分是因為西班牙人典型的想法：只要不提它，它就不存在。有趣的是，西班牙和俄羅斯確實有幾個共同的基本特徵。兩者都是歐洲邊緣的大陸國家。地理位置縱然有所關連，但更重要的是，他們的社會在幾個世紀以來，都是由大批未受教育的落後農民受制於大地主所構成的小貴族圈子組成。近年來，數以百萬計的農民成為了貧困的城市工人。這樣的社會只要一受到重大壓力，隨時都會被共產（或法西斯）主義者接管，因為它缺乏凝聚力、沒有耐心，又未準備好應付自我管理的需求。

頭腦和心靈開放的外國人來到西班牙，立刻就會享受凌駕在經濟不安之上的西班牙陽光和生活樂趣。外國人可以自在地接受這些樂趣，因為他毋須負責。這種感覺可能持續數月，但最後他逐漸能感受到西班牙人為了這樣的無政府狀態付出了巨大的代價，進而感到難過。他感受到挫折的齧咬，絕望的尖刻威脅，接著他開始明白，西班牙的快樂（*alegría*）總是充滿了深深的悲傷，是生命掙扎的自然結果。旅客可能會再度告訴自己，這不是他的責任，這裡不是他的國家，這些人不是他的人民，而且他與西班牙煩躁不安之謎無關。然而他內心卻會一直感到悲傷，並且終於明白西班牙的歌舞都是悲傷的歌舞。如果注視西班牙的時間夠長，足以穿透其面具時，就會發現這裡並沒有歡樂或美好的事物。根本沒有「浪漫」西班牙這樣的東西，「浪漫」其實是既不了解這片土地，也不認識這些人民的一些遊客膚淺的反應。

最優秀的西班牙舞者並非暴露性感身軀的年輕女孩，而是胸懷深刻悲傷的成熟婦女；她們謹慎地遮蔽身體，光是表現情感就已足夠。西班牙是悲劇的土地，她的歌曲是悲傷的歌曲，她的舞蹈是憂傷的舞蹈，充滿了失落和分離感，還有悲劇感和迫在眉睫的厄運。前一刻人還活著，下一刻他就成了宇宙裡的零星碎片。他的存在只是這些碎片的暫時結合，就像一隻鳥在房間裡飛行。

旅人說，讓西班牙人去處理他們自己的國家，但我必須承認，他的內心確實感覺到像加利西亞那個古怪美國人所說的，願意在公共廣場為西班牙人民獻出自己的生命。也許他在現實中絕不會這麼做，但光是在某個時刻他有這樣犧牲的想法，這就已經足夠。

西班牙人是真正的存在主義者。生命始於存在，人要對其行為負責。他透過這些行動塑造他的人生和命運，就像建築師在建造一座大樓一樣，一點一滴地打造了自己的宇宙。它有自己的法則、自己的美麗體系、自己的理想。世上沒有其他人的私密宇宙與他的如出一轍。個人價值是唯一的價值。人是終極的、絕對的、無懈可擊的，除了死亡。在托雷多大教堂的地板上，一位古代大主教的墓石上雕刻著這段發人深省的話語：「躺在這裡的只有塵土灰燼，其他什麼也沒有」（*Aqui yace polvo, ceniza, nada.*）。但在死亡來臨以前，我們難道不能細細欣賞那隻鳥展翼飛行？

西班牙人渴望在不朽的藝術中創造和捕捉自己的不朽。伊達大司鐸把自己刻畫在他著名的《正愛集》中，這樣他就永遠不會完全死去。出於同樣的原因，雕塑家馬特奧大師製作了自己的雕像，並把它放在聖地亞哥老教堂美麗的榮耀之門背後。格雷考和委拉斯奎茲在畫中放上了自己的臉和身軀，以便在藝術品中永垂不朽。烏納穆諾和阿佐林，還有其他許多當代作家都在自己的文學作品中追求同樣的永生。西班牙從未放棄其對肉身復活的信念。

西班牙詩人加布里爾．塞拉亞（Gabriel Celaya）提到佛朗哥生前最後幾年時寫道：「西班牙已沒有多少歡樂，但正如你所看到的，我們抱著希望。」西班牙人總是由他缺乏的事物創造出一種哲學。黃金時代哲學家葛拉西安的觀點和塞拉亞相呼應：「經驗的第一課是保持希望，但永遠不要滿足。在一切事物中找尋安慰。因為即使是沒有價值的事物，也會永恆存在……保持飢餓。欲望才是衡量價值的標準。」每一個人身上都承載著整個人類處境的宇宙。他是宇宙真正的孩子，就像樹木和星星一樣。

不久以前，我和托雷多的一群人一起走在那城市最狹窄貧窮的街道上，一個和我們同行的聰明年輕人因為了無生氣的環境而感到不安，他大聲說道：「我們的祖先並沒有給我們留下太多財富或好的政府，但他們留下了許多諺語！」接著他引用了非常適合眼前情況的諺語：「不要放棄，繼續努力！」（*Paciencia y barajar*）。在這場不可預知的比賽結束前，可憐的西班牙不得不繼續蹣跚前行。

第十六章

佛朗哥的政績：秩序與進步

「讓鐵砧響起，鐘聲保持沉默。」

——安東尼奧·馬查多

經濟奇蹟

自一九六〇年以來，西班牙被猛力抛入二十世紀。西班牙人下了驢背，坐進車子。洶湧的營建熱潮讓國家煥然一新，工商業迅速發展，新的高速公路網連接各大城市，讓無數較小的社區也進入國家生活的軌道，民眾的醫療保健向前躍進，人民收入也上升到全國有史以來的最高點。這些物質上的進步是佛朗哥的重大成就。

僅在幾年前，數百個西班牙村莊與世隔絕，沒有道路、電力或水。大規模的工業並不存在。勞工基本上欠缺技能，每工時的生產率低得可憐。雇主的剝削、微薄的工資、保險的缺乏、童工的虐待以及學徒制是當時的標準。龐大的農村階級依賴農業為生，在失業、疾病或老年等方面幾乎沒有任何福利或保護。南部的女僕每天工作十二至十四個小時，只能換取少量食物和二手衣，而且沒有工資。她們的丈夫和孩子每年有三個月作流動勞工，每天的工資僅二、三十比塞塔，按當時的匯率計算，還不到半美元。

教會完全壟斷了教育；全國僅不到百分之二的人口上大學，而且大學的課程老舊，有階級歧視，並且針對傳統職業。沉重的間接稅制，就像這個國家其他的一切，對上層階級有利。在政治上，在內戰中屬於戰敗方的人們就像不存在一樣，找不到工作，且他們的寡婦沒有合法身分。求職者必須出示受洗證明，而民事結婚證必須附有教會的婚姻證明。人們自豪地穿著藍色的長槍黨襯衫，戴著右翼翻領別針。這些難堪的條件使成千上萬的西班牙年輕工人離開農村進入城市，並且由西班牙出走，遠赴勞動力短缺且更繁榮的北方的歐洲國家。

上述情況與佛朗哥統治末期相去甚遠。一九六〇年，西班牙國民人均收入僅三一七美元，到一九七五年則超過一五〇〇美元。由於佛朗哥治理時的進步，當今西班牙人民享受到全國有史以來最大的物質繁榮；從前一般家庭罕見的電視機和家用電器，如電冰箱、洗衣機等等，現在已經司空見慣。幾乎所有的中產階級和許多工人階級家庭都擁有汽車、電話，大部分人都可享受社會安全福利。西班牙人稱這種令人印象深刻的經濟轉變為「奇蹟」，但實則不然。雖然政府為這些發展做了很多準備，但人民的辛勤工作及犧牲才是主因。然而，光憑這些並不足以扭轉局面。要是沒有觀光業（西班牙的頭號產業），沒有西班牙人在其他歐洲國家工作匯回的大筆金錢及數十億元的外援，所謂的奇蹟就永遠不可能發生。

近乎中世紀的經濟和政治環境轉變為二十世紀的消費社會的代價，現在仍由兼差（*pluriemplea*）、在工廠內長時間的加班，以及西班牙移工在北歐國家受到的羞辱待遇持續支付。然而與一九六〇年相比，當今西班牙人的食、衣、住都比以往任何時候更好；他得到了良好的醫療保健，也可以在人滿為患的海濱度假勝地享受一個月的帶薪假期。

在佛朗哥的領導下，政府和企業合作提高了生產力。外國專家受邀與西班牙人在工商業和教育領域合作；數千名聰穎的西班牙青年出國深造，在經濟、社會、科學和教育方面作深入的研究。結果促成了西班牙前所未見的團隊合作態度和心性。

西班牙工業由於起步較晚，因而受惠益於其他國家的經驗，並引進了最新的生產技術和現代機器。另外也設立了行銷、廣告和公關課程，加速銷售和經銷，而隨著貿易的擴展和與共同市場國家達成的優惠協議，外匯存底也開始累積。政府引導外國公司投資關鍵領域和行業，並以低稅率和廉價勞力吸引他們。這些公司引進了管理和主管培訓計畫，大大提高了企業高層的效率。

政府在數十個重要地點建築水壩，水力發電和灌溉都因此而有大幅改善。政府也展開熱核計畫。王儲和公共工程部長總是在為新的水壩或水庫揭幕。政府採取的保育和重新造林措施讓因放牧和內戰而摧毀的土地得以休養生息，農村的綠化顯而易見。佛朗哥將軍亟欲讓貧瘠乾旱的土地有水可用，因此許多西班牙人開玩笑地稱他為「青蛙佛朗哥」。

航空運輸獲得擴展並現代化；客運和火車的舒適度也有所改善。數百英里的軌道電氣化。先前農夫和旅人談天並共享玉米餅的三等木椅慢車車廂已被Tafs及Talgos兩種快車取代。

無可否認，佛朗哥政府為工人謀了很多福利，尤其是在社會立法和提高工資方面。社會安全福利涵蓋了大部分的勞動領域，包括老年、意外和健康保險、退休、產假和家庭福利，以及免費醫療和藥品折扣，這一切都讓西班牙更接近社會國家，儘管政府中的任何人（與許多保守的西班牙公民）都不願承認。國家還補貼低價住房，成立技術學校，組織合作社，鼓勵手工藝，在山區和海邊建立度假中心，規劃體育、娛樂和文化計畫。政府工會（*sindicatos*）控制大部分這種教育和文化活動。

人們由農村湧入工資較高的城市。馬德里的人口增長至三百多萬，而巴塞隆納、瓦倫西亞、畢爾包及塞維亞也迅速擴張。許多高雅的郊區都出現了現代風格的豪華小木屋，地中海沿岸也建造了最豪華的運動場和遊艇碼頭。西班牙工業在歐盟市場上更具競爭力，數以百萬的觀光客前來遊覽。西班牙如畫的風景、佛朗明哥舞、鬥牛及聚談會這些異國風情的組合，和以葡萄酒、橄欖、柑橘、廉價勞工出口的經濟，這些過去的印象已開始消失，儘管許多遊客依舊為這些元素和西班牙的豔陽及低廉物價而來，但如今消費已不再那麼便宜。

馬德里這個新的經濟大輪的輪軸，由傳統的官僚首都變為工業化的首都。這也造成了城市規畫和建設的幾個轉變。「建設熱潮」與商業和旅遊業齊頭並進。無論在西班牙的什麼地方，建築都改變了鄉村的面貌，從阿利坎特海岸和瓦倫西亞（經濟許可的馬德里人都在那裡買了公寓，每年只使用一個月），到通往馬德里機場路上，放著幾盆天竺葵的單調高樓，到普拉森西亞（Plasencia）、卡塞雷斯和奧倫塞（Orense）等省會首府不斷變化的天際線。

內戰結束後，馬德里有足夠的空間擴大和規劃歐洲最現代化的城市之一，但西班牙人卻沒有這對這點展開行動。當今的馬德里由於城市規畫的嚴重錯誤，公然濫用分區法規，房地產投機猖獗，綠化帶付之闕如，加上各種汙染，使城市已接近飽和。其中很重要的原因是缺乏營建規範，以及過去幾年興建的無數醜陋公寓。在當今的馬德里，找公寓住處可能是僅次於填寫足球彩票的運動。此外，雖然馬德里市區的人口成長為三倍，但面積並沒有增加。馬德里人只是改變了他們的其他地區（*barrios*）居住或搬到更新的公寓。

因工業而從農村前來的大量移民被大都市周圍的通勤城鎮和所謂的衛星城市工業園區所吸納。其中一些城鎮被納入馬德里市區，但一些統計數據可顯示外圍城鎮的成長情況：阿爾科孔

（Alcorcon）成長了四倍、阿爾科文達斯（Alcobendas）和赫塔費（Getafe）成長五倍，萊加納斯（Leganés）則成長了七倍。由於政府計畫重新安置工業，其他許多「疏緩點」，如沉睡的大學城埃納雷斯堡（Alcalá de Henares），也因為政府打算遷移工業陣地，使人口成長了三倍。在同一地區，裝配廠和化工廠進駐了特雷洪（Torrejón）和瓜達拉哈拉（Guadalajara）。許多新公寓紛紛落成，埃納雷斯堡則有了高效率的火車服務。

在馬德里的另一邊，通往托雷多的路上，莫斯托萊斯（Mostoles）和阿爾科孔也因政府要把欣欣向榮的家具業遷來此地而有類似的成長。在馬德里北部的發展則由富裕的中上階級家庭促成；他們在此興建了美式郊區，有私人住宅、游泳池和網球場。馬德里大學也因此在這些地區增設了三個新校區。

交通堵塞當然成為常態，但並不比其他歐洲城市更糟。可供兒童玩耍的公園不足。汙染對普拉多博物館的珍貴畫作造成破壞，包括委拉斯奎茲的名作《宮女》，因為博物館就位於市中心煙塵濃度最高的地區；政府已興建了過濾和淨化空氣的工廠，試圖防止畫作遭侵蝕或發霉。少數幾個亮點之一是馬德里（跟隨巴黎和倫敦的腳步）清洗了市容。重要的公共建築和廣場的外牆，如市中心的太陽門（Puerta de Sol）和阿卡拉門（Puerta de Alcalá）都已清潔和修復。

重要的社會變革隨著工業革命而來，其中有些改變打破了嚴格的階級藩籬。由於人口由農村流向市區，無產階級開始意識到自己的潛力，政府為了避免政治對抗而努力安撫這些工人。許多原先的無產階級也加入快速增長的中產階級。

階級差別無法承受這些快速的變化。成功的關鍵因素是教育和富足，而不再是血統、職業或世襲因素。人們無論出身多麼卑微，都可以經由軍隊、教會、主業會、政治忠誠、推薦、政府委員會考試，甚至僅僅憑自己的意志和才幹，在政治、教育和產業上出人頭地。

就像無產階級一樣，中產階級在經濟階梯也向上攀升。隨著擁有更多資金和投資，它的流動性更高。佛朗哥時代的專家、知識分子和藝術家往往來自這個階層，但與北方的歐洲國家相比，他們仍然是少數。西班牙社會依然屬傳統社會模式，儘管年輕人在對待女性、婚姻、自我、家庭權威及約會等方面的態度已開始轉變。雖然時間上有些延遲，西班牙人急切地接受進步和講究的外在表現，如服裝、音樂和髮型等時尚，但無論他們屬於哪種階級，他們在家庭關係和宗教方面依舊保守，一直到佛朗哥在一九七五年去世後才有所改變。

高階主管、經理和技術官僚等有力的中上階級開始出現。新技術官僚的寡頭集團大多與舊貴族合併，或取代了舊貴族。這些技術官僚與工業家和銀行高層一起形成了以保守主義意識形態和新自由經濟政策為特色的新寡頭政體。他們喜歡投資房地產和藝術品的投機買賣等「實體」範疇，在這些領域造成比例不一的經濟反應。接著，他們就像其他西班牙人簽足球彩票一樣玩弄股票。

中產階級崛起的另一奇怪特點是養狗的熱潮。在這個並非以人道對待動物出名的國家，大麥町和德國狼犬的數量和財富增加成正比，取代了骯髒的格雷伊獵犬（greyhound）和隨處可見的小鸚鵡。當今西班牙迫切需要「約束你的愛犬」運動。

美國遊客常說，佛朗哥當政之時，西班牙的城市比美國的城市更安全。人們可以不分晝夜、在任何時刻走在西班牙的街上，而不必擔心遭到搶劫、強暴、威脅或遇襲。在西班牙，夜晚最大的麻煩是找不到當地的「sereno」讓你進入你的公寓。sereno是附近街坊的守夜人，左鄰右舍沉重的大門鑰匙都在他身上。他屬於迄今依舊盛行的古老西班牙習俗，儘管早已沒有這樣的必要。

西班牙人在更深層的心理層面上也發生了更微妙的變化。由於教育、國外旅行、工人外移、旅遊、廣播、電視之故，西班牙人雖緩慢卻確實地改變了他們看待自己與外界關係的方式。他們對西班牙傳統機構的觀點也發生了變化。階級的流動、移民至都市，以及更多的教育，都慢慢影響西班牙的道德標準及其整體的價值體系。

西班牙在一九八〇年代仍然是未開發國家，但西班牙人喜歡將自己視為處在「迅速發展的過程」的狀態。他們因國家「向外開放」，接受外來的影響，以及加入歐洲其他國家而自豪。舊的仇外心理已自然死亡。西班牙的許多問題，譬如通貨膨脹、工業、勞工和農業的困境等問題，也是「已開發國家」常見的問題。但在佛朗哥統治下，西班牙獨特的政治結構不允許採用已開發國家通常的機制和解決困難的辦法。

在每一個主要的機構——政治、教會、軍事、教育、勞工、社會，都有流動、變化和態度分裂的跡象。上述這些領域中，在六十歲以上並曾參與內戰的保守階層，以及如今掌控國家、更年輕自由的戰後派系之間，都有代溝存在。未來最重要的任務之一，就是由一個世代到另一個世代，以和平的方式完成過渡。

觀光業

雖然觀光業包含數個領域，但可以視為西班牙的主要產業，因為它早已占全國收入的百分之十以上，對國家經濟政策恐怕是最重要的單一影響。佛朗哥明白觀光業對西班牙的重要，並盡力鼓吹觀光。第二個發展計畫始於一九六八年（由於美元在一九六七年貶值，因此比預期稍晚），集中在吸引和迎合遊客。第三個發展計畫則強調觀光業「重質不重量」，並試圖彌補因大量遊客湧入而帶來的問題。

這個產業在西班牙的國際收支上至關緊要。觀光業對全國收入的地理分布也有影響。傳統移民的地區，如地中海南部和巴利阿里群島（Balearic Islands），在一九六〇至七五年間吸收了約四十萬名農民從事觀光業工作，而加納利群島也因觀光業而「重新發現」。

由一九六〇至一九七五年佛朗哥政權結束之間，外國遊客造訪西班牙的人數由每年四百萬增加為三千兩百萬，為西班牙經濟挹注了數十億美元。除了外國遊客之外，另一個正面的因素是享有更長的帶薪假期西班牙人，開始探索自己的國家。空中交通的增加促成更多位置較好的機場的需求。寬闊的新公路則沿著地中海、巴斯克海岸，由北方的伊倫（Irún）經馬德里到南方的馬拉加，疏解了歐洲其他地區湧來的遊客。國營旅館（*paradores*）和供朝聖者住的庇護所（*albergues*）的數量幾年內增為三倍。馬德里興建了數家中等和一流旅館，而伴隨著（在馬德里、托雷莫里諾斯〔Torremolinos〕、巴塞隆納舉辦的）研討會而起的淡季旅遊，使西班牙成了歐洲最受歡迎的會議中心。

但是這個魅力十足的上層結構卻有幾個漏洞。增加為三千兩百萬的觀光客人數遠超出過去的估計。酒店服務品質明顯下降，但因旅客大量湧入，品質確實難以控制。根據資訊和觀光部長的說法，這將是下一階段的工作。原本該部還可以徹底檢控飯店，但是很快就因飯店數量增加（可能還有賄賂）而變得窒礙難行。

一般遊客在西班牙的實際花費很少，每人大約兩百美元。大多數遊客都是西班牙人所謂的「麵包和葡萄遊客」（*turistas de pan y uva*），意思是遊客只花錢買最基本的必需品，換取在陽光下消磨的場所。法國觀光客和大部分學生就屬於這種類型；他們是花費最少的消費者，卻是最大宗的入侵者。此外，西班牙人本身也紛紛湧向海灘，有些海灘擠得就像紐約的康尼島（Coney Island）一樣。在夏天，馬德里有一半的人口都在觀光勝地貝尼多姆（Benidorm），以滿足受虐的人潮恐懼。

在西班牙北部和加利西亞沿岸的旅遊業以西班牙人為主，因天氣不穩定之故，遊客只去巴斯克海岸部分地區和桑坦德。不過加納利群島的觀光業則一年到頭都很蓬勃，其最大島嶼馬洛卡（Mallorca）在某種程度而言確實如此。去過這兩個地方的美國遊客說，他們根本沒有聽到西語。在地中海沿岸有些好脾氣的小餐館老闆會標示「此處說西班牙語」，但在特內里費島（Tenerife，按：加納利群島之一），旅館老闆、職員和服務員大多是外國人，尤其是德國人，只有女僕是西班牙人。在失業率非常高的地區，這實在諷刺。

西班牙工人階級由旅遊業的繁榮中受益多寡，值得懷疑。就連著名的國營旅館和朝聖者的庇護所都是透過私營企業由食物到家具的優惠來籌措資金。大約百分之九十八的觀光業是來自私人融資。在這方面獲利的是實力堅強的建設和房地產集團。

在觀光業中最教人不滿的是旅遊業者，西班牙人和外國人都一樣，操縱蜻蜓點水式的旅遊。套裝行程、包機——尤其是來自美國，往往對旅遊和旅館業者有利。有些馬德里的旅館把所有的房間都保留給這樣的旅行團。如果你去訂不包飲食的單人房，即便旅館的一半都是空的，他們也會讓你吃閉門羹。通常由美國訂房比由馬德里更容易。此外，旅行團總以為連小費在內，一切費用都已包括在行程收費之內，所以往往不會留多少小費給旅館工。

旅遊業者常常偷工減料。譬如，有的托雷多之旅總時長只有兩小時。有的業者辦「馬德里半日遊」，但不包括普拉多博物館和王宮。他們承諾讓遊客住進「豪華酒店」，卻沒有說明豪華酒店有幾個等級，品質差異極大。西班牙一流飯店獲准漲價，以提高服務品質，但真正發生的情況是，價格雖然高漲，服務卻仍然很普通。

匈牙利、羅馬尼亞和波蘭的航空公司在馬德里設了辦事處，每週都有航班往返這些國家，西班牙旅客可以往訪，幾乎沒有限制。我在安達魯西亞和托雷多看過許多俄國、匈牙利和南斯拉夫的旅行團。除此以外，還有一個非常富有的小群體，也受西班牙吸引而來，卻沒有讓一般西班牙人受益。這些人在南部海岸高級度假勝地馬貝亞（Marbella）附近的索托格蘭德（Sotogrande）房地產開發區可以見得；這裡是最豪華的住宅建築區，有全歐最好的高爾夫球場，業主則是美國人。前美國副總統史皮洛・安格紐（Spiro Agnew），他在三天的西班牙之行中，就在這裡待了兩天；另一天則是參加在拉格蘭哈舉行的七月十八日勝利年度晚宴。

西班牙可提供的不只是海灘和陽光而已，其他方面之所以還未開發，是因為大多數外國人或西班牙人還沒有採行「文化旅遊」。他們不探索西班牙風景或建築的多樣性和美感。民間傳說和傳統節日因國際觀光節（*fiestas de interés turístico*）宣傳活動而走樣，原本樸拙真實的慶祝活動，變成塞西爾・德米爾（Cecil B. de Mille）電影中的景象，教人不由得疑惑除了聖週（Semana Santa）、四月春會（*Feria*）和潘普洛納奔牛節之外，觀光客幾天的入侵是否值得當地人民付出努力。

在佛朗哥治理末期，另一於剝削上，無論在海內外都獲得巨大進展的是房地產投機買賣和不負責任及不美觀的規畫。由於沒有營建法規，醜陋的混凝土建築占據了海岸線；也有業者為了建造二十層樓高公寓大樓，而賄賂當地市長。最近在美麗的佩尼斯科拉海灘（Peñiscola）出現的大型建築物就是一例。這裡的建築師設計並在海灘上建造了一棟摩天公寓，教人想到阿維拉的中世紀城牆。他完全忽略了這座高樓後面的雙層公寓和小農莊。另一家強盛的營建公司則在托雷莫里諾斯興建了大規模的公寓建築出售，違反了禁止在當地興建公寓的營建法規；但那裡並沒有禁止興建旅館的法律，所以該公司乾脆把這些難看的建築物當作旅館，出租給外國旅客，以規避法律。

在佛朗哥去世之前，勞工問題成為重要的議題。許多人外流到沿岸和島嶼上作電工、水管工和技術人員，導致西班牙其他地區嚴重缺乏這些人才。然而，營建熱潮終於消退，許多人因而失業。有些人為了逃避剝削和低工資，由農田遷移到沿海地區，但他們的情況並沒有因此而改善多少。對他們來說，觀光業也是季節性的，因此也是一種流動性的工作。他們長時間工作，必須簽署「空白合約」，並從旅行團那收取微薄的小費。旅館工會與業主同一鼻孔出氣，很少幫助他們。

最後，西班牙近一半的海灘都受到汙染，多尼亞那國家公園（Parque Nacional de Doñana）的生態系統慘遭破壞。美國石油公司在塔拉戈納海岸探勘，染黑了附近的海灘，而位於羅塔（Rota）的潛艇基地也因漏油而毀了當地的海灘，導致豪華旅館遭廢棄。

如今西班牙的觀光業可能已接近其最高產能，但如果西班牙要繼續由這一收入來源中獲得可觀的利益，上述的情況就不能再持續下去。

經濟概況

產業（一般）。佛朗哥政府將投資和外資引入幾個關鍵領域，如汽車裝配廠、電子、石化廠、鋼鐵、公用事業、冶金、營建、航空運輸及觀光業。西班牙在造船業的表現很快就躍居世界排名第四，在鋼鐵製造業排名十六，漁業排名第十，觀光業則無疑是舉世第一。在農業方面，西班牙在葡萄酒、柑橘、橄欖油和軟木業排名前四。西班牙在汽車出口方面也位居世界前十，在製鞋、紡織和家具等輕工業亦居領先地位。

外匯存底。觀光業、移民回國和外國投資使西班牙的外匯存底增加，有助於國際收支。這三項外匯收入來源使西班牙四億美元的貿易逆差轉為近十億美元的盈餘。經濟學家建議將這些存底用於創造新的就業機會，建立新興產業，消除失業，但並沒有做到。

自由化。為配合西班牙的世界政策，政府也放鬆了對進口的保護政策和限制。政府降低了關稅，也授權對海外的西班牙公司進行更多投資，尤其是在非洲和拉丁美洲。西班牙開始把大部分的汽車產品及數千種技術文件出口到拉丁美洲。西班牙石油公司（Hispanoil）獲得了阿爾及利亞境內的撒哈拉沙漠的探勘合約，並向沙烏地阿拉伯的石油公司提供技術援助，換取一些石油，以對抗全歐洲最高的汽油價格。私營公司投資了茅利塔尼亞（Mauritania，按：西非阿拉伯國家）的一家豪華旅館集團，引起漁業和觀光業衰退的特內里費島民強烈抗議。西班牙公司提供資金給摩洛哥和巴拉圭的灌溉計畫，同樣也引起了認為應該在國內作此類投資者的抗議。

股市。西班牙經濟變化的另一個跡象是先前只有少數圈內人在交易的股市，如今投機者激增。一直到佛朗哥政權即將結束前，因為人民對政府欠缺信心，抑制了投資和投機；在投資上，人們偏愛房地產，而非產業。但在一九七〇年代，除了房地產這種較穩定的投資之外，更多的中產階級開始進入股市。收音機在每日新聞廣播中，繼體育評論之後，就是股市行情報告。佛朗哥的經濟學家把股市作為中產階級對政權穩定、社會和平繁榮信心的標誌。

投資。投資在西班牙有三大類型：政府、外資，以及私人（主要是銀行業）。在佛朗哥統治時期，約百分之六十的工業資本由政府投資，並藉由西班牙國家工業聯合會（Instituto Nacional de Industria）控制。鋼鐵、造船和電力（水力發電）大部分的資金都是由這個機構掌控。許多西班牙人認為，政府應該接管更多公共服務的融資，譬如電力和天然氣、汽油和公路建設，這些在西班牙是由私人銀行和主業會所控制。但這要回溯到財政改革。在許多歐洲國家，這些行業都是國有的。在這方面，伊比利亞航空公司（Iberia）已國有化；西班牙國鐵（RENFE）也是，但它不斷地虧損，其商業運輸部分仍需現代化。為了打破傳統環形放射狀的交通路網，西班牙興建並規劃了很多新的公路，但社會大眾沒有料到的是，其中很多都是收費公路，只對興建它們的私營公司有利，而非造福全國。

外國投資約占總數的百分之十五，但這又是比例問題。西班牙一九七五年的二十五個主要工業園區中，只有兩個完全為本土企業（喜悅汽車〔Seat〕和比斯開高爐冶金公司〔Altos Hornos de Vizcaya〕）。其餘的，尤其是汽車和石化業，幾乎完全由外國控制（譬如，泛世通輪胎〔Firestone〕、奇異電氣〔GE〕、雷諾汽車〔Renault〕、克萊斯勒〔Chrysler〕、雀巢、米其林、倍耐力輪胎〔Pirelli〕等）。製藥和化妝品業也全屬外國企業。福特在瓦倫西亞薩貢托（Sagunto）的柑橘林中興建了一座工廠，就位於知名的古羅馬劇院旁，造成了西班牙最美麗的海岸線的汙染，但它靠近瓦倫西亞港口，為因柑橘產業衰退而失業的人提供了工作。在福特汽車公布建廠計畫後不久，通用汽車迅速反應，在塞維亞興建一間工廠。另一個由ＩＢＭ控制多年的投資領域是電腦，不過荷蘭、法國和日本公司認識到電腦作為西班牙經濟發展重要因素的巨大潛力，也正在爭奪擴大在該領域活動的權利。

日本人在西班牙僅在手錶、相機、電晶體和電視機等領域打破了歐美公司的障礙，但他們正在擴大攻勢。三菱在馬德里的負責人最近宣稱，西班牙「可能成為我們在包括非洲在內的整個地中海地區的跳板」。順帶一提，日本人也已切入了西班牙吉他製造的壟斷地位，並對佛朗明哥十分著迷。年輕的日本人侵入了安達魯西亞的小酒館，渴望掌握佛朗明哥伴奏的奧祕。在一九七〇年代也有一位日本籍的佛朗明哥舞者（*bailaor*）在馬拉加大受矚目。

在佛朗哥時期接近尾聲時，許多資金都掌控在私人投資手中。投資於工業的大部分資金都由私人銀行掌握，其中有些是由主業會所控制。這些人由富裕的企業家、貴族和大地主支持，共同組成了由國家和政府工會支持的寡頭政治。他們的政策是經濟「自由主義」和保守的意識形態——即使並不反動，也加劇了社會其他領域的緊張局勢。這些集團投資營建業和不動產，使這些領域出現不受控制的投機情況。

譬如，自一九四〇年以來，所有主要的營建合約，無論是否為國家的合約，都由四家公司控制：Huarte、Agroman、Dye、Entrecanales。他們賄賂地方官員，公然違反建築分區的法規，並阻礙了馬德里的城市規畫。他們經常聯合起來壟斷利益。獨立投資或「中型」的公司幾乎沒有機會生存。西班牙的公司若非利益連結的超級大企業，就是非常小的家庭手工業，譬如製鞋和家具製造業。

總之，人口結構的變化及由農業向工業的轉變，導致人口和資金朝三大地區集中：馬德里、巴塞隆納、畢爾包。東部和南部海岸沿岸也有為吸引觀光客而開展的營建熱潮。這一切都有助於加強上層階級的寡頭統治，但在下層階級中，卻造成了摩擦和潛在的政治及社會動盪。政府已承諾未來的發展計畫、法律改革、勞動立法和稅收改革，應該有助於緩解經濟在這方面的問題。

薪資、物價與通貨膨脹

由於各階層的社會安全福利的增加，包括農場工人在內的每日最低工資的提高，十四歲以下兒童免費教育計畫的實施，加上獎金、補助、貸款和其他好處，一般工人的生活獲得改善。但是有三個問題：（一）支持這種社會福利的資金來自何處？（二）工資上漲帶來物價上漲，使西班牙的通貨膨脹率躋身歐洲各國最高之一（譬如，喜悅汽車一方面為工人大幅調薪，一方面迅速調漲所有車款的價格）；（三）普通工人收入增加不僅是因為基本工資提高，而是以他們兼差、加班和全家人的犧牲為代價。

西班牙的工資數字很少代表實際收入，因為基本工資與實際收到的金額幾乎總有差異。社會保險和所得稅雖依基本工資計算，但總工資或實際工資則是按十四或十五（不僅僅是十二）張薪水支票、紅利、各種獎勵、利潤分享、家庭人數、加班及其他項目來計算。有些工作的這種額外收入占基本工資的一半，而這個金額不受社會安全稅（占底薪的百分之三十八）的限制。雇主通常支付社會安全稅的百分之三十，工人則支付剩餘的部分，但在某些情況下，雇主支付全部的稅額。社會安全在西班牙勞動法中是不可免除的權利，如今執行的情況比以往更加嚴格，因為先前工人經常收到祕密「信封」，內含未經上報的現金，作為部分工資，而這些酬勞並未支付社會安全稅。政府如今對這種情況處以重罰。

在佛朗哥政權的最後十年，西班牙營造業一片火熱。馬德里、巴塞隆納和畢爾包這工業三角不但向上，而且朝四面八方前進，新建築紛紛建立，但南方和東方海岸則過度建設，到處擠滿了成群的外國人。投機行為猖獗，而且政府也並未採取行動，向資金充足、藉旅遊熱潮大賺其錢的大型房地產開發商收稅。然而西班牙確實在十二年間興建了三百萬套新住房，紓解了擁擠的居住環境。

二十年前，在西班牙的三等火車上，大家談論的大半都是關於食物的問題。甚至連提起內戰時，大家回想的是戰爭期間和之後糟糕的飢餓問題，而非戰爭暴行。如今家庭主婦雖仍關心食物的價格，但飢餓不再是人們熱議的話題。在當今的火車上，談話圍繞著公寓的價格、到哪裡度假（或上次度假的地方），怎麼為孩子籌教育經，怎麼買更大型的汽車，還有足球。鬥牛已被足球彩券取代。先前西班牙人對外國人的彬彬有禮名聞遐爾，如今則隱含著對外人的怨恨，尤其是對於不會說西語的外國人。

物質進步十分脆弱，在它變得最明顯、最矚目時，就是人們必須保持警惕，試圖看到其背後問題的時刻。尼采曾說，從長遠來看，沒有發生的事情比已發生的事具有更大的影響力。這話確實有一點道理。佛朗哥的經濟奇蹟解決了西班牙的一些問題，但卻忽略了其他許多問題，而這些問題傳遞給後繼的政府，絕非輕鬆的負擔；即便不是天才也明白，他們恐怕要有約伯的耐心和所羅門的智慧，才能解決這些問題。除了通貨膨脹、失業和恐怖主義的崛起，以及佛朗哥嚴密「結構化國家」逐漸弱化的外在跡象之外，其經濟本身也存在嚴重的基本缺陷。這些問題依舊存在。

三大問題領域

農業

最急迫的農業需求

一、培養更多年輕人、教育更多專家並引進新技術。
二、提高工資、縮短工作天數、擴大社會安全保障，以及保證休假。
三、改善通訊，使技術和機械現代化。
四、保育、重新造林、保護野生動物，並成立更多的國家公園和保留區。
五、大小莊園的土地改革，一方面控制小塊土地的消失，一方面重新分配大型的合作土地。
六、透過發展水力發電、水壩和水道，增加耕地面積。
七、更新由耕種者到消費者的市場組織。
八、建立工業基礎設施以平衡農業。

有鑑於西班牙農業的本質——土地分配極度不均、不規則的降雨、灌溉不足、如小麥、穀類等回報率低的作物、仰賴移工的季節性農作（如橄欖、葡萄、柑橘、棉花、軟木等）、缺乏機械化、廉價勞力，人口外流到城市也就理所當然。這種外流本身並不會對西班牙經濟造成損害，其實如果能伴隨理性的土地改革、現代技術、對農場工人提供更高的工資和福利，以及保育的技術，還會有利可圖——一言以蔽之，如果能解決上述這些問題的話。過去幾十年來，農業當然有了進步，但它依然處於經濟行列的末端。上述改革仍在緩慢地進行，但過程中也有舊結構和新科技相對立的問題。農業迫切需要訓練有素的能幹青年來改造這個領域。

西班牙的總面積為一億兩千三百四十萬英畝，其中百分之八完全不能生產，百分之五十一是森林和牧場，百分之四十一（六二六〇萬英畝）是耕地。這個數字雖與其他歐洲國家相當，但結果和產量卻截然不同；旱地農作占了六成，只有六百三十萬英畝土地，也就是百分之十二點六是灌溉土地（主要是埃布羅河、東岸地區、安達魯西亞、埃斯特雷馬杜拉，以及卡斯提亞的一小部分）。如果有良好的灌溉計畫，這個數字可以翻倍。

在**土地改革**上面臨的問題在於，有大面積的土地尚未由地主開墾，或者留下休耕，或用於放牧、租給佃農，或只有季節性的移工在其上工作。一九七一年土地改革法（Ley de Fincas y Comarcas Mejorables）要求大型土地所有者必須種植部分土地，不然就要徵用，但因上層階級仍有太多的權力，使得該法並未嚴格執行，不過已有一些改進。位於托雷多省塔拉韋拉附近的馬爾皮卡德塔霍（Malpica del Tajo），當地的公爵和他的侯爵妹夫已把他們廣闊的土地轉變成模範農場。雖然他們不得不砍去一些橄欖樹，但他們引進了新的灌溉技術，並開發了歐洲最大的實驗牧場。起初，這個死氣沉沉小鎮的居民持懷疑態度，但現在他們充滿熱忱，也更加富裕。由於供水增加、區域綠化且適合狩獵，吸引了人們在鎮上興建週末別墅，所以每個人都獲利。

相較之下，也有像卡塞雷斯這樣的省分，其中百分之四十的耕地都掌握在百分之十的居民手中，而這些人就是在卡塞雷斯風景如畫的老城區，擁有空曠豪宅的業主。他們只為婚禮和洗禮儀式才返回家園。豬農皮薩羅的後代正在剝削他們出身的階級，因此往城市和海外的移民潮還在繼續。現在這是哪種征服者的土地？馬德里？德國？

這種大農地（*latifundismo*）的社會和政治後果雖然重大，但把這些大片土地分解為小農地（*minifundios*）並不是解決方案。仍然留在農地上的人想要的是更高的工資、更好的生活條件、社會安全保障、更好的醫療保健及更多的學校，為他們的孩子創造更美好的未來。移往城市的農工追求的是同樣的目標，只是他們到城裡去尋求這些福利。缺席的地主不僅僅是擁有大地產的人，也包括放棄了自己的小塊土地，交給親戚或佃農的地主。

另一項重要的土地改革由土地改革與發展研究所（Institute of Agrarian Reform and Development）指導，並在南北兩方的小農地開展。該計畫配合水力發電一起實施，以增加耕地面積和產量。政府還鼓勵更有效率的耕種、合作、土壤保持和對抗天災。這種土地改革引進了機械化（十五年內增口了兩百萬台拖拉機），並用新的肥料提高作物產量。這兩個因素都取決於地形種類、降雨多寡和灌溉範圍。每年田間都可看到更多的拖拉機和打穀機，但有些地方，譬如阿維拉的一些地區，石頭和巨岩太多，使得這種機器派不上用場。

龐大的灌溉工程開始進行；水庫和水壩也已興建。值得注意的是巴達霍斯（Badajoz）和哈恩廣闊的灌溉土地，這兩個是第一批獲得優惠待遇的省分。梅里達現在是特殊肉類包裝業的中心，也實施傳統的「trashumancia」（冬季把牲畜由北向南移牧）。拜太加斯河和瓜地亞納河的水道之賜，巴達霍斯終獲灌溉，但卡塞雷斯在土地改善上卻未付出太多努力（拉維拉〔La Vera〕和普拉森西亞兩地區除外）。其他重要的水力發電系統，如通過亞拉岡乾燥的莫內格羅斯〔Monegros〕的埃布羅河的渠道，和杜羅河灌溉坎波斯地區〔Tierra de Campos〕，以及北部錫爾河（Sil）和米紐河（Miño）的計畫，都已經有成效。另一個重要的計畫是所謂的「塔霍河—塞古拉河運河」（Transvase Segura-Tajo），其中涉及改變太加斯河的一段路徑，讓其流向地中海。這將可灌溉萊萬特的大部分地區，希望能為莫西亞和阿爾梅里亞（Almería）的沙漠地區帶來生機。順帶一提，阿爾梅里亞這個省已經成為「義大利式西部片」（spaghetti western）電影的中心。而這也多少解決了一個很大的勞工問題，那就是吉普賽人。他們在這些電影中扮演印地安人，賺的錢比當地人還多。

農民和移工的最低工資已經提高了數倍，社會安全保障、醫療和退休福利也都已延伸到這一領域。雖然小農和農夫仍然受經銷商剝削，但與新合作社和超市連結而成立的區域農產市場網絡，或許可以幫助他們。只是牧牛業者和批發商在政府中的遊說非常有力，使這種援助保持在最低限度。

農業的另一項創新是作物種類的增加，而這反過來對出口造成了影響。先前西班牙出口以餐前酒、甜酒和柑橘聞名，但現在西班牙人種植和加工更多品種的蔬果、橄欖油和穀物，以期進入共同市場。

回到農業改革更為積極的層面——一般來說，即使在小城鎮，人民現在生活更便利，有更好的生活條件；電視天線激增；年輕人穿得更好，都有電晶體收音機或唱盤，在週日下午散步時，為他們的戀人大聲播放。今年我重訪了迄今仍屬落後地區的村莊，如位於薩拉曼卡的赫迪斯（Las Hurdes）和格拉納達的阿勒普哈拉斯（Las Alpujarras）。從前幾乎難以抵達這些地區，如今則已有由木材公司或採礦業者鋪設的道路，享受許多現代的便利。一方面，觀光業推廣如畫的風景，以及村民恨不得擺脫的落後景觀；另一方面，在雷昂、薩莫拉和奧倫塞省，仍然有原始到難以想像的地區，是移工大規模出走的犧牲品。如果他們有更好的道路和設施，也能使該地成為旅遊景點，提供滑雪和登山活動。

位於各省首府附近的村莊實際上也越來越繁榮。現在出現了一種和移居城市相反的遷移現象。西班牙中產階級如今有更長的週末以及汽車，可以離開城市。至少在週日，人人都試圖逃離城市，結果週日晚上的馬德里就像洛杉磯一樣出現大塞車的情況。休閒時間的增加和富裕程度的提高，使西班牙人在各省首府附近的村莊買房子或新公寓，或者修建舊公寓、舊農舍，使新生命注入了迄今還遠離喧囂和城市人群的休眠村莊。

政府也推行保育計畫，尤其是在重新造林和漁獵保育。索里亞、塞哥維亞和哈恩已經重植松樹和尤加利樹。但有些計畫，尤其是在沿岸區域的計畫，卻遭森林大火摧毀。在赫羅納、馬拉加及加地斯省的山城，有些最美的地方也遭林火焚毀。這是因為遊客數量增加而支付的高昂代價。樹林保育也與房地產和旅遊開發最強勢的單位發生強烈衝突，造成生態體系的嚴重災難。

在農業中也發生社會轉型，可能出現在大家最沒有預料到的群體中——在安達魯西亞的中產階級之間。雖然對工人仍有傳統的剝削或蔑視，但領袖（*cacique*）和安達魯西亞封建寡頭政治的古老形象已在改變。哥多華已有技術和管理學校成立；塞維亞、赫雷斯及安特克拉（Antequera）也有了農業公司。在經濟上，比起消極的貴族，具有較現代眼光的新中上階級鼓勵投資，並引進有利可圖的資本主義。塞維亞新的「資產階級」（*burguesía*）、赫雷斯的農業企業，以及哥多華的工人協會在政治和經濟上都變得更加強大。

傳統與創新

西班牙人一旦離開自己的村落，很少會再回去久留。因為那裡的氣氛太教人窒息。許多年輕人只在參加當地節慶，或家庭團聚、結婚的場合，才會回去盤桓幾天，但不久住。這是小家園（*patria chica*）理想及在西班牙仍然非常強大的地方主義情緒的另一面。此外，工業化過程透過迫使來自許多地區的人們在面對勞資衝突時，變得團結共處，因此逐漸消除了城市中的藩籬。很少有學生真的會想回到自己出身的村莊，協助提高生活水準，並直接進行改革。他們對廣泛的馬克思主義得革命抱持理想，通常把土地問題（以某些理由）歸咎於政府，但是談到具體的協助方法時，他們卻很少會拋下私心。

無論引入多少次政府改革，都很難抹除城市男孩—農村男孩（*señorito-campesino*）的心態。在這個領域，受過良好教育的城市公僕很難既協助人民，卻又不至於瞧不起他們，但他們達成有一些顯著的成果。諷刺的是，這些成就來自於「保守的」社會部門：（一）由天主教行動（Acción Católica）組織的掃盲運動，讓學生或其他年輕人擔任義工，在暑假期間在鄉村教村民讀書寫字；（二）由軍隊教導村裡的男孩讀書寫字，並給予職業培訓；這是義務兵在役期間的義務，通常由軍中牧師執行；（三）由政府補助的長槍黨婦女部（Sección Femenina）的巡迴教師（*cátedras ambulantes*）前往像索里亞的偏鄉村落，教授衛生、照顧兒童的知識，並為村民提供小學課程，無論男女。儘管這背後抱持著政治理想，但執行這些任務的年輕和中年婦女往往在逆境中英勇地工作，工資很少，或根本沒有；她們抱持著犧牲奉獻的精神，不幸的是，更「博愛」的機構卻缺乏這樣的熱忱。

毫無疑問，農業領域最大的問題是缺乏足夠培訓和雄心的年輕人，以改變整個系統並引入根本的結構變化。目前沒有太多誘因使年輕人願意留在家鄉，雖然最近在教學和醫療專業的青年於申請城市工作之前，按規定要先下鄉至少一年（馬德里醫學院的學生因為這項規定而罷課）。通常服完兵役的男生不會返回自己在鄉下的老家。一個又一個卡斯提亞的村莊都只剩下老人。這些人多少世紀以來都以相同的方式耕種，他們覺得很難了解派來協助他們的農業顧問所提的建議，以及他們對新技術、輪作、現代機械、肥料等的說明。當然，在打開狹隘的世界方面，電視立了大功，減少了在村子裡的沉悶無聊，也提供赴城市的誘因。

這些城鎮需要更多的專業訓練中心提供新的生活。到目前為止，農業部已派出一些特別顧問訓練農民，但這些人也必須要有傳統農村協會的合作。這又再次涉及了重新分配土地，以更好的方式運用大塊土地，並結合小塊土地的問題。很難讓這些人相信，較大面積的耕地利潤較高，每年可以出產更多量和更多次作物。

與此相關的是這幾年來政府大肆鼓吹的「模範城鎮」問題。這些城鎮失敗的一個顯著原因是，大多數年輕人都已遷往城市工作。留下來的都是老年人，他們已在這些小塊土地上工作了幾個世紀。這些長者不願重新安頓。這還是一個美學問題。在每個較古老的村莊，無論多麼貧窮，房屋都有自己的個性，而模範城鎮則整潔、潔白、枯燥乏味、欠缺個性，可以與都市中工人所住的蜂巢住宅相比擬。不過後者確實更舒適，也擁有更多的現代設備。

在拉曼查、安達魯西亞及埃斯特雷馬杜拉，就有很多像這樣的新興模範城鎮。它們大多位於平坦的地區，有大片土地可供耕種、灌溉、飼養家禽及牲畜，而在一切設施的中間，最突出的建築物就是教堂及其鐘樓。拉曼查省巴爾德佩涅斯（Valdepeñas）附近的一個新城鎮就曾是這種模範城鎮的樣板，政府也鼓勵遊客前往那裡參觀。

我在埃斯特雷馬杜拉曾經過幾個像這樣的城鎮，外觀破敗，或許是因為居民認為它們並不屬於自己。其他許多小城已遭遺棄，因為沒有人願意住在裡面。薩莫拉省有一個全新的模範小鎮根本沒人居住，因為其建築是安達魯西亞風格，並不適合薩莫拉的氣候和特質。

與新模範城鎮相對照的是，許多古老的村莊也遭完全遺棄，尤其是在瓜達拉哈拉、特魯埃爾（Teruel）和索里亞省。這些幽靈村如今空蕩蕩，因為它們在中世紀存在的理由，作為對抗摩爾人的防禦前哨，已經不復存在，而且很少有人能夠忍受這些地方惡劣的氣候。其他有些村莊是為了興建水壩和水庫而遭遺棄。居民遷移到三個擁擠城市的「神經痛三角」（neuralgic triangle）區，或者赴沿海地區，找建築或旅遊業的工作。有些村莊，我只看到老人，他們請我拍照，好寄給他們在德國的孩子。有些地方的老人則向相機丟石頭，認為外國人想拍攝他們可憐的情況好在國外展出而氣憤不已，而這的確情有可原。同時，政府又宣布許多這類的村莊是「國家古蹟」，卻沒有為了保存其景觀而採取任何行動，以改善照明或衛生。有些城鎮只不過拆除了「典型的老舊住宅」，改建為單調的公寓，但也有些城鎮正在保護這些舊建築，同時興建風格相同的新屋，以保持建築形式的統一。

從農村轉變為工業環境時，在文學上一個不可避免的損失就是可以吟唱傳統歌謠的人數減少了。古老的民歌也逐漸消失。遊客現在很難在較大城鎮和都市的街道上聽見歌聲。西班牙的兒童也和美國兒童一樣，唱的是電視上播放的歌曲，而非老童謠。不過如果在安達魯西亞或南方的任何一個村莊的大街上散散步，就會聽到幾種凡丹戈，包括小凡丹戈（fandanguillo）、悲孤調（soleare）及佛朗明加達（flamencada）。人們再次對各種類型的佛朗明哥舞產生興趣，在赫雷斯甚至有佛朗明哥舞的專門學校。到處都舉辦各種比賽，可能是為了吸引觀光旅遊。不幸的是（或者對鄰居來說倒是幸運的是），酒吧和小酒館外面禁止唱歌的標示牌更尋常可見。我倒從來沒有看過告示牌禁止電視聲的轟炸，或者在安靜的鄉村道路上狂飆機車的聲響，還是西班牙人不停地打彈珠台的敲擊聲。

在農業整體情況中最嚴重的問題是：（一）是缺乏工業基礎設施，以平衡農業，並防止居民外流到城市；（二）缺乏訓練有素的年輕人以引進新技術。哈恩雖有大片土地種植橄欖和小麥，卻只有一家電視組裝廠和一家製造拉鍊的工廠，失業人口達七千。雖然政府多年來承諾修建人民迫切需要的由希洪（Gijón）到塞維亞的公路終獲批准，但放射狀的交通路網仍是主流。要從巴達霍斯到阿利坎特，還是得先往北到馬德里，才能轉往阿利坎特。至於建設新道路和工廠的材料從何而來？原本一家新的亞什蘭水泥廠（Ashland Cement）可以提供原料，但工廠主人卻因勞資糾紛，乾脆解雇了工人、關閉了工廠。一群有心發展的商人想在巴達霍斯興建紡織廠，但因帶來汙染而遭居民大舉抗議——那年七月，瓜地亞納河浮出數百條死魚。

政府已開始成立職業學校（Institutos laborales，現稱職業大學〔Universidades laborales〕），在農業領域培訓年輕人，教育下層和中下階層的學生，結合高中教育和在農業、畜牧、工業、採礦、漁業和管理的實際訓練。學生在為期七年的課程結束後可以取得文憑並進入工程大學。儘管入學人數和學校數量都有增加，但這些學校卻因為以下幾個原因而遭人詬病：首先，它們的校址不佳，位於哥多華、希洪、塔拉戈納和塞維亞，且校園大多造價不菲（在卡塞雷斯和薩拉戈薩的新職業女校看起來就像現代大學的校園）；另外畢業人數比例低，有些學生又因課程和其他因素，而和教育部發生衝突。但也許最重要的原因是，傳統觀念認為真正傑出的教育是高中人文教育，而非與「低級」農業課目相關的課程。但是類似職校的技術學校表現要好得多，也更受歡迎。它們的目標是為工業培訓有熟練工和師傅水準的技術工人。這種學校受歡迎的部分原因在於，它們所教的技能在城市比在鄉村來得實用。

總之，農業和工業缺乏年輕技術工人，和各種類型的教育的欠缺一樣，是西班牙最緊迫的問題。再加上目前大學的困境，恐怕會產生一整代在政治、社會或經濟方面都未做好準備的「未來領袖」。

一位敏銳的人類學家最近對西班牙農業做了研究，結論如下：「內戰終止了大規模的土地改革及針對集體土地使用的政府和工人運動。如今政府首要關注的是旅遊開發，而非土地改革。」[1]他還指出：

> 政府和地主非但沒有實施內部改革和耕種土地，反而把一部分祖產出售給外人——外國投資者和觀光客作為權宜之計。擁有西班牙海岸的業主包括德、法、瑞典、荷蘭、比利時及美國的企業和個人。《國際前鋒論壇報》（*International Herald Tribune*）上的一則廣告告訴讀者，大西洋沿岸的最後一片土地可供出售，而查詢資訊的聯絡地址在德國。為了避免社會重組或甚至徵收所得稅的問題，西班牙發現乾脆交換人口更為便利：把沒有土地的失業西班牙工人和農民換成帶著現金的投資者和觀光客。

在佛朗哥政權的三十六年中，大型莊園仍然很大（除了少數例外），而擁有土地就擁有地位的古老觀念依舊盛行。在安達魯西亞尤其如此，其中百分之五十有生產力的土地仍由百分之二的家庭擁有。[2]

除了極少數之外，所有這些大莊園都沒有花多少資金或時間，只是隨意管理。大地主和過去一樣，通常都住在離他們的莊園很遠的地方，也許在馬德里，不常造訪，頂多週末前來視察。有些人每年只現身一次，也有人只來看過一次土地，之後再也不現身。他們的收入來自他們更加在意的其他來源。如果降雨季節來得晚，不在現場的莊園主也不會知道牧牛缺乏草料。有些人根本不知道、也不在意他們的牛群死亡。很少（如果有的話）有土地種植莊稼甚至青草，這需要組織、投資，以及增加勞動力。有些保留或出租作為狩獵保留區的莊園飼養鹿或其他外來獵物。在這一年，莊園會有武裝警衛的保護，以防止當地人盜獵。然後在一個節慶場合，一群人和隨員會前往莊園，在一天之內殺死兩百頭鹿。[3]

如果他們不獵鹿，就會飼養鬥牛用的牛隻，這也是身分地位的象徵，而且十分普遍。因此耕地改革是當今西班牙最關鍵的問題之一。佛朗哥政府繞過這個基本問題而未掌握它。機械化和灌溉仍不足；大幅度重新分配土地才攸關緊要。

由農業轉向工業

人口轉移。由傳統農業經濟轉型為工業經濟，最明顯和最極端的特徵就是劇烈的人口變化。由鄉村到城市，由西班牙到更工業化的歐洲國家和美洲，這樣的遷移產生了重大的經濟、社會和政治後果。為了解決這個問題，政府為最貧困的地區制定了一系列的四年發展計畫，譬如設置工業園區、紓解重工業集中的問題，還有農業土地再分配及移民安置計畫。其中一些措施非常成功，但也有些只是加重了原本的問題，而移民浪潮仍在繼續。一些統計數據可以說明：

一、根據一九八四年的人口普查統計，西班牙的人口為三九一〇萬，較一九七〇年的人口普查增加了百分之十一。出生率和死亡率都下降，平均壽命為六十七歲。

二、自一九〇〇年以來，遠離農業的運動穩步增加，尤其是在一九六〇年代，大約有兩百萬人離開鄉村前往城市。由一九〇〇至六八年，鄉村人口由百分之六十七點八降為百分之四十三點二，而同時從事農業的人口由百分之六十九降為百分之四十三點二。一九八四年從事農業的人口不到百分之三十。

三、一九六四至八四年，二十五個省的人口全都減少，同樣這二十五省的人均收入也低於全國平均。安達魯西亞失去了百分之三十四的人口，埃斯特雷馬杜拉失去了百分之五十的人口。

四、除了馬德里之外，大部分的人口集中在沿海地區（塔拉戈納十五年中增長了百分之八十二）。人口遷移是由內陸到海岸，從山區到谷地（高原、埃布羅河和杜羅河盆地）。

五、工業化過程非常危險地把人口和所有的財經力量集中在馬德里—巴塞隆納—畢爾包的三角地帶。這個地區約占西班牙總面積的百分之四點五，但卻有全國百分之二十八以上的人口，百分之三十九的國民收入，百分之四十九的儲蓄和投資。股市、金融寡頭和中產階級企業家也都在這三個關鍵中心。

六、根據一九七五年的數字，有三百萬西班牙人，約占總人口的百分之十，都在國外。美洲共有兩百萬西班牙人，大部分在委內瑞拉、阿根廷、墨西哥和古巴，而且可能不會返鄉。在歐洲各國的逾百萬西班牙人（主要在德、法國和瑞士），則已返回西班牙。他們總共占西班牙活躍工作人口的百分之八左右。

勞工

主要問題

一、工業集中在三個主要地區。

二、缺乏熟練工人。

三、勞動法規立法不足。

四、高失業率。

五、工人很少參與管理和組織。

六、工資不足以應付不斷增長的通貨膨脹。

七、強調提高生產量，卻未考慮裝配線生產的人為因素。

八、社會服務不足以應對工人移居城市而引起的問題。

舊結構與新情況之間最緊張的衝突發生在工人階級、工業寡頭和政府之間的關係中。一方面，西班牙工業化過程最重要的結果之一，是工人對階級意識的覺醒不斷提高；另一方面，工人被他的上級視為生產者、工具，而非消費者。

不過工業化過程促成了三個傳統領域的變化：（一）地方情感因移居城市而瓦解，由階級意識及團結精神取而代之；（二）教會自由派成員和工人階級之間的關係較為密切，無視於已有數百年歷史的教會—階級—國家關係；（三）馬德里由原本的官僚首都轉變為工業首都。

政府制訂了《開發和紓解聚集之要點》（*Polos de desarrollo y polígonos de descongestión*），試圖重新安置或重新分配產業，以減輕人口高度集中在馬德里—畢爾包—巴塞隆納的問題。除了汙染、貧民窟和住房不足，以及工業化過程常見的違法行徑之外，這樣的集中也帶來了政治問題，營造了易使勞工躁動的氛圍。

汽車業是已解決聚集問題的產業。設在潘普洛納、瓦亞多利德、薩拉戈薩及其他省會的工廠吸收了來自周邊鄉村大部分的勞工，同時也使這些地區傳統農工業之間不平衡的現象穩定下來。福特在薩貢托的工廠和通用汽車在塞維亞的工廠也有類似的目的。在西班牙政府封鎖了直布羅陀的陸路通道之後，直布羅陀工業園區（Campo de Gibraltar）也試圖雇用當地工人。政府還草擬了重大計畫，要把工業集中在塞維亞，以吸收安達魯西亞的工人，但成果有限，因為移工潮仍然向北移往三大工業城。根據目前的開發計畫，傳統的農業區加利西亞很快就會成為重要的工業區。

移民

西班牙向歐洲高度工業化國家出口廉價勞動力，尤其是德國、法國和瑞士。在佛朗哥時代晚期，逾百萬西班牙人在國外工作，現在這個數字要少得多。大部分出國工作的都是年輕男性：其中百分之五十三點三的年齡在十五至二十五歲之間，百分之四十六點七在二十五至三十九歲之間。他們來自鄉村（百分之四十是農工）和城市（百分之五十五是非技術工人〔*peones*〕）。無論來自哪裡，他們確實都不是技術工人，儘管他們可能會在工廠中做較專精的工作。

很多人批評政府未能採取任何行動以防止工人外移。移民甚至可能受到政府鼓勵，因為就業部（為想在國外工作的西班牙人研擬合約）只要送出一個工人，就能獲得佣金（工人工資的百分之十）。多年來政府這個來源的收入都僅次於來自觀光業的收入。

這些工人占西班牙潛在勞動力的百分之八。政府盡量在新聞中貶抑這種移民的重要性。有一次我在馬德里的火車站看到了用繩子捆綁的大批行李，而它們的主人在軌道一旁準備離去，正在向親戚道別。這是我所見過最悲傷的景象之一。他們是來自奧倫塞的移民，要赴德國工作。

這些工人在外國的生活通常和在西班牙一樣艱難，但他們卻幾乎把所有的所得都送回故鄉。

最近對於這些「客工」在「東道國」所受的待遇有很多批評。西班牙女孩有時會自行赴巴黎、倫敦或醫院做女侍，但她們在外國的環境中很少感到幸福，西班牙政府也很少為她們提供服務或社交活動。

這一大群人在永久回國後於社會中扮演的角色是西班牙未來的謎團之一。雖然他們被雇主利用，但他們也體驗到了政治自由，並逐漸注意到工會的運作。他們參加共產黨、社會主義者、無政府主義者和天主教工人的聚會，也參加罷工。有些人學到一些技術，但他們不會回到自己的故鄉，而是使城市中不斷增長的無產階級更加膨脹。

在西班牙工人外移的同時，西班牙也接受移工。西班牙有許多北非人和古巴人，而這當然是出於不同的原因。歐洲各地也充斥北非移民，尤其是阿爾及利亞和摩洛哥人，他們被視為最低類別的移民。顯然這股移民潮也湧至西班牙，而且和其他國家一樣，是摩擦的源頭。這種勞動力來源使西班牙的失業問題益發嚴重。

另一個較小但可悲，而且也無助於改善勞動情況的問題來自古巴難民，僅馬德里一地就有兩萬五千人。其中一些人是靠天主教慈善團體的照顧和來自美國親屬的支票維生。會說英語的難民獲得最大的普雷道斯（Galerías Preciados）和英格列斯（Corte Ingles）兩家百貨公司聘用；這兩家公司的老闆在移民古巴後致富，因此以此舉作為回饋。其他難民則在廣告或公關公司擔任祕書或翻譯。但由於古巴人無法讓美國式的廣告文案或宣傳活動配合西班牙環境，因此成果不佳。有些難民為美國電視節目配音或翻譯，但社會大眾對他們的譯文和口音反應甚差，不得不停止作業。還有其他可憐的例子，譬如許多家庭只是在馬德里附近流浪。有些創業資本家設了熱狗和爆米花攤位，由古巴人顧攤。但其中許多人只等待美國來的支票，或者入侵美國大使館，爭取赴美國的簽證。佛朗哥的政府與卡斯楚依舊保持良好的官方關係，定期派遣文化和經濟代表團赴哈瓦納，並向古巴出口農業機械和公車。卡斯楚則允許伊比利亞航空每個月由古巴載送一定數量的難民出境。

總而言之，雖然佛朗哥對西班牙是功過參半，但在他任內達到的「秩序和進步」卻是這個國家的新體驗。這樣的結合是每一個獨裁統治的靈丹妙藥。諷刺的是，不相信上帝的實證主義者也抱持同樣的口號。佛朗哥只是歷史上的一個火花，但他提供和平與物質發展的氛圍，促使西班牙進入西歐的主流文明，結束一九三一年西班牙共和國不切實際的夢想，以及將軍自己恢復十六世紀專制國家的幻夢。代價太高了嗎？一場血腥而可恥的內戰、三十年的壓迫、媒體的管制、失去的尊嚴和自由，整整一個世代都在智力停滯的情況下成長，而造成的仇恨將持續幾個世紀。英國阿克頓勳爵（Lord Acton）曾指出，歷史是由充滿活力的人遵循大部分的錯誤想法，造成一連串的事件而成。西班牙哲學家喬治・桑塔亞納（George Santayana）則明智地評論道：「對歷史一無所知的人注定要重蹈覆轍。」佛朗哥既已離世，唯有時間會證明西班牙人是否已經學到了慘痛的教訓。

第十七章
當今的西班牙：美夢難圓

「我嫉妒天空中的鳥兒，牠的天堂，我羨慕魚在牠的海洋，我甚至嫉妒蹲伏在樹叢裡的野獸，因為這些生物都不受記憶所束縛。」

——卡米洛・荷西・塞拉（Camilo José Cela）

佛朗哥的歲月留下了許多西班牙人寧可忘記的痛苦傷疤，但將軍的和平繼承計畫確實發揮了效果，在很大的程度上，這是因為其後繼者的智慧和穩健。然而，這並不是那名領袖所喜歡的政治色彩。整件事的來龍去脈如下：在一九四七年七月六日舉行的全民公投中，西班牙人民同意佛朗哥草擬的法律，宣布西班牙為君主制，但並未具體指定國王。十二年後的一九六九年，國會指定當時三十一歲的胡安·卡洛斯·德·波旁（Juan Carlos de Borbon）在佛朗哥的「臨時」政府結束後登基為西班牙國王。胡安·卡洛斯在一九六二年與希臘的索菲婭公主結婚。他是前任國王阿方索十三世的孫子、英國維多利亞女王的玄孫，以及原本王位繼承人胡安親王（Don Juan）的兒子，只是胡安親王太偏向自由派，不合佛朗哥的胃口。

一九七三年六月，佛朗哥辭去了「政府總統」的職務，並任命海軍上將卡雷羅·布蘭科（Carrero Blanco）領導希望未來國王能採用的內閣。這位七十一歲的海軍上將是佛朗哥的親信，已在將軍的監督下執政幾年。佛朗哥總以西班牙老國王的方式選出高效率、匿名和忠誠追隨者，而這次的任命也是如此。可是幾個月後，海軍上將就遭巴斯克恐怖分子暗殺。

這是三十四年來西班牙第一次發生政治暗殺事件，讓執政官僚高層大感憂慮。這也是自內戰以來頭一次證明了高階政府官員的不堪一擊。總理因為一絲不苟的作息習慣而遇害。刺客事先知道他在早晨彌撒之後會到某個地點，因為他像真正的軍人一樣作息嚴謹。

西班牙人對暗殺者訓練有素地完成整個行動感到欽佩，並諷刺地指出，該建築物的守衛是一名警察。他相信刺客的說法，以為他們是「藝術家」和「雕塑家」，在工作中免不了會發出震耳欲聾的噪音，但其實他們是在布蘭科座車停放處的正下方鑽了地道。爆炸前一晚，他們甚至在對街的耶穌會教堂上畫了一條紅線，以引導爆炸。總理上車後發生大爆炸，火焰達五層樓高，總理當場死亡。這次暗殺打亂了佛朗哥將軍的接班布局，使他加緊箝制。布蘭科的遺缺由馬德里前市長阿里亞斯・納瓦羅（Arias Navarro）取代，而許多覺得事態發展已到緊要關頭的西班牙人，開始稱胡安・卡洛斯為「短命王儲」（The Brief）。

佛朗哥在他生命的最後幾個月裡，已成了八十多歲的老人。他身材矮小，身高僅一百六十公分，說話的聲音尖細。西班牙曾有順口溜說他「像熙德一樣躁動，擁有查理五世般的意志、菲利普二世的專制，以及如伊莎貝拉女王的聲音和背影」。[1]佛朗哥身心迅速惡化。有一本雜誌描述在他生命的這個階段，彷彿「肉體掛在陳舊的框架上，嘴角下垂，麻痺的右手有時明顯地抖動，不得不用左手緊緊抓住。他原本尖銳的聲音變得緊張和細小」。[2]他在國家電視台上出現的次數也越來越少，這些都證明了他的衰老。

新首相阿里亞斯・納瓦羅在政治上也是投機分子，他敏銳地感受到了人民的騷動情緒，開展謹慎的政治改革方案。接下來的兩年，在一九七四和七五年，改革的呼聲更加響亮，策劃更精心。政府提出的改革措施開始著重民主自由的發展和更受民意擁護的代表性。雖然國會中只有百分之十七的議員是由選舉產生，但政府承諾此後選民能自行選擇。甚至有人談到開放重新組黨，而佛朗哥早年對其極其反感。不過他們採用委婉的說法，譬如「對立觀點」（*el contraste de pareceres*）或「政治聯盟」（*asociaciones políticas*）。

對於西班牙該走方向的其他條件，大街小巷咖啡館裡的對話則呈現了南轅北轍的觀點：**民主改革，還是脫離民主**。在人民的觀點中，前者是漸進的過程，而後者則意味著與過去一刀兩斷。一九七五年二月，總理公開宣布西班牙人應該開始減輕將軍的負擔，努力開創自己的未來。一切已成定局。大多數西班牙人拒絕漸進式政治改革這種顧全顏面的做法，要求乾淨俐落擺脫過去的呼聲得越來越激烈。[3]

佛朗哥在人世最後五週的掙扎始於一九七五年十月中旬，各方都明白某種繼承勢不可免。將軍的醫師團在最後這段日子使盡全力維繫將軍的生命，當時有很多關於此事的黑色玩笑，有些也和在這位垂死之人床前發生的激烈爭吵有關。一九七五年十一月二十日，佛朗哥去世；十一月二十二日，胡安．卡洛斯成為國王。新國王立即開始處理他所面臨的政治現實，雖然他是佛朗哥欽定繼承舊政權的人選，但由登基的第一天起，他就明確表示他無意按舊政權的方式行事。

十一月二十五日，佛朗哥去世後僅五天，國王就宣布赦免許多政治犯，並在十二月十三日任命了新內閣，帶領西班牙度過過渡時期。一九七七年四月一日，象徵佛朗哥政府的「民族運動」（National Movement）組織遭廢除；四月二十八日自由工會被批准成立。一九七七年六月十五日，自一九三六年以來的第一次大選在喜悅和恐懼中舉行。一九七六年，西班牙放棄了它的最後一個大型殖民地，位於非洲西海岸，面積為一〇萬二七〇七平方英里的西屬撒哈拉。一九七七年，西班牙與蘇聯重新建立了的關係。

這些政府層面的變化的背後動力是國王本人。他登上王位時，碰上的一方面是某種程度的冷淡禮節，另一方面則是公開表現出的敵意。一般人普遍的看法是，君主與突破或改革幾乎都無關。然而，如果沒有胡安．卡洛斯沉著的決心，新西班牙的出現將會變得更加艱難、更加血腥，甚至可能無法實現。除了對一切該如何進行（包括一九七六年七月更換總理，選擇大家都不認識的新人）看法明確之外，他與軍隊的關係緊密，也大大降低了武裝部隊直接干預國務的可能。[4]

國王和王后很快就贏得了西班牙人民的尊重。在佛朗哥統治時期，他們已經在國內四處訪問，讓人民對他們熟悉，稱他們為「王子和王妃」（*los príncipes*）。他們四處為水壩開放剪綵，參與各種公共和私人作品的題獻，並經常在各種慶祝和紀念活動中擔任嘉賓。雖然這些訪問大多是例行公事，但卻達成了向廣大民眾介紹王室平易近人性情的目的。在佛朗哥去世後，國王和王后繼續這些訪問，也得到了人民真心的愛戴。他們還多次出國旅行，訪問了中國、拉丁美洲、美國和歐洲各國，也同樣成功。他們傳達的訊息是，西班牙不再是歐洲國家中的異數。一九八三年，國王在委內瑞拉、巴西和烏拉圭發表熱誠的演講，表達了對人權、民主政府，以及任何能夠促成政治自由化和經濟發展措施的強烈支持。當時胡安．卡洛斯已成為整個西語和葡語世界的民主象徵。[87]

西班牙過渡到民主政府的速度比大部分觀察者認為的要快得多。一九七六年七月，佛朗哥政府遺留的最後勢力阿里亞斯・納瓦羅總理應國王請求辭職，國王隨後任命了中間派阿道夫・蘇亞雷斯・岡薩雷斯（Adolfo Suárez González）取而代之。一九七六年十二月，政府制定的「政治改革法」獲得了大多數選民的認可。除了共產黨以外的所有政黨都獲得了自由。仍依法流亡中的共產黨總書記聖地亞哥・卡里尤（Santiago Carrillo）回到馬德里，並宣布他的政黨會在即將舉行的選舉中推出候選人，無論其是否合法。政府在右翼團體的龐大壓力下逮捕了他，但是廣大的人民卻高聲反對這種應對方式。社會上壓倒性的共識就是要徹底與舊政權決裂，如果這意味著要讓共產黨合法，那就讓它合法吧。因此，共產黨在一九七七年四月九日獲得了合法地位。

四十一年來的第一次大選於一九七七年六月十五日舉行，投票率達八成。雖然民主中間聯盟（Union of the Democratic Centre）贏得了兩院的多數席位，但社會黨人卻出人意料地在國會中成了第二大黨。新國會由二四八名參議員組成，每個大陸省分都有四人，每個島嶼省分三人，四十一位參議員由國王任命。眾議院由三五〇名成員組成，全部由民眾選舉產生。選舉結果如下：中間派民主黨選出了一六五位代表和一〇五位參議員，而社會黨則獲得了一一八名代表和三十五位參議員。極右翼和極左翼黨派得到的票數很少，清楚地表明了選民的溫和態度。這是真正的民主勝利。共產黨人只有二十名代表和十二名參議員當選，不到百分之十，而極右翼的成績更糟。[5]

國王在國會頭一次開會時發表了演說，所有的西班牙人都惶恐不安。這些年的痛苦真的有什麼意義嗎？國王站在講台上，掃視著代表——總理阿道夫・蘇亞雷斯是實用主義者，短小精悍、老謀深算、英俊；法拉加・伊瑞巴尼（Fraga Iribarne）是浮誇的佛朗哥支持者，他喜歡分發印有他穿著各種華服彩照的書籍；流亡四十年、如今返鄉領導共黨的聖地亞哥・卡里尤；「熱情之花」（la Pasionaria，按：共產主義運動人士伊西多拉・多洛雷斯・伊巴露麗・戈麥斯〔Isidora Dolores Ibárruri Gómez〕）在蘇聯流亡三十年後終於回國；孩子氣的社會主義者菲利普・岡薩雷斯（Felipe González）；荷西・奧德嘉・史波托諾（José Ortega Spottorno）是哲學家兼知識分子荷西・奧德嘉・賈塞特之子，年屆六十，卻因創立《國家報》，成為激勵新聞界的力量，他也當選國會議員。

胡安・卡洛斯告訴他們：「民意選出你們坐在這間房間裡參加會議，你所代表的多數意見……都顯示了我們對國家和諧和追求承認西班牙人民主權的願望。」

最後，這個句子出現了。國王穿著華麗的軍服，單排金釦在長上衣上一路向下排列，胸前則佩著彩帶，他掃視全場，有佛朗哥的殘部、流亡中倖存的共產黨人、變成民主人士的反動派、年輕的社會主義者——面對這個由各種成員組成的群體，由壓迫、保守的軍隊指揮官任命為西班牙國王的這個年輕人，斬釘截鐵說出：「民主已經開始。」[6]

他治理的並非經濟或政治健全的國家。全球石油禁運、能源危機、觀光業績下滑，以及一九七三至七四年的通貨膨脹，導致佛朗哥在位最後幾年陷入蕭條，西班牙仍處於經濟危機狀態。儘管滿懷希望，但現況並不吉利。無論如何，這標示了新的開始。

社會轉型的開始

國會的第一要務是制定新憲法。西班牙於一八一二年通過了第一部憲法，此後又有八部憲法。一九三一年的憲法反映了西班牙創造新共和國的自由派知識菁英風格，它跳脫時代，賦予大多數西班牙人不想要的權利，譬如雙方可協議離婚，並且做出了其他無法履行的承諾。一九七八年的憲法比一九三一年的憲法務實得多，教條主義也減少，因為它是在內戰自相殘殺的記憶仍猶新的情況下制定的。制定工作於一九七七年八月開始。一九七八年一月，第一份草稿提交議會。跨黨的委員會奉指示準備一般原則聲明，作為大家同意的基礎，然後逐一討論較困難的項目。擔任這項任務的人員表現出令人欽佩的溫和態度，最後提出的草案共列出一一三三項修正。最後在一九七八年十月獲得批准，於同年十二月六日交付公投。新憲法在百分之六十八的投票率中，得到了百分之八十七的選民的同意。西班牙宣佈實行君主立憲制。所有國民的公民權利和法律權利都得到保障，言論自由、新聞自由、集體談判、罷工權利和婦女的平等權也獲得保障。死刑被宣布為非法。對巴斯克、加泰隆尼亞和其他爭取自治權的少數民族地區，也給予更大的自主權。

與許多外國人想法相反的是，西班牙在語言或文化上並非同質國家。儘管數百年來，卡斯提亞和卡斯提亞語一直都占優勢地位，但地方差異仍然非常顯著，有些偏遠地區對自治的渴望導致國家架構之下持續的政治混亂和頻繁的恐怖暴行。西班牙共和國非常了解這一點，因此對於想要自主的地區——主要是巴斯克省和加泰隆尼亞，也幾乎給予完全的自治權。新的西班牙政府並沒有做到同樣的程度，但批准地區議會和廣泛的地方控制權。西班牙的三大地區語言包括無論在任何意義上都不屬羅曼語系的巴斯克語、加泰隆尼亞語及加利西亞語。加泰隆尼亞語與法國南部的古普羅旺斯語有一點親緣關係，而加利西亞語則類似於葡萄牙語。

巴斯克各省分的語言並非印歐語系的語言，而是一種古老的銅器時代語言，可以追溯到四千多年前的前羅馬時代。西班牙境內約有六十萬人使用這種語言，這些人總覺得自己與西班牙人格格不入。他們對獨立的渴望由來已久。使用加泰隆尼亞語的人數量遠遠超過使用巴斯克語者，約達一千二百萬。使用加利西亞語的人數則介於兩者之間。

一九三六年，共有二十份報紙和其他一千多種出版品是以加泰隆尼亞語發行。在巴塞隆納周圍以及市內，人們普遍說著這種語言。該地區的許多農村居民甚至不會說西班牙語。佛朗哥接管西班牙政府之初，目標之一就是消除各地區之間的藩籬。他強烈反對人民使用加泰隆尼亞語，而該語言的出版品也曾一度被禁。儘管有這種法律壓制，很多兒童成長時也未接觸它，但這種語言仍然很盛行。在一九八三至八四年學年度，根據新法律，加泰隆尼亞大約一半的學校是以加泰隆尼亞語教授大部分的課程，僅有不到百分之五的學校完全使用西班牙語授課。如今該地區的教育政策是，所有兒童必須會這兩種語言。[7]

加泰隆尼亞語如此活躍的因素之一是說這種語言的人數眾多。此外，從十九世紀開始一直到今日，加泰隆尼亞語的文學傳統燃起了學者對該語言的學術興趣。然而，加利西亞語儘管歷史悠久，如今卻卻成了鄉下的語言；最近也有人對該語言產生興趣，但它並沒有像巴斯克和加泰隆尼亞語那樣那樣，在加利西亞煽起對分離主義的強烈感受。如今西班牙所有的地方語言都可以在學校裡教授，在巴斯克還有特別的運動，鼓勵所有年齡層的人參加夜校，增進他們對這種語言的了解。

並非所有的巴斯克人都追求完全獨立，但是有一個組織良好的極端分子團體埃塔（ETA，即巴斯克祖國與自由組織），長期以來一直為獨立的巴斯克而戰。*這個組織就像愛爾蘭共和軍（IRA）一樣，採取頻繁的恐怖行動來表達其訴求。佛朗哥的朋友卡雷羅．布蘭科總理遭暗殺，很可能就是ETA所為，但當五名嫌犯在一九七五年於西班牙遭處決時，全歐洲都強烈抗議。

在恐怖分子和國家政府之間持續不斷的對抗中，西班牙的國民衛隊首當其衝，受到暴力襲擊。國民衛隊在十九世紀為了管理西班牙的農村地區而成立，一直被視為菁英部隊。其軍官是由軍隊中挑選出來的，其政治路線一直屬於保守派。在內戰爆發時，大多數國民衛隊都支持佛朗哥，他們躲藏在托雷多城堡的地下室時，其中一千兩百人英勇地抵擋了共和軍的圍困。佛朗哥身邊所有的軍事單位，以國民衛隊傷亡人數最多。自將軍一九七五年去世以來，已有三百多名國民衛隊成員在維持秩序時遇害，三千多人受傷。衛隊的衛兵總是成對出行，在西班牙的旅人隨時都會在路上撞見他們。他們還巡邏西班牙鐵路，以及任何可能會有多人群聚的公共場所。

如今的國民衛隊由大約五萬八千名訓練有素的男子組成，相當於每六七八名西班牙人就增加一名衛隊成員。他們獨特的綠色制服和三角形漆皮帽，在西班牙的公路和小道上很搶眼。他們受訓要與村民保持距離，也從不在自己的家鄉工作。西班牙人對國民衛隊的看法不一，既尊重他們的勇氣和對農村的保護，卻不信任也不喜歡他們在政治上的保守態度。有些村民認為他們是間諜，因此痛恨他們。[8]一九八〇年代，國民衛隊再次因西班牙境內的極端團體而有重大傷亡。雖然恐怖主義尚未失控，但西班牙恐怖團體的暴力行為已成為破壞國家權威的力量。[9]

一九八一年二月二十三日，一支組織嚴密的國民衛隊衝進了西班牙議會的眾議院，把全國大多數的議會代表當作人質。有些衛隊士兵在衝進議會大廳命令三四七名代表和少數在場的參議員趴在地板上時，還用自動火器射擊。與此同時，軍方戰車和部隊控制了馬德里的國營電視台。次日，其他軍事單位加入政變，但忠於政府的部隊拯救了電視台；國王在全國轉播中發表了慷慨激昂的談話，譴責叛亂，命令軍隊堅守憲法，支持民主選舉產生的政府。之後，政變迅速崩潰，在開始後十八小時就結束。幸運的是，沒有人在混戰中受傷。

事後，參與政變的國民衛隊和一些軍官遭逮捕和監禁，但他們都沒有遭重罪起訴或被判處重刑，因為當時認為這樣做風險太大。二月二十七日，逾百萬人在馬德里街頭遊行，支持國王和正式當選的政府。《巴黎世界報》（*Le Monde*）的總編輯安得烈．方坦（André Fontaine）在三月十一日的報上評論說，西班牙軍隊「在西班牙上空懸掛了一把達摩克利斯之劍（sword of

---

* 〔原註〕一九七八年對西班牙憲法的投票，即可看出巴斯克的分離情緒。在巴斯克地區，百分之五十四點五的選民沒有投票，有百分之五點八的空白選票，即超過六成的巴斯克成年人反對或對國家憲法漠不關心。

Damocles，按：指製造了危機）……如今為了因應恐怖主義和社會經濟問題而恢復強人統治，得到比以往任何時候都更多的同情。」[10]

西班牙社會黨領袖菲利普．岡薩雷斯在週刊《變遷十六》（*Cambio 16*）三月二十三日的採訪中同意，軍事接管的危險是任何當選的西班牙政府所面對的問題。他說：「極右翼和極左翼的客觀利益是一致的。」他還質疑美國對未遂的政變態度模稜兩可：「美國政府還沒有明確對西班牙民主的和平發展表態……約二十四小時的時間裡，雷根政府對政變態度冷淡，可能會使華府與馬德里的關係受到影響。」岡薩雷斯和數百萬西班牙人都希望美國能直接斥責政變的企圖，並立即聲明支持經自由選舉而選出的西班牙民主政權。這是少數可以用幾句話在歐洲為美國贏得新朋友的時機。諷刺的是，僅僅八個月之後，岡薩雷斯和他所率的工人社會黨就以壓倒性的勝利，贏得了佛朗哥死後西班牙的第二次全國大選，建立了社會主義政府。

在後佛朗哥時期，人們的注意力集中在政治變革上，但經濟危機很快成為焦點。營造建設放緩、失業率上升、通貨膨脹嚴重、國債增加，加上一九七三年的十億美元外匯存底迅速消失，使外匯到了一九七七年嚴重短缺。當年十月，所有政黨的代表在總理官邸蒙克洛亞宮（Moncloa Palace）會面，並制定了《蒙克洛亞協定》（Moncloa Pact），全力因應當前的危機。西班牙的經濟政策發生了翻天覆地的變化：公共支出受到嚴格限制，貨幣供應減少，通貨膨脹受到抑制，稅制改革，並對較小型的企業提出援助。社會安全福利也有所增加，新通過的勞動法規使工人獲得喘息，政府設法改善農村的情況，採取農業現代化和緩解失業的手段。[11]這些措施全都得到正面的成果，但還不足以讓西班牙擺脫經濟危機。也許最成功之處是使通膨率降低了百分之十，但通膨率在一九八二年仍然保持在每年增長約百分之十五的程度。

惡劣的經濟情況導致承諾在四年內創造八十萬個新工作的社會黨迅速發展。一九八二年十月二十八日，佛朗哥死後第二次全國大選後，在富有個人魅力的菲利普·岡薩雷斯領導下，社會黨在國會兩院都獲得絕對多數席位。他們在下院三五〇個席次中取得了二〇一席，在上院的兩〇八個席次中則取得一三四席。西班牙的政治取向則回到自由派共和國時期（一九三一至三六年）。

媒體的解禁

在佛朗哥掌權時（一九三九至七五年），西班牙的新聞報導受到嚴格的審查。只有對政府有利的新聞可以出現在報刊上，而且為了粉飾現狀，報導往往會是徹頭徹尾的謊言。如果報紙標題寫「畢爾包並無罷工」，讀者就會立即知道畢爾包正在罷工。報章雜誌的篇幅大幅減少，只剩下零星的體育和社會新聞，偶爾有商業和建設報導。毫無疑問，在那個被壓抑的年代，西班牙的媒體是全歐洲最糟，甚至可能是文明世界中最糟的媒體。

佛朗哥去世後，報章的限制獲解除，媒體立刻大顯身手。新興報章雜誌如雨後春筍般出現，但其中許多很快就倒閉。在新成立的日報中，只有一九七六年在馬德里發行的《國家報》成為重要報紙。這間獨立報社自創社就一直公平、客觀地報導新聞。週刊《變遷十六》足以比擬為西班牙的《時代雜誌》（*Time*）或《新聞週刊》（*Newseek*），深度報導一般人感興趣的題材，獲得讀者的喜愛。佛朗哥在位最後的時期，《變遷十六》曾是該政權的眼中釘，受到嚴格控制。如今在民主君主制的新聞自由下蓬勃發展。

由於佛朗哥的長期鎮壓，大部分西班牙人已不再看報。一九三六年，馬德里只有一百萬居民，但有十八份報紙，其中六份每天發行量逾二十萬份。如今馬德里有逾四百萬居民，卻只有七份日報，其中只有一家發行量達到二十萬份。在共和國期間，西班牙全國共有兩千家日報，如今卻只有一三〇份。西班牙人在他們無法得到真相時停止了閱報；他們對新聞界仍然有根深柢固的不信任。廣播和電視新聞的增長也產生了影響。一九八〇年代，每一千名西班牙人中，只有八十人買報紙。

迅速瀏覽馬德里當今的報紙，就能對馬德里四百萬人口思維中的主要潮流有通盤的了解：[12]

《阿貝賽報》（*ABC*）由西班牙報媒大家長托庫阿托．盧卡．德．特納（Torcuato Luca de Tena）侯爵於一九〇五年創立，是擁護君主主義的保守派報紙。這是一份貴族小報，上面常刊登幾張引人注目的照片——凹版畫頁和一些在文壇頗有地位的撰稿人，吸引老派富裕家庭的讀者，在佛朗哥時代廣受歡迎，但發行量自一九七五年以來減少許多。其姊妹刊物《黑與白》雜誌（*Blanco y Negro*）由於經濟因素，在近一個世紀的傑出報導後，於一九八一年停刊。《黑與白》曾是品質最好的雜誌，刊有西班牙最優秀作家的文章，但最後幾期卻成了輕薄的小冊子，沒什麼引人的題材或價值。

《阿爾卡薩報》（*El Alcázar*）也是保守派的報紙，成立於一九三六年內戰，共和軍圍攻托雷多城堡之時。其實自一九七五年以來，它的發行量反而增加，因為它代表了傳統的保守派觀點，反對政府的民主憲政政策。

《十六日報》（*Diario 16*）於一九七五年五月創刊（已於二〇〇一年停刊），是頗受推崇的雙週刊《變遷十六》的姊妹刊物，但成績卻遜色許多，其文章拙劣，對新聞的看法也不那麼客觀。

《馬卡報》（*Marca*）是體育新聞報，由曼紐爾・費南德茲—庫埃斯塔（Manuel Fernández-Cuesta）在佛朗哥時代早期創辦，他是長槍黨創始人之一的兄弟。這份報紙在一九四〇年至七〇年間頗為風行，主要是因為體育新聞是政府唯一放手讓其自由發布的新聞。此外，它獲准在其他日報不得出報的週一出報。

先前已提到的《國家報》是針對受過良好教育的讀者的報紙，包括知識分子、專業人士及學生。其創始人是著名作家奧德嘉・賈塞特的兒子奧德嘉・史波托諾。活力充沛的年輕編採人員使該報成為當今歐洲最好的報紙之一。它抱持的是自由但客觀的觀點。一九八三年秋天，《國家報》為了擴大發行量，辦了熱烈的宣傳活動以吸引美國讀者，尤其是美國的西語教師，因此在五週的時間內免費發送了數以千計的免費報紙。《國家報》讓我想到共和國時期可能最受尊敬的報紙《太陽報》。

《人民報》（*Pueblo*）由政府組織的工會於一九四〇年創立，是馬德里唯一的晚報。過去它為佛朗哥的社會和政治意識形態辯護，未來的方向則不確定。

《Ya報》（*Ya*）創於一九三五年，是天主教的小型報，堅持教會的角色和基督徒的道德原則。其撰稿者包括許多文學大家。該報強烈捍衛教會的反墮胎和反離婚立場，並抨擊努力把西班牙學校體系和天主教意識形態分開的教育部。這場鬥爭正在升溫。

一八八一年創於巴塞隆納的《先鋒報》（*Vanguardia*）是西班牙歷史最悠久的報紙，可能也是佛朗哥時代末期西班牙最好的報紙，不過近來已略為遜色。然而它仍然是西班牙發行量第二大報，大約有二十萬份。馬德里的《國家報》則是目前西班牙發行量第一的大報，它當之無愧。它的週日雜誌是當今西班牙最受歡迎、刊載最多資訊的刊物之一；它的日報則有一流的報導。當今的西班牙報紙和雜誌客觀地報導了美國的文化生活，以及其經濟、政治和外交活動，可惜美國報界未能加以回應。

審查制度的撤銷不僅催生了嚴謹的新聞業，也孕育出色情刊物。經過四十年的壓抑，西班牙人突然對色情書刊瘋狂著迷。裸女圖片出現在形形色色的報章雜誌上，其唯一目的就是促進銷路。從前嚴肅的書報攤現在都陳列這樣的圖片。在社會上，裸體成為自由的代名詞。許多模仿《花花公子》（*Playboy*）和《閣樓》（*Penthouse*）雜誌的書報如今經常出現在中產階級客廳的桌子上，毫不避諱孩子的目光。夜總會以裸體藝人為宣傳；色情電影比比皆是。西班牙人開車穿越法國邊境去看《巴黎的最後探戈》（*Last Tango in Paris*）的盛況已不復見。

沿著所謂的「觀光街」，夜總會貼出舞女除了鞋子之外全裸的海報。馬德里版的《戀馬狂》

（*Equus*）舞台劇則有一幕裸體場景，教百老匯也倒抽一口氣。裸體也在廣告中占有一席之地。單純的泳衣廣告變成了一對男女在清澈的海水中裸泳。他們高舉著各自的泳衣。文案寫道：「裸泳很美，但如果你必須要有泳裝，買我們的。」[13]

《約會》（*Interviú*）雜誌混合政治報導與類似《詢問報》（*Enquirer*）之類的八卦，加上性感清涼照，發行量一躍而達上百萬份。有一段時間，西班牙境外的色情照印刷廠供不應求。然而，讀者一旦飽足，對這項新運動的興趣就開始下降，《約會》創刊之後幾個月內，銷量就大減八成。

青年與社會生活的變遷

自一九七五年佛朗哥去世以來，西班牙在社會和政治道德觀方面也經歷了劇烈的變化。在許多方面，它都與前段時期不同。年輕一代以不羈的熱情接受了新的自由，尤以道德價值觀為然。婚前性行為已被廣泛接受；很多年輕人不結婚只同居，在公共場合接吻和擁抱如今也尋常可見；剛獲解放的同性戀者在巴塞隆納的街頭遊行，就像在舊金山和洛杉磯一樣；色情雜誌和電影司空見慣；社會主義者受歡迎的程度是佛朗哥黨人前所未見。外來遊客見到的是一個新的西班牙，而以往曾來訪的遊客舊地重遊，幾乎必然會說：「這不是我所認識的西班牙。」

《變遷十六》曾進行民意調查，以了解讀者對西班牙生活中最重要的議題的看法。一九七七年的調查顯示，百分之七十六的受訪者認為可接受離婚，百分之七十四表示不在意婚前性行為，同一調查顯示，六成的年輕人幾乎完全脫離教會。二十歲以後脫離宗教的人數增加；這個年紀與大多數年輕人離家的時間相吻合。一九八三年在巴塞隆納做的民意調查則顯示，百分之九十的受訪者贊同離婚，百分之八十六的人認為婚前性行為沒有關係，但有百分之五十四的人反對娼妓。只有百分之四的人曾嘗試吸毒，百分之三的人急於結婚。[14]

自一九八一年七月起，以民事訴訟方式離婚在西班牙已合法，不過教會當然反對。佛朗哥政府使所有天主教徒的民事婚姻無效，到一九七五年已有近十萬份分居案件等待教會法庭審理。除非其中一方有許多金錢和／或影響力，否則判決很少令人滿意。如果有人要訴請婚姻無效，這點就更為重要。法律本身支持雙重標準。通姦的男性不算犯罪，除非他帶著情婦到家裡同住，或者和她在外同居；反過來，女性如果通姦，則可能得入獄六個月至六年，還得支付巨額罰款，失去子女更是理所當然的結果。如今雖有很大的轉變，但這並不意味著男性主導的舊社會已經消失。西班牙的女性正在艱苦地戰鬥、要求平等，但各地的女性都是如此，美國亦然。目前，西班牙女性在財產和親權方面已獲得與丈夫百分之百平等的地位。

西班牙的女權主義團體公開示威，捍衛各種女權目標，包括示威抗議對通姦婦女的待遇，尤其是在情有可原的情況下。譬如，在佛朗哥去世不到一年時，有一萬名婦女在巴塞隆納遊行，聲援一名被丈夫拋棄後因「通姦」生子的婦女；她拒絕把這孩子交給前夫的父母，因而被告上法庭。[15]遊行的婦女手持「**Jo també sóc adúltera**」（按：加泰隆尼亞語的「我也是通姦者」）的標語牌。由於這樣的示威，加上支持離婚的觀點越來越普遍，相關的法律因此鬆綁。新法律現在允許女性因某些特殊原因而墮胎，而事實上這些原因可以擴及幾乎任何情況。過去，每周都有整班飛機載滿了前往倫敦墮胎或購買子宮內避孕器的女性，這樣的情景已不復見。在一九七七年，這是唯一的出路：「想墮胎的婦女撥打倫敦的電話號碼，對方用西班牙語回覆，並告知下一次墮胎飛機的日期。收費比巴黎低，還包括接機。」[16]

然而天主教對墮胎的態度在西班牙依舊根深柢固，即使在年輕人中，也只有百分之二十一的人在最近的一次民調中表示若有需求便可墮胎。在「出人意料的情況下」，百分之五十三的人接受了墮胎，但依然有百分之十四的人反對無論出於何種原因的墮胎。同一項調查顯示，如果一個已有很多孩子的貧困母親想要墮胎，百分之三十七的受訪者對此表示贊成；如果出生的孩子出現異常，百分之六十二的人接受墮胎；如果分娩意味著母親會失去生命，百分之七十的人投票贊成墮胎——完全違背天主教關於這個問題的教誨。[17]絕大多數西班牙人，無論男女，都贊成節育。《國家報》在一九八三年有個大標題說「教宗將任何避孕方式譴責為一種罪惡的說法，是退步的」。這是西班牙人不願意走的一步。[18]

《變遷十六》總結這些民調的結果，結論是：「西班牙的年輕人已經完全歐化，並採取了比法、英國或北歐年輕人更自由、更開明且更進步的態度。」該雜誌又說：「簡而言之，我們的年輕人現實、理性、通情達理，在性和社會關係中非常開放和寬容。只有一個獨特的區別：西班牙青年比歐洲其他地區的青年更悲觀，但我們的年輕人仍然相信在西班牙建立真正進步民主的可能。」

西班牙青年的思想比法、英或北歐青年更自由的結論是不準確的。《變遷十六》的民調都是在大城市中心進行的，並沒有反映出整體國家的態度。它們代表的是目前的趨勢。此外，西班牙的年輕人突然獲得了自由，有機會甩開韁繩、為所欲為，而這正是他們目前所做到的。至少在這個階段，他們的思想和行動代表著由壓抑中反彈，就像鐘擺一樣搖擺不定，沒有牢牢扎根於現實。讓我們看看未來二、三十年的情況。西班牙可能變得判若兩人，老西班牙可能已逝，但我們不能確定。風格的變換，即使是性方面的道德觀，也需要好幾年的時間，才能成為一個國家的特徵。當內疚感襲擊這個新世代時，也可能會出現相反方向的擺動。畢竟，沒有多少年前，西班牙的年輕人提到佛朗哥時仍說：「西班牙少不了他」（*Es necesario para España*）。

西班牙的未來掌握在青年的手裡，但這裡有一些嚴重的疑慮，因為這個世代並沒有接受過植根於民主的教育。在中上階級，幾乎可以找到發生在美國的一切發展，但其比例不同。有些年輕人未婚同居，還有一些已婚夫婦前往英、法，萬一婚姻不諧也不容易分開。有些年輕人對老一輩抱著深刻的反感。儘管使用或販賣毒品後果嚴重，但仍有嗑藥者、嬉皮等。然而一九八三年，西班牙大麻合法化；吸大麻蔚為風尚，教老一代看得心驚肉跳。儘管在法律上不允許種植、出售、「製造」或分發大麻，但卻並無法律懲罰吸食者。[19]

許多年輕人靠爸爸或和他們約會的美國女孩生活。因為多數大學生在完成學業之前都無法工作，所以必須仰賴父母的長期支持。西班牙沒有像美國那樣常見的貸款、獎學金、助學金，或各種贊助捐贈。越來越多的年輕人在就學期間同居或結婚，但是能上大學的人比例仍然相對較少。

工人階級的年輕人還有其他的問題，不過他們與較富裕的同儕倒有一個共同點：他們是狂熱的消費者。公關和廣告專家非常了解這一點。年輕人是消費社會的重要成員，在服飾、唱片、錄音帶、摩托車及迪斯可舞廳上的花費極高。少年犯罪雖沒有美國那麼高，但正在迅速上升。許多孩子年紀輕輕就必須賺錢貼補家用。未成年人（十四歲以下）打各種零工，由侍者、送貨員、洗碗工到販賣糖果、報紙或飲料。由於沒有足夠的地方或學校供孩子上學，因此義務教育並沒有被強迫實施。由於缺乏技術學校，這些孩子在工廠或工作室中，必須面對難以應付的環境。他們不讀書，是因為他們沒有受到這方面的刺激或訓練，而且也因為書本很昂貴。此外，他們工作時間很長，通勤距離也常，所以下班後已經筋疲力盡，寧可用漫畫書放鬆或去當地的彈子房。這些年輕人中，許多人都想擺脫家庭生活和日常工作的壓迫，只是很困難。一旦這些男孩有穩定的女友，就會開始存錢準備購買公寓，結束隨意花錢的日子。

社會階級之間也有差距。年輕的工人不喜歡同年齡的大學生，認為他們是公子少爺（*señoritos*），彼此相互反感；大學生對工人往往持輕蔑或高人一等的態度，無意了解工人的問題。當然，工人階級很少上大學，不過各省開設了幾所新學校，使這點有了改變。西班牙高等教育往往把研究和教學分開，而不公平的董事會考試（*oposiciones*）系統則使畢業生缺乏課堂上的培訓或經驗，只會死記死背。

大學的不同部門之間缺乏合作，學生和教授受到官僚主義的阻礙，而面對不斷變化的社會，大學仍然以不變應萬變。學校缺乏良好的圖書館、研究設備和研究所等級的研討式研究。目前大學只履行三項傳統功能中的一項，即培養專業人才，而未顧及文化和專業學習及研究之間的平衡。但這裡也有矛盾情景。許多具有足夠專業訓練的畢業生，如工程師、建築師、化學和物理學者，都在其他領域工作或出國。這些人在他們的專業領域找不到工作，因為他們都想在大城市生活，而老一輩的專業人士已經形成了一個封閉的圈子，壟斷了所有的工作合約。一般來說，西班牙大學欠缺穩定民主社會所需的對話、政治教育、責任的學習，以及施與受的訓練。

儘管教育的頂層有這種弱點，但西班牙教育正在努力追趕其他國家。《變遷十六》在社論中評道：「西班牙繼承了佛朗哥時期難以想像的平庸教育水準，該政權的千頭大章魚連學校的粉筆和黑板顏色都要規定。而我們的大學則陷入教人難以置信的消沉狀態。」[20]不過到了一九八〇年代初，西班牙在教育方面的支出遠高於國家預算中的其他項目，只低於工作和社會安全及國防。西班牙一九八四年的預算總額約為三百五十億美元，其中有超過三十億美元專門用於教育。各處學校都擠滿了學生。自共和國以來，多年未見這樣的教育熱情。僅在馬德里，就有超過一百萬名兒童入學；教師要求更高的薪資以及減少學生。一九八〇年代的全國文盲率約為百分之八。

就像過去一樣，教會和教育部再次展開了一場思想鬥爭。教會希望分發一本名為《上帝之路》（*The Path of God*）的小冊子給五、六年級的學生；書中歸納了天主教的道德信仰，其中也明確指稱墮胎等於謀殺、戰爭和恐怖主義，因為這些都是摧毀生命的方式。教育部反對這種說法，拒絕讓教會分發這種文章給學生閱讀，因此雙方開始鬥爭。同時，聯邦政府在並未採取任何道德立場的情況下，努力推動墮胎除罪化。天主教的統治集團稱政府的態度是「反教會的社會棍棒。」

主義」。[21]正如那句老話：「在西班牙，人人都跟隨教堂，其中一半的人拿著蠟燭，另一半拿著

年輕人在投票時舉足輕重。一九三一年，法定可投票年齡為二十三歲，但到一九七七年選舉則改為二十一歲；到了一九七九年，投票年齡已降至十八歲，使選民人數增加了一百五十萬。由於許多人在內戰中死亡，因此百分之五十二的選民是女性。同性戀是另一個具有潛在影響力的政治團體，而工會工人當然是最強大的政治力量。女權主義者和同性戀兩個團體尚未形成任何形式的統一戰線。

國際市場

西班牙工人仍然是除了葡萄牙之外全歐洲工資最低者，人均生產率也同樣低下。近年來工人的人均收入飆升，但仍低於法國和義大利。儘管西班牙比起其他國家並不那麼發達，但卻已成為世界第九大工業強國。在過去六、七年中，每年在西班牙註冊的汽車數量都超過一百萬輛，其中大部分都是在國內生產的。通用汽車、克萊斯勒和福特在西班牙都有大型工廠。

西班牙已拋棄了過去的仇外態度，急於讓歐洲人接受他們。一九八二年五月三十日，西班牙加入北約組織，結束了政治孤立的情況。尋求進入歐洲共同市場的潮流更為強烈，但法國反對讓西班牙加入，因為西班牙產品是法國農民的勁敵。

在佛朗哥當政最後幾年，加入共同市場、更新梵蒂岡協議，以及讓直布羅陀回歸，是西班牙外交政策的三個重點。佛朗哥雖已去世，但其中兩個問題仍然存在：現任政府低調處理直布羅陀的回歸，並著手加入共同市場的迫切性。只要佛朗哥掌權，西班牙就沒有加入的機會，因為政治立場屬自由作風的共同市場成員絕不會接受和希特勒及墨索里尼看齊的法西斯國家。但佛朗哥確實試過了後來政府也採用的一條路線，即「地中海的團結」。由於法國在共同市場把霸主地位讓給了英國和德國，它可以利用西班牙給予的額外支持，來平衡地中海國家與北方國家的關係。

但法國已經列出了條件。儘管西班牙現在和其組織較好的主要競爭對手摩洛哥及以色列都得到共同市場的優惠待遇，但市場成員國提出的要求卻歧視且有所偏袒。此外，雖然摩洛哥確實與西班牙有一些關係，但在文化和語言方面，它卻更偏向法國，也得到了法國的特殊待遇。摩洛哥是西班牙柑橘水果出口的主要競爭對手，但西班牙允許摩洛哥用西班牙的鐵路把容易腐壞的農產品運往法國，而非用需時較長的海路。此外，摩洛哥的農產品在法國的價格也高於西班牙。

另外，瓦倫西亞的柑橘業因為外國的競爭和氣候的不利因素，陷入危機已有一段時間。西班牙是否必須以這種方式「討價還價」，才能以欺騙她自己的人民為代價進入歐洲？抑或這是對摩洛哥的讓步，以便為合併直布羅陀爭取更多的支持？實際的情況更是錯綜複雜。幾年前，摩洛哥將其領海擴展到傳統上為西班牙漁民捕魚的地區，並沒收了西班牙的船隻，直接影響了原就處於危機狀態的安達魯西亞漁業，而這個問題仍未能有效解決。

另一個美中不足的事實是，西班牙與阿拉伯穆斯林各國的關係一直都比與佛朗哥從未承認的以色列更為密切，其中一個原因是歷史因素：西班牙在北非的穆斯林殖民地，以及摩爾人曾長期居留在西班牙。另一個原因是出於經濟上的需要，因為西班牙不生產石油，只能依賴阿拉伯的產油國，如果沒有這些來源，她的工業和汽車都得要停頓。

女權的發展

快速的工業化進程及佛朗哥的「經濟奇蹟」把女性拉出家庭、進入就業市場，而現在的政府更加鼓勵及保護工作的女性。一九四〇年，婦女僅占西班牙總工作人口的百分之十四，但到一九八四年，這一比例已升至百分之三十五。婦女組成了約五百萬人的巨大潛在勞動力來源，也是現有工作人口的四成。這也導致了法律、社會和專業的轉變、更多的托兒中心的開設，以及傳統「女主內」態度的改變；「la mujer en casa y la pata quebrada」這句西班牙諺語字面上的意思是：「女人得待在家裡，就算要打斷她一條腿也在所不惜」。

從事女傭和清潔工作的底層女性則往往轉入餐廳和百貨公司工作，倒不是因為收入較高（住家女傭的工資很高，還提供食宿，而且好女傭難找，因此條件很好），而是因為電視讓她們有了不同的觀念，也因為她們想要行動的自由。諷刺的是，當家務工作者逐漸減少，這類工作反而有了保障：在家庭或機構中工作的婦女必須要有社會保險。

中產階級女性如果出外工作，仍可依賴家務服務、自己的母親和組織良好的托兒中心來協助她們持家。其中許多人以兼職的方式工作；和美國的情況相同，她們的薪酬通常較低，職務地位也低於男性。

西班牙女性是賢妻良母；她們一直都是西班牙部落體系的黏著劑，鑑於其體系的冷酷，需要這個強大的核心，以免它崩潰。許多西班牙女性都非常堅毅精明；她們習慣使用自己的姓名，不會因婚姻而冠夫姓。她們在工作上雄心勃勃，可以擔任律師或醫師等辛苦的工作，同時照樣照顧家庭。她們的母親則隨時待命協助。此外，西班牙學校上學時間很長，而在政府機構工作工時卻較短（早上九點至下午三點），可能有助於中產階級女性外出工作。然而這種傳統的生活方式已在改變。西班牙女性受到女性解放運動的影響有限，但她們目前更有興趣追求的是，在面對婚姻問題時能夠以個人身分行事的基本法律基礎。

這麼多女性進入職場還有另外一個很少提及的「非官方」原因。這要追溯到前工業化和後內戰時期，與工業化並無關聯。當時許多女性，尤其是中產階級，因為戰爭而喪偶。如果她們是戰敗的一方，就沒有合法身分，不得不靠著收房客或擔任女傭維生。通常最年長的女兒也得工作，協助弟弟的教育費用；她經常得做出最多的犧牲，成為典型的長姊若母。這些女性擔任低階文職或店員。而戰勝一方的寡婦往往能獲得香菸零售商的特許權。

目前已有極多能幹的女律師捍衛自由理想，為婚姻不諧的婦女爭取合法權利，為在社會上受虐者發聲。儘管成功機會不大，但這些律師仍然帶來一些變化。（西班牙皇家語言學院不接受abogada〔女律師〕這個字，要用una abogado；醫師一字也不可用médica，但是可以用doctora。）

一九七一年，少年法庭任命了第一位女法官。女醫師和心理學家的表現也非常可貴。許多女性是小企業的董事，也成立了職業女性協會（Asociación de Mujeres de Empresa）。地方和中央政府裡都有女性官員。

當然，女性在教育方面一向舉足輕重，只是受過中等教育以上的女性人數很少，而女性的文盲率是男性的兩倍。社會上並不贊同男女同校，但現在卻蔚為風尚。多年來女性教育一直是由奉獻給宗教的修女所掌握，如今，每年則都有更多女性上大學，大多數女性都研讀人文學科，以便進入傳統上以女性為主的行業，但也有越來越多的女性進入醫學、化學、社會科學、建築、工程、法律等科系。女性獲得重大進展的另一個領域是傳播：新聞、廣播和電視。現在大學有許多這些領域的學院或科系。

女性也擔任最高階的博物館和圖書館員的職位（如塞維亞的印地亞斯總檔案館〔Archivo General de Indias〕館長）。許多有博士學位的女性在高等研究理事會（Consejo de Investigaciones Superiores）作研究，但很少被視為大學內的頂尖教授。在一萬兩千名大學教授中，只有少數是女性，但隨著越來越多新大學成立，這點也有了改變。

有些四十多歲的中產階級婦女也回到大專院校完成學業。她們很年輕就結了婚，如今她們的孩子已讀大學，因此不再需要照顧。回到學校可以打發無聊的時光，也減輕了她們在婚姻中遭受的挫折。

越來越多的女性在銀行工作，和上一代大不相同。許多女性從事出版業、廣播、行銷、社會工作和醫療保健，或者成為作家。也有女性在馬德里和其他交通堵塞嚴重的城市擔任女警。這些女性在工作上極為成功；甚至連計程車司機被她們開了罰單，也無法反駁脫罪。

只受過小學教育的年輕女性往往會在專科學院學習打字、縫紉或者髮型設計，之後進入辦公室做影印工作，或者擔任裁縫或美容美髮。這種工作為大家庭帶來額外的收入，也為女孩提供除了社會安全福利之外，購買服飾、唱片和其他消費品的零用錢

儘管中產階級婦女可以找到良好的日託中心，但安達魯西亞的婦女對這種中心的需求更迫切，因為丈夫往往是移工，而妻子本身也要工作。工業界缺乏訓練有素的女性，處理危險化學品或者在金屬加工廠工作的女性發生事故的比例很高。諷刺的是，中產階級女性夢想用工作而由家庭中獲得解放，而下層階級的女孩則夢想藉由婚姻和家庭由工作中獲得解脫。擔心自己孤老終生的恐懼仍很強烈，但她們不再以修道院為出路。

至於家庭主婦，政府則盡量把她們留在廚房，尤其是大家庭的婦女。佛朗哥鼓勵這些大家庭（familias numerosas）的方法包括頒發獎章給母親、現金福利，以及火車票、入場門票和學費的家庭減免。不能把她們由住所驅逐出去，此外她們的丈夫工資也會較高。許多傳統、保守、中上階層的家庭也很龐大，大半都有四至六個孩子。

在婦女的合法權利方面，則有相當大的進展。以前，未經丈夫允許，女性不得簽訂合約、工作或領取任何工資。已婚婦女不能接受遺產或擔任遺囑執行人，對家庭收入也不能置喙，即使她也對家庭收入有所貢獻。作父親的沒有義務「承認」非婚生子女；通姦或墮胎的女性會遭受

嚴厲的懲罰。古老的西班牙諺語，「和自己的母親、妻子或女兒可以不苟言笑」（*Con la madre, la esposa y la hija nose gastan bromas*），描述了男性對家人的態度，但他對其他人的母親、妻子或女兒則是另一回事。如今則不然，所有的舊法律或習俗若非已然改變，就是正在改變。然而，在男性主導的社會中，大男人主義消亡的速度依舊極為緩慢。

西班牙女性的衣著與歐美女性並沒有太大差別。除了偏遠地區外，幾乎沒有人再只穿黑色。在城市裡，牛仔褲無所不在。洋裝的款式和紐約或巴黎一樣休閒，鞋子也一樣不舒服。唯一的區別是，西班牙沒有那麼多女性能夠負擔得起（或知道如何）打扮時髦，但她們學得很快。毫無疑問，時髦的西班牙女士絕不落人後，而西班牙風格也獨樹一幟。巴黎世家（Balenciaga）的設計就是西班牙在時尚領域表現的一例。

飲食生活

當今西班牙人吃的比以往任何時候都好。人均攝取的麵包和馬鈴薯總量比一九六〇年代多，在肉類，尤其是豬肉和雞肉亦然。牛肉仍然相對昂貴；在西班牙很難找到好吃的牛排。與歐洲其他國家相比，西班牙人的飲食開支在其收入中占有較高的比例，但這並不表示西班牙人的飲食較好。脂肪過多、維生素攝取量過低是老問題。儘管有這種飲食上的缺陷，但西班牙人這二十年來的身高已經大幅提高，約比過去高了兩公分。但西班牙人平均身高仍比大多數歐洲人來的矮，而且較多人超重。[22]

西班牙料理不如法國或義大利那麼受重視，但西班牙卻有真正無與倫比的菜餚，其中首屈一指的是瓦倫西亞海鮮飯（*paella valenciana*），由用番紅花染色和調味的米飯做成，粒粒分明，不會黏在一起，其中可添加手邊可取得的貝類，尤其是蝦、蛤蜊、牡蠣、龍蝦尾、小龍蝦，再加入切成小塊的番茄、豬肉丁、雞肉丁，以及幾種切成丁狀的西班牙香腸。用大蒜、洋蔥、香草調味。小火慢煮。

雖然我一生中曾多次前往西班牙，在那裡見過許多奇蹟，並邂逅許多傑出的人，但我仍然對吃到最棒的海鮮飯的地方記憶最清楚、情感最深刻。我在巴斯克的聖塞巴斯提安（San Sebastián）首次吃到美好的海鮮飯；第二次是在塞哥維亞，這個城市不靠海，因而益發難得。儘管首都馬德里有最好的旅館和餐廳，但我從未在馬德里吃到一流的西班牙海鮮飯。

我記憶最深刻的西班牙海鮮飯是在瓦倫西亞的舊國民飯店吃到的，就在火車站對面。我由塞維亞帶著大行李箱抵達火車站，那時我正準備展開一趟地中海之旅。一個六十多歲的老搬運工拿著我的行李箱，用繩子綁住，背在背上，問我：「去哪裡？」當我回答「對街」時，他眉開眼笑說：「那裡有城裡最好的食物，一定要試試他們的海鮮飯。」果然名不虛傳。

此後我一直在尋找同樣美味的海鮮飯，但卻未能如願。我擔心大部分的西班牙廚師已經忘記怎麼煮好吃的海鮮飯；這需要時間，要買很多材料，還需要能分辨味道的味覺。當然，還有其他不錯的西班牙菜及一些獨特的基本食材。譬如，作法多變化的鱈魚是舉世最好的魚類之一。加利西亞雜燴肉菜鍋（*caldo gallego*）和阿斯圖利亞豆煲（*fabada asturiana*）都是含有肉類和馬鈴薯的雜燴湯，適口充飢。安達魯西亞的番茄冷湯（*gazpacho andaluz*）也一樣獨一無二。這是法式馬鈴薯冷湯（French vichyssoise）的對應版，但許多美食家都覺得西班牙版本的味道更好。

軍事問題的考驗

當今西班牙最受關注的話題之一是關於美國在西班牙領土上的軍事基地。一九五三年九月，佛朗哥將軍與美國簽署了協議，允許建造這些基地。理論上，每個基地都該懸掛西班牙國旗，由西班牙指揮，而在實際戰爭的情況下，除非相互（當然，指的是西班牙）同意，否則不得使用基地。基地的總造價逾五億美元。

西班牙總共有四座主要的美軍基地：其中三座是美國戰略空軍司令部的轟炸機基地，分別位於塞維亞附近的莫龍（Morón）、馬德里附近的托雷洪，以及薩拉戈薩附近的桑胡爾霍—瓦倫蘇埃拉（Sanjurjo-Valenzuela）。在加地斯附近的羅塔也有一座巨大的海空聯合基地，被稱為「美國對直布羅陀的答覆」。這是美國在歐洲最強大的堡壘，耗資上億美元。長達四百八十五英里的油管由羅塔經過莫龍和托雷洪，到達薩拉戈薩的基地。除此之外，還有兩處小型空軍基地：一個位於塞維亞附近的聖巴勃羅（San Pablo），另一個則位於巴塞隆納西南九十英里的雷烏斯（Reus）戰機中心。除了羅塔之外，其他基地都是在原本就有機場的地點建造的。在西班牙的其他地方，美國也使用某些西班牙軍事設施，譬如在加利西亞的費羅爾和瓦倫西亞海岸的卡塔赫納都是海軍倉庫。西班牙基地讓美國轟炸機位於距離蘇聯工業中心三千英里的範圍內。羅塔的海軍基地擁有北極星潛艇，對俄羅斯的威力提高了一倍。可惜的是這個地區因船隻漏油，使附近幾處美麗的海灘遭到破壞。

西班牙的美軍人數約為一萬人，也許更少，伴隨他們的家屬人數大致相同。這些人在出訪西班牙城鎮時穿著便服，但在西班牙要看出美國人，就像在紐約發現袋鼠一樣容易。西班牙人和美國人之間的私人關係由好至壞至漠不在乎的都有。西班牙人很少公開談論這個問題，但絕大多數的人必然希望看到美國軍人返國。基地附近的西班牙城市經常出現示威和遊行，就已清楚地表達了這一點。

控制西班牙基地的第十六航空隊是美國戰略空軍司令部海外部隊中最大的單位，負責管理西班牙所有的聯合基地。西班牙基地協議自初訂以來已更新數次，每次都讓西班牙產生更多的疑慮。隨著洲際彈道飛彈發展，西班牙基地的戰略價值已經降低，可能很快就會消失。一九八三年五月，西班牙社會黨總理菲利普．岡薩雷斯在德國波昂（Bonn）也同意在歐洲部署五七二枚新的美國核子飛彈，分別置於英國、西德、義大利、比利時和荷蘭等國。西班牙在一九八二年五月三十日正式加入北約，成為該組織的第十六個會員國，也是自一九六五年以來的第一個新成員國。此後西班牙人民一直焦躁不安，尤其是社會黨人。

西班牙正在努力使軍隊現代化。一九八四年的國防預算約為四十億美元，其中一半以上用於特定的現代化領域。這個數字比一九八三年的軍事預算增加了近百分之十六，對於其他亟需經費的領域，這是巨大的犧牲！[23]一九八三年夏天，德國傘兵參加了西班牙的軍事演習，而西班牙軍隊也參與英國皇家空軍的類似演習。西班牙人不再受孤立，他們充分了解到他們位於庇里牛斯山後的國家，三面環海，是保護良好的堡壘，歐洲的防禦順理成章會包括這裡。他們想要的是受到平等的待遇。

西班牙政府如何處理軍費預算提高的問題？如同過去這一個世紀以來，在不久的未來，軍隊仍是西班牙的發展關鍵。這個問題沒有簡單的解決辦法，但至少現在政府正視了這個問題。一九八三年二月，菲利普．岡薩雷斯向國會提出了軍事改革計畫，要求多餘的將軍退休（大半都已逾七十歲），以功勞取代資歷作為升遷標準；在有人被控煽動叛亂或顛覆時，限制軍方審訊平民和士兵的特權；削減軍隊的規模，但使其現代化和專業化；大幅提升所有軍事人員的薪酬，吸引更多年輕人從軍。基本上，政府在一八八〇年代就曾提出同樣的做法，但並未成功。一九二〇年代的普里莫．德．里維拉和一九三三年共和國時代的曼紐爾．阿薩尼亞都曾提出同樣的措施。[24]

社會黨認為，這回計畫可能會生效。最近軍方對政治的干預並不順利，國王致力於民主，而且在將近四十年之後的軍方統治之後，全體人民都其感到厭惡。社會黨政府非常謹慎地行動，而北約組織已成為這場高風險遊戲的關鍵。西班牙在一九八二年加入北約時，當時的反對黨社會黨投票反對加入。在以壓倒性優勢贏得上次選舉後，菲利普．岡薩雷斯便承諾針對是否繼續參加此聯盟舉行全民公投，但後來政府低調處理，並批准了四十億美元的巨資軍費預算。顯然這個想法是希望讓年輕的軍官感到自豪，因為他們已達到了北約的標準，進而讓他們的思想不致在政治上打轉。政府熱切地希望消除軍事干預政治的威脅。社會黨採取這些步驟是走在危險的道路上，對結果並無把握，但要改造軍隊，的確沒有更好的時機。

這個情況的另一面，是恐怖主義可能引發軍事政變。軍方強烈認為，如果政府不能阻止恐怖主義，軍隊就會這麼做。這是當今西班牙的關鍵問題。這種恐怖主義的根源是巴斯克埃塔組織，即巴斯克分離主義者中的極端組織。埃塔組織如今殺害的人比佛朗哥獨裁時期更多。由一九六八至佛朗哥去世的一九七五年，埃塔組織在西班牙殺害了四十三人。在獨裁和民主的三年過渡期間，有九十四人遇害。由一九七九年民主政府開始到一九八三年底，埃塔組織殺害了二八二人。絕大多數受害者都是巴斯克地區的警察和士兵。顯然該組織認為它可以藉著發動政變以分裂西班牙，實現其左派、獨立的巴斯克家園的目標。[25]

西班牙遲了許久才進入共同市場，也是影響西班牙走向何方的另一重要因素。共同市場一再拒絕接納西班牙，使西班牙人的自尊受到嚴重傷害，可能會使輿論放棄歐洲合作，而偏向自給自足。[26]無論是出於偶然或必然，西班牙人已習慣獨來獨往，古老的仇外心理總是就在表皮之下。佛朗哥將軍統治使西班牙自外於歐洲達四十年，留下了不可磨滅的印記。西班牙如今已能夠為西歐社區增加強大實力，而美國也是西歐的夥伴，如果由於西班牙自尊受損而未能達成這點，那會造成不必要的浪費和政治災難。

政府政策與經濟

一九八〇年代，西班牙的旅遊「熱潮」再次興起，在熱門地區，必須提前數週甚至數月預訂旅館。西班牙最暢銷的報紙之一巴塞隆納的《先鋒報》在一九八三年八月十八日刊了一張觀光客睡在帕爾馬客滿旅館台階上的大照片。在西班牙許多其他地方也有類似的景象。一九八三年赴西班牙旅遊的人數約為三千五百萬，消費逾五十五億美元，比前一年增加百分之二十。美國遊客比一九八二年增加了近五成，這主要是拜匯率之賜。幾年前，一美元價值五十六比塞塔，一九八三年則價值一百五十比塞塔。要不是來自觀光客的收入，西班牙已陷入困境中的經濟很可能就會崩潰。聰明的西班牙人明白這一點，但許多旅館服務素質下降，完全未能反映這種認識。[27]

馬德里的《國家報》一九八三年八月十二日在社論中說：「觀光業可能是西班牙近來經濟史上最重要的單一活動。一九六〇年代西班牙的『起飛』主要是由觀光業促成。觀光業刺激了建築業，改變了人們對食品的需求，為大量工人提供了就業機會，並為保持外匯平衡作出了重大貢獻。」[28]一九八〇年代，觀光業對西班牙也和一九六〇年代同樣重要。但由長遠來看，價格上漲和糟糕的服務可能會殺死生金蛋的鵝。不穩定的政治情勢、恐怖活動增加，以及街頭搶劫，必然會造成這種結果。

一九八〇年代中期，西班牙再次陷入走鋼索的局面，但這回情況顯得較有利，因為大多數人都耐心、寬容、不指望奇蹟，願意勒緊腰帶，給政府一個機會。一九八三年秋天，《變遷十六》

的一篇社論清楚地說明了這一點：「除了兩個一再試圖摧毀我們國家的狂熱少數民族之外，西班牙的輿論透露了這種平靜和平衡，可以說西班牙在政治上是歐洲最聰明的國家之一。」[29]

西班牙也出現了一些危機。一九八四年五月，失業率超過百分之十八，居全歐最高，而西班牙社會黨政府還呼籲工人接受進一步的犧牲，因為政府展開了耗資六十五億美元的工業現代化計畫。幾十年來，佛朗哥將軍因為政治上的權謀，而保住無利可圖的過時企業，而在這名獨裁者死後，新政府採取自由放任經濟，使兩百多萬個工作機會因此消失。如今工業的重組和現代化成了當務之急，尤其是在鋼鐵、造船和消費電器等方面。勞工的暴動騷亂正在增加，並且迅速發展成嚴重的國家問題。通貨膨脹率以每年百分之十二增長；全國經濟成長率每年僅增加百分之二。恐怖主義成了頻繁的威脅，軍事接管的危險也依舊存在。[30]高階軍官不滿情緒仍然嚴重。在最貧困的安達魯西亞地區，二十五歲以下的工作人口中有百分之四十的人失業，而該地區在一九八三年又遭受史上最嚴重的乾旱。[31]一九八三年夏天，在半島的另一端的巴斯克各省分則發生了大洪水。儘管西班牙試圖進入歐洲共同市場，但先前法國一直反對。*西班牙財政部長米格爾．博耶（Miguel Boyer）表示：「自我約束是解決我們經濟問題唯一的辦法。」

在一九八三年十月的一項關於社會大眾對政府看法的民調中，結果指出西班牙人民最不滿的是政府對失業和恐怖主義的應對方式。表十七之一說明了人民對於政府在關鍵問題上的表現有什麼看法。[32]

同時，有百分之六十的人認為社會黨政府「整體上」是「有效的」，百分之六十四的人則認

表17-1 《先鋒報》在1983年8月20日刊出的民調結果

	做得好	做得不好
恐怖主義	24%	76%
失業問題	26%	74%
城市犯罪	32%	68%
經濟措施	34%	66%

為其衡量成功的標準在未來會有所改善。一九八三年十一月，《變遷十六》詳列了政府政績的功過。成就方面包括：比塞塔貶值；沒收大型控股公司魯伊斯馬特歐（Rumasa）；開放直布羅陀的路障；修訂社會安全保障；減少通貨膨脹；至少保持失業情況穩定不惡化；養老金從百分之十三增加至百分之十六；每週強制工作四十小時；強制性的三十天假期；政府高薪減少；墮胎除罪化；刑法改革；出口增加；軍隊改革及國防現代化；補助高速公路以改善交通設施。

政府政策的負面成績包括：政府未能妥善讓人民得知訊息；外交政策不夠現實；西班牙仍未能進入共同市場；打擊恐怖主義和犯罪無效；對加入北約態度反覆；政府赤字高；農業改革猶豫不決；國會對反對團體態度傲慢。[33]神奇的是，這些清單上列的並非西班牙獨有；一九八〇年代的美國與西班牙在這些成果、問題和人民的抱怨面前，處境竟十分相似。

* 〔原註〕《國家報》一九八四年二月一日報導：密特朗曾要求共同市場各國「立即接受西班牙和葡萄牙進入」。

工業化的進程與困境

當今西班牙工業最嚴重的問題是缺乏技術工人和受過培訓的人員，不只在管理層面如此，在技術層面較低的勞工更是如此。西班牙在自然資源和人力資源方面都極具經濟潛力，但在教育工人方面卻做得不夠。這也牽涉人們對教育的態度及下層階級與受過教育的公子少爺之間的傳統反感的改變。

到城市或德國的移工，除了農業移工之外，大半都沒有受過任何訓練。他們試圖以最欠缺工作技術的底層營建工的身分求職，或者擔任守夜人（*serenos*）或門衛（*porteros*）。這些人大半都不是可信賴的穩定工人。通常營建工只做幾個月就會離職，因為他找到了更高薪的職業。營建業的流動率特別高，這使得原本就馬虎的西班牙建築素質更低落。在馬德里很難找到好的水電工或木匠，因為這些師傅工作早已超過負荷，就算他們真的出現，也像他們的美國同行一樣，獅子大開口，收取荒謬的價格。這些技術工人往往都遷移到沿海的旅館建設區或觀光勝地馬洛卡島，因為他們在那裡可以獲得更高的工資。

泥水匠（*albañil*）這一行則很難解釋；他們比較像是營建業的雜工，而非單純的磚瓦工。這種情況導致了一種粗製濫造（*chapuza*）的心態。所謂chapuza就是不顧質量，馬馬虎虎、臨時湊合的解決方式，意味著材料和手工都很低劣。西班牙人非常擅長找出這種運用舊材料的解決方案，但他們有時卻不知道如何安裝新材料。我有位住在西班牙的朋友在公寓大整修時，就和各種工人搏鬥了三個月。巧的是，監督工程的包商們就被工人用他們先前的職業稱稱為「那位守夜人」（*el sereno*）和「那位門衛」（*el portero*）。

這些領域似乎普遍缺乏專業性，或我們所稱的「職業自豪感」，或許是因為人們對自己的工作並沒有興趣，或者是因為工業化的過程仍太短，無法創造這種感覺。然而，許多農工階層的父母卻等不及等到孩子足齡再找工作。他們總是在找「插頭」（*enchufe*），好安插（*colocados*）子女。他們不希望孩子繼續接受高等教育，認為大學生懶惰、依賴父母，一點也不會補貼家用。政府已經成立了非常好的技職學校，比農業學校更成功。然而如果西班牙要繼續工業化，同時提升產品的品質，就還需要更多的技職學校。

曠工在西班牙是日益嚴重的問題，它是對乏味的裝配線生產的抗議。管理階層和資本為追求利益，一心要透過現代方法增加生產，但他們忘記了在人性上，工人被迫在單調輪班時間內重複相同工作的後果。這也導致粗製濫造的問題。現在已有許多針對高階主管，關於管理訓練、行銷和生產方面的科學技術課程，但卻沒有太多面向工人的幫助。此外，西班牙的外國或跨國公司經常採用他們不敢在自己國家使用的做法。

工業化過程還帶來了其他後果，其中最重大的便是因為遷移到大城市而造成原本強烈的地方情感的淡化。安達魯西亞和莫西亞人在巴塞隆納工作，埃斯特雷馬杜拉人赴馬德里，卡斯提亞高原的人則去畢爾包，形成了來自各個地方的異質人口，唯一的凝聚力是共同的勞動權益。他們在新的社會環境中格格不入，即使連語言也不相通，常常與周圍的人發生衝突。

遷往工業中心也產生了常見的社會問題：貧民窟（*chabolismo*）、大城市邊緣的簡陋棚屋和違章建築區；缺乏適當的住房、衛生、照明、水及兒童護理中心；社會服務不足，還有青少年犯罪。直到最近，各地區和相關產業仍對增加生產和國民生產毛額（GNP）更感興趣，而非造福實現這些生產目標的人。在西班牙，社會學家可能比社會工作者還多。目前，工人、資本家和政府之間暫且休戰，但依舊有個明顯的不公平現象存在：富人未支付他應繳份額的稅。除非解決這個問題，否則三方不可能有真正的和平。

有時缺乏計畫或遠見造成了嚴重的問題。佛朗哥一心要讓直布羅陀回歸西班牙；為了扼殺這塊領土，他切斷了勞動力的供應、收緊進出權，並在入口處設置了巨大的鐵柵欄。原本在直布羅陀賺高薪的數百名西班牙工人因此失了業。為了找工作，有些家庭不得不遠赴巴塞隆納，其他人則必須領取失業補償，這對經濟都造成沉重的負擔。

現任政府意識到這種做法只會造成災難，已經去除了出入障礙和勞工限制，因此這些西班牙工人再次獲得英鎊高薪。然而在西班牙，讓直布羅陀回歸的願望仍然非常強烈；人們一直都在討論這個問題。只要英國軍艦在此下錨，西班牙就要大聲抗議。儘管其他人指出，直布羅陀的人民並不願意接受西班牙統治，但這毫不影響西班牙國內的意見。所有的西班牙人都知道，這片領土在歷史和地理上都是西班牙的一部分，是因戰爭中而被奪走，然後英國人民移入，而住在那裡的西班牙人民逐漸被趕走。直布羅陀仍是西班牙的痛點，在報紙上很容易看到關於它的報導。大眾普遍希望能與英國達成某種協議。不過就像福克蘭群島的情況一樣，英國偶爾會遞出胡蘿蔔，但似乎並非真心想要做出任何妥協。

西班牙的營建熱潮已經消退，使成千上萬的工人失業。《國家報》的一篇文章指出了這股「熱潮」的另一個悲慘結果，其標題為「和平的災難」。文中說，這二十年來，重建西班牙對小鎮和城市造成的破壞比任何一次戰爭都更加嚴重。「先前西班牙雖貧窮，卻很漂亮。」文章說。但在建築熱潮中，數百棟美麗的古老建築、街道和廣場都遭破壞或毀容，難以修復。也許這是進步的代價，但只要想到一旦拆除便永難恢復時，這代價也未免太高了。

另一個同類進步的證據，是西班牙「速食」業的擴張。他們使用英語詞彙。一則廣告指出，舉世現在有上萬家漢堡攤或漢堡餐廳（*hamburgueserias*），而來自歐洲的連鎖店每年都在快速成長。一九八四年西班牙已經有十四家漢堡店了，有心的企業家可加盟連鎖經營。隨著這些投資企業的發展，學習英文也成為獲得「know-how」（技術知識）的必要條件。這個術語在西班牙也人盡皆知。所有的報紙上都有英語課程的廣告；雖然有些課程學費高達四、五百美元，學生人數依舊很多。

西班牙雖渴望現代化和工業化，卻並沒有忽視文化的發展。這個國家的音樂傳統一向出色：西班牙的普拉西多．多明哥（Plácido Domingo）是當今最好的男高音之一，經常在紐約大都會歌劇院演唱；舉世上最偉大的女高音之一蒙特塞拉特．卡芭葉（Montserrat Caballé）也經常在大都會登台；艾麗西亞．德．拉羅佳（Alicia de Larrocha）絕對是舉世最優秀的鋼琴家之一；二十世紀最好的大提琴家則是帕布羅・卡薩爾斯。我們甚至還沒提到二十世紀最著名的畫家畢卡索、著名的吉他手安德烈斯・塞哥維亞、優秀的音樂作曲家華金・羅德里哥（Joaquín Rodrigo）、電影導演路易斯・布紐爾（Luis Buñuel），以及兩位諾貝爾文學獎得主胡安・拉蒙・希梅內斯和文森・阿萊桑德雷（Vicente Aleixandre）。

《國家報》曾刊載一篇長文，追溯多明哥的職業生涯，並指出另外一位西班牙男高音曼紐爾・賈西亞（Manuel García，一七七五至一八三二年）把歌劇引入了美國。許多優秀的西班牙歌手都來自查瑞拉歌劇（*zarzuelas*），這是在西班牙流傳已久的輕歌劇。多明哥的父母就在查瑞拉歌劇中表演，他自己也由那裡開始了歌唱生涯。聽馬利奧・蘭沙（Mario Lanza）在電影中唱歌劇選曲，使他對大歌劇產生興趣。其餘的大家都耳熟能詳了。大歌劇在西班牙一直很受歡迎，尤其在巴塞隆納，這個城市有著名的大型歌劇院，稱作利塞奧大歌劇院（Liceo），許多世上最好的表演都在此演出。[34]

回望歷史

如今大多數西班牙人都不喜歡提到佛朗哥，正如大多數德國人不喜歡談希特勒一樣。先前西班牙大多數改名為佛朗哥或荷西・安東尼奧的街道，現在又恢復了舊名；這讓政府付出了大筆金錢，在西班牙各地重作街道牌示。在瓦倫西亞，佛朗哥將軍騎馬的雕像被拆除時，必須由警察出面，以防反對者滋事，但並沒有必要。佛朗哥教西班牙人想起內戰，這是他們深切希望從未發生過的恥辱。在《變遷十六》的民調中，大多數受訪者都稱這場戰爭是「史無前例的暴行」，百分之七十三的受訪者認為：「這是在我們國家歷史上，最好被人遺忘的可恥事件。」[35]

說來容易做來難。西班牙人不能忘記他們的血腥內戰，就如美國人不能忘記自己一百多年前的內戰一樣。但他們可以拒絕談論它，並且經常這麼做，但在潛意識中，這可怕的事件依然根深柢固。這可能是了解當今西班牙最重要的事件之一。

西班牙哲學家烏納穆諾曾說過一位南美朋友的故事。後者在西班牙的一座大教堂中看到血腥的基督雕像，驚呼「這些基督！——老天爺！這教人排斥、反感……」烏納穆諾答道，不熟悉苦難折磨禮敬崇拜的人會對這些基督的形貌感到厭惡，但因為痛苦是西班牙人的本質，這些折磨、血腥、痛苦的基督確實在西班牙的教堂中占有一席之地。他接著說：「我們這種嚴酷、原始的態度，不是每個人都能忍受。人們常說西班牙充斥著仇恨。也許的確如此，也許我們是由恨自己來開啟生命的。」[36]這種仇恨就像一股地下的熔岩流，解釋了西班牙暴力的由來。西班牙人喜歡暴力的景象，而由這種景象產生出悲劇的情感。這就是為什麼鬥牛在西班牙流行了這麼多世紀。這就是為什麼西班牙發生如此多的血腥戰爭。西班牙人認為，要成為一個完整的人，他必須知道如何有尊嚴地面對死亡。

我們總是回到這片土地上，這是人類真正的臍帶。西班牙的大地既多變又美麗。總體而言，它是堅硬的土地，但鑽石原石也是如此。加利西亞遼闊的峽灣、阿斯圖里亞斯的綠色山脈、卡斯提亞岩石遍布的平原和丘陵、安達魯西亞烈日下的橄欖樹林、瓦倫西亞肥沃的沖積平原、巴塞隆納北方的布拉瓦海岸，這一切都構成了所謂的「上帝的寶庫」西班牙。卡斯提亞廣闊的平原顯然是這整個有機體的心臟和支柱。卡斯提亞知道如何征服，卻從未學會如何治理。菲利普二世定作首都的馬德里，永遠不會把這個角色交給其他任何西班牙城市，因為它強大的官僚機構已增加到了可觀的程度，一旦消失，西班牙一半的人口都會失業。在很多方面，巴塞隆納會成為更好的首都，因為這個城市更進步，居民更有活力，而且不那麼不切實際；甚至瓦倫西亞也可能比馬德里更好。這兩地都是全國人口最多的地區，一個是工業區，另一個是農業區。但這只是做白日夢，因為這永遠不會發生。西班牙的歷史永遠不會有這麼大的改變。西班牙必須堅持下去，直到卡斯提亞和馬德里學會了政府的技巧，這意味著把政治行動限制在可行的領域內。直到那天來臨之前，所有的西班牙人都必須期望、等待及受折磨，而在這個國家的心裡，永遠都存在難以實現的夢想。

註釋

第一章 斯土斯民

1 Pío Baroja y Nessi, *Juventud, egolatría*, called in English, *Youth and Egolatry*, Knopf, New York, 1920.

2 Azorín, El paisaje de España visto por los españoles, Madrid, 1917.

3 Alexandre Dumas, *Adventures in Spain* (written 1846), Doubleday, New York, 1960.

4 *España y españoles pintados por sí mismos*, ed. by Edouard Barry, Paris, n.d.

5 Miguel de Unamuno, *Essays and Soliloquies*, Knopf, New York, 1925.

6 Pío Baroja y Nessi, *Caesar or Nothing*, Knopf, New York, 1919.

7 Ángel Ganivet, *Idearium español*, Buenos Aires, 1946.

8 Edmondo de Amicis, *Spain and the Spaniards*, Putnam, New York, 1881.

9 Unamuno, *Essays and Soliloquies*, Knopf, New York, 1925.

10 Baroja, *Youth and Egolatry*, Knopf, New York, 1920.

11 Salvador de Madariaga, *Spain, a Modern History*, Praeger, New York, 1960.

第二章 黑暗的開始

1 J. B. Trend, *The Civilization of Spain*, Oxford Univ. Press, London, 1958.

2 Gilbert Chase, *The Music of Spain*, Norton, New York, 1941.

3 Edward Gibbon, *The Decline and Fall of the Roman Empire*, Modern Library, Random House, New York, n.d.

4 Gerald Brenan, *The Face of Spain*, Farrar, Straus and Cudahy, New York, 1956.

5 Gerald Brenan, *The Literature of the Spanish People*, Meridian, New York, 1957.

6 Richard Ford, *Gatherings from Spain* (first published in 1846), Everyman, London, 1906.

7 Ibid.

8 Martin A. S. Hume, *History of the Spanish People*, Cambridge Univ. Press, London, 1901.

9 Américo Castro, *The Structure of Spanish History*, Princeton Univ. Press, 1954.（See also his *The Spaniards*, University of California Press, 1971.）

10 Edward Gibbon, *The Decline and Fall of the Roman Empire*, Modern Library, Random House, New York, n.d.

11 W. S. Merwin, *Spanish Ballads*, Doubleday, New York, 1961.

12 Translation by Katharine Elizabeth Strathdee. Reprinted with permission of author.

第三章　十字架、新月與星星

1 Gustave E. von Grunebaum, *Medieval Islam*, Univ. of Chicago Press, 1961.

2 Edward Atiyah, *The Arabs*, Penguin, Edinburgh, 1958.

3 Claudio Sánchez-Albornoz, *La España musulmana, según los autores islamitas y cristianos*, 2 vols., Buenos Aires, 1946.

4 J. B. Trend, *The Civilization of Spain*, Oxford Univ. Press, London, 1958.

5 Gustave E. von Grunebaum, *Medieval Islam*, Univ. of Chicago Press, 1961.

6 Claudio Sánchez-Albornoz, *La España musulmana, según los autores islamitas y cristianos*, 2 vols., Buenos Aires, 1946.

7 *La crónica general*, ed. by R. Menéndez Pidal, vol. 5, N.B.A.E., Madrid, 1916.

第四章　基督徒王國：十字架與劍

1 J. B. Trend, *The Civilization of Spain*, Oxford Univ. Press, London, 1958.

2 *La crónica general*, ed. by R. Menéndez Pidal, vol. 5, N.B.A.E., Madrid, 1916.

3 Américo Castro, *The Structure of Spanish History*, Princeton Univ. Press, 1954.（See also his *The Spaniards*, University of California Press, 1971.）

第五章　中世紀的城鎮生活

1 Claudio Sánchez-Albornoz, *La España musulmana, según los autores islamitas y cristianos*, 2 vols., Buenos Aires, 1946.

2 Elisha K. Kane, *The Book of Good Love*, a privately printed translation, William Rudge, New York, 1933.

3 Américo Castro, *The Structure of Spanish History*, Princeton Univ. Press, 1954.（See also his *The Spaniards*, University of California Press, 1971.）

4 W. S. Merwin, *Spanish Ballads*, Doubleday, New York, 1961.

5 W. S. Merwin, *Spanish Ballads*, Doubleday, New York, 1961.

6 William A. Prescott, *Ferdinand and Isabella*, Lippincott, Philadelphia, 1873.

7 Ibid.

8 Louis Mumford, "The Medieval Town," an article in *Horizon* magazine, July, 1961.

9 J. B. Trend, *The Civilization of Spain*, Oxford Univ. Press, London, 1958.

10 William A. Prescott, *Ferdinand and Isabella*, Lippincott, Philadelphia, 1873.

11 César Barja, *Libros y autores clásicos*, New York, 1941.

第六章　西班牙的文藝復興

1 *Vanguardia*, Barcelona, August 23, 1983.

2 Martin A. S. Hume, *Spain, Its Greatness and Decay* (1479-1788), Cambridge Univ. Press, London, 1940.

3 John A. Crow, *The Epic of Latin America*, Doubleday, New York, 1952.

第七章　黃金時代：哈布斯堡王朝的政治與社會秩序

1 Martin A. S. Hume, *Spain, Its Greatness and Decay* (1479-1788), Cambridge Univ. Press, London, 1940.

2 J. B. Trend, *The Civilization of Spain*, Oxford Univ. Press, London, 1958.

3 Hume, *Spain, Its Greatness and Decay* (1479-1788), Cambridge Univ. Press, London, 1940.

4 Ibid.

5 Ludwig Pfandl, *Introducción al siglo de oro*, Barcelona, 1929.

第八章　黃金時代的文學

1 Pedro Salinas, *Reality and the Poet in Spanish Poetry*, Johns Hopkins Univ. Press, Baltimore, 1940.

2 Richard E. Chandler and Kessel Schwartz, *A New History of Spanish Literature*, Louisiana State Univ. Press, 1961.

3 Translation by Katharine Elizabeth Strathdee. Reprinted with permission of author.

4 Edward M. Wilson, *The Solitudes of Don Luis de Góngora*, Cambridge Univ. Press, London, 1931.

5 Translation by Sir Richard Fanshawe, *Shorter Poems and Translations*, London, 1648.

6 Jeanette Campiglia, unpublished doctoral study on Lope de Vega, U.C.L.A., Los Angeles.

7 Francis C. Hayes, *Lope de Vega*, Twayne Publishers, New York, 1967.

8 Translation by John A. Crow.

9 Translation by John A. Crow.

第九章　黃金時代的美術與哈布斯堡王朝的衰亡

1 William Stirling Maxwell and Luis Carreño, *Stories of the Spanish Artists*, Chatto & Windus, London, 1910.

2 N. B. Adams, *The Heritage of Spain*, Henry Holt, New York, 1959.

3 Gilbert Chase, *The Music of Spain*, Norton, New York, 1941.

4 José Ortega y Gasset, *España invertebrada*, Madrid, 1921.

5 Ibid.

6 Helen Phipps, *Some Aspects of the Agrarian Question in Mexico*, Univ. of Texas Press, Austin, 1925.

7 John S. C. Abbott, *The Romance of Spanish History*, Harper, New York, 1869.

第十章　波旁王朝

1 N. B. Adams, *The Heritage of Spain*, Henry Holt, New York, 1959.

2 Fernando Díaz-Plaja, *La vida española en el siglo 18*, Barcelona, 1946.

3 Ibid.

4 Ibid.

5 Ibid.

6 Richard Herr, "The Twentieth Century Spaniard Views the Spanish Enlightenment," *Hispania*, XLV, May 1962.

7 Richard Herr, *The Eighteenth Century Rebellion in Spain*, Princeton Univ. Press, 1958.

8 John S. C. Abbott, *The Romance of Spanish History*, Harper, New York, 1869.

9 Ibid.

10 Elie Faure, introd. to Francisco de Goya, *The Disasters of the War*, Allen & Unwin,

London, 1937.

11 Mariano José de Larra, *Artículos de costumbres*, ed. by Hespelt, Crofts, New York, 1941.

12 J. B. Trend, *The Civilization of Spain*, Oxford Univ. Press, London, 1958.

13 William C. Atkinson, *A History of Spain and Portugal*, Penguin, London, 1960.

14 Ibid.

15 Gerald Brenan, *The Spanish Labyrinth*, Cambridge Univ. Press, London, 1940.

第十一章　智識主義的思潮（一八七〇至一九三一年）

1 Angel del Río, *Historia de la literatura española*, vol. II, Dryden, New York, 1953.

2 John T. Reid, *Modern Spain and Liberalism*, Stanford Univ. Press, 1937.

3 Unamuno, *Essays and Soliloquies*, Knopf, New York, 1925.

4 Ibid.

5 Ibid.

6 Baroja, *Juventud, egolatría*, called in English, *Youth and Egolatry*, Knopf, New York, 1920.

7 Ibid.

8 Azorín, *Los pueblos*, Madrid, 1905.

第十二章　第二共和的建立

1 Salvador de Madariaga, *Spain, a Modern History*, Praeger, New York, 1960.

2 Ibid.

3 Gerald Brenan, *The Spanish Labyrinth*, Cambridge Univ. Press, London, 1940.

4 Ibi

第十三章　西班牙第二共和國（一九三一年至一九三九年）

1 Harry Gannes and Theodore Repard, *Spain in Revolt*, Knopf, New York, 1937.

2 Herbert L. Matthews, *The Yoke and the Arrows*, Braziller, New York, 1961.

第十四章　西班牙的共產主義和法西斯主義

1 F. Jay Taylor, *The United States and the Spanish Civil War*, New York, 1956.

2 Claude G. Bowers, *My Mission to Spain*, Simon and Schuster, New York, 1954.

3 Taylor, *The United States and the Spanish Civil War*, New York, 1956.

4 Ibid.

5 Claude G. Bowers, *My Mission to Spain*, Simon and Schuster, New York, 1954.

6 Ibid.

7 Herbert L. Matthews, *The Yoke and the Arrows*, Braziller, New York, 1961.

8 Bowers, *My Mission to Spain*, Simon and Schuster, New York, 1954.

9 Hugh Thomas, *The Spanish Civil War*, Harper, New York, 1961.

10 Ibid.

11 Thomas J. Hamilton, *Appeasement's Child, the Franco Regime in Spain*, Knopf, New York, 1943.

12 Thomas, *The Spanish Civil War*, Harper, New York, 1961.

13 Alvarez del Vayo, *Freedom's Battle*, Knopf, New York, 1940.

14 Salvador de Madariaga, *Spain, a Modern History*, Praeger, New York, 1960.

15 Ibid.

16 Ibid.

17 Thomas, *The Spanish Civil War*, Harper, New York, 1961.

18 Ian Gibson, *El asesinato de Federico García Lorca*, Editorial Bruguera, Barcelona, 1981.

19 Ibid.

20 *Time*, December 11, 1972.

21 J. B. Trend, *The Civilization of Spain*, Oxford Univ. Press, London, 1958.

第十五章　烈士谷

1 Thomas, *The Spanish Civil War*, Harper, New York, 1961.

2 Stanley G. Payne, *Falange*, Stanford Univ. Press, 1961.

3 Ángel Ganivet, *Idearium español*, Buenos Aires, 1946.

4 Rafael Altamira, *Los elementos de la civilización y del carácter españoles*, Buenos Aires, 1956.

第十六章　佛朗哥的政績：秩序與進步

1 Jerome R. Mintz, "Trouble in Andalusia," in *Natural History Magazine*, May 1972.

2 *El País* (International Edition), Madrid, September 12, 1983.

3 Mintz, "Trouble in Andalusia," in *Natural History Magazine*, May 1972.

第十七章 當今的西班牙：美夢難圓

1 "Letter from Barcelona," in *The New Yorker* magazine, Dec. 2, 1961.

2 *Time*, December 11, 1972.

3 Juan Kattán-Ibarra and Tim Connell, *Spain After Franco*, National Textbook Co., Skokie, Illinois, 1981.

4 Ibid.

5 "Spain: Democracy Wins," in *Time*, June 27, 1977.

6 Horace Sutton, "Democracy in Spain," in *Saturday Review*, October 29, 1977.

7 *El País*, Madrid, September 19, 1983.

8 Kattán-Ibarra and Connell, *Spain After Franco*, National Textbook Co., Skokie, Illinois, 1981.

9 "Democracy Under Siege," in *Newsweek*, May 18, 1981.

10 Robert G. Mead, "The Hispanic and Luso-Brazilian World," in *Hispania,* vol. 65, May 1982.

11 Kattán-Ibarra and Connell, *Spain After Franco*, National Textbook Co., Skokie, Illinois, 1981.

12 David Ross Gerling, "Los diarios de Madrid," in *Hispania*, vol. 64, September 1981.

13 Sutton, "Democracy in Spain," in *Saturday Review*, October 29, 1977.

14 *Cambio 16*, Madrid, September 12-19, 1983.

15 Kattán-Ibarra and Connell, *Spain After Franco*, National Textbook Co., Skokie, Illinois, 1981.

16 Sutton, "Democracy in Spain," in *Saturday Review*, October 29, 1977.

17 *Cambio 16*, Madrid, September 1983.

18 *El País*, Madrid, September 24, 1983.

19 *Cambio 16*, Madrid, October 3-10, 1983. Also *Newsweek*, August 1, 1983.

20 *Cambio 16*, Madrid, October 10, 1983.

21 *El País*, Madrid, September 24, 1983.

22 Kattán-Ibarra and Connell, *Spain After Franco*, National Textbook Co., Skokie, Illinois, 1981.

23 *El País*, Madrid, September 24, 1983.

24 Willliam Pfaff, "Army is the key in Socialist Spain," in *The Los Angeles Times*, March 13, 1983.

25 Stanley Meisler, "Basques — A Dilemma for Spain," *The Los Angeles Times*, March 2, 1984.

26 *El Pais* (International Edition), Madrid, October 17, 1983.

27 *Vanguardia*, Barcelona, August 23, 1983.

28 *El País*, Madrid, August 12, 1983.

29 *Cambio 16*, Madrid, October-November, 1983.

30 *Vanguardia*, Barcelona, August 20, 1983.

31 *Vanguardia*, Barcelona, August 18, 1983.

32 *Cambio 16*, Madrid, October 3-10, 1983.

33 *Cambio 16*, Madrid, October-November, 1983.

34 *El País* (dominical), Madrid, May 15, 1983.

35 *Cambio 16*, Madrid, September 19–26, 1983.

36 Unamuno, *Essays and Soliloquies*, Knopf, New York, 1925.

參考資料

1. Pío Baroja y Nessi, *Juventud, egolatría*, called in English, *Youth and Egolatry*, Knopf, New York, 1920.
2. Azorín, El paisaje de España visto por los españoles, Madrid, 1917.
3. Alexandre Dumas, *Adventures in Spain* (written 1846), Doubleday, New York, 1960.
4. *España y españoles pintados por sí mismos*, ed. by Edouard Barry, Paris, n.d.
5. Miguel de Unamuno, *Essays and Soliloquies*, Knopf, New York, 1925.
6. Pío Baroja y Nessi, *Caesar or Nothing*, Knopf, New York, 1919.
7. Ángel Ganivet, *Idearium español*, Buenos Aires, 1946.
8. José Rubia Barcia, *Iconografía de Valle-Inclán*, Univ. of Cal. Press, 1960.
9. Edmondo de Amicis, *Spain and the Spaniards*, Putnam, New York, 1881.
10. Salvador de Madariaga, *Spain, a Modern History*, Praeger, New York, 1960.
11. Gilbert Chase, *The Music of Spain*, Norton, New York, 1941.
12. Edward Gibbon, *The Decline and Fall of the Roman Empire*, Modern Library, Random House, New York, n.d.
13. Gerald Brenan, *The Face of Spain*, Farrar, Straus and Cudahy, New York, 1956.
14. Gerald Brenan, *The Literature of the Spanish People*, Meridian, New York, 1957.
15. Martin A. S. Hume, *History of the Spanish People*, Cambridge Univ. Press, London, 1901.
16. Américo Castro, *The Structure of Spanish History*, Princeton Univ. Press,

1954. (See also his *The Spaniards*, University of California Press, 1971.)

17. W. S. Merwin, *Spanish Ballads*, Doubleday, New York, 1961.
18. Gustave E. von Grunebaum, *Medieval Islam*, Univ. of Chicago Press, 1961.
19. Edward Atiyah, *The Arabs*, Penguin, Edinburgh, 1958.
20. Claudio Sánchez-Albornoz, *La España musulmana, según los autores islamitas y cristianos*, 2 vols., Buenos Aires, 1946.
21. J. B. Trend, *The Civilization of Spain*, Oxford Univ. Press, London, 1958.
22. *La crónica general*, ed. by R. Menéndez Pidal, vol. 5, N.B.A.E., Madrid, 1916.
23. Elisha K. Kane, *The Book of Good Love*, a privately printed translation, William Rudge, New York, 1933.
24. William A. Prescott, *Ferdinand and Isabella*, Lippincott, Philadelphia, 1873.
25. Louis Mumford, "The Medieval Town," an article in *Horizon* magazine, July, 1961.
26. César Barja, *Libros y autores clásicos*, New York, 1941.
27. Martin A. S. Hume, *Spain, Its Greatness and Decay* (1479-1788), Cambridge Univ. Press, London, 1940.
28. John A. Crow, *The Epic of Latin America*, Doubleday, New York, 1952.
29. Pedro Salinas, *Reality and the Poet in Spanish Poetry*, Johns Hopkins Univ. Press, Baltimore, 1940.
30. Edward M. Wilson, *The Solitudes of Don Luis de Góngora*, Cambridge Univ. Press, London, 1931.
31. Ludwig Pfandl, *Introducción al siglo de oro*, Barcelona, 1929.
32. William Stirling Maxwell and Luis Carreño, *Stories of the Spanish Artists*, Chatto & Windus, London, 1910.
33. N. B. Adams, *The Heritage of Spain*, Henry Holt, New York, 1959.
34. José Ortega y Gasset, *España invertebrada*, Madrid, 1921.
35. Fernando Díaz-Plaja, *La vida española en el siglo 18*, Barcelona, 1946.
36. John S. C. Abbott, *The Romance of Spanish History*, Harper, New York,

1869.

37. Mariano José de Larra, *Artículos de costumbres*, ed. by Hespelt, Crofts, New York, 1941.
38. William C. Atkinson, *A History of Spain and Portugal*, Penguin, London, 1960.
39. Gerald Brenan, *The Spanish Labyrinth*, Cambridge Univ. Press, London, 1940.
40. John T. Reid, *Modern Spain and Liberalism*, Stanford Univ. Press, 1937.
41. Azorín, *Los pueblos*, Madrid, 1905.
42. Paul Blanshard, *Freedom and Catholic Power in Spain and Portugal*, Beacon, Boston, 1962.
43. Harry Gannes and Theodore Repard, *Spain in Revolt*, Knopf, New York, 1937.
44. Herbert L. Matthews, *The Yoke and the Arrows*, Braziller, New York, 1961.
45. Abram Leon Sachar, *A History of the Jews*, Knopf, New York, 1960.
46. Richard Ford, *Gatherings from Spain* (first published in 1846), Everyman, London, 1906.
47. F. Jay Taylor, *The United States and the Spanish Civil War*, New York, 1956.
48. Claude G. Bowers, *My Mission to Spain*, Simon and Schuster, New York, 1954.
49. Hugh Thomas, *The Spanish Civil War*, Harper, New York, 1961.
50. Thomas J. Hamilton, *Appeasement's Child, the Franco Regime in Spain*, Knopf, New York, 1943.
51. Alvarez del Vayo, *Freedom's Battle*, Knopf, New York, 1940.
52. Stanley G. Payne, *Falange*, Stanford Univ. Press, 1961.
53. Emmet John Hughes, *Report from Spain*, Henry Holt, New York, 1947.
54. Arthur P. Whitaker, *Spain and Defense of the West*, Harper, New York, 1961.
55. Rafael Altamira, *Los elementos de la civilización y del carácter españoles*, Buenos Aires, 1956.

56. "Letter from Barcelona," in *The New Yorker* magazine, Dec. 2, 1961.
57. *Noticias de actualidad*, pub. by U.S. Embassy, Madrid, several issues.
58. *Iberia* magazine, June 15, 1961, New York City.
59. *Iberia* magazine, May 15, 1962, New York City.
60. Helen Phipps, *Some Aspects of the Agrarian Question in Mexico*, Univ. of Texas Press, Austin, 1925.
61. Elie Faure, introd. to Francisco de Goya, *The Disasters of the War*, Allen & Unwin, London, 1937.
62. Angel del Río, *Historia de la literatura española*, vol. II, Dryden, New York, 1953.
63. Jeanette Campiglia, unpublished doctoral study on Lope de Vega, U.C.L.A., Los Angeles.
64. *The New York Times*, August 24, 1962.
65. Translation by Katharine Elizabeth Strathdee. Reprinted with permission of author.
66. Richard E. Chandler and Kessel Schwartz, *A New History of Spanish Literature*, Louisiana State Univ. Press, 1961.
67. Translation by Sir Richard Fanshawe, *Shorter Poems and Translations*, London, 1648.
68. Francis C. Hayes, *Lope de Vega*, Twayne Publishers, New York, 1967.
69. Translation by John A. Crow.
70. Richard Herr, "The Twentieth Century Spaniard Views the Spanish Enlightenment," *Hispania*, XLV, May 1962.
71. Richard Herr, *The Eighteenth Century Rebellion in Spain*, Princeton Cniv. Press, 1958.
72. *Time*, December 11, 1972.
73. *Los Angeles Times*, June 24, 1973.
74. Stanley G. Payne, *A History of Spain and Portugal*, vol. 2, Univ. of Wisconsin Press, 1973.

75. *España Hoy*, issues of January and February, 1974. This is a periodical published by the Spanish government, Madrid.
76. Jean Anderson, "Castles in Spain," in *Diversion* magazine, New York, February 1974, reports on the paradores and albergues of Spain, and lists several recommendations.
77. *España Hoy*, October 1972.
78. Jerome R. Mintz, "Trouble in Andalusia," in *Natural History Magazine*, May 1972.
79. Benjamin Welles, *Spain: The Gentle Anarchy*, New York, 1965.
80. *Los Angeles Times*, July 8, 1973.
81. *International Herald Tribune*, Paris, December 21, 1973.
82. *Los Angeles Times*, February 15, 1974.
83. Juan Kattán-Ibarra and Tim Connell, *Spain After Franco*, National Textbook Co., Skokie, Illinois, 1981.
84. Horace Sutton, "Democracy in Spain," in *Saturday Review*, October 29, 1977.
85. *El País*, Madrid, September 19, 1983.
86. *El País*, Madrid, May 22, 1983.
87. Robert G. Mead, "The Hispanic and Luso-Brazilian World," in *Hispania,* vol. 65, May 1982.
88. David Ross Gerling, "Los diarios de Madrid," in *Hispania*, vol. 64, September 1981.
89. *Cambio 16*, Madrid, September 12-19, 1983.
90. *El País*, Madrid, September 24, 1983.
91. *Cambio 16*, Madrid, October 3-10, 1983. Also Newsweek, August 1, 1983.
92. *Cambio 16*, Madrid, October 10, 1983.
93. Willliam Pfaff, "Army is the key in Socialist Spain," in *The Los Angeles Times*, March 13, 1983.
94. *El Pais* (International Edition), Madrid, October 17, 1983.

95. *El País*, Madrid, August 12, 1983.
96. *Cambio 16*, Madrid, October-November, 1983.
97. *Cambio 16*, Madrid, October 3-10, 1983.
98. *Cambio 16*, Madrid, September 12-19, 1983.
99. *El País* (dominical), Madrid, May 15, 1983.
100. *Cambio 16*, Madrid, September 19–26, 1983.
101. *Vanguardia*, Barcelona, August 23, 1983.
102. *Vanguardia*, Barcelona, August 20, 1983.
103. *El País*, Madrid, September 24, 1983.
104. *El País* (International Edition), Madrid, September 12, 1983.
105. *Vanguardia*, Barcelona, August 18, 1983.
106. *Cambio 16*, Madrid, October-November, 1983.
107. *Cambio 16*, Madrid, September 1983.
108. Ian Gibson, *El asesinato de Federico García Lorca*, Editorial Bruguera, Barcelona, 1981.
109. "Spain: Democracy Wins," in *Time*, June 27, 1977.
110. "Democracy Under Siege," in *Newsweek*, May 18, 1981.
111. José Yglesias, *The Franco Years*, Bobbs-Merrill, New York, 1977.
112. Fernando Díaz-Plaja, *The Spaniard and the Seven Deadly Sins*, Charles Scribners, New York, 1967.
113. Stanley Meisler, "Basques—A Dilemma for Spain," *The Los Angeles Times*, March 2, 1984.
114. *Le Monde*, Paris, December 29, 1983. (The new' no-nonsense antiterrorist laws are now being applied.)

年表

西元前206年至西元409年	羅馬統治下的西班牙。
西元409年	汪達爾人及其他野蠻部族入侵西班牙。
西元414年	西哥德人入侵西班牙。
西元711年	末代國王羅德里克領導的西哥德王國遭摩爾人擊敗。
西元722年	皮拉尤在阿斯圖里亞斯的科瓦多加擊敗摩爾人。
西元778年	查理曼大帝入侵西班牙。
西元785年	阿卜杜拉赫曼一世開始興建哥多華大清真寺。
西元912年至961年	阿卜杜拉赫曼三世統治期間：後奧米亞王朝的黃金時代。
西元950年	卡斯提亞自雷昂獨立。
西元997年	曼蘇爾掠奪了聖地亞哥．德．孔波斯泰爾。
西元1010年	基督徒短暫地占領並掠奪哥多華。
西元1012年至1058年	猶太學者伊本．蓋比魯勒在世，將「新柏拉圖主義」引進伊比利半島。
西元1068年至1091年	穆塔米德於塞維亞在位時期。
西元1085年	卡斯提亞與雷昂王國國王阿方索六世從摩爾人手中搶下托雷多。
西元1092年至1167年	著名的猶太學者拉比亞伯拉罕．伊本．埃茲拉在世。
西元1094年至1099年	民族英雄熙德從摩爾人手上奪回並統治瓦倫西亞。
西元1130年	阿方索七世在托雷多建立了學者中心，有助於將阿拉伯、猶太與希臘文獻傳入西歐。
西元1126年至1198年	著名的阿拉伯學者阿威羅伊在世。

西元1135年至1204年	著名的希伯來哲學家摩西·邁蒙尼德在世。
西元1146年	阿瑪摩哈德王朝自北非入侵西班牙。
西元1188年	古西班牙議會於雷昂省市鎮成立。
西元1212年	卡斯提亞王國阿方索八世率領的基督教徒於西班牙南部的托洛薩平原擊敗摩爾人。
西元1230年	「聖人」斐迪南三世統一卡斯提亞與雷昂。
西元1236年	「聖人」斐迪南三世占領哥多華。
西元1243年	薩拉曼卡大學成立。
西元1248年	「聖人」斐迪南三世占領塞維亞。
西元1252年至1284年	學者之王「智者」阿方索十世在位時期。
西元1348年	黑死病傳入西班牙。
西元1350年至1369年	殘酷的佩德羅一世在位時期。
西元1406年至1454年	伊莎貝拉之父約翰二世在位時期。
西元1474年	伊莎貝拉成為卡斯提亞皇后之後，將其與丈夫斐迪南統治的亞拉岡王國統一。伊莎貝拉於1504年逝世，斐迪南則於1516年逝世。
西元1480年	宗教裁判所建立。
西元1492年	斐迪南與伊莎貝拉占領格拉納達。猶太人被逐出西班牙。哥倫布「發現新大陸」。
西元1499年	斐迪南·德·羅哈斯發表長篇小說《塞萊絲蒂娜》，是西班牙文學中第二著名的巨作。
西元1502年	居住在西班牙的穆斯林可以選擇要改宗基督教或遭驅逐出境。許多人選擇改宗，這些改宗的穆斯林被稱作摩里斯科人。
西元1504年至1506年	哈布斯堡王朝第一位統治者，也是與斐迪南與伊莎貝拉的女兒胡安娜聯姻的「美男子菲利普」短暫在位期間。

西元1516年至1555年	卡洛斯一世（即神聖羅馬帝國的查理五世）在位期間。
西元1519年至1522年	赫南・柯特茲征服墨西哥的阿茲特克帝國。
西元1531年至1534年	法蘭西斯科・皮薩羅征服祕魯的印加帝國。
西元1539年	依納爵・羅耀拉創立耶穌會。
西元1542年	胡安・博斯坎與加西拉索・德・拉維加以西班牙文字書寫的詩集開創了西班牙文學的黃金時代。
西元1545年	西班牙人在玻利維亞的波托西發現了蘊藏豐富的銀礦，到了1600年，西班牙在殖民地所開採出的金礦與銀礦產量已是全歐洲在1500年時產量的三倍。
西元1545年至1563年	天主教會召開特倫特大公會議，並開始推動「反宗教改革」。
西元1555年至1598年	菲利普二世在位期間。
西元1561年	菲利普二世將首都遷至馬德里。
西元1588年	無敵艦隊被英格蘭艦隊擊敗。
西元1605年	《堂吉訶德》第一部出版。
西元1609年至1611年	摩里斯科人遭菲利普三世驅逐出西班牙。
西元1700年至1746年	波旁王朝的首位統治者菲利普五世在位期間。
西元1704年	英國取得直布羅陀。
西元1759年至1788年	卡洛斯三世在位期間。
西元1767年	卡洛斯三世驅逐西班牙境內的耶穌會教士。
西元1808年	法國入侵西班牙，拿破崙冊封其兄約瑟夫為西班牙國王。
西元1810年	西班牙在新世界的各殖民地開始建立自己的政權，並於1826年實現獨立。
西元1812年	加地斯議會宣布了一部自由且反教權的憲法。

西元1820年	手握軍權的里亞戈將軍宣告成立立憲政府。斐迪南七世對其暫時抱持容忍態度。此為世界政治史上首次的軍事政變。同年，宗教裁判所被廢除。
西元1873年至1874年	西班牙第一共和時期。
西元1923年至1930年	普里莫・德・里維拉將軍獨裁統治時期。
西元1931年	阿方索十三世逃離西班牙，第二共和建立。
西元1936年至1939年	西班牙內戰爆發。
西元1939年至1975年	「領袖」法蘭西斯科・佛朗哥將軍統治時期。
西元1953年	西班牙與美國簽署軍事基地協議，以換取後者的經濟援助。
西元1955年	西班牙被允許加入聯合國。
西元1961年	罷工浪潮席捲全西班牙。
西元1962年	西班牙要求加入「歐洲共同市場」。
西元1969年	西班牙議會任命阿方索十三世的孫子胡安・卡洛斯王子為下一任西班牙國王。
西元1970年	美軍基地協議更新。
西元1973年	任命完新內閣之後，佛朗哥辭去西班牙政府首相一職，由海軍上將卡雷羅・布蘭科接替其職。
西元1973年	卡雷羅・布蘭科於12月遭暗殺，右翼內閣推派阿里亞斯・納瓦羅接任首相。
西元1974年	新內閣實施高壓統治政策，主業會在新政府中的重要性被長槍黨取代。
西元1975年	佛朗哥於11月20日逝世，而11月22日胡安・卡洛斯・德・波旁登基為西班牙國王。
西元1977年	6月15日舉行了41年來第一次自由選舉，溫和中間路線的政黨在選舉中大勝。
西元1978年	新憲法在12月6日贏得了百分之八十七選民的支持。

西元1981年	國民衛隊與部分軍事單位在2月23日意圖政變，國王譴責該起政變而最後以失敗告終。
西元1982年	5月30日西班牙成為北大西洋公約組織第十六個成員國。
西元1982年	自佛朗哥死後的第二次國家選舉於10月28日舉行，社會黨在國會兩院皆取得多數，並依此建立社會主義政府。
西元1984年	社會黨黨魁菲利普·岡薩雷斯遏止恐怖主義，並批准了巨額的聯邦政府預算，其中有數十億元投入軍隊現代化與教育用途。

八旗國際08

西班牙的靈魂

宗教熱情與躁動理想如何形塑西班牙的命運？

Spain: The Root and the Flower: An Interpretation of Spain and the Spanish People

作　　者　約翰．克勞（John A. Crow）
翻　　譯　莊安祺
審　　訂　李毓中
編　　輯　王家軒
助理編輯　柯雅云
協力編輯　葉品岑
校　　對　陳佩伶
封面設計　莊謹銘

企　　劃　蔡慧華
總 編 輯　富　察
社　　長　郭重興
發行人兼出版總監　曾大福
出版發行　八旗文化／遠足文化事業股份有限公司
地　　址　新北市新店區民權路108-2號9樓
電　　話　02-22181417
傳　　真　02-86671065
客服專線　0800-221029
信　　箱　gusa0601@gmail.com
Facebook　facebook.com/gusapublishing
Blog　gusapublishing.blogspot.com
法律顧問　華洋法律事務所／蘇文生律師

印　　刷　前進彩藝有限公司
定　　價　650元
初版一刷　2020年（民109）四月
ISBN　978-986-5524-04-3

國家圖書館出版品預行編目（CIP）資料

西班牙的靈魂：宗教熱情與狂熱理想如何形塑西班牙的歷史與文化／約翰．克勞（John A. Crow）著；莊安祺譯. -- 一版. -- 新北市：八旗文化出版：遠足文化發行, 民109.04
面；　公分. --（八旗國際；8）
譯自：Spain : the root and the flower@@an interpretation of Spain and the Spanish people
ISBN 978-986-5524-04-3（平裝）

1.歷史　2.文明史　3.西班牙

746.11　　109002657